Irma Hildebrandt

Mutige Frauen

IRMA HILDEBRANDT

MUTIGE FRAUEN

30 Porträts aus fünf Jahrhunderten

Diederichs

In dieser Ausgabe sind Porträts zusammengestellt
aus den folgenden, bei Diederichs erschienenen Städtebänden
von Irma Hildebrandt:
Berlin: *Zwischen Suppenküche und Salon* (1987)
München: *Bin halt ein zähes Luder* (1990)
Zürich: *Die Frauenzimmer kommen* (1994)
Wien: *Hab meine Rolle nie gelernt* (1996)
Leipzig: *Provokationen zum Tee* (1998)
Frankfurt: *Tun wir den nächsten Schritt* (2000)
Hamburg: *Immer gegen den Wind* (2003)

Die Beiträge wurden für diesen Band zum Teil aktualisiert.

Bibliografische Information der Deutschen Bibliothek:

Die Deutsche Bibliothek verzeichnet diese Publikation
in der Deutschen Nationalbibliografie;
detaillierte bibliografische Daten sind im Internet
über http://www.dnb.ddb.de abrufbar.

Umschlaggestaltung: Eisele Grafikdesign unter
Verwendung von Motiven von akg-images (Mahler-Werfel,
Mitscherlich, Zetkin), interfoto (Königin Luise),
Klaus Kallabis (Dönhoff), Evelin Frerk (Erika Pluhar)
und Carl Hanser Verlag (Emilie Kempin-Spyri),
Congregatio Jesu Augsburg (Maria Ward)
Produktion: Ortrud Müller
Satz: EDV-Fotosatz Huber/Verlagsservice G. Pfeifer,
Germering
Druck und Bindung: GGP Media GmbH, Pößneck
Printed in Germany 2005
ISBN 3-7205-2575-9

Inhalt

Vorwort

Dies ist unsere Freiheit
die richtigen Namen nennend
furchtlos
mit der kleinen Stimme ...
HILDE DOMIN

Mut hat viele Facetten, aber immer gehört die Bereitschaft zum Wagnis dazu. Wagnis in Extremsituationen und Wagnis im Alltag. Zu den extremen Herausforderungen zählt zweifellos der Widerstand gegen Mächtige. Die Sozialarbeiterin *Johanna Kirchner* hat dafür im Dritten Reich mit dem Leben bezahlt, die Bürgerrechtlerin *Bärbel Bohley* in der DDR mit Gefängnis. Auch *Maria Ward*, die mit ihren »Englischen Fräulein« schon im 17. Jahrhundert, zur Zeit der Hexenverbrennungen, den mächtigen Jesuiten den Gehorsam verweigerte, nahm dafür Kerkerhaft in Kauf. Und dass *Königin Luise von Preußen* dem siegreichen Napoleon die Stirn bot, zeigt ihre »Tapferkeit vor dem Feind«.

Immer wieder haben engagierte Frauen für die Rechte ihrer Geschlechtsgenossinnen gekämpft, so im 19. Jahrhundert die Gründerin der bürgerlichen Frauenbewegung *Louise Otto-Peters* und später ihre sozialistische Gegenspielerin *Clara Zetkin*. So die scharfzüngige Pazifistin *Hedwig Dohm*, so 1945, in der Trümmerfrauenzeit, die beherzte Berliner Bürgermeisterin *Louise Schroeder*. Zu diesen Unerschrockenen zählt auch die 2003 verstorbene Theologin *Dorothee Sölle*, die sich für die Dritte Welt und die Erhaltung der Schöpfung eingesetzt hat.

Dass Frauen heute fast alle Berufe ausüben können, ist selbstverständlich, erforderte aber im 17. Jahrhundert außerordentliches Geschick und Durchsetzungsvermögen, wie es die selbstständige Kauffrau *Glückel von Hameln* bewies. Noch im 19. Jahrhundert musste sich die erste Schweizer Juristin *Emilie Kempin-Spyri* ihre Anerkennung hart erkämpfen. Hundert Jahre später rührte die Psychoanalytikerin *Margarete Mitscherlich* furchtlos an politische Tabus und die Publizistin *Marion Gräfin Dönhoff* hielt sich, wenn sie für eine Sache kämpfte, nicht immer an »political correctness«. Selbst die Schriftstellerin *Christa Wolf* wagte sich zu DDR-Zeiten in nicht SED-konforme Grenzbereiche vor.

Besonderen Mut bewies die Schauspielerin *Ida Ehre*, als sie 1945 – nach zwölf Jahren Bühnenverbot als Jüdin – aus dem Nichts ein eigenes Theater, die Hamburger Kammerspiele, gründete. Und auch ihre aus dem Exil zurückgekehrte Kollegin *Tilla Durieux* wagte mutig einen neuen Bühnenstart in Deutschland, während umgekehrt die Burgschauspielerin *Erika Pluhar* ihr festes Engagement freiwillig gegen die Unsicherheit selbstständiger Bühnenauftritte eintauschte. Und die Modeschöpferin *Jil Sander* ging mit ihrem Unternehmen sogar an die Börse – ein risikoreiches Unterfangen.

Auf sozialem Feld waren Frauen schon immer äußerst aktiv und einfallsreich. Die Sozialreformerin *Alice Salomon* setzte sich vor ihrer erzwungenen Emigration tatkräftig für Mädchenbildung und Sozialschulen ein, die erste Berliner Ärztin *Franziska Tiburtius* eröffnete – trotz eines Approbationsverbots für Frauen – 1876 die erste Poliklinik Berlins. Ein Jahrhundert später baute die deutsche Nonne und Lepraärztin *Ruth Pfau* in den Slums von Karachi gegen massivste Widerstände ein modernes Krankenhaus auf. – In diese Reihe der selbstlos tätigen Frauen gehört auch *Anna Magdalena Bach*, die auf eine Karriere als Sängerin verzichtete, um für den verwitweten Johann Sebastian Bach und seine Kinderschar zu sorgen.

Mut ganz anderer Art zeigten Frauen, die gegen die herrschenden Gesellschaftsnormen verstießen: *Madame du Titre*, die in der Berliner Gesellschaft ob ihres Mutter-witzes und ihrer respektlosen Schlagfertigkeit gefürchtet war. *Susette Gontard*, Hölderlins geliebte *Diotima*, die ein gewagtes Doppelleben führte. Die skandalträchtige *Alma Mahler-Werfel*, die Künstler, Musiker und Dichter in ihren Bann zog. Oder *Franziska Gräfin zu Reventlow*, Ausstei-gerin aus adligen Familienbanden, und umgekehrt *Lena Christ*, Aufsteigerin aus häuslicher Misere in erträumte »bessere« Kreise. Spannungsreich auch die Karriere von *Sophie Taeuber-Arp*: tagsüber brave Kunstlehrerin, abends – anonym – Auftritte in avantgardistischem Dada-Cabaret.

Abenteuerlust und Neugier ließ im 19. Jahrhundert *Ida Pfeiffer* von Wien aus zu ihren – für eine Frau verwegenen – Weltreisen aufbrechen, und Abenteuerlust trieb auch die Schweizer Amazone *Regula Engel*, ihren Mann auf den Napoleonischen Feldzügen zu begleiten, in Männerklei-dern, fast ständig schwanger, 21 Geburten insgesamt ...

Ja, Mut hat viele Facetten. Über Jahrhunderte haben Frauen die Mitwelt durch außergewöhnliche Taten, durch Zivilcourage und Wagemut überrascht. Einige dieser Frau-en werden hier vorgestellt.

Irma Hildebrandt

Maria Ward
und die Englischen Fräulein
(1585–1645)
München

Nach Maria Ward ist in München eine Straße benannt. Sie
führt zum Nymphenburger Schloss. Unter dem Straßen-
schild am nördlichen Schlossrondell Frage an die Passan-
ten: Kennen Sie Maria Ward? – Kopfschütteln, Achselzu-
cken, Nachdenken. Eine Engländerin war das, eine
Nonne, sagt ein älterer Mann. Und eine Frau erinnert sich
undeutlich: Hat die nicht etwas mit den Englischen Fräulein zu tun?

Im 17. Jahrhundert kannten die Münchner Maria Ward
besser, da wurde sie verehrt oder verabscheut, da sah man
sie als gottesfürchtige Ordensfrau oder als Ketzerin. Nicht
nur in München. In Kreisen der römischen Kurie galt sie
als »Unkraut aus dem Garten der Kirche«. Und im anderen Lager, dem der Anglikaner, warnte der Erzbischof von
Canterbury, George Abbot, seine Amtsbrüder: »Diese
Frau ist gefährlicher als sechs Jesuiten.«

Was flößt den kirchlichen Würdenträgern solches Misstrauen, solche Angst ein? Ihr Selbstbewusstsein? Ihre Un-
erschrockenheit? Ihr logischer Verstand? Maria Ward hat
es sich in den Kopf gesetzt, bestärkt durch eine »göttliche
Vision« in jungen Jahren, einen Frauenorden nach den Regeln des von ihr verehrten Ignatius von Loyola zu gründen. Von heute aus gesehen sind es keine unbilligen Forderungen, die sie an Rom stellt: Sie bittet um kirchliche
Anerkennung einer solchen Frauengemeinschaft, die –
ähnlich wie die Jesuiten – nicht in Klausur hinter klösterlichen Mauern lebt. Mit ihren Gefährtinnen will sie, wo im-

mer sich Gelegenheit bietet, apostolisch wirken und sich besonders der vernachlässigten Mädchenerziehung annehmen. Dies möchte sie jedoch nicht unter der Obhut eines geistlichen Würdenträgers tun, der ihre Interessen beim Heiligen Stuhl vertritt, wie das bei Frauenorden üblich ist; alle ihre Niederlassungen sollten unter weiblicher Führung einer Generaloberin stehen.

So harmlos und einsichtig diese Bitten klingen – sie bergen Sprengstoff. Beim Klerus sitzt die biblische Prägung vom Weib, das in der Gemeinde zu schweigen hat, tief. Die Vorstellung, eine Frau könne in theologischen Fragen ohnehin nicht mitreden, zieht sich von Thomas von Aquin bis zum Reformator Luther durch die gelehrten Schriften. Die Jesuiten, sonst in vielem fortschrittlich und weltaufgeschlossen, stellen sich gegen Maria Ward, sie wünschen keinen selbstständigen weiblichen Ordenszweig – und das hat handfeste Gründe. Die Berater in Frauenklöstern und an Fürstenhöfen fürchten Machtverlust über Seelen und Latifundien.

Die selbstbewusste Landadlige aus England reibt sich am Ausspruch eines Priesters: »... alles in allem, sie sind doch nur Frauen«, und sie setzt dagegen: »Es heißt nicht Veritas hominis, die Wahrheit der Männer oder die der Frauen, sondern Veritas Domini, die Wahrheit Gottes, des Herrn, und diese Wahrheit können Frauen ebenso gut besitzen wie die Männer.«

Maria Wards späterer Biograf Jakob Leitner führt Gedanken solcher Art auf »mangelnde Seelenführung« zurück, fromme Frauen sollten sich nur unter »kirchlicher Autorität und Direktion« ihren Studien widmen, meint er und schreibt damit 1869, mehr als 200 Jahre nach dem Tod der unbotmäßig Selbstdenkenden ein klerikales Postulat erneut fest.

Eine Aufrührerin. Als Maria Ward Anfang Januar 1627 nach München kommt, um hier eine Niederlassung der »Englischen Fräulein« zu gründen, ist sie kein unbeschriebenes Blatt mehr, da hat sie schon eine ganze Odyssee und ein halbes Leben in der Verteidigung hinter sich. Viele Erfolge und noch mehr Misserfolge. Im Rückblick lässt sich an ihrem Schicksal ein Kapitel Glaubensgeschichte, auch Frauengeschichte aufblättern:

Es ist eine unruhige, gewaltreiche Zeit, in die Maria Ward – am 23. Januar 1585 in Old Mulwith in Yorkshire geboren – hineinwächst. Glaubenskämpfe überall als Folge von Reformation und Gegenreformation. Hexenprozesse, Fanatismus, Streit um Ländereien. Europa treibt auf den Dreißigjährigen Krieg zu. Die Hexenverfolgungen nehmen sich auf den ersten Blick im Zeitalter des Humanismus und der sich anbahnenden Aufklärung wie ein Rückfall ins Mittelalter aus. Aber der Wahnsinn hat Methode. Denunziert und verurteilt wird, wer sich nicht willig in die von Kirche und Staat vorgegebenen Ordnungen fügt: Außenseiter, Eigendenker, Widerborstige. Und es trifft vornehmlich Frauen. Keine, die aufbegehrt oder ihre eigenen Wege geht, kann sicher sein, nicht auf dem Scheiterhaufen zu enden. Man braucht Sündenböcke, auf die sich der Zorn des Volkes bei Missernten und Misswirtschaft, bei Kriegsgräueln und Unterdrückung entlädt.

Vor diesem Hintergrund ist es kein ungefährliches Unterfangen, wenn die junge englische Katholikin beschließt, auf dem Festland ein Ordenshaus für Engländerinnen zu eröffnen, die aus dem Machtbereich Elisabeths I. und der anglikanischen Kirche geflüchtet sind. Zuvor hatte sie schon Erfahrungen in einem Klarissenkloster gesammelt, aber bald gemerkt, dass die strenge Weltabgeschiedenheit ihren Vorstellungen von Missionierung und pädagogischem Einsatz nicht entsprach.

In St. Omer melden sich so viele englische Novizinnen bei ihr, dass sie weitere Hausgründungen in Lüttich, Köln und Trier in die Wege leitet, bald spricht man im Volksmund respektvoll von den »Englischen Fräulein«. Aber denen mangelt es an Geld, um geplante Schulen ausbauen zu können. Maria fährt deshalb mehrmals unter größten Gefahren – sie steht auf einer schwarzen Liste – nach England, um die Mitgiften der adligen Töchter ihrer Gemeinschaft von den Angehörigen einzufordern. Doch diese verhalten sich abweisend, weigern sich, einen unbekannten Orden zu unterstützen, der vom Papst nicht anerkannt ist. So ist es für Maria Ward nicht die Erfüllung eines innigen religiösen Wunsches oder eines ehrgeizigen Höhenfluges, wenn sie beschließt, Papst Gregor XV. persönlich um die Approbation ihrer Ordensgemeinschaft zu bitten, sondern eine nackte Überlebensfrage. Im Herbst 1621 bricht sie mit einigen Gefährtinnen von Lüttich aus zu dem beschwerlichen Fußmarsch durch die Alpen auf und erreicht wie geplant am Heiligen Abend die heilige Stadt. Papst Gregor empfängt sie in Privataudienz, und auch der Jesuitengeneral findet sich bereit, sie anzuhören. Ihre Zähigkeit und ihre Zivilcourage haben sich ausgezahlt. Wer hätte das einer Frau zugetraut? Frauen genießen zwar hohe Verehrung, können sogar heilig gesprochen werden, aber eigenmächtiges Handeln steht ihnen nicht zu.

Dem Papst imponiert ihre Selbstsicherheit und ihr mit Nüchternheit gepaartes Sendungsbewusstsein. Ihre Bitte um Anerkennung der mitgebrachten Institutsregeln erfüllt er allerdings nicht, ist sie doch ihrerseits nicht bereit, das vom Tridentinischen Konzil geforderte Leben in Klausur für ihre Gemeinschaft anzunehmen. Warum sollte Frauen verwehrt werden, was den Jesuiten zugestanden wurde: in Verbindung mit der Welt zu leben und externe Schulen zu unterhalten? An den überkommenen Ordensgelübden, Gehorsam – Keuschheit – Armut, will sie nicht rütteln. Wichtig sind ihr auch die jesuitischen Erziehungsziele der asketischen Selbstheiligung, der Klarheit des Denkens und der Stärkung des Willens. Zum eigenen Lebensziel hat sie »die Pflege des Glaubens und der christlichen Erziehung bei dem weiblichen Geschlechte« gemacht.

Sie hat ein Tagesschulprojekt für Mädchen aus dem Volke ausgearbeitet und dem Papst unterbreitet. Da es in Rom an Mädchenhäusern, die mehr als Bewahranstalten sind, mangelt, und da die Beschäftigung mit dem gemeinen Volke, Mädchen zumal, ohne Prestigeverlust in weibliche Hände gegeben werden kann, untersagt die mächtige römische Kongregation den Englischen Fräulein die Schulgründung an der Via Monserrato nicht. Sie bespitzelt aber argwöhnisch den Fortgang und Ausbau des Lehrbetriebs. Schon bald sind es mehr als hundert Mädchen, die unentgeltlich in Lesen und Schreiben, sittlicher Unterweisung und Handarbeit unterrichtet werden. 1632 wird eine weitere Schulniederlassung in Neapel eröffnet, ein Jahr darauf eine in Perugia.

Der Erfolg bringt Neider. Eine junge Frau aus dem fernen England, auf sich selbst gestellt, keines männlichen Schutzes und Beraters bedürftig, eine Frau, die hartnäckig eine Audienz beim Papst erzwingt, kann das gut gehen?

Es geht nicht gut. Aus England, genauer, vom englischen Klerus, liegen die ersten Beschwerden vor: Die Englischen Fräulein maßten sich an, überall zu missionieren und auch in Gegenwart von Priestern geistige Belehrungen zu geben. Sie hätten sich Eingang in adlige Familien verschafft, um an die Mitgiften der Töchter zu kommen. Selbst Männer, mit denen sie allein zusammenträfen, würden von ihnen im Katechismus unterrichtet. Die besorgten Geistlichen sehen die Keuschheit der Englischen Fräulein aufs Höchste gefährdet bei dem unsteten Umherschweifen auf dem Kontinent.

Die Anschuldigungen fallen in Rom, wo die Umtriebe und die mangelnde Demut der »Jesuitinnen« längst ein Ärgernis sind, auf fruchtbaren Boden. Misstrauen wird geschürt, Verleumdungen kursieren, gegen die sich die Frauen nicht wehren können, da man ihnen die Denunzianten nicht nennt.

Papst Urban VIII., der Nachfolger Gregors XV., ordnet 1625 die Schließung der Schulen in Rom, Neapel und Perugia an. »Da war es mir, als wäre ich zum Tode verurteilt worden«, schreibt Maria. Sie muss sich nun ein neues Betätigungsfeld suchen. Am 10. November 1625, zwei Wochen vor der Einweihung des Jahrhundertbauwerks Petersdom verlässt sie mit ihrem kleinen Gefolge bei eisig kaltem Wetter Rom in nördlicher Richtung.

Flandern gibt sie als Reiseziel an, aber in ihrer Brusttasche verwahrt sie Empfehlungsbriefe ihr wohl gesonnener Kleriker nach Wien und München. Einer ist an Pater Adam Contzen, den Beichtvater des bayerischen Kurfürsten Maximilian I. adressiert. Darin wird Maximilian gebeten, der Bittstellerin die Einrichtung eines geistlichen Hauses nach dem Orden des heiligen Ignatius zu genehmigen. Dem Kurfürsten muss der Name Maria Ward geläufig sein. Sein Bruder Ferdinand, Bischof von Lüttich und Erzbischof von Köln, unterstützt seit langem die dortigen Häuser der Englischen Fräulein. Maria hofft nun, auch am bayerischen Hofe Gehör zu finden, obgleich Maximilian mit Kriegshändeln beschäftigt ist.

Unterwegs, in Parma und Castiglione, kehrt sie bei Frauengemeinschaften ein, die apostolisch tätig sind und wie sie ein Leben in Klausur ablehnen. Das macht ihr Mut, ihren eigenen Weg unbeirrt weiterzugehen. Sie hat, vor allem in Rom, gelernt, mit Anfeindungen und Verleumdungen, mit Intrigen und willkürlichen Sanktionen umzugehen. All diese Widrigkeiten haben sie im Glauben an ihre Mission nur bestärkt. Sie wird sich nicht unterkriegen lassen, komme was wolle. Schon fünf Jahrhunderte vor ihr ist die Äbtissin Hildegard von Bingen mit demselben Wagemut durch das Land gezogen um zu predigen, zu heilen und Menschen zu bekehren.

Maria Wards Zuversicht zahlt sich aus. Kurfürst Maximilian und seine Gemahlin Elisabeth Renata nehmen sie freudig auf, die Gründung eines Instituts wird ihr in Aussicht gestellt. Dies ist in doppelter Hinsicht erstaunlich:

Zum einen müssen auch dem bayerischen Kurfürsten die Gerüchte über die »Umtriebe« der Englischen Fräulein zu Ohren gekommen sein, zum andern herrscht in München, dem Zentrum der Gegenreformation, kein einladendes Klima für Frauen, die kirchliche Autorität missachten.

Weiß Maria Ward nichts über die Hexenverfolgungen, die hier stattgefunden haben? Über den berüchtigten Prozess gegen die Landfahrerfamilie Pappenheimer? Oder den spektakulären Zauberprozess gegen Magdalena Khepserin, den Dr. Cosmas Vagh 1608 führte? Jener Jurist, der drei Jahre später ein einzigartiges Gesetzeswerk verfasst, das *Landtgebott wider die Aberglauben, Zauberey, Hexerey und andere sträffliche Teufelskünste*, das von Maximilian I. unterzeichnet und an alle Regierungen und Landgerichte in Bayern geschickt, für Unruhe und Angst sorgte.

Anstifter und Schürer jener Hexenhysterie, die in den Zwanzigerjahren des 17. Jahrhunderts in Süddeutschland herrscht, sind in entscheidendem Maße die Jesuiten, der Orden, den sich Maria Ward zum Vorbild genommen hat, von dem aber auch die schweren Vorbehalte gegen die »Jesuitinnen« ausgegangen sind. Schon im 16. Jahrhundert hatte der wortgewaltige Jesuitenprovinzial Petrus Canisius in seinen Predigten zur Hexenverfolgung aufgerufen und in Bayern Aufsehen erregende Teufelsaustreibungen vorgenommen. Später führte der Jesuit Jeremias Drexel, Hofprediger in München, diesen Fanatismus fort: »... brennen sollen die Aufrührer Gottes!« Und am Hofe des Kurfürsten Maximilian wirkte seit 1624 Adam Contzen als politischer Berater, auch er ein Jesuit und Eiferer. Aus seinen Kreisen kam der Anstoß zum Bayerischen Hexenmandat – und ihm ausgerechnet hat Maria Ward ihr Empfehlungsschreiben aus Rom übergeben.

Gibt ihr das nicht zu denken? Sie weiß doch, dass man ihr eine außerordentliche – und damit gefährliche – »Gewalt über die Herzen« zuschreibt, dass ihr Charisma und ihre rhetorische Überzeugungskraft mit Argwohn beobachtet werden. – Möglich, dass gerade dieses Spiel mit dem Feuer sie reizte. Zeitgenossen schildern sie als furchtlos, willensstark und Widerständen trotzend.

Sie bleibt in München und nimmt das Angebot des frommen und weltmächtigen Kurfürsten, der seine Residenz zu einem Angelpunkt katholischer Gesinnung und Staatsmacht ausgebaut hat, dankbar und ohne Zögern an: die Bereitstellung eines Hauses, das genügend Platz für eine Mädchenschule bietet. Es ist ein Pakt in gegenseitigem Interesse. Maria erhofft sich von der Protektion durch Maximilian eine enge Bindung an das Haus Wittelsbach und somit an einflussreiche Fürsten, die ihre Pläne unterstützen könnten. Maximilian will mit der Niederlassung der Englischen Fräulein endlich eine Bildungsstätte für die weibliche Jugend in München schaffen, die längst geplant war – man hatte deswegen schon mit Ursulinen in der Schweiz verhandelt –, nun aber in den Wirren des Dreißigjährigen Krieges doppelt nötig erscheint.

Er stellt Maria Ward und ihren Gefährtinnen das Paradeiserhaus in der Weinstraße, unweit der nördlichen Stadtgrenze, zur Verfügung. Ein geräumiges, aber baufälliges Anwesen mit mehreren verwinkelten Häusern und einem verwilderten Garten, das sie unentgeltlich bewohnen können. Er sorgt für die rasche Renovierung und Einrichtung des Hauses, so dass schon im April 1627 die Schule eröffnet werden kann. Vierzehn Schülerinnen finden im Hause Unterkunft, die übrigen kommen als »Externe« aus der ganzen Stadt. Maximilian hat zur Bedingung gemacht, dass das Pensions- und Schulgeld niedrig gehalten wird und dass genügend Freiplätze für arme Schülerinnen zur Verfügung stehen. Dafür übernimmt er die Besoldung für zehn Englische Fräulein als Lehrerinnen: Jeweils 200 Gulden jährlich, auf Widerruf. Ein gutes Gehalt. Auch ein Jesuit bekommt für seine Lehrtätigkeit 200 Gulden im Jahr, eine

Gleichstellung, die der in Rom nicht anerkannten »Jesuitin« Genugtuung geben muss.

Als Schulpräfektin wird die junge, tüchtige Winefrid Bedingfield eingesetzt, erste Oberin des Hauses wird die erst 23-jährige Maria Poyntz, eine enge Vertraute Maria Wards. Der Schule wird auch ein Noviziat angeschlossen, ein halbes Dutzend Anwärterinnen möchten aufgenommen werden. Anna Röhrlin ist die erste deutsche Novizin – für die Verwurzelung der Englischen Fräulein in Bayern ein wichtiger Schritt.

Der Andrang auf die »Freischule«, die erste Mädchenvolksschule in München, ist groß. Katechismus, Lesen, Schreiben, Rechnen und Handarbeit stehen auf dem Stundenplan, vor allem aber fremde Sprachen: Französisch, Italienisch und das für das kirchliche Leben nötige Latein. Alles scheint in bester Ordnung, Maria sieht zum ersten Mal eine finanziell abgesicherte Zukunft für ihre Gemeinschaft vor sich. Aber sie hat die Macht der Jesuiten in dieser Stadt und deren weit reichende Verbindungen unterschätzt. Ihnen sind die selbstbewussten Damen aus England, die sich ohne Vermittlung gleich an den Kurfürsten oder gar an den Papst wenden, ein Dorn im Auge. Aus Lüttich trifft ein gezielter Brief bei Maximilian ein, der die dortigen Englischen Fräulein der Verschwendungssucht und Habgier bezichtigt.

Maria hat inzwischen – etwas übereilt vielleicht – weitere Niederlassungen in Wien und Pressburg (heute Bratislava) gegründet. In Wien hat ihr Maximilians Empfehlung an seinen Schwager, Kaiser Ferdinand II., den Weg geebnet. Sie nimmt die Anschuldigungen aus Lüttich gelassen hin. Aber in München treffen weitere Warnungen ein, aus Rom diesmal, wegen des »illegalen Treibens« der Damen.

Maximilian reagiert darauf nicht, er hat andere Sorgen. Noch sind die blutigen Glaubenskämpfe nicht zu Ende. Im katholischen Lager gibt es Unstimmigkeiten, der störrische Wallenstein macht ihm zu schaffen. Die Kriegskosten leeren die Staatskasse.

Als Maria Ward hört, dass es um ihre Sache beim Heiligen Stuhl nicht gut steht, macht sich die gesundheitlich schwer Angeschlagene zu Beginn des Jahres 1629 zum zweiten Mal auf den Weg nach Rom, um sich dort zu rechtfertigen. Noch ist sie guten Mutes, noch hat sie Vertrauen in Papst Urban VIII., der ihr eine Audienz gewährt. Sie hat ihre Rechtfertigung und die erneute Bitte um Anerkennung ihrer Ordensgemeinschaft in einem langen Schreiben dargelegt, Urban VIII. reagiert huldvoll zurückhaltend, weist ihr Anliegen nicht schroff zurück – schon das lässt Maria hoffen. Bei einer Befragung durch die Glaubenskommission sieht sie sich vier Kardinälen gegenüber, denen sie eine Dreiviertelstunde lang Rede und Antwort steht. Sie weicht von ihren Grundsätzen nicht ab, sie weiß nicht, dass die Kardinäle zum Inquisitionstribunal gehören. Ein Protokoll dieser Sitzung existiert nicht.

Anfang Mai 1630 trifft sie mit vier ihrer Gefährtinnen wieder in München ein, noch immer zuversichtlich. Doch dann überbringt man ihr die Nachricht von der Auflösung ihrer Häuser in St. Omer, Lüttich und Köln – der lange Arm der römischen Kurie, die Bestrafung einer Störrischen. Noch glaubt sie, dass alles ein Irrtum sein muss, wieder richtet sie ein erklärendes Schreiben an den Papst. Diesmal ist sie sogar bereit, ihre bisherige Lebensweise aufzugeben, wenn Seine Heiligkeit es befehle …

Doch das Inquisitionstribunal hat eine Gefangennahme Maria Wards bereits beschlossen. Die Anklage lautet: Häretikerin, Schismatikerin, Rebellin gegen den Heiligen Stuhl. Papst Urban besiegelt das Dekret im Januar 1631. Kein endgültiges und rechtskräftiges Urteil – ein Prozess hat ja noch nicht stattgefunden –, aber doch eine so schwer wiegende Anschuldigung, dass dies öffentliche Verfemung und Ächtung bedeutet.

Der als unnachsichtig und pflichtversessen bekannte Dekan der Münchner Liebfrauenkirche, Jakob Golla, der auch Präsident im Geistlichen Rat des Kurfürsten Maximilian ist, überbringt das Dokument der bettlägrigen Maria Ward am 7. Februar. Einkerkerung im Klarissenkloster am Anger, lautet der kirchliche Beschluss. Sollte sie sich weigern, müsse der »weltliche Arm« zu Hilfe gerufen werden. Was das bedeutet, weiß die Angeklagte genau: Einzelhaft, Folter, Schuldbekenntnis, Scheiterhaufen oder Galgen.

Mitten im Dreißigjährigen Krieg, als ob des Mordens noch nicht genug wäre, gehören Hexenverbrennungen zur Tagesordnung. Das Volk braucht Schuldige an der ganzen Misere, die Kirche Abschreckung für Dissidenten. Im selben Jahr 1631 beschreibt Graf Friedrich von Spee – anonym verständlicherweise – in einer Broschüre die grausamen Foltermethoden, mit denen man »Hexen« zu Geständnissen zwingt. Er hat als Beichtvater 200 Hexen zum Scheiterhaufen begleitet, alle wurden, davon ist er überzeugt, zu Unrecht verbrannt.

Maria Ward hat die Gefahr unterschätzt. Stolz, Sendungsbewusstsein, Vertrauen auf den Beistand ihrer Gönner mögen sie dazu bewogen haben. Nun nimmt sie das Unabwendbare äußerlich gefasst zur Kenntnis, schmerzlich berührt nur, dass sie sich von den dreißig Schwestern im Paradeiserhaus nicht verabschieden darf. Und betroffen vor allem vom Schweigen Maximilians und seiner Gemahlin, die ihr früher so oft Dienste erwiesen hat. Warum spricht Maximilian kein Machtwort? Ist er so von der Unfehlbarkeit des Inquisitionsgerichts überzeugt? Glaubt er nicht mehr an ihren Auftrag? Oder hat er Angst, sich für eine Ketzerin einzusetzen? Vielleicht halten ihn nur Staatsgeschäfte ab, tröstet sich Maria.

Den Nonnen im Klarissenkloster ist jeder Kontakt mit der Angeklagten untersagt, sie wird streng bewacht: »... zwei kleine Fenster, fast ganz zugemauert und mit Holz vergittert. Die Tür ist mit einem Doppelschloss und einer Kette verriegelt«, so beschreibt die Gefangene ihre Zelle. Aber ihre Gefährtinnen, die ihr das Essen aus dem Paradeiserhaus bringen, verstehen auch Botschaften einzuschmuggeln. Sie haben in ihrer Jugend in England im katholischen Untergrund gelebt, sie wissen, wie man Papier mit Zitronensaft beschreibt und das unsichtbar Geschriebene später über einer Kerzenflamme wieder entziffert. 23 solche Limonenbriefe fertigt Maria Ward in ihrer Zelle an in den unbewachten Stunden, wenn die Klarissen zum Chorgebet in der Kirche zusammenkommen.

Trotz der heimlichen Kontakte zu ihren Gefährtinnen fühlt sie sich verlassen. Papst Urban wird zur Überfigur, auf die sich ihre Gedanken konzentrieren: Er kann von der Bulle der Inquisition, von ihrer Einkerkerung nichts wissen, davon ist sie überzeugt. Sie entwirft Briefe an ihn, die vom Paradeiserhaus aus nach Rom gehen sollen. In all den Limonenbriefen wird mit Decknamen und Verschlüsselungen gearbeitet, falls doch jemand sie abfangen und entziffern sollte.

Maria Ward darf in ihrer Haft, wie alle Gefangenen der Inquisition, weder die Messe hören noch beichten und kommunizieren. Die Englischen Fräulein suchen deshalb Hilfe bei Kurfürst Maximilian, aber der ist nicht bereit, sich in die Angelegenheiten der Inquisition einzumischen. Auch als die Gefangene lebensgefährlich erkrankt und die Schwestern sie ins Paradeiserhaus zurückholen wollen, erklärt er sich als nicht zuständig. Dekan Golla versucht, die Todkranke zu erpressen: Nur wenn sie ein von ihm verfasstes Schuldbekenntnis unterschreibt, erhält sie die Sterbesakramente. Sie verweigert die Unterschrift, verfasst mit schwacher Hand ein eigenes Bekenntnis, das aber keine Schuldanerkennung ist.

Sie übersteht – wider Erwarten – die schwere Krankheit und macht sich nun umso mehr Sorgen um die Zukunft ihrer Gemeinschaft. Die Gefährtinnen haben mit all ihren

Briefen und Bittschriften nach Rom tatsächlich die Befreiung ihrer geistigen Mutter erreicht, aber die Freude ist kurz: Am 18. August wird den im Paradeiserhaus versammelten Englischen Fräulein die päpstliche Bulle, die für alle gilt, verlesen. Von ihnen wird gefordert, die Ordenskleidung abzulegen, ihre apostolische Arbeit aufzugeben und unter Androhung von Exkommunikation ihre Wohngemeinschaft aufzulösen. Man wirft ihnen vor, sich »Jesuitinnen« zu nennen, ihre Gelübde bei einer Generaloberin abzulegen und ein Leben in Klausur abzulehnen. Keine neuen Anklagepunkte, Maria hatte sich deswegen ja schon zweimal nach Rom bemüht. Nun reist sie im Spätherbst 1631 zum dritten Mal Richtung Süden, wieder zu Fuß und mit nur wenigen Begleiterinnen.

Von München nimmt sie voller Wehmut Abschied, ahnend, dass sie das Paradeiserhaus nie wieder sehen wird, auch wenn sie sich nach außen zuversichtlich gibt. Sicher ist es eine Genugtuung für sie, dass auch Maximilian und seine Frau Elisabeth Renata vor den Truppen Gustav Adolfs, die München besetzten, nach Salzburg fliehen mussten.

Maria Ward und ihre Gefährtinnen erleben in Rom einen mild gestimmten Papst. Vom Vorwurf der Häresie ist nicht mehr die Rede. Er verspricht die Freilassung der in Lüttich eingekerkerten Engländerin Winefrid Wigmore. Ja, er setzt den Englischen Fräulein sogar eine Rente aus, mit deren Hilfe sie in Rom in weltlicher Gemeinschaft weiter zusammenleben können, allerdings ohne Schulen zu unterhalten und in der Öffentlichkeit tätig zu werden.

Maria wäre am liebsten nach München zurückgekehrt, auch wenn dort die Pest wütet und Hungersnot herrscht, doch ihre schwache Gesundheit lässt eine Reise nicht zu. Außerdem hofft sie noch immer auf die päpstliche Anerkennung ihrer aufgelösten Ordensgemeinschaft.

Im Paradeiserhaus in München lebt, ganz zurückgezogen, nur noch ein kleiner Rest der Englischen Fräulein, unter ihnen jedoch die ungebrochene Winefrid Bedingfield, die im März vom zurückgekehrten Kurfürsten die Wiederaufnahme des Unterrichts erbittet. Zwar bleibt die päpstliche Bulle in Kraft, aber von Unterrichtsverbot ist darin nicht die Rede.

So können die Englischen Fräulein – nun in weltlicher Gemeinschaft – weiter nach den Erziehungszielen ihrer Gründerin unterrichten, und der Kurfürst unterstützt sie wie früher durch Geldzuwendungen.

Anna Röhrlin, die erste Deutsche unter den Englischen Fräulein, kümmert sich um die Kinder, die durch Krieg oder Pest ihre Familie verloren haben, und fügt dem Institut ein »Armenmädchenhaus« an, in dem über vierzig Kinder Aufnahme und schulische Betreuung finden. Viel später, 1861, wird den Englischen Fräulein auch die Leitung des Städtischen Waisenhauses übertragen. Sie wirken dort erfolgreich, bis ihnen 1935 der nationalsozialistische Stadtrat die pädagogische Führung der Kinder entzieht »mit Rücksicht auf das neu angebrochene Zeitalter ausgesprochener Männlichkeit«, wie dem Schriftverkehr mit der Stadtbehörde zu entnehmen ist.

Das Institut selbst erlebt eine wechselvolle Geschichte, Kurfürst Max Emanuel, ein großer Förderer der Englischen Fräulein, ermöglicht 1653 den Bau eines großzügig angelegten Schulgebäudes. Von hier aus entfaltet sich das Institut weit über Bayerns Grenzen hinaus mit Tagesschulen, Pensionaten und Waisenhäusern für Kinder aller Stände. Mit der Säkularisation unter Montgelas hat diese Lehrtätigkeit zu Beginn des 19. Jahrhunderts ein Ende. Doch König Ludwig I. leistet Wiedergutmachung. Er überlässt den Enteigneten 1853 den Nordflügel des Nymphenburger Schlosses. Hier wird nun das »Königliche Erziehungsinstitut München Nymphenburg« eingerichtet.

Unter den Nationalsozialisten verlieren die Englischen Fräulein ihre Lehrbefugnis wieder. Sie dürfen keine Mädchen mehr aufnehmen, ihre Häuser werden geschlossen, enteignet oder in Lazarette umgewandelt. Im Krieg fällt vieles den Bomben zum Opfer.

Über den Wiederaufbau nach Kriegsende berichtet eine Zeitzeugin: »Schon im Mai 1945, als die Münchner ihre Kinder aus der Evakuierung zurückholten, kamen Mädchen und Buben in Scharen zu uns und wollten Unterricht haben, Erwachsene kamen, um Englisch zu lernen. So eifrige Schüler wie damals in der Bretterhütte, die die Mannschaft eines Flugabwehrgeschützes im Botanischen Garten auf unserer Spielwiese hinterlassen hatte, habe ich seither nie mehr gefunden.«

Heute sind die Englischen Fräulein aus dem Münchner Leben nicht wegzudenken. Sie unterhalten Schulen und Studentinnenwohnheime und engagieren sich in weltweiten Missionsprojekten. 1978, nach mehr als 350 Jahren, wurde ihnen in Rom endlich erlaubt, nach den Konstitutionen des heiligen Ignatius von Loyola zu leben.

Wenn das die Gründerin erlebt hätte. Sie, die von ihrem Auftrag so erfüllt und vom Sinn ihrer Arbeit so überzeugt war und doch sehen musste, wie ihr immer wieder Hindernisse in den Weg gelegt wurden.

Sie hat die letzten Jahre – wie die ersten ihres Lebens – wieder in England verbracht. In London hat sie noch einmal versucht, eine Schule zu gründen, zog sich dann aber 1642 wegen der Bürgerkriegswirren mit ihren wenigen Gefährtinnen in ihre Heimat Yorkshire zurück. Hier, in Hewarth, starb sie am 30. Januar 1645 im Alter von sechzig Jahren eines natürlichen Todes.

Man hat Maria Ward, die von der Inquisition so unnachgiebig Verfolgte, nicht als Hexe verbrannt – das ist beinahe ein Wunder. Aber die Kirche hat die unerschrockene Glaubensschwester auch nicht heilig gesprochen – und das ist durchaus kein Wunder.

Bertha Pappenheim in der Tracht
der Glückel von Hameln

Die Geschäftsfrau
Glückel von Hameln
(1645–1724)
Hamburg

Kinder sollten nur Mütter haben und deren Namen
tragen; und die Mütter das Vermögen und die
Macht der Familien: so bestellt es die Natur.
RAHEL VARNHAGEN

Kann man sich vorstellen, dass eine Frau im 17. Jahrhundert ganz selbstverständlich praktiziert, was die Frauenbewegung 200 Jahre später einfordert? Kann man sich vorstellen, dass es damals einer Getto-Jüdin gelingt, trotz doppelter Diskriminierung als Frau und als Jüdin erfolgreich Handel und Börsengeschäfte zu treiben? Und kann man sich vorstellen, dass eine Witwe ohne fremde Hilfe ein Dutzend Kinder großzieht?

Glückel von Hameln hat dies alles geschafft. Nach dem Tod ihres Mannes führt sie nicht nur dessen Handelsgeschäfte weiter, sie erledigt auch die umfangreiche Korrespondenz und kontrolliert die Kontenbücher. Nur nachts findet sie für diese Schreibtischarbeit die nötige Ruhe. Im Schein einer flackernden Kerze zieht sie Bilanz über ihre geschäftlichen Erfolge – und immer häufiger auch über ihr Leben, über das Gedeihen ihrer Kinder und deren Einbindung in die jüdische Gemeinde. Diese Aufzeichnungen geben uns heute in ihrer Mischung aus privatem Tagebuch und Chronik der aktuellen Geschehnisse wertvolle Hinweise auf die Lebensbedingungen der Hamburger Juden im ausgehenden 17. Jahrhundert.

»Von was für Leuten ihr her seid«

Mit dem Niederschreiben und Reflektieren ihres Alltags bringt Glückel Ordnung in ihre Gedanken; doch wichtiger noch ist ihr die Weitergabe der eigenen Erlebnisse und Erkenntnisse an die Nachkommen. Sie hält auf Familientradition: »Meine lieben Kinder, ich schreib euch dieses, damit, wenn heut oder morgen eure lieben Kinder und Enkel kommen und sie ihre liebe Familie nicht kennen, ich dieses in Kürze aufgestellt habe, damit ihr wisst, von was für Leuten ihr her seid.«

Insgesamt sieben Bücher hat sie vollgeschrieben. Die ersten Aufzeichnungen entstehen 1691, zwei Jahre nach dem Tod ihres Mannes. Da ist sie 45, für damalige Verhältnisse schon eine ziemlich alte Frau, doch eine Frau von erstaunlicher Vitalität.

Sie hat die Geschäfte und den Haushalt – acht der Kinder sind noch unter ihrer Obhut – voll im Griff, aber sie verschweigt oder beschönigt auch die Schwierigkeiten nicht, mit denen sie zu kämpfen hat, die schweren Sorgen, die sie bedrücken, da sie »eine Herde ohne Hirt« sind, seitdem sie ihren »getreuen Hirten verloren haben«. Unbedingtes Gottvertrauen hilft ihr über manche Klippe hinweg.

So leitet sie das erste Buch mit den Worten ein: »Im Jahre 1691 beginne ich dieses zu schreiben, aus vielen Sorgen und Nöten und Herzeleid, wie weiter folgen wird. Gott aber erfreue uns so lange Zeit, als er uns plagte, und schicke unseren Messias und Erlöser bald. Amen.« Und das siebte Buch endet mit der Bitte: »Gott – er sei gelobt – soll geben, dass es zum Guten sein soll. Amen.« Dazwischen liegt ein Stapel eng beschriebener Seiten, liegt ein reiches Frauenleben. Die Berufung auf Gott, sei's dem inneren Bedürfnis oder den Konventionen der Zeit entsprechend, bedeutet nicht unbedingte Ergebenheit in seinen Willen, Glückel geht als selbstbewusste Frau ihre eigenen Wege.

Jüdische Familientradition

Das Selbstbewusstsein hat Glückel wohl von ihrem Vater geerbt, dem Hamburger Diamantenhändler Löb Pinkerle. Trotz der Einschränkungen, die jüdischen Kaufleuten auferlegt sind, hat er es zu großem Wohlstand gebracht. In der jüdischen Gemeinde versieht er das Amt des Gemeindevorstehers. So wächst die 1645 geborene Tochter früh in jüdische Traditionen und jüdisches Gemeindeleben hinein. Sie sei, schreibt sie, »in allem Wohlbehagen auferzogen, von meinen Eltern sowohl, als von Freunden und Bekannten«.

Dem Vater ist es als einem der ersten Juden gelungen, in Hamburg das Niederlassungs- und Aufenthaltsrecht zu erwerben – ein teuer erkauftes Privileg in der nicht gerade judenfreundlichen lutherischen Reichsstadt. 1000 Mark »Schutzgeld« hat er dafür jährlich zu bezahlen – das kann sich nur ein wohlhabender Kaufmann wie Löb Pinkerle leisten. Eine Gleichstellung mit den Hamburger Bürgern ist damit allerdings nicht verbunden, die Gettobestimmungen gelten weiter. So sind jüdische Gottesdienste und religiöse Rituale, etwa die Beschneidung, verboten und Bestattungen nur auf dem jüdischen Friedhof in Altona erlaubt.

Glückel gibt in ihren Aufzeichnungen ein anschauliches Beispiel für die Haltung des Rates und der Kirche den Juden gegenüber: »Aber wir haben in Hamburg kein Bethaus gehabt ... Doch sind die Juden zusammengekommen in ihren Wohnungen zum Beten, so gut sie nebbich gekonnt haben. Wenn solches die Räte der Stadt vielleicht schon gewusst haben, haben sie doch gern durch die Finger gesehen. Aber als es Geistliche gewahr worden sind, haben sie es nicht leiden wollen und uns nebbich verjagt ...«

Als der auf Sondereinnahmen bedachte Rat das jährliche Schutzgeld um ein Vielfaches auf 6000 Mark erhöht, wandert eine Reihe jüdischer Familien nach Amsterdam ab;

Zahlungsunfähige werden ausgewiesen. Löb Pinkerle bleibt in der vom Dreißigjährigen Krieg zwar verschonten, aber durch den zusammengebrochenen Fernhandel schwer gebeutelten Stadt. Seine Diamantengeschäfte scheinen weiter zu florieren, denn Edelsteine lassen sich selbst in unsicheren Zeiten unauffällig transportieren und sind ein begehrtes Vermögensobjekt.

Glückel erhält Unterricht in allem, was dem Vater dienlich scheint für ihr späteres Leben. Während im 17. Jahrhundert Mädchenbildung noch kein Thema ist, sind jüdische Familien darin ihrer Zeit voraus: Sie lassen, wenn sie es sich leisten können, auch den Töchtern eine gute Bildung zukommen. Auch passende Ehepartner werden von den Eltern schon frühzeitig ausgesucht. Für eine Eheschließung sind Liebe oder Sympathie weit weniger ausschlaggebend als vorteilhafte Geschäftsverbindungen mit den zukünftigen Schwiegereltern.

Gerade zwölf Jahre alt, ein Kind noch, ist Glückel, als der Vater ihre Verlobung mit dem Kaufmann Chajm Hameln bekannt gibt. Nach ihren Wünschen wird sie nicht gefragt – sie hätte auch gar keine Gelegenheit gehabt, als behütete Tochter junge Männer außerhalb des Familien- und Freundeskreises kennen zu lernen.

Zwei Jahre später, die Braut ist nun 14, findet die Hochzeit statt. Sie wird in Hameln gefeiert, dem Wohnsitz des Bräutigams, der den Ortsnamen als Familiennamen trägt. Glückel heißt jetzt nicht mehr Pinkerle, sondern nach dem Ehemann Glückel von Hameln.

Hameln ist zwar als Umschlagplatz für Waren der Hanse nicht abgeschottet von der Welt, aber verglichen mit der Hafenstadt Hamburg empfindet Glückel das überschaubare Weserstädtchen als Provinz. Die dicht aneinander gebauten Fachwerkhäuser engen sie ein, sie vermisst Menschen, mit denen sie reden kann. Im Tagebuch beklagt sie, dass es sie an einen Platz verschlagen hat, an dem es nur zwei jüdische Familien gibt. Für sie steht fest: »Hameln an sich ist ein lumpiger, unlustiger Ort.«

Ihr Schwiegervater hat sich Sabbatai Zewi angeschlossen, einem charismatischen Heilsverkünder aus Smyrna, der sich als Messias ausgibt und von seinen Anhängern als Vorbereitung auf das messianische Zeitalter Askese und die strikte Einhaltung der Gebote verlangt. Der strenggläubige Schwiegervater verkauft sein Haus und seine Besitztümer in Hameln, um nach Palästina auszuwandern und dort den verheißenen Tag der Erlösung zu erwarten.

Glückel hält es auch nicht länger an der Weser, sie ist froh, nach einem Jahr der beengenden Kleinstadtatmosphäre entkommen zu können. Es zieht sie zurück in ihre Heimatstadt Hamburg, die im 17. Jahrhundert immerhin schon über 40000 Einwohner zählt. Die Juden gehören, wie erwähnt, auch hier zu den Außenseitern, geduldet, nicht geliebt, beneidet um ihre geschäftliche Tüchtigkeit und ihr sich rasch mehrendes Vermögen. Die Gettosituation wirkt sich in der weltläufigen Hafenstadt jedoch weniger bedrückend aus als in kleinen Städten.

Gemeinsam mit ihrem Mann findet Glückel erst einmal bei ihren Eltern Unterschlupf, doch es drängt sie nach Selbstständigkeit und Unabhängigkeit. Schon bald kann das junge Paar ein eigenes Haus beziehen. Glückel ist schwanger und bringt mit knapp 16 ihr erstes Kind zur Welt. 13 weitere Geburten werden folgen, manche in Zeitabständen von nicht einmal einem Jahr. Offenbar ist Glückel mit einer außergewöhnlich robusten Gesundheit ausgestattet und gefeit gegen das gefürchtete Kindbettfieber, das so viele junge Frauen dahinrafft.

Doch vom Unglück verschont bleibt die junge Familie nicht. Eines der Kinder stirbt mit vier Jahren, ein anderes gleich nach der Geburt. Glückel nimmt die Schicksalsschläge gottergeben hin und lässt sich vom Schmerz nicht niederdrücken. Obwohl sie den Haushalt und eine zwölfköpfige Kinderschar zu versorgen hat, unterstützt sie ihren Mann tatkräftig bei seinen Handelsgeschäften. Chajm ist, wie sein Schwiegervater, ein erfolgreicher Kaufmann. Mit praktischem Sinn bezieht er nicht nur seine Frau, sondern auch die Kinder in seine vielfältigen geschäftlichen Aktionen ein und überträgt ihnen verantwortungsvolle Aufgaben. Er schafft es mit seinen über Hamburg hinaus reichenden Beziehungen, die Ältesten früh und zum Wohle der Familienreputation zu verheiraten.

Acht der Kinder leben noch unversorgt im elterlichen Haus, als er 1689 an den Folgen eines Sturzes ganz unerwartet stirbt. Wieder, wie schon beim Tod der beiden Kinder, trägt Glückel die harte und plötzliche Veränderung in ihrem Leben mit Fassung. Während ihrer Ehe hat sie mit ihrem Mann gemeinsam die Geschäfte geführt, nun aber liegt die ganze Verantwortung auf ihren Schultern, dazu die Sorge für die unmündigen Kinder. Es ist keineswegs selbstverständlich, dass sie das alleinige Sorgerecht erhält – sie muss darum kämpfen. Da Witwen als hilflose, unmündige Geschöpfe angesehen werden, gibt man sie in die Obhut eines männlichen Vormunds, der alle Entscheidungen für sie trifft. Dass Glückel diese Bevormundung abwehren kann, hat sie der weisen Voraussicht ihres Mannes und ihrer eigenen Energie zu verdanken.

Chajm Hameln hat vor seinem Tod dem zuständigen Rabbi sehr deutlich gemacht, dass er seiner Frau die kundige Weiterführung seiner Geschäfte und die Erziehung der Kinder zutraut. In der Niederschrift heißt es: »Meine Frau, die weiß von allem. Lasst sie tun, wie sie vordem zu tun gepflegt.« Der Rabbi beherzigt den letzten Wunsch Chajms, und so wird die 43-jährige Witwe von einem Tag auf den anderen zur selbstständigen Unternehmerin – ein bemerkenswertes Beispiel weiblicher Emanzipation inmitten einer von Männern geprägten Geschäftswelt und einer von bürgerlichen und religiösen Konventionen bestimmten Gesellschaft.

Eine Witwe im Börsengeschäft

Glückel steigt voll in die Geschäfte ihres verstorbenen Mannes ein – ja, es gelingt ihr durch ihren Spürsinn, ihre Beharrlichkeit und ihr geschicktes Taktieren, die Handelsbeziehungen auch auf Nichtjuden auszuweiten, was allerdings nie eine Gleichstellung mit den Hamburger Bürgern bedeutet. Für die häuslichen Geschäfte sind die heranwachsenden Kinder verantwortlich: Sie hat ihre Familie wie einen Betrieb organisiert, in dem die älteren Söhne und Töchter die Fürsorge für die jüngeren Geschwister übernehmen.

Alle, auch die Mädchen, haben wie Glückel selbst die Schule besucht. Im Cheder, der von Rabbinern geleiteten jüdischen Elementarschule, haben sie lesen, schreiben und rechnen gelernt. Das bringt ihnen Vorteile im Geschäftsleben und stärkt das Selbstbewusstsein vor allem der Mädchen, die den meisten Hamburger Bürgertöchtern an Wissen und Wendigkeit weit überlegen sind. Das schürt aber auch Neid und das von jeher bestehende Misstrauen gegen die »Familienverbändelung der Gettojuden«.

Gleich in ihrem ersten Buch berichtet Glückel über die unsichere Lage der Hamburger Juden: »Also ist es gewesen, dass wir zeitweilig Ruhe gehabt und zeitweilig wieder verjagt worden sind bis zum heutigen Tag. Ich fürchte, dass solches so währen wird, solange wir in Hamburg sind und solange die Bürgerei in Hamburg regiert.«

Doch auch mit der Hilfsbereitschaft der Glaubensgenossen und der Großfamilie ist es nicht weit her. Glückel vermerkt über die erste Zeit nach dem Tod des Mannes: »Nach den dreißig Trauertagen ist kein Bruder, keine Schwester, kein naher Verwandter zu uns gekommen, der uns gefragt hätte, was macht ihr oder wie kommt ihr zurecht. Sind wir zusammengekommen, bevor die dreißig Trauertage aus gewesen sind, so ist ihr Reden eitel Nichtigkeit gewesen. Es hat mir oder meinen Waisen zu unserm Zweck wenig helfen können.« Hat vielleicht das selbstbewusste Auftreten Glückels Verwandte und Freunde daran gehindert, ihr Hilfe anzubieten?

Trotz der fehlenden Unterstützung durch Angehörige, trotz des minderen Status als Frau und als Jüdin und trotz der Willkür der Hamburger Behörden gelingt es Glückel, ihr kleines Imperium zu festigen. Sie passt sich flexibel den jeweiligen Marktbedingungen an und nutzt die Schlupflöcher, die das Gesetz bietet. Sie handelt mit allem, was nicht einem ausdrücklichen Verbot für Juden unterliegt, mit Wolle und Seide, mit Tabak und Zucker, selbst mit Gold und Juwelen. Der binnendeutsche Fernhandel blüht seit dem Ausbau der Wasserstraßen, die das Hinterland bis nach Schlesien erschließen.

Glückel fährt zu allen wichtigen Messen, nach Frankfurt am Main und Frankfurt an der Oder, nach Leipzig und selbst nach Wien. Sie besitzt eine Strumpffabrik und lagert die gefertigten oder angekauften Waren in einem eigenen Gewölbe. Dass sie bei den Hamburger Banken »für 20 000 Reichsthaler« kreditwürdig ist, erfüllt sie mit Stolz. Sie treibt »guten Schacher«, das heißt, sie verleiht Geld gegen Zinsen, die aber nicht so hoch sind, dass man es als Wucher bezeichnen könnte. Ganz selbstverständlich tätigt sie Börsengeschäfte, offenbar mit großer Sachkenntnis und sicherem Gespür für gewinnträchtige Anlagen. Das nötigt den Hamburger »Pfeffersäcken« Hochachtung ab: Wo hat es so etwas schon gegeben – eine Frau, die sich in den Börsenusancen auskennt?

Ein Jahrhundert später kann in Frankfurt am Main Gudula Rothschild, die Mutter der fünf tonangebenden Bankiers in Europa, selbstbewusst sagen: »Wenn mei Söhn nit wolle, gibt's kein Kriech!« Sie hat all ihre Söhne zu tüchtigen Bankiers erzogen, sich aber selbst nie in deren Geschäfte eingemischt. Glückel von Hameln jedoch, auch sie

Mutter einer Reihe tüchtiger Söhne, tätigt ihre Bankgeschäfte selbst und auf eigenes Risiko.

Alle Einnahmen und Ausgaben trägt sie in ihre »Sichronoth«, ihr Erinnerungsbuch, ein. Doch sie schreibt nicht nur nackte Zahlen auf, sie erzählt auch die Geschichte, die dazugehört. Oft ist es Familiengeschichte, wobei das Materielle einen hohen Stellenwert besitzt: »Mein Vater ist ein Mann gewesen von 8000 Reichsthalern. Der reichste Mann in derselben Zeit ist gewesen Chajm Fürst, er ruhe in Frieden. Er ist ein Mann gewesen von 10 000 Reichsthalern.«

Auch bei der Heirat der Kinder spielt Geld eine gewichtige Rolle. Glückel berichtet über die Hochzeit der ältesten Tochter Zippora noch zu Lebzeiten ihres Mannes: »Also hat mein Mann – das Andenken des Gerechten gesegnet – sich verschwägert mit dem reichen Reb Elia Cleve.« Die Eheschließung und die Verbindung der beiden Familien wird in Amsterdam prunkvoll gefeiert. Die Braut erhält als Mitgift 22 000 Reichsthaler holländisches Geld – eine stattliche Summe, die durch neue Geschäftsverbindungen rasch wieder hereingeholt wird, »denn in den drei Wochen vor der Hochzeit in Amsterdam hat mein Mann die halbe Mitgift wieder verdient gehabt«.

Glückel sucht auch für die anderen Kinder – wie später die Rothschilds – Ehepartner an wichtigen Handelsplätzen: in Berlin, Wien oder Amsterdam. So entsteht ein solides Familiengeflecht, das manche Krise überdauert. Doch nicht alles hat die Mutter im Griff. Einer der Söhne, Löb, ist ein Versager. Er macht ständig Schulden und borgt sich Geld von den Geschwistern. Glückel schließt ihn jedoch nicht aus der Familiengemeinschaft aus, sondern macht ihn zum Geschäftsführer in ihrem eigenen Kontor. So hat sie ihn stets unter Kontrolle und kann sein weiteres Abgleiten verhindern – ein weiser Schachzug, wobei sie nicht nur aus Mutterliebe so großzügig handelt, sondern auch, um keinen Schatten auf die Familienehre fallen zu lassen.

Übersiedlung nach Metz

Sohn Löb ist nicht der einzige Kummer, der Glückel bedrückt. Nach elf anstrengenden, aber geschäftlich äußerst erfolgreichen Witwenjahren geht sie wieder eine Ehe ein. Sie heiratet den aus dem Elsass stammenden angesehenen Bankier Levy und zieht mit ihm in dessen Vaterstadt Metz. Damit kappt sie ihre Hamburger Geschäftsbeziehungen und auch ihre persönlichen Bindungen an diese Stadt.

In Metz findet sie nicht den erhofften Anschluss, was nicht zuletzt an ihren marginalen Sprachkenntnissen liegt. Sie schreibt kurz nach der Hochzeit: »Ich habe mir nichts mehr gewünscht, als dass ich Französisch gekonnt hätte, damit ich jedem hätte Red und Antwort geben können. Nun, mein Mann hat für mich geredet.« Welch bittere Zurücknahme an Selbstbestimmtheit für die erfolgsgewohnte Unternehmerin!

Die Geschäfte des Ehemannes laufen nicht gut, er macht Schulden. Glückel springt mit ihrem Vermögen ein, kann aber den Bankrott seines Bankhauses nicht mehr abwenden. Und auch ihr Geld geht in die Konkursmasse ein. Levy stirbt als gebrochener Mann einige Jahre später. Glückel kommt bei ihrer in Metz verheirateten Tochter Esther unter. Sie hat trotz allen Kummers ihren Lebensmut nicht verloren und versteht es, aus jeder Situation das Beste zu machen. Sie ist dankbar für die Zeit, die ihr nun zum Schreiben bleibt.

Ein Zeitgemälde aus Worten

Glückels Aufzeichnungen sind für ihre Kinder und Enkel bestimmt, doch lassen einige Formulierungen vermuten, dass sie auch an einen weiteren Leserkreis gedacht hat. Die zahlreichen eingestreuten Erzählungen, Bibelzitate und moralischen Exempel sollen ihre Gedanken und Erlebnisse untermauern und anreichern. Ganz unverblümt gesteht sie: »Für die Langeweile muss ich einen hübschen Spaß schreiben, was uns geschehen ist, um das Buch damit ein bisselchen zu verlängern.«

Sie untertreibt. Ihre Geschichten sind mehr als ein hübscher Spaß, vor allem wenn sie von unrühmlichen Begebenheiten an heiligen Stätten handeln. So beschreibt sie einen handfesten Synagogenstreit »am Freudenfest der Thora 1714«:

»Als, wie es Sitte ist, alle Thorarollen aus der heiligen Lade genommen waren und gleich danach die sieben Thorarollen auf dem Tisch gestanden sind, da hat eine Schlägerei zwischen den Weibern angefangen, und leider hat eine der anderen die Schleier vom Kopf gerissen, so dass sie barhäuptig in der Weibersynagoge gestanden sind. Daher haben dann auch die Männer in der Männersynagoge zusammen angefangen sich zu zanken und zu schlagen. Wenn auch der Gaon, der große Rabbiner Abraham, mit lauter Stimme geschrien und mit dem Bann gedroht hat, dass man still sein soll und den Feiertag nicht weiter entweihen, aber das hat alles nichts geholfen.«

Wie hätte der große Rabbi Abraham reagiert, wären ihm diese Zeilen Glückels unter die Augen gekommen? Ziemt es sich für eine Frau, so etwas aufzuschreiben? Überhaupt etwas aufzuschreiben? Dafür sind die Schriftgelehrten zuständig, und Schriftgelehrte sind, wie auch in den christlichen Kirchen, immer Männer.

Auch Familiengeschichte wird üblicherweise von Männern geschrieben. Eine Chronik für die Nachkommen zu führen, ist Sache des Familienoberhauptes. Da Glückel zwei Männer überlebt hat, übernimmt sie als Witwe diese Aufgabe. Ihre Zeitrechnung richtet sich nach dem jüdischen Kalender. Damit stellt sie sich in die Tradition ihrer Vorfahren: »Meine Geburt, mein' ich, ist gewesen im Jahre

5047 in der heiligen Gemeinde Hamburg, wo mich meine fromme Mutter hat zur Welt gebracht …«

Glückels Aufzeichnungen halten nicht nur akribisch alle Familien- und Gemeindedaten fest – sie helfen ihr auch, das eigene turbulente Leben zu ordnen, Schmerz und Trauer schreibend zu verarbeiten. So notiert sie in einer der schlaflosen Nächte: »Ich habe manche Nacht schlaflos zugebracht und ich habe besorgt, dass ich nicht, Gott bewahre, in melancholische Gedanken sollte kommen …« Wenn Melancholie sie überfällt, steht sie auf und greift zur Feder: Schreiben als selbst verordnete Therapie.

Glückel hat, wenn sie auf ihr Leben zurückblickt, wenig Grund zur Melancholie. Sie hat Außerordentliches geleistet: als Mutter, als Ehegefährtin, als Geschäftsfrau, als Chronistin – und als Jüdin, für die das Getto nicht Stigma, sondern Herausforderung war. Alles, was sie erreicht hat – das betont sie immer wieder –, hat sie mit Gottes Hilfe erreicht. Ihr letztes, siebtes Buch endet mit einer Vision:

»Im Monat Nissan 1719 ist eine Frau an der Mosel gestanden und hat Geräte gesäubert, in der Nacht ungefähr um 10 Uhr. Da ist es hell wie bei Tag geworden und die Frau hat in den Himmel gesehn. Der Himmel ist offen gewesen … und Funken sind davongesprungen, und danach ist der Himmel wieder zugegangen, als wenn einer einen Vorhang zugezogen hätte und es ist wieder ganz finster geworden.« Die Hoffnung, dass dies »zum Guten sein soll«, schließt sich an. Es erstaunt, wie diese sonst so nüchterne und der Realität verhaftete Frau gegen Ende ihres Lebens Bilder vom Jenseits in ihre Schilderungen einflicht: Wunschbilder, Hoffnungsbilder.

Glückel hat einen friedlichen Tod. Sie stirbt im September 1724, fast 80-jährig, in Metz im Hause ihrer Tochter Esther.

Eine beinahe verlorene Geschichte

Die originalen Aufzeichnungen Glückels gibt es nicht mehr, sie sind verschollen oder vernichtet worden. Doch ihr Sohn Moses Hameln, ein Rabbiner, fertigt, wie es damals häufig geschah, eine getreuliche Abschrift der Memoiren an.

Die Kopie bleibt über Generationen hinweg unbeachtet, bis sie eines Tages einer entfernten Verwandten in Budapest in die Hände fällt. Deren Mann, der jüdische Literaturwissenschaftler David Kaufmann, ist von dem Fund fasziniert: Dieses einzigartige Zeugnis jüdischen Alltagslebens aus dem 17. und dem frühen 18. Jahrhundert – geschrieben von einer Frau – muss veröffentlicht werden!

Der Professor macht sich an die mühsame Entzifferung des umfangreichen Manuskripts. Es ist in so genanntem Judendeutsch geschrieben, das nicht identisch ist mit dem Jiddischen. 1896 bringt er die *Memoiren der Glückel von Hameln* im Originalwortlaut heraus. Er hofft, dass viele jüdische Leser diese Altvätersprache noch beherrschen oder sie sich wieder aneignen. Und er hofft auch, dass durch dieses Dokument jüdischer Lebensentfaltung assimilierte und dem Glauben entfremdete Juden wieder zu ihren Quellen zurückfinden, sich auf ihr Jüdisch-Sein besinnen. Aber diese Hoffnung an der Schwelle des 19. zum 20. Jahrhundert, einer Zeit neu aufkommender Judenfeindlichkeit, ist wohl zu idealistisch.

Die Feministin Bertha Pappenheim zäumt das Pferd von einer anderen Seite auf: Sie überträgt Glückels Memoiren in eine allgemein verständliche Sprache und veröffentlicht sie 1910 als Privatdruck, um »das Bild einer Frau neu zu beleben, die, tief in ihrer Zeit wurzelnd, durch ungewöhnliche Geistesgaben hervorragte«. Ihr ist klar, dass diese Aufzeichnungen, prall mit Leben gefüllt, Zeitgeschichte aus der Sicht einer Frau dokumentieren – wenn auch nicht literarisch ausgestaltet wie der aus Männersicht geschriebene *Abenteuerliche Simplicissimus* von Grimmelshausen.

Bertha Pappenheim ist als Vorsitzende des Jüdischen Frauenbundes mit seinen 50 000 Mitgliedern eine mächtige Frau. Sie hebt die politisch-emanzipatorische Bedeutung Glückels hervor, ihre Vorbildfunktion für die jüdische Frauenbewegung. Dabei kämpft sie an zwei Fronten: gegen den Antisemitismus in Teilen der bürgerlichen Frauenbewegung und gegen den Antifeminismus einflussreicher jüdischer Männer.

Mit ihrem großen Vorbild identifiziert sich Bertha Pappenheim so sehr, dass sie sich als Glückel in der Tracht des 17. Jahrhunderts porträtieren lässt. Da kein authentisches Bild von Glückel existiert, ziert das nachgestellte, falsche Porträt auch heutige Ausgaben der Memoiren. Doch Glückels wahres Bild bleibt ohnehin im Gedächtnis haften – auch ohne Originalgemälde.

Die Sängerin
Anna Magdalena Bach
(1701–1760)

> Schlummert ein, ihr matten Augen
> fallet sanft und selig zu.
> <small>NOTENBUCH FÜR A. M. BACH</small>

Anna Magdalena Bach, die zweite Ehefrau Johann Sebastian Bachs, starb am 27. Februar 1760 als »Almosenfrau« der Stadt Leipzig im Alter von 59 Jahren. Sie hat ihren Mann um ein Jahrzehnt überlebt – ein Jahrzehnt der Armut und Erniedrigung. Die Frau des weit über Leipzig hinaus angesehenen Thomaskantors, Mutter und Stiefmutter berühmter Söhne, angewiesen auf das Gnadenbrot einer kleinlichen Behörde. Ein Armenbegräbnis der traurigsten Art, die Grabstätte blieb unbekannt. Warum haben die Nachkommen, die drei noch lebenden Stiefkinder aus Bachs erster Ehe und die sechs eigenen, die ihr von dreizehn geblieben sind, nicht für eine würdige Bestattung der Mutter gesorgt? Unbegreiflich aus heutiger Sicht, auch wenn man bedenkt, dass ihr Tod mitten in die Wirren des Siebenjährigen Krieges fiel und der Tod damals ein alltägliches Ereignis war. Wie viele Frauen starben im Kindbett, wie viele Kinder an Seuchen, wie viele Männer auf dem Schlachtfeld. Für Emotionen blieb da wenig Raum, das Leben musste weitergehen.

Trotzdem: Glaubt man den wenigen authentischen Quellen, muss Anna Magdalena – das einzige zeitgenössische Bildnis von ihr ist leider verschollen – eine liebenswerte und tüchtige Person gewesen sein, verständnisvolle Ehegefährtin, aufopfernde Mutter, großzügige Gastgebe-

Anna Magdalena Bach
im Kreis der Familie

rin. Und diese intensive, von Musik begleitete Familiengemeinschaft, die die Kinder erlebten, soll keine Spuren, kein
dankbares Erinnern hinterlassen haben? Möglich, dass
zwei oder drei der Töchter, selbst mittellos, dem Sarg gefolgt sind. Die Söhne und Stiefsöhne – alle in der Tradition
des Vaters Musiker – waren anderweitig beschäftigt, Wilhelm Friedemann in Halle, Carl Philipp Emanuel in Berlin,
Johann Christoph Friedrich in Bückeburg, Johann Christian in Mailand. Der Schwiegersohn Altnikol in Naumburg,
in dessen Familie der geistig zurückgebliebene Sohn Gottfried Heinrich betreut wurde, war kurz zuvor gestorben.
Die Beziehungen nach Naumburg wie auch die musikalische Ausbildung des jüngsten Sohnes Johann Christian bei
seinem Stiefbruder in Berlin zeigen, dass Familienbindungen und berufliche Kontakte durchaus bestanden haben,
man wusste voneinander, auch wenn das Post- und Kurier-
wesen nicht zuverlässig funktionierte. Aber kein Briefwechsel zum Tod der Mutter. Keine nachträgliche Ge-
dächtnisfeier. Kein Nachruf auf die Almosenfrau.

Ob sich nicht das eine oder andere der Kinder in späterer Zeit Gedanken gemacht hat über das sorgenbelastete
Leben und den unbeachteten Tod der Mutter? – Am ehesten vielleicht der jüngste der Söhne, Bachs große Hoffnung
Johann Christian, der nach der Ausbildung in Berlin als
Hauskapellmeister eines Grafen nach Mailand ging, in Bo-
logna ein Studium absolvierte und im Todesjahr der Mutter Organist am Mailänder Dom wurde. Ein äußerst
erfolgreicher Opernkomponist, der auch Sinfonien, Kam-
mermusik und Kantaten schrieb und den jungen Mozart
beeinflusst hat. Er wurde später als *Saxon Master of Music*
in London berühmt und ging als »Mailänder« oder »Londoner« Bach in die Musikgeschichte ein. Ob die Mutter
noch von seinem Übertritt zur katholischen Kirche erfahren hat? Er liebte als Bonvivant die italienische Lebensart,
und zu dieser Lebensart gehörten auch stärker gefühlsbe-

tonte Familienbindungen. Vielleicht ist ihm dabei bewusst geworden, wie wenig in der Bach-Familie, in der musikalische Leistung zählte, von der Mutter die Rede war, die ihre Karriere als Sängerin um der Kinder willen aufgegeben hatte. Wäre es nicht wichtig, ihr Andenken den Kindern und Kindeskindern, der Nachwelt zu erhalten?

So könnte sich Johann Christian hingesetzt und, nachdem er Einzelheiten über den jammervollen Tod seiner Mutter aus Leipzig erfahren hatte, einen langen Brief an seine Geschwister in Deutschland geschrieben haben. Einen Brief der Erinnerung und der Dankbarkeit. Einen Brief gegen das Vergessen (in der Schreibweise unserer Tage):

Mailand, im Dezember 1760

An meine Geschwister in Halle und Berlin, in Bückeburg, Naumburg und Leipzig

Ihr werdet euch gewiss wundern über meinen Brief aus dem fernen Mailand, der euch noch zu Weihnachten erreichen sollte, wenn es mit der Kurierpost klappt. Den Anlass könnt ihr euch denken. Es ist nun beinahe ein Jahr vergangen seit dem Tod unserer lieben Mamma, von dem ich erst Wochen später erfahren habe, da meine Anschrift – ich bin jetzt Organist am Dom – sich geändert hat. Ob keiner von euch mir seither geschrieben hat oder ob Briefe fehlgeleitet wurden, weiß ich nicht. Vor kurzem erst hat mir ein Freund von St. Thomae Genaueres über das traurige Ende unserer Mamma berichtet, das mich erschüttert hat. Sie soll völlig verarmt in einem Haus an der Hainstraße als Almosenfrau gestorben sein. Ihr, der mit den Thomanern so Vertrauten, hätten zur Beerdigung nur drei der schlechtesten Diskantisten für elf Groschen ein paar ärmliche Choräle gesungen, und dem Sarg sei lediglich die Viertelschule wie bei ganz armen Leuten gefolgt.

Wenn ich da an die solenne Beerdigung unseres Papas denke, wie die ganze Schule an jenem Julitag vor zehn Jahren den Leichenwagen unter großem Geläute zum Johannisfriedhof begleitet hat, wie die musikalische Societät, Freund Telemann und Magister Kriegel ihn gewürdigt haben ... Nur der Rat wusste nicht, was er an Bach verloren hatte, bemängelte, er sei zwar ein großer Musikus, doch kein Schulmann gewesen, die Schule hätte aber einen Kantor, keinen Kapellmeister gebraucht. Diese Missachtung hat dann wohl unsere Mamma zu spüren bekommen, als es um das Gnadengehalt für, wenn ich mich recht erinnere, die Quartale Crucis und Luciae ging und der Rat sich beschämend knauserig zeigte. Die 40 Taler Unterstützung, die sie wegen ihrer Bedürftigkeit ein oder zwei Jahre später erhielt, wurden ihr nicht ohne Gegenleistung gewährt, wer weiß, was für Musikalien sie dafür hat abtreten müssen. Es ist ein Jammer, wie der Bachsche Nachlass durch Not und – von uns Kindern – auch durch Schludrigkeit und Eigennutz auseinander gerissen wurde.

Unsere Mamma, deren Leben Mühe und Arbeit war, die dreizehn Kinder zur Welt gebracht hat, das letzte noch mit 42 Jahren, hätte einen sorgenfreieren Witwenstand verdient. Aber konnten wir, die wir fern von Leipzig lebten, von ihrem Elend wissen? Von ihrer Not unterzukommen, nachdem sie die große Wohnung in der Thomasschule hatte räumen müssen? Sie hat, wenn sie uns eine Nachricht zukommen ließ – was höchst selten geschah –, nie geklagt, uns nie um Hilfe gebeten. Es waren ja nicht nur die Geldsorgen, die sie plagten. Was hat sie in den 29 Ehejahren und der harten Witwenzeit nicht alles erdulden müssen – Geburt und Tod lagen immer nah beisammen: sieben Kinder gleich in den ersten Lebenstagen oder im ersten Lebensjahrzehnt verloren. Stiefsohn Gottfried Bernhards liederliches Organistenleben, seine Schulden in Sangerhausen, sein Verschwinden und früher Tod ... Dann Gottfried

Heinrich, das Sorgenkind, so beschränkt, dass er in ständiger Obhut leben muss – und sein Betreuer, Schwager Altnikol, kurz vor Mamma gestorben, unserer Schwester Liesgen die Last alleine überlassend. Wenn ich ihr helfen kann, will ich es gerne tun, es wäre eine kleine Abbitte dafür, dass ich mich um das Wohlergehen unserer verstorbenen Mamma nicht mehr gekümmert habe. Auf die Leipziger Geschwister, die beiden jüngsten vor allem, Johanne Carolina und Regine Susanna, deren Anschrift ich nicht kenne, wird man hoffentlich aus Berlin und Bückeburg ein Auge werfen. Auf Friedemann in Halle darf man wohl nicht zählen. Seine Kapriolen haben die Mamma, auch wenn sie nur Stiefmamma war, sicher sehr betrübt.

Aber es gab auch Erfreulicheres in ihrem Leben. Wie stolz war sie über die Berufung Philipp Emanuels zum Kammercembalisten an den Hof nach Potsdam, über Christoph Friedrichs Stellung als Kapellmeister am Bückeburger Hof. Wie glücklich war sie über die Enkel in Naumburg und Berlin, die ihr, bis in die Namen hinein, Garant schienen für eine Fortsetzung der langen Bachschen Familientradition. Eine Musikergeneration folgt der andern. Wie lange es so weitergehen wird? Auch unsere Mamma stammte ja aus einer Musikerfamilie, und Hoftrompeter Wilcken hatte auf eine gute musikalische Ausbildung seiner Tochter großen Wert gelegt, bevor sie als Sängerin an den Hof in Köthen kam. Hier wurde unser Papa auf ihren »sauberen Soprano« aufmerksam. Das war wohl nicht das Einzige, was ihm, dem 36-jährigen Witwer, an der Zwanzigjährigen gefiel. Die Hochzeit, ihr wisst es aus den Familienschriften, fand im Dezember 1721 statt, nur eineinhalb Jahre nach dem frühen Tod seiner Maria Barbara. Das junge Paar muss eine glückliche Zeit verlebt haben in Köthen, Papa als fürstlicher Kapellmeister in der Gunst Fürst Leopolds – bis ihm dessen junge Frau, die für Hofmusik nichts übrig hatte, das Leben schwer machte.

Der Entschluss, nach Leipzig zu ziehen, fiel ihm – er hat es oft erzählt – nicht leicht. Er bedeutete Abstieg vom Hofkapellmeister zum gewöhnlichen Kantor, bedeutete Einbuße an Ansehen und auch an Gehalt. Trostlos müssen die Bedingungen gewesen sein bei seinem Antritt: nur einhundert Taler feste Einkünfte im Jahr, das andere unsicherer Zuverdienst durch Trauungen und Begräbnisse. Täglich drei Unterrichtsstunden, die er hasste. Für die Musik an St. Thomae und St. Nicolai 55 teils musikalisch völlig ungebildete Alumnen und ein Berufsorchester aus vier Stadtpfeifern, drei Kunstgeigern und einem Gesellen. Wie er mit diesem Bestand die *Matthäus-Passion* oder das *Weihnachtsoratorium* aufführen konnte, bleibt unbegreiflich. Wahrscheinlich wäre er verzweifelt, hätte man ihm nicht später das Collegium Musicum anvertraut und hätte er nicht auf seinen vielen Reisen Gelegenheit gehabt, mit wohl geordneten Orchestern zu spielen.

Auf diese Reisen hat er übrigens unsere Mamma nur höchst selten mitgenommen, obwohl sie mit ihrer ausgezeichneten Sopranstimme hätte glänzen können. Das würde hier in Mailand niemand verstehen. Hängt es mit dem lutherischen Glauben zusammen, dass man in deutschen Landen Frauen Auftritte in der Kirche verbietet? Aber wo hätte eine Sängerin sonst die Möglichkeit, öffentlich aufzutreten – außer bei Hofe, den es in Leipzig nicht gibt? Die Oper hat man 1720 geschlossen, ein großer Konzertsaal ist meines Wissens – bis auf den ungünstigen *Drey Schwanen* auf dem Brühl – nicht vorhanden. Bleiben also kleine Winkelaufführungen oder Hauskonzerte – welcher Abstieg für eine fürstliche Hofsängerin! – Doch: Habt ihr sie jemals darüber klagen hören?

Immer war von Papas Opfern die Rede: dem Verzicht auf das fürstliche Kapellmeisteramt in Köthen, der Übersiedlung nach Leipzig, damit die Söhne an der Universität studieren können. Aber wer fragte nach dem Verzicht, den sei-

ne Ehefrau geleistet hat? Immerhin verlor sie mit dem Weg-
zug aus Köthen ihre selbstständige Stellung und ihr eigenes
Einkommen als Sängerin – auch wenn sie nur halb so viel
verdiente wie Papa als Hofkapellmeister, war das für eine
Frau schon eine beachtliche Anerkennung und für die Fami-
lienkasse ein hilfreiches Zubrot. Dazu kam die öffentliche
Achtung, die sie als Hofsopranistin genoss. Und nun in
Leipzig eingesperrt in die Kantorenwohnung der Thomasschule, Wand an Wand mit den lärmigen, ungezügelten
Alumnen im Singesaal und in den Schlafstuben, ständig
von ihrer eigenen Kinderschar umgeben, von Bittstellern be-
helligt oder für durchreisende Musiker sorgend, Noten
kopierend, sich um Hausgeschäfte kümmernd, statt auf
der Bühne zu stehen … Später dann als Witwe das amtlich
festgehaltene Gelöbnis, niemals wieder zu heiraten, um die
Vormundschaft über uns unmündige Kinder nicht zu verlieren …

Von Opfern hat sie nie gesprochen, wohl aber von den
kleinen Freuden, die man ihr bereitet hat und die sie wie
ein kostbares Geschenk entgegennahm. Besonders angenehm müssen für sie die Jahre gewesen sein, in denen Vetter
Elias als unser Hauslehrer mit in der Familie wohnte. Er be-
saß wohl eine feinere und rücksichtsvollere Lebensart, als sie
in unserem Hause üblich war, und so konnte er Mamma immer wieder mit kleinen Aufmerksamkeiten erfreuen. Ich
war erst fünf oder sechs damals, aber ich habe ihr Entzücken
noch vor Augen, als der Vetter ihr, der leidenschaftlichen
Gärtnerin, seltene gelbe Nelkenpflanzen für ihr Gärtlein
besorgt hat. Oder wie er sich ein andermal um einen
prachtvoll singenden Hänfling bemühte, den er in einem
kleinen Käfig eigens aus Glaucha heranschaffte. Er hat wohl
auch etliche Briefe für die nicht besonders schreibgewandte
»Frau Mama«, wie er sie nannte, verfasst, und er war es auch,
der Papa in eindringlichen Briefen von ihrer ernsthaften
Erkrankung berichtete und ihn bat, seine Berliner Reise

abzubrechen und schnellstens nach Leipzig zurückzukehren.

Papa konnte sich, ihr wisst es, bei seinen vielen Tätigkeiten und Verpflichtungen nur wenig Zeit für die Familie nehmen. Dass dabei das gemeinsame Musizieren nie zu kurz kam, wird unsere Mamma, die ja seine gelehrigste Schülerin war, über vieles hinweggetröstet haben, worum er sich nicht gekümmert hat. Aber die musikalische Unterweisung seiner Kinder wurde, oft zu unserem Leidwesen, nie vernachlässigt, obwohl er in jenen Jahren über großen Werken saß. Ich erinnere mich lebhaft an unsere Hausmusiken in der guten Stube oder auch an Konzerte, bei denen uns Gäste akkompagnierten, in Nachbar Boses Sommersaal. Wie unsere Mamma dann auflebte beim Spiel am Clavecin oder wenn wir sie bei Arien begleiteten. Unsere Eltern waren, sicher zu Recht, stolz auf diese Hauskonzerte. Vom alten Familienfreund Erdmann hörte ich, dass Papa uns Kinder als geborene Musici gerühmt hat, mit denen er ohne Mühe ein Konzert vocaliter und instrumentaliter formieren könne …

Da fällt mir ein: Wo sind eigentlich die beiden Notenbüchlein geblieben, nach denen wir oft musiziert haben? An das zweite vor allem erinnere ich mich genau. Es war grün, mit vergoldetem Randschnitt, hatte zwei Schließen und trug die Initialen unserer Mamma A. M. B. 1725. Papa hatte Klavierpartiten hineingeschrieben, Mamma alles Mögliche, was ihr, auch von anderen Komponisten, gerade gefallen haben mag und was ihr musizierenswert schien, Suiten, Choräle, Arien und, wenn ich mich richtig besinne, ein Präludium aus dem *Wohltemperierten Klavier*. Dabei, wisst ihr's noch, haben wir manchmal gerätselt, ob die Eintragungen von Papa oder Mamma stammten, so ähnlich waren die Notenschriften. Nur wenn wir Fehler entdeckten, auch Schreibfehler in den Texten, wussten wir, dass es Aufzeichnungen von Mamma waren; ihr fehlten doch die letzten Kenntnisse – oder einfach Zeit und Ruhe.

Ich habe sie blass und übernächtigt in Erinnerung, morgens um sieben, bei unseren musikalischen Hausandachten, während Papa mir mit frisch gepuderter Perücke und schwarzem Schultermantel im Gedächtnis ist oder im dunkelgrünen Staatsrock mit den goldgetriebenen Knöpfen. Ein stattlicher Mann. Leutselig und liebenswert, aber ab und zu auch unbeherrscht aufbrausend. Mamma wird in ihrer sanften Art manch unbedacht hitziges Wort bei Kollegen und Honoratioren ausgebügelt haben. Um die Disziplin der Thomaner stand es schlecht. Aber konnte man von ihm erwarten, den ungeordneten Haufen über Nacht in den Griff zu bekommen? Nicht einmal die Auswahl geeigneter Kandidaten überließ man ihm. Waren da seine Zornesausbrüche nicht verständlich? Und ist es ihm nicht gelungen, trotz aller Anwürfe des Rates wegen Vernachlässigung seiner Schulpflichten, den Thomanern und ihrem Kantor nach und nach Ansehen zu verschaffen? Nicht hoch genug schätzen können wir dabei den Einfluss unserer Mamma auf sein störrisches, aufbegehrendes Wesen, mit dem er sich, besonders im engstirnigen Rat, Feinde machte.

Manchmal kommt mir von der Weltstadt Mailand aus Leipzig mit seinen 30 000 Einwohnern wie ein Provinznest vor, voller Intrigen und Eifersüchteleien. Die gibt es auch hier, aber sie werden offener und temperamentvoller ausgetragen, das wäre Papa gemäßer gewesen als Anfeindungen aus dem Hinterhalt, die auch Mamma zusetzten. Er hätte sich gewiss wohl gefühlt in Mailand, hätte sich begeistert an die prachtvollen Orgeln in den kleinen und großen Kirchen gesetzt. Ihr macht euch kaum eine Vorstellung von der Größe des Doms und vom Klangvolumen der Hauptorgel – herrlich. Und doch überkommt mich manchmal, wenn ich an der Orgelbank sitze, eine leise Sehnsucht nach der guten Thomaskirche mit ihren hölzernen Galerien, den bemalten Tribünen und Logen und der wunderlichen Kanzel, die wir Schnupftabaksdose nannten. Und ich denke daran, wie oft ich mit Mamma oder mit Liesgen den Papa, als er schon fast blind war, zur Empore geleitet habe, wie er in sich versunken saß, wie er dann in brausendem Spiel die Welt hinter sich ließ, als ob er sein Ende ahnte.

Das Ende kam so schnell – und hat sich doch so lange hingezogen. Schon seit dem Mai 49 machte sich Mamma, ihr wisst es, große Sorgen wegen seines rasch fortschreitenden Augenleidens. Dazu kam seine plötzlich einsetzende Gebrechlichkeit, vielleicht von einem Schlaganfall herrührend, die er sich nicht eingestehen wollte. Er war in die *Kunst der Fuge* versenkt, vergaß alles um sich, arbeitete fieberhaft und brauchte Mammas Hilfe dringender denn je. Dass die Nachricht von seiner Hinfälligkeit am Hof in Dresden nicht mit Bedauern oder zumindest Pietät aufgenommen wurde, sondern Graf Brühl dem Leipziger Rat umgehend einen Nachfolger präsentierte, muss Mamma tiefer getroffen haben, als wir alle ahnten. Mit anzusehen, wie der Minister-Protegé Gottlob Harrer in Leipzig sein Probekonzert gibt, während der noch amtierende Thomaskantor krank und hilflos daniederliegt … Welche Demütigung. Welches Aufbegehren. Ein letzter Versuch, durch den umstrittenen englischen Okulisten – hieß er nicht John Taylor? – das Augenlicht wiederzuerlangen. Beide Operationen, ihr erinnert euch, sind misslungen, ja, haben den Kranken so geschwächt, dass er sich von diesen Eingriffen kaum mehr erholen konnte. Mamma hat ihn im abgedunkelten Zimmer versorgt und umhegt, Altnikol saß an seinem Bett und ließ sich Änderungen einiger Orgelkompositionen diktieren.

Dann, Mitte Juli so plötzlich das Wunder – wir konnten es gar nicht fassen: Papa sah wieder Licht. Aber die Hoffnung war trügerisch. Ein Schlaganfall machte ihn bewusstlos, hohes Fieber stellte sich ein, die beiden herbeigerufenen Ärzte konnten ihm nicht mehr helfen. In seiner Todesstunde, am 28. Juli, abends gegen neun, waren wir bei ihm. Wir haben einen strengen und doch gütigen Vater verloren. Mamma hat mehr verloren.

Eine Arie, die Papa für sie gesetzt hat und die sie selbst in ihr Notenbüchlein schrieb, möchte ich euch am Schluss meines Briefes in Erinnerung rufen – vielleicht haben die Worte sie in dieser schweren Stunde getröstet:

> Bist du bei mir, geh' ich mit Freuden
> zum Sterben und zu meiner Ruh'.
> Ach, wie vergnügt wär so mein Ende,
> es drückten deine schönen Hände
> mir die getreuen Augen zu.

Lebt wohl und nehmt diesen Brief als Andenken an unsere Eltern, besonders an unsere Mamma, die in allem so bescheiden war, dass man ihre Kraft darüber vergessen könnte.

Ich gebe das Schreiben und Kopien an euch alle dem Kurier nach Berlin mit. Philipp Emanuel wird am ehesten wissen, wo ihr zu erreichen seid. Schreibt mir, wenn ich euch helfen kann. Man kennt mich hier als Signor Giovanni Bacchi, wie man Johann Sebastian Bach in Leipzig kennt – und hoffentlich noch lange kennen wird.

Weihnachten wünschte ich mir in Leipzig zu sein, das *Weihnachtsoratorium* zu hören in der Kirche St. Thomae, die meine Kirche geblieben ist, auch wenn ich nun in einem katholischen Dom an der Orgel sitze.

In weihnachtlichem Gedenken euer Johann Christian

Nachsatz aus unserer Zeit:

Bachs Gebeine ruhen heute in der Thomaskirche. Anna Magdalenas Grab blieb unbekannt, ihr einziges Bildnis verschollen. Die jüngste Tochter Regine Susanna starb

1809 als Letztes der Bach-Kinder. Der letzte Enkel, Wilhelm Friedrich Ernst, Cembalist Königin Luisens, erlebte 1843 noch die Enthüllung des von Mendelssohn gestifteten Bach-Denkmals beim Thomaskirchhof. Mit dem Tod dieses Enkels im Jahre 1845 endete die lange Bachsche Musiker-Dynastie, in der die Frauen – stets im Hintergrund geblieben – nicht vergessen werden sollten.

Die Berliner Celebrität
Madame du Titre
(1748–1827)
Berlin

»Ich habe mir vorgenommen, diesmal eine Dame zum Ge-
genstande meiner Schilderung zu machen, eine Dame, deren Andenken gewiss noch in der Erinnerung vieler Berliner lebt und deren höchst originelle Eigentümlichkeiten,
deren echt shakespearescher Humor und auch ganz vor-
treffliches Herz Stoff zu hundert und aberhundert Anekdoten gegeben.« – So beginnt im Jahre 1848 Rudolf von
Beyer, alias Rupertus, seine Lebensbeschreibung der Madame du Titre, die er eine »Berliner Celebrität« nennt. Im
Stile eines Märchens, aber historisch durchaus verbürgt,
fährt er fort: »Madame du Titre, die Witwe eines reichen
und geachteten französischen Kolonisten, lebte seit einer
Kette von Jahren in der Residenz der Könige von Preußen
… obgleich französischer Herkunft, war sie der Grund-
typus einer echten Berliner Bürgerin.«

Eine überraschende und zugleich bezeichnende Aussage
für Berlin: Von jeher wurden hier Fremde bereitwillig aufgenommen und in kürzester Zeit assimiliert; dies galt auch
für die calvinistischen Hugenotten, die 1685, nach der Aufhebung des Ediktes von Nantes, von Ludwig XIV. aus
Frankreich vertrieben wurden. Viele der Refugiés fanden
in Brandenburg/Preußen Zuflucht. Der Große Kurfürst ge-
währte ihnen tatkräftige Unterstützung – eine großzügige
Geste und gleichzeitig ein Akt praktischer Vernunft, denn
die Asylanten, um 1700 immerhin ein Fünftel der Berliner
Bevölkerung, brachten nicht nur eine Reihe neuer Gewer-
bezweige in die preußische Hauptstadt, sondern belebten
auch Verwaltung und Armee, Künste und Wissenschaften

und nicht zuletzt den Berliner Dialekt, wie die »boulette«, die echt berlinische Bulette, beweist. Obwohl sich die Hugenotten in der so genannten »Französischen Kolonie« zusammenschlossen, selbstverwaltet und mit eigenen Schulen und Kirchen, schotteten sie sich doch nicht gegen die übrige Bevölkerung ab, mit ihrem Fleiß und Aufbauwillen, ihrer Lebensklugheit und Geschicklichkeit brachten sie es bald zu Ansehen und Reichtum.

In diese Umgebung wuchs Marie Anne George, die spätere Madame du Titre, hinein, neuntes von zehn Kindern des begüterten Brauers Benjamin George und seiner ebenfalls hugenottischen Frau Sara. Und in diesem Milieu blieb sie, als sie, mit 33 Jahren erst, den reichen Seiden- und Kattunhändler Etienne du Titre heiratete, dem ein Betrieb mit über hundert Webstühlen gehörte. Eine standesgemäße Wohnung in der Beletage eines eigenen Hauses in der Poststraße, Jagdberechtigung im Tiergarten, Beziehungen zum Hof: rundum bürgerlicher Wohlstand im 18. Jahrhundert. Während ein Sohn früh stirbt, heiraten die beiden Töchter wunschgemäß in höhere Kreise. Ein Schwiegersohn, der Bankier und Handelsherr Wilhelm Christian Benecke, wurde sogar als Benecke von Gröditzberg in den preußischen Adelsstand erhoben.

Was war es nun, das dieses achtbare, aber durchaus nicht außergewöhnliche Leben der Madame du Titre so bemerkenswert machte, dass ihre Person in die Lokalgeschichte und in die Literatur einging? Willibald Alexis hat sie als »Madame Braunbiegler« in einem Roman verewigt, Goethe und Hebbel erwähnen sie, und E. T. A. Hoffmann soll ihr – mehr als schmeichelhaft – bescheinigt haben, sie spreche als einzige Frau Berlins das Berlinische mit Grazie.

Ihre gesellschaftliche »Celebrität« verdankt sie wohl in erster Linie ihrer verblüffenden Schlagfertigkeit, ihrem Mutterwitz und ihrem ungezügelten Mundwerk, dem vorlaut, doch nie bösartig so manches Bonmot entschlüpft. Dergleichen Drastik und Unbekümmertheit ist man zwar von Markt- und Schlachtersfrauen gewöhnt, nicht aber von Damen der Gesellschaft. Den auf standesgemäßen Comment bedachten Schwiegersöhnen ist denn auch der Auftritt der resoluten Schwiegermama, die kein Blatt vor den Mund nimmt, höchst peinlich, und sie halten sie nach Möglichkeit von ihren Empfängen fern. Das schmälert Madame du Titres Ruhm nicht, im Gegenteil, ihre witzigen Kommentare zum Zeitgeschehen machen bald nicht nur in den Biedermeiersalons die Runde, sondern auch in den Kreisen der Droschkenkutscher und Kneipenwirte. Ihre Anekdoten werden ausgeschmückt und angereichert, alte Wanderanekdoten auf ihre Person bezogen – ein Beweis ihrer Popularität. Die Figur der Madame du Titre verselbstständigt sich als Typ der Urberlinerin mit all den Eigenschaften, die die Berliner gern auf sich beziehen: Humor und Kessheit, praktische Vernunft, gepaart mit Herz. »Herz mit Schnauze« hieß es viel später, auf eine andere volkstümliche Berlinerin, Grethe Weiser, bezogen. Wie viele der Anekdoten tatsächlich authentisch sind, kann auch der Biograf Hermann Kügler nicht mehr zuverlässig feststellen. Glaubwürdig und für das Selbstbewusstsein Madame du Titres bezeichnend ist ein Gespräch mit ihrer Gesellschafterin, der sie erzählt, wohin sie am Morgen schon überall »gelofen« sei: »Und wie ick so gelofen bin …« – »Aber Madame du Titre«, wandte ihre Gesprächspartnerin belehrend ein, »on dit gegangen, gegangen, nicht gelofen«, und sie erhält zur Antwort: »Wat, gegangen, gegangen? Mamsellken, ick bin gelofen und habe den reichen du Titre gekriegt. Und Sie sind gegangen, gegangen, und haben noch keenen nich gekriegt!«

Bezeichnend auch eine Begegnung mit Goethe, die um 1819 stattfand und in verschiedenen Versionen überliefert ist. Gustav Parthey, der Enkel Friedrich Nicolais, legte

Madame du Titre folgende Schilderung in den Mund: »Ick hatte mir vorjenommen, Goethe doch och mal zu besuchen, und wie ick mal durch Weimar fuhr, ging ick nach seinen Garten und gab dem Gärtner einen harten Taler, dass er mir in eine Laube verstecken und einen Wink geben sollte, wenn Goethe käme. Und wie er nun die Allee runterkam und der Gärtner gewunken hatte, da trat ick raus und sagte: Angebeteter Mann! Da stand er stille, legte die Hände auf den Rücken, sah mir groß an und fragte: Kennen Sie mir? Ich sagte: Großer Mann, wer sollte Ihnen nicht kennen! und fing an zu deklamieren:

> Fest gemauert in der Erden
> Steht die Form aus Gips gebrannt!

Darauf machte er einen Bückling, drehte sich um und ging weiter. So hatte ick denn meinen Willen gehabt und den großen Goethe gesehen.«

Auf ihre Verwechslung Goethes mit Schiller angesprochen, soll sie geantwortet haben: »Ach, det macht ja nischt, Schiller und Goethe sind janz ejal.« Mit diesem unbekümmerten Eingeständnis ihrer Bildungslücke setzte sie sich – naiv oder durchaus gezielt – über den sie ärgernden Bildungsdünkel ihrer Kreise hinweg. Ihr Benehmen, kess und frei von jeder Unterwürfigkeit, lässt ihre Zeitgenossen schmunzeln und würde wohl kaum so eifrig weitergegeben und kolportiert, wenn es nicht dem geheimen Selbstverständnis der Berliner entspräche. So erzählt man sich von einer Begegnung Madame du Titres mit Friedrich Wilhelm III. Dem Monarchen, der nach dem frühen Tod der vom Volk geliebten Königin Luise nun allein dasteht, bringt Madame du Titre ihr Mitgefühl mit den Worten zum Ausdruck: ›Ja, Majestäteken, et is schlimm for Ihnen; wer nimmt och jern eenen Witwer mit sieben Kinderkens!‹ Ihre – trotz mangelnder Distanz – große Verehrung für das Königshaus zeigt die Geschichte mit dem

Handschuh. Der König, dem sie stets ihre Reverenz mit einem Hofknicks erwies, wenn er in seiner Droschke durch den Tiergarten fuhr, soll sie einmal sogar in ihrem Haus besucht haben. Sie zog zur Feier des Tages weiße Glacéhandschuhe über, und den rechten Handschuh bewahrte sie fortan unter Glas in ihrer Diele auf, versehen mit der Unterschrift: »An diesen Handschuh hat mir mein König drangefasst.«

Das mangelhafte Deutsch Madame du Titres darf nicht dazu verleiten, in ihr eine primitive Person zu sehen, längst nicht alle bedeutenden Berliner, weder Schadow noch General Wrangel, unterhielten sich in der gepflegten Sprache der literarischen Salons; auch Pauline Wiesel, die Geliebte des Prinzen Louis Ferdinand und Gattin eines Kriegsrats, konnte mir und mich nicht unterscheiden. Schon 1798 wird in einer Schrift über Berlin geklagt, wie fehlerhaft der Berliner seine Muttersprache beherrsche: »Besonders sind unsere Frauenzimmer nicht nur mit dem Bau der Perioden, sondern auch mit der Aussprache, dem Tone, der Reinheit, der Richtigkeit der Sprache ganz unbekannt.«

Die derbe »Schusterjungensprache« Madame du Titres steht eigentlich im Gegensatz zu ihrem eleganten Auftreten, das französischen Ursprung keineswegs verleugnet, wenn es auch für hugenottische Lebensart untypisch ist. Aber gerade diese Gegensätze machen auch den Reiz ihrer immer leicht schillernden Persönlichkeit aus: Einerseits glanzvolle Auftritte bei den Brühlschen Bällen in Roben, die Berlins führende Modistin, Madame Löwe, für sie entwarf, andererseits größte Sparsamkeit im Haushalt und ein Strickstrumpf in der Kalesche, womit sie strickend die Zeit nutzte, bis der Kutscher die Pferde eingespannt hatte. Ihr hausfraulich praktischer Sinn, der musische Verzückung und Entrückung nicht aufkommen ließ, äußert sich auch in der überlieferten Schilderung einer *Macbeth*-Aufführung: Madame du Titre sitzt auf ihrem Stammplatz in der Theaterloge, die berühmte Crelinger (nach anderen Quellen die Unzelmann) spielt die Lady Macbeth. Als das Geschehen sich im fünften Akt dem Höhepunkt nähert und die verstörte Lady Macbeth im weißen Nachtgewand mit einem Kerzenleuchter in der zitternden Hand über die Bühne irrt, lässt Madame du Titre sich weniger von der Dramatik des Augenblicks, als von dem auf den Teppich tropfenden Wachs beeindrucken und ruft mit ihrer tiefen Stimme aufgeregt in die atemlose Stille hinein: »Macbethen, Macbethen, Se drippen ja!«

Ein Nachbar Madame du Titres erinnert sich, wie sie – auch das ein Indiz ihrer häuslichen Sparsamkeit – in ein rotes Umschlagtuch gehüllt und stets gefolgt von ihrer Mamsell des Morgens in der Frühe die Wochenmärkte auf dem Spittel- oder Neumarkt nach günstigen Einkaufsquellen absuchte. Er beschreibt sie als »große, hagere bejahrte Frau mit einer rötlich-blonden Lockenperücke«. Seltsamerweise existiert von Madame du Titre nur ein einziges Bildnis, eine Fotografie nach dem Gemälde eines unbekannten Malers, das eine stattliche, energische Fünfzigerin zeigt, mit selbstbewusster, kühler Miene, modisch herausgeputzt mit einer »Toque«, einem Samtbarett mit herabwallender Straußenfeder. Vielleicht hatte die Familie gar kein Interesse daran, ihr durch weitere Bildnisse noch mehr Aufmerksamkeit und Nachruhm zu sichern?

Sie starb am 22. Juli 1827, laut Kirchenbuch der französischen Kolonie an Wassersucht, und wurde auf dem Friedhof der französischen Gemeinde in der Chausseestraße beigesetzt. Varnhagen von Ense vermerkt vier Tage später in seinem Tagebuch: »Mad. du Titre, Mutter der Mad. Benecke, ist in hohem Alter gestorben; sie war ein Berliner Originalstück von Einfalt und Mutterwitz; hundert lustige Geschichten, Anekdoten, Bemerkungen usw. gehen von ihr im Schwange, die man billig sammeln sollte.«

Sie selbst hatte kurz vor ihrem Tod beim Aufsetzen des Testaments noch geseufzt: »Wenn ick so denke, wer von meine Verwandten all der scheene Geld erbt, möcht' ick am liebsten jarnich sterben.«

Frau Oberst
Regula Engel
(1761–1853)
Zürich

21 Kinder in 32 Jahren – wer hält das für möglich? Doch es stimmt und lässt sich nachprüfen. Regula Engel, geborene Egli, hat ihren Lebenserinnerungen, die sie als Sechzigjährige abschloss, eine Chronik von Geburt und Tod ihrer Kinder angefügt, die in ihrer Nüchternheit erschütternd ist. Die meisten Daten machen sich an Schlachten fest – Zeugnisse einer kriegerischen und wirren Zeit, die von Nachgeborenen nur zu leicht nostalgisch verklärt wird.

Das Kind Regula wird 1761 mitten in den Siebenjährigen Krieg hineingeboren, die junge Mutter erlebt die Französische Revolution und die Feldzüge Napoleons bis zum bitteren Ende, die alte Frau blickt auf den Soldatentod ihres Mannes und fast all ihrer Söhne und Schwiegersöhne zurück. Das Schicksal einer Offiziersfrau, deren Mann als Söldner in fremden Kriegsdiensten steht.

Das Söldnertum hat Tradition in der von großen Kriegen nicht heimgesuchten Schweiz. Werber fremder Mächte ziehen durchs Land und heuern Soldaten an, kräftige Landburschen, für die auf den kleinen Bauernhöfen mit vielen Kindern kein Platz ist. Aus den höheren Ständen rekrutieren sich, oft über Generationen, die Offiziere. Sie bringen es, berühmt für ihre Tapferkeit und Loyalität, in ausländischen Diensten zu Reichtum und Ansehen.

Von den Frauen dieser Berufssöldner ist wenig die Rede. Sie ziehen mit dem Soldgeld zu Hause die Kinder auf, sehen ihre Männer nur selten zwischen zwei Feldzügen und werden in der Regel früh Witwen. Während die gewöhnlichen Soldatenfrauen sich mit diesem Los abfinden müssen, gibt es in Offizierskreisen die – allerdings selten genutzte – Möglichkeit, im Gefolge des Mannes zu den Kriegsschauplätzen zu ziehen. Den meisten Frauen ist dieses Leben zu anstrengend und gefahrvoll. Nicht Regula Egli, der späteren Frau Oberst Engel. Sie ist gerade siebzehn, als ihr der stattliche Sergeant-Major Florian Engel, der in schmucker Uniform in der Heimat Soldaten für das französische Heer anwirbt, Liebesanträge macht, die sie ohne Zaudern erwidert. »Ich glaubte keine Zeit verlieren zu dürfen und mein jugendlicher Leichtsinn ließ mich nicht daran denken…, dass eine Soldatenfrau sich mit dem Manne einem unsteten Leben und allen Gefahren denen dieser ausgesetzt ist, bloß giebt«, schreibt sie in ihren Erinnerungen.

Im September 1778 wird geheiratet, und es ist für die Engelin, wie sie genannt wird, gar keine Frage, dass sie ihren Mann in die Garnison nach Straßburg begleitet. Abenteuerlust mag sie dazu bewogen haben, aber gewiss auch die Angst, allein zurückzubleiben unter Menschen, denen sie sich nicht verbunden fühlt. Sie hat kein warmes Zuhause, keine Fürsorge kennen gelernt, sie braucht einen Menschen, an den sie sich klammern kann. Weggehen fällt ihr nicht schwer, sie lässt eine düstere Jugend hinter sich.

Aufgewachsen ist sie im Waisenhaus, einem verfallenen ehemaligen Klostergebäude in Zürich-Oetenbach, in dem nicht nur Waisen, sondern auch Kinder aus armen, zerrütteten oder asozialen Familien untergebracht werden. Eine Umgebung, die zu ihrer Herkunft in krassem Gegensatz steht. Ihr Leben hätte anders verlaufen können.

Ihr Vater, auch er in Solddiensten, aber nicht in Frankreich, sondern als Leibgardist beim preußischen König, heiratete in Potsdam eine aus Zürich gebürtige Putzmacherin am Hofe. Heimweh trieb ihn zurück nach Zürich, die junge Frau hatte ihm zu folgen. Sie verließ die Weltstadt Berlin, die ihr gutes Auskommen und Abwechslung bot, nur widerstrebend.

Zürich kam ihr eng und streng vor, für Putzmacherinnen gab es hier wenig Bedarf. Der Mann zog als Anwerber für die preußische Armee durchs Land, geriet auf die schiefe Bahn und begann zu trinken. Den Abstieg vom bewunderten Leibgardisten zum unsteten Soldatenwerber bekam vor allem die Familie zu spüren. Mit den Kindern lief es nicht gut: zwei früh gestorben, eines fast blind, und das jüngste, 1761 in der Großmünsterkirche auf den Namen Regula getauft, von Pocken gezeichnet.

Die Mutter entfloh dem ewigen Gezänk und ließ sich als Putzmacherin in Chur nieder. Der Vater, der für die Kinder aufkommen musste, gab Regula ins Waisenhaus. Sechs Jahre alt war sie, ein schwaches, an Gicht leidendes Kind in dem feuchten Haus, wo die Mädchen mit Weben und Stricken früh auf ihr späteres Dienstbotendasein vorbereitet wurden, während für Lesen und Schreiben wenig Raum blieb.

Regula Engel streift diese schlimme Zeit, fünf Jahre immerhin, in ihren Erinnerungen nur beiläufig, beschreibt aber umso ausführlicher den Umzug aus dem alten Gebäude, »wo wir armen Kinder an Krätze und anderen Krankheiten viel zu leiden hatten«, in das neue Waisenhaus auf der Kornamtswiese, das mit Hilfe großzügiger Gönner, unter ihnen Johann Heinrich Lavater, gebaut werden konnte.

Hier lebt Regula auf, fühlt sich wohl und holt die Schulversäumnisse in kürzester Zeit nach. Aber schon nach einem Jahr reißt der Vater sie aus dieser anregenden Umgebung wieder heraus und holt sie nach Hause. Er hat es inzwischen zu einigem Wohlstand gebracht und soll für den Waisenhausaufenthalt bezahlen. Da ist es billiger, das Kind, wie den blinden Bruder, daheim durchzufüttern. Er hat wieder geheiratet, eine Frau, »die unter der Larve der Frömmigkeit ... eine Furie von Stiefmutter war. Das böse Weib wusste den Vater so zu verblenden, dass er uns täglich mehr seine Liebe entzog«, heißt es in den Erinnerungen. Die Kinder dürfen nicht mehr am Tisch mitessen, die Stiefmutter kocht für sie »schlechter als den Schweinen« und macht der Zwölfjährigen auch sonst das Leben zur Hölle.

Am Pfingstmontag, als die Stiefmutter Regula in einem schäbigen, abgetragenen Kleid zur Christenlehre schicken will, obwohl ein neues im Schrank hängt, begehrt das Mädchen trotzig auf – »Sie ist eine böse Frau ... sie ist nicht meine Mutter!« – und wird dafür in die Kammer gesperrt. Der Bruder steckt ihr heimlich zwei Zürichschillinge zu und fleht sie an, zu fliehen, bevor der Vater nach Hause kommt: »Du wirst zu Tode geschlagen ...«

So schleicht sich Regula heimlich aus dem Haus, der Schiffländе zu, sie will versuchen, über den See zu kommen, Richtung Chur, wo ihre richtige Mutter sich als Putzmacherin ein Geschäft aufgebaut hat. Sie wird von gutmütigen Schiffern mitgenommen, in Sargans von der Frau des Landvogts neu eingekleidet und trifft schließlich nach vielen Reiseabenteuern erleichtert auf ihre Mutter. Doch die rechte Wiedersehensfreude will sich nicht einstellen: »Die Lebensweise der adelichen Bündtner wollte mir nicht behagen, es war für mich als Kind zu viel Zwang ...« Regula fühlt sich mehr und mehr eingeengt von den Verboten der Mutter, die als strenge Anhängerin der Herrnhuter Brüdergemeine alle Vergnügungen – anders als in ihrer Jugend – missbilligt.

Kein Wunder, dass die Siebzehnjährige, als der Sergeant Florian Engel um ihre Hand anhält, ihm sofort ihr Jawort gibt. Von nun an wird ihr Leben von militärischen Gesetzen bestimmt, und die Rebellische fügt sich darein, ja, gewinnt diesem unsteten Dasein die positive Seite ab. Sie zieht ja nicht als gemeine Landstürmerin oder als Marketenderin wie *Mutter Courage* ins Feld, sie ist die geachtete Frau eines Sergeanten, später Frau Lieutenant, dann schließlich Frau Oberst. In Männerkleider schlüpft sie nicht, weil sie wie ein Mann sein will, sondern weil das zu Pferd zweckmäßiger ist und bei der Truppe weniger Aufsehen erregt. Wie sie das mit ihren fast ständigen Schwangerschaften bewerkstelligt, bleibt ein Rätsel. Die Kinder werden zwischendurch im Zelt oder in einer Garnison geboren, die meisten überleben erstaunlicherweise und kommen erst später in den Kriegswirren um.

Ein Bedürfnis, die Kinderschar zusammenzuhalten, ihr Geborgenheit und Sicherheit zu geben, hat sie offenbar nicht. Sie selbst ist ohne Liebe groß geworden, hat fürsorgliches Verhalten nie gelernt. So behält sie jeweils nur die Kleinsten bei sich, die andern werden zu guten Freunden gegeben, bis sie alt genug sind für das Kriegshandwerk; in ihren Aufzeichnungen verliert sie nicht viel Worte darüber. Ihre Beziehung zu den Kindern hat etwas Animalisches: Gebären, Abnabeln, Säugen, Selbstständigmachen. Sind ihr die Kinder oder die Schlachten wichtiger?

In ihrer Chronik fügt sich beides zusammen; so wird aus der Familiengeschichte ein Stück Zeitgeschichte:

1779 Straßburg
Der erste Sohn *Johann Baptista Wilhelm* wird in dieser Garnisonsstadt geboren. Prinz Max, der spätere Bayernkönig Maximilian, ist Taufpate.

1780 Schlettstadt
Geburt des Sohnes *Rudolf* in der Garnison. Er wird später, wie sein älterer Bruder, Offizier, und beide fallen in der Schlacht bei Marengo.

1781 Calvi in Corsika
»Das war freilich nun kein Straßburg, aber wo man sich liebt, da hilft man sich immer fort«, so bringt sie im Frühjahr in der Garnison ihren dritten Sohn *Caspar* zur Welt,

der später Offizier und Sekretär bei Joseph Bonaparte wird und in Amerika, in New Orleans, an Gelbfieber stirbt.

1782 S. Sebastian

Wieder ein Sohn, *Florianus,* nach dem Vater benannt. Zu seinem späteren Schicksal vermerkt die Mutter: »Quartiermaître du 12. Regim. Chasseurs à cheval, blieb nebst Vater und einem jüngeren Bruder bey Waterloo.«

1783 Arras in Flandern

Geburt der ersten Tochter *Anna Sophie Louise,* die später einen Generaladjutanten heiratet. Sie »starb in Mayland an den Folgen des Schreckens über den Verlust ihres Mannes und zweyer Brüder«.

1786–1790 Lille in Flandern

Nach einer Fehlgeburt bringt die Engelin 1786 Zwillinge, *Simon* und *Heinrich,* zur Welt, die mit acht Jahren in Rotterdam im Abstand von einer Stunde sterben. Die Mutter bedauert den zu frühen Tod zweier künftiger Soldaten.

Dass ein 1787 geborenes Mädchen stirbt, noch bevor es getauft werden kann, erschüttert Regula nicht so sehr: »Diesmal war es aber bloß ein Mädchen, das auch bald wieder starb, gleichsam als ob es sich gescheut hätte, zu einer Zeit erschienen zu sein, wo alles voraussehen konnte, dass man bald der Buben zwanzig gegen ein Mädchen brauchen konnte.«

Im Herbst 1788 beginnt es in ganz Frankreich unruhig zu werden, vier Schweizer Regimenter liegen in Arras und Lille: »Alle diese Vorbereitungen aber zu den spätern tragischen Auftritten konnten meinen Mann und mich nicht hindern immer unserer Bestimmung treu zu seyn und ich gebar ihm den 16. Nov. wieder einen Sohn, den wir *Jakob* nannten.«

Ausgerechnet im Jahr der Französischen Revolution steht keine Geburt an, doch Florian Engel wird zum Lieutenant befördert, und auf diese »Promotion« folgt 1790 wieder eine Geburt: Sohn *Conrad*. Er wird später Ober-Lieutenant, gerät in Spanien in Gefangenschaft und wird auf barbarische Weise ermordet.

1791 Fideris in Bündten
Diesmal nicht auf einem Kriegszug, sondern in der Heimat wird *Simon Heinrich* geboren. Die Engelin hätte sich in Graubünden gerne etwas erholt, aber ihr Mann erwartet ihre sofortige Rückkehr zum Regiment nach Lille. Unterwegs, am Rhein zwischen Andernach und Bingen, stirbt der Säugling an ihrer Brust. Sie will ihn in Bingen beerdigen lassen, »ein intoleranter Pfaffe aber verweigerte das Begräbnis auf dem geweihten Kirchhofe«.

Bei ihrer Ankunft in Lille ist die Stimmung aufgebracht, Hass schlägt den königstreuen Schweizer Truppen entgegen, Offiziere werden vom flandrischen Pöbel meuchlings umgebracht. Leutnant Engel verhält sich nicht, wie man es von einem Schweizer Offizier erwartet, er lässt sein Regiment im Stich, setzt sich mit Frau und Kindern heimlich in einer Kutsche nach Paris ab und geht zu den Revolutionären über. In der Schweiz missbilligt man diese Untreue, aber Regula Engel hat ihre eigene Kriegsmoral, mit der sie das Verhalten ihres Mannes rechtfertigt: »Was sollte er um Gottes willen mit seinen sieben unerzogenen Kindern anfangen? Dienste musste er ja wieder nehmen, denn er verstand ja nichts als den Waffendienst. Auch fand er, wie tausend andere, nichts darin, das seiner Ehre oder seinem moralischen Gefühle hätte entgegen seyn können. Wem dienten denn die Schweizer bis dahin? den Königen in Frankreich. Doch wohl nicht als Despotenknechte? nein, um Frankreichs Macht und Gebiet gegen äußere Feinde zu schützen. Wer bezahlte sie? die Nation. Wenn sie nun dieser Nation, die keine Könige mehr hatte, ihre Dienste anboten und diese sie gern annehmen wollte, was konnte denn Böses darin liegen, wenn ihnen doch das liebe Vaterland kein Brod geben konnte?«

Als Florian Engel seiner Uniform wegen auf der Straße von Jakobinern festgenommen wird, eilt seine hochschwangere Frau, an jeder Hand einen Knaben, zu Robespierre mit einer Bittschrift für den Vater von sieben Söhnen, »einer für die Republik nicht unbedeutenden Rekrutierung«. Ihr Auftritt muss herzzerreißend gewesen sein: »Als ich vor ihm niederfiel, fasste ich trostlos meine beiden Knaben in die Arme, und die schreckliche Guillotine im Gedächtnis, konnte ich nichts hervorbringen als: Citoyen, miséricorde!« Robespierre zeigt sich großzügig, ihr Mann kommt frei und zieht nun auf republikanischer Seite als Grenadier-Hauptmann eines Infanterie-Regiments nach Holland.

1793 Breda in Holland

Zwillinge werden geboren, die aber nur wenige Stunden leben. Die Mutter schreibt in ihren späteren Aufzeichnungen: »und wenn schon die Kinder, die Gott früher wieder abruft, am besten versorgt sind, so macht doch oft die Sorge, die wir schon vor ihrer Geburt für sie tragen müssen, ihr Andenken uns nicht weniger wichtig, als wenn sie jahrelang mit uns gelebt hätten.« – Im Jahre 1793 wird die Engelin für solch lebensweise Gedanken kaum Zeit und Ruhe gehabt haben.

1794 Rotterdam

Holland wird von den französischen Truppen eingenommen und *Catharina,* ein gesundes Mädchen, geboren, das der Mutter bald viel Kummer macht. Mit vier Jahren wird das Kind von einem französischen Sergeanten entführt und an liederliches Gesindel verkauft. Erst nach Monaten kommen die Eltern durch Zeitungsberichte auf seine Spur. Catharina wird später als junge Witwe mit ihren drei Kindern von Napoleons Schwester in Italien aufgenommen, ihr Mann ist als Oberst eines Husarenregiments in der Schlacht bei Leipzig gefallen. »Da es nicht meine Sache ist, eine Kriegsgeschichte zu schreiben, sondern bloß meine eigenen Begebenheiten zu erzählen, so mag es hier genug seyn, anzuzeigen, dass wir in den Jahren 1794 und 1795 beinahe alle Städte von Holland, Seeland, Friesland berührten«, schreibt die Chronistin, geht dann aber doch ausführlich auf weitere Feldzüge ein, während von den Kindern, wenn überhaupt, nur in knappen Nebensätzen die Rede ist. Sie ist leidenschaftliche Anhängerin des aufgehenden Sterns Napoleon, des Oberbefehlshabers im Italienfeldzug, bedauert nur, dass er sich beim Durchmarsch durch die Schweiz gegen ihre Landsleute »nicht gar freundlich« benommen habe.

Napoleon rüstet seine Mittelmeerflotte auf, die Regimenter für den Ägyptenfeldzug werden zusammengestellt. Lieutenant Engel will seine Frau dabeihaben bei dieser gefährlichen Expedition, obgleich, wie sie schreibt, »ich eine recht böse Sieben seyn konnte und ihm so wenig unterthänig werden wollte, dass er selbst oftmals nach meiner Pfeife tanzen musste ... So sollte es aber, nach meiner Meinung, in allen Ehen seyn: wenn die Frau etwas begehrt oder thut, dürfte der Mann nie widersprechen, dann wäre Segen in der Haushaltung und Friede im Lande.«

Für Regula Engel stellt sich, offenbar zum ersten Mal, die Frage: »Entweder die Trennung von einem geliebten Manne ... oder das Scheiden von acht unerzogenen Kindern, den theuren Pfändern unserer unwandelbaren ehelichen Liebe.« Sie entscheidet sich für den Mann, lässt die Kinder in Frankreich zurück, ein Mädchen und sieben Knaben, »deren Laufbahn wahrscheinlich auch die militärische seyn würde«.

Mit ihr warten noch dreizehn andere Offiziersfrauen auf die Einschiffung mit noch unbekanntem Ziel, zwölf Französinnen und eine Schweizerin. Der zuständige General mustert die Engelin und fragt, ob sie schwanger sei; sie antwortet hochfahrend: »Quest ce que cela le regarde?« – was geht es ihn an? Natürlich ist sie schwanger, als die Flotte im April 1798 mit zweihundert Segeln von Toulon ausläuft.

Das Ehepaar Engel hat das Privileg, auf dem Schiff Napoleons und der Generalität zu reisen, und die Lieutenantsgattin beschreibt wohlgefällig all die Gunstbezeugungen, die der große Feldherr ihr, der kleinen Schweizerin, erweist. – Nach der Eroberung Maltas geht es weiter nach Alexandrien, wo Napoleons Flotte von Admiral Nelson angegriffen und geschlagen wird. Die Engelin kommentiert: »Sieben große Schiffe verbrannte uns der böse Mann und machte durch diesen Tag alle Völker jubeln, die Frankreichs wachsende Größe mit scheelen Augen betrachteten.« Dass in Ägypten Schweizer gegen Schweizer kämpfen, die einen auf französischer, die andern auf englischer Seite, bedrückt sie.

1798 Groß-Cairo in Egypten

Die Engelin bringt mitten im Schlachtgetümmel Zwillinge, zwei gesunde Knaben, zur Welt, die Napoleon in Ermangelung eines Priesters höchstpersönlich tauft und denen er seinen Namen gibt: *Napoleon Johann Baptist* und *Napoleon Heinrich*. Die Mutter ist zufrieden: »taufte er sie zwar nicht zu Christen, da ihm die Weihe fehlte, so taufte er sie doch zu seinen treusten Freunden bis in den Tod; sie sind beide mit ihm nach Helena gegangen und haben also sein Glück wie sein Unglück mit ihm geteilt.« Verbrieft ist der Dienst der beiden Söhne auf der Verbannungsinsel St. Helena nicht – glauben wir der stolzen Mutter, die sonst außer Schlachtenruhm so wenig Löbliches von ihren Kindern aufzulisten hat.

In Regula Engels Chronik ist nur bei den Napoleon-Zwillingen und bei der Tochter Catharina kein Todesdatum vermerkt, das heißt, sie haben als Einzige die Mutter oder doch den Zeitpunkt der Aufzeichnungen überlebt. Drei von 21.

In Ägypten schlägt Napoleon inzwischen die Türken, nimmt Jaffa im Sturm, und in dem grausamen Gemetzel bleibt mancher napoleonische Offizier auf dem Schlachtfeld. Es fehlt an Wachtposten für die besetzten Gebiete und die gefangenen Soldaten. Die Engelin springt in die Bresche, übernimmt in Lieutenantsuniform einen Haufen von über fünfzig Soldaten, siebzehn davon von einem anderen Regiment, Rauf- und Trunkenbolde, die sie entwaffnen und in Arrest setzen lässt. Das bringt ihr Achtung und Bewunderung ein: »Die Offiziere unseres Regiments rühmten meine militairische Haltung und meine vollen Schweizer Waden gar sehr.«

In den Lazaretten erlebt sie unvorstellbares Leid, Seuchenkranke, »halb verfault«, zu Krüppeln Geschossene, unter Qualen oder mit Morphium betäubte Sterbende. Auch von ihren Reisegefährtinnen kommt die Hälfte auf grausame Art zu Tode, eine Französin wird »in lange Riemen geschnitten« und ins Meer geworfen – als drastische Warnung, sich nicht auf Liebesabenteuer mit dem Feind einzulassen.

Nach der Rückkehr in den Hafen von Nizza erreichen die wieder Schwangere erneut Schreckensnachrichten. Ihre beiden ältesten Söhne und der Schwiegersohn sind in der Schlacht von Marengo gefallen, die Tochter stirbt aus Gram über diesen Schicksalsschlag: »So kostete uns die Schlacht von Marengo vier liebe Kinder.« – Bald noch ein fünftes.

1801 Mantua

Ein Besuch auf dem Schlachtfeld von Marengo, auf dem ihre Söhne gefallen sind, setzt der Schwangeren so zu, dass die Geburt zu früh und überstürzt erfolgt. Das Kind, ein Mädchen, lebt nur vier Tage.

In Paris ist Napoleon nach dem Staatsstreich des 18. Brumaire Erster Konsul geworden. Die Engelin, die ihrem Mann hierher gefolgt ist, findet alles verändert, reformierte Gottesdienste sind nicht mehr verboten. So nutzt sie die Chance, ihre in Kairo notgetauften Zwillinge zu »richtigen« Christen zu machen. Bei der glanzvollen Taufe in der Kirche St. Honoré kommt viel Prominenz zusammen: Napoleon, der Taufpate, mit seiner Gemahlin und seinem Bruder Joseph, Marschall Kellermann und auch ein bekannter Schweizer Zuckerbäcker, der zweiter Pate wird. Und natürlich die Neugierigen, die die dreijährigen ägyptischen Täuflinge und den Ersten Konsul sehen wollen. – Ein Höhepunkt im Leben der Regula Engel. Ihr Mann wird von Napoleon persönlich zum Kommandanten des 4. Infanterieregiments ernannt und mit Vorbereitungen für die Schlacht gegen England betraut.

1803 im Lager bei Boulogne

Nach ausführlichen Lageberichten besinnt sich die Engelin doch aufs Persönliche: »Gewiss erwarten meine Leser auch wieder einmal von einer Niederkunft zu hören, davon ich lange nichts mehr erzählen konnte; doch jetzt endlich brachte die gesunde Seeluft wieder einmal ein artiges Mädchen hervor, das wir *Nanette* hießen.«

Mit der feierlichen Krönung Napoleons zum Kaiser der Franzosen im Jahre 1804 erlebt Regula Engel einen weiteren Glanzpunkt ihres Lebens. Nun geht es Schlacht auf Schlacht weiter. Bei Ulm wird Sohn Jakob schwer verwundet, bei Austerlitz bekommt sie selbst einen deftigen Säbelhieb ab. Nach dem Waffenstillstand zwischen Österreich und Frankreich kann sie sich endlich etwas Ruhe gönnen – bis zur nächsten Geburt.

1805 Josephsstadt in Böhmen

»Hier hatte ich nun Zeit, mich wieder einer Bürde zu entladen, die, so sehr ich ihrer auch gewohnt war, doch abgelegt seyn wollte. Es war diesmal wieder ein schöner Knabe, dem wir den Nahmen *Joseph* beilegten.«

Die Engelin zieht mit ihrem Mann weiter quer durch Europa: Frankreich – Neapel – Rom – Jena und Auerstedt – Berlin – Preußisch-Eylau – Schlesien – Breslau – Sachsen – Franken – und kommt am Rhein endlich wieder in eine wärmere Gegend. Über die Kriegsberichterstattung macht sie sich ihre eigenen Gedanken: »Das Seltsamste dabei war aber, dass beide Theile immer gesiegt haben wollten … Auch predigen sie sich immer vor, was für ein schöner, verdienstvoller Tod es sey, für das Vaterland zu sterben und doch, wenn in einer Schlacht 2000 den schönen Tod gestorben sind, so sagte man, es seyen 500 gewesen und betrügt also 1500 um den ihnen gebührenden Ruhm, ist das nicht höchst ungerecht?« – Große Hochachtung empfindet sie vor Königin Luise von Preußen, die in Tilsit eigenmächtig und mutig, wenn auch erfolglos, von Napoleon mildere Friedensbedingungen für ihr Land erbittet.

Von der südlichen Sonne, die sich Regula Engel im Norden so herbeigesehnt hat, wird sie bald genug bekommen. Sie macht die Feldzüge in Spanien und Portugal mit und erlebt den Einzug der napoleonischen Truppen in Lissabon. Bei den unbeschreiblichen Massakern wird einer ihrer Söhne – 17 erst und schon Lieutenant – an einen Baum gespießt und zu Tode gemartert.

In diesen südlichen Ländern trägt sie stets Männerkleider, eine Offiziersuniform, um, wie sie schreibt, »den Lüsten der spanischen Mönche auszuweichen«. Sie ist froh, Spanien verlassen zu können und wieder nach Deutschland zu kommen. In Regensburg allerdings geraten die Napoleontreuen in österreichische Gefangenschaft.

1809 Semlin

Das Leben als Kriegsgefangene in der Donauprovinz empfindet sie als höchst eintönig. »Da hatte ich zum Glück wieder etwas mitgebracht, was uns ein wenig amüsiren konnte.« Sohn *Conrad,* ein »herrlich schöner Knabe«, wird in die Langeweile hineingeboren. Er kommt später in Kroatien um.

1811 Paris

Frau Oberst Engel – die Frau steigt bei der Beförderung des Mannes mit auf – kommt in Paris mit einer Tochter nieder, die nach der Kaiserin, Napoleons zweiter Frau Marie Louise von Österreich, auf den Namen *Marie Louise* getauft wird. Es ist das letzte, 21. Kind der Familie Engel, und es verliert sein Leben drei Jahre später bei der Blockade von Straßburg. Die Mutter ist fünfzig Jahre alt bei der Geburt. Es ist wohl einmalig für ihre Zeit, dass eine Frau 21 Kinder unter extremsten Bedingungen zur Welt bringt, ohne von dem tückischen Kindbettfieber heimgesucht zu werden.

Regula Engel lebt jetzt in angenehmsten Verhältnissen, mit Stadt- und Landwohnung, Kutscher und Bediensteten. Aber nicht für lange. Napoleon hat seinen wahnwitzigen Russlandfeldzug begonnen, und die Engels ziehen mit einem Nachschubregiment gen Osten. In diesem verlustreichen russischen Winter beginnt Napoleons Stern, auch wenn die Engelin es noch nicht wahrhaben will, zu sinken. Die Völkerschlacht bei Leipzig, die Niederlage ihres Idols und den Tod ihres Schwiegersohns General Perrier verkraftet sie nur schwer.

Aber Oberst Engel und seine Frau bleiben ihrem Feldherrn und Wohltäter treu und gehen mit ihm nach Elba: »So nahm nun der große Napoleon, der noch vor wenigen Monaten allen Mächten Europas Trotz geboten hatte, Besitz von dem kleinsten Eilande seines einstmaligen Reiches ...«

Im Frühjahr 1815 setzt Napoleon und mit ihm Oberst Engel mit kleiner Flotte nach Frankreich über und marschiert mit einer Schar Getreuer nach Lyon, sammelt seine alten Truppen und zieht glorreich in Paris ein. Bei Waterloo kommt es gegen das englische Heer unter Wellington und das preußische unter Blücher zur letzten Schlacht und vernichtenden Niederlage.

Es ist der schwärzeste Tag im Leben Regula Engels. Erst sieht sie ihren Mann fallen, dann ihren Sohn Florian und ihren Jüngsten, den zehnjährigen Joseph, der an ihrer Seite kämpft: »sein Kopf ward von einer Kugel zerschmettert, ich sah das eine Aug' und sein Gehirn gerade vor mir verspritzen ...« Ein englischer Reiter, gegen den sie sich mit der Pistole zur Wehr setzt, durchschießt ihren Hals, ein Grenadier bringt ihr mit dem Bajonett eine tiefe Seitenwunde bei.

Sie wird, betäubt vom Wundschmerz und vom Schmerz über den Verlust ihres Mannes und der Söhne, nach Brüssel ins Hospital gebracht. Als die Wundärzte sie verbinden, entdecken sie mit Verwunderung, dass sie eine Frau vor sich haben. Wann hat es so etwas schon gegeben? Wegen des hohen Blutverlustes kann die Engelin erst nach sechs Wochen ins Lazarett nach Paris transportiert werden, und auch hier, im Hôtel-Dieu, gibt es wieder Verwirrung bei der Entdeckung, dass ein Frauenzimmer in der Uniform steckt. Die Patientin bekommt ein separates Stübchen, und sie wird, von einer gehörigen Dosis Opium eingeschläfert, kunstvoll operiert: »Die Ärzte näheten mir meine Seitenwunde ohne Umstände so zusammen, dass es kein Schneider hätte besser machen können.« Aber das Ausgeliefertsein in der Narkose macht sie auch misstrauisch, »dass den Herren Ärzten dergleichen Freiheiten bei uns Frauenzimmern erlaubt sind, die doch leicht missbraucht werden könnten, während dem wir wehrlosen Geschöpfe ein so aprobates Hausmittel nicht einmal an unsern eignen Männern versuchen dürfen, wenn es auch noch so wohl angewandt wäre«.

Bis an ihr Lebensende zehren wird sie von einem Verwundetenbesuch, den der russische Zar, der Kaiser von Österreich und der König von Preußen gemeinsam dem Hôtel-Dieu abstatten. Sie treten auch an ihr Bett, nicht ohne einen respektvollen Blick auf die an der Bettstelle aufgehängte Lieutenantsuniform zu werfen ... Anderntags lässt ihr Zar Alexander 300 Rubel in Gold und 25 Bouteillen Ungarwein zukommen, samt einer Einladung nach Russland, während der marode französische Staat ihre Witwenpension drastisch kürzt.

Sie ist nach der Entlassung aus dem Hospital auf Hilfe angewiesen und erinnert sich nun wieder der ihr noch verbliebenen Kinder. Die Tochter Nanette in Lyon, deren Mann als politischer Häftling im Gefängnis sitzt, kann ihr nicht helfen. Sie selbst wird wegen eines Schriftstücks mit dem Namen Napoleons in Nîmes als gefährliche Spionin verhaftet und für drei Monate ins Gefängnis gesteckt. Frankreich ist ihr nicht mehr geheuer, sie entschließt sich, nach Amerika zu gehen und dort nach ihrem Sohn Caspar zu suchen. Zürcher Landsleute besorgen ihr Papiere und eine Schiffskarte, und im September 1816 tritt sie die Reise nach New York an.

In Philadelphia sucht sie Exkönig Joseph, den ältesten Bruder Napoleons auf, in dessen Diensten sie ihren Sohn glaubt. Aber Caspar ist nach New Orleans weitergezogen, und die Mutter folgt seiner Spur auf abenteuerlichen Wegen mit dem Postkarren und auf abgetakelten Schiffen. Am Ziel ihrer Reise findet sie den Sohn todkrank in einem Militärhospital: Gelbfieber. Nach drei Tagen stirbt er, und sie steht wieder allein. Was nützt ihr das feierliche Begräbnis mit allen militärischen Ehren? Heimweh, Geldmangel und der Wunsch, nun nach ihren Zwillingssöhnen auf St. Helena zu suchen, treiben sie nach Europa zurück.

Ihr Gesuch, von London aus eine Reisegenehmigung nach St. Helena zu erhalten, wird abschlägig beschieden. Von den Söhnen erfährt sie nichts. Nach einer langen und wirren Odyssee durch halb Europa langt sie am Vorabend ihres sechzigsten Geburtstages in Parma an, wo sie am Hofe ihre Tochter Catharina anzutreffen hofft – vergeblich. Niemand weiß Genaues. Man vermutet sie in Wien, oder wahrscheinlicher, bei Napoleons Schwester, Madame Murat, in Neapel. Regula Engel beschließt, endlich, nach zehn Jahren des Umherirrens, in die Schweiz zurückzukehren.

In ihrer Heimatstadt Zürich trifft sie nach so langer Zeit kaum noch auf Bekannte, die Stadt ist ihr fremd geworden. Niemand bezeugt der Frau Oberst die gebührende Achtung, wie sie es auf ihren Reisen gewohnt ist. Sie kommt schließlich bei einer Jugendfreundin unter und wird von einigen Wohltätern unterstützt, aber der noch außergewöhnlich rüstigen Frau wird klar, dass sie sich selbst um ihre Zukunft kümmern muss. So kommt ihr der Gedanke, ihre Lebenserinnerungen niederzuschreiben, um damit Geld zu machen. Waren ihre Erzählungen nicht überall auf lebhaftes Interesse gestoßen? Hatte sie sich mit ihren abenteuerlichen Geschichten nicht manchen Aufenthalt in herrschaftlichen Häusern erkauft?

Aber so leicht ihr das Geschichtenerzählen fällt, so schwer tut sie sich mit dem Aufschreiben. Auf Tagebücher oder Briefe kann sie sich nicht stützen, sie hatte in ihrem turbulenten Leben nie die Muße, Gedanken schriftlich festzuhalten. Ein alter, offenbar recht gebildeter Verwandter geht ihr deshalb zur Hand, auch ein Verleger gibt ihr gute Ratschläge. Das schmale Büchlein *Lebensbeschreibung der Wittwe des Oberst Florian Engel,* das 1821 in Zürich erscheint, wird überraschend gut verkauft, so dass sie eine Zeit lang trotz der hohen »Drückkosten« vom Erlös leben kann. Vier Jahre später erscheint eine zweite Auflage mit dem zugkräftigeren Titel *Die schweizerische Amazone. Abentheuer Reisen und Kriegszüge einer Schweizerin.* Sie hat den doppelten Umfang und ist mit blumigen und witzigen Episoden angereichert, die dem Geschmack des Publikums sicher entsprechen, aber die Frage nach dem Wahrheitsgehalt der Ausschmückungen aufkommen lassen.

Ein zweiter Teil der Memoiren, der 1828 erscheint, liest sich längst nicht mehr so spannend. Regula Engel berichtet darin hauptsächlich von ihren Fahrten quer durch die Schweiz und ihren Besuchen bei prominenten Zeitgenossen. Sie hat eine eigene Taktik entwickelt, sich bei wohlhabenden, oft nur flüchtigen Bekannten einzuladen, vornehmlich bei Pfarrherren oder Offiziersfamilien. Mit ihrem überschwänglichen Lob über deren Gastfreundschaft hofft sie sich die Tür für weitere Besuche offen zu halten. Während sie im ersten Teil der Lebenserinnerungen spontan und ungekünstelt schreibt, ähnlich den Aufzeichnungen Ulrich Bräkers, des *Armen Mannes im Tockenburg,* bemüht sie sich im zweiten Teil um eine gehobene Sprache und um Bildungseinsprengsel und Reflexionen, die angelesen und oft unfreiwillig komisch wirken.

Regula Engel lebt nach diesen Veröffentlichungen noch ein Vierteljahrhundert, aber es erscheinen keine Bücher mehr. Hat sie sich ausgeschrieben? Ist ihr Leben so ereignisarm geworden, dass sie sich nur wiederholen könnte? Bringen ihr die Bücher zu wenig ein? Ist sie verbittert, dass sie, die am Hofe Napoleons eine geachtete Persönlichkeit war, in Zürich so wenig Aufmerksamkeit findet?

Mit 66 Jahren sieht sie sich noch nach einer Stelle als Haushälterin oder Gesellschafterin um. Sie wechselt mehrfach ihre Wohnung und wird 1844 ins Zürcher Predigerspital aufgenommen. Neun Jahre später stirbt sie dort als »Hauskind« – eine beschönigende Bezeichnung für unheilbar Kranke oder geistig Verwirrte, die betreut werden müssen. Die Eintragung ins Totenbuch des Spitals lautet: »gest. 25., begraben 28.6.1853 Regula Engel, geh. Egli, von Langwies, im Alter von 93 Jahren, 3 Monaten, 20 Tagen, Witwe des Oberst Florian Engel (fiel in der Schlacht bei Waterloo).«

Das einzige Bild, das von ihr bekannt ist, eine nach einer Zeichnung angefertigte Lithographie, zeigt ein ältliches, mürrisches Frauenzimmer mit knochig harten Gesichtszügen und verhangenem Blick, in der ungelenken Hand einen Federkiel. Da macht auch die schmucke Witwenhaube das Porträt nicht attraktiver. Regula Engel hätte ein angemesseneres Konterfei verdient.

Was immer sich gegen die Engelin sagen lässt – mangelnde Mutterliebe, Geltungssucht, Schnorrerei –, langweilig war sie nicht. Hätte es eine andere Zürcher Frau gegeben, die ein so gefahrvolles Leben an der Seite eines Söldneroffiziers klaglos mitmachte? Die durch ständige Geburten nicht krank und erschöpft, sondern immer vitaler wurde? Die sich die Welt mit unverstelltem Blick ansah und sich ihre eigenen, lebensklugen Gedanken machte, ohne das Rüstzeug einer Tochter aus gebildeten Ständen zu haben?

Gewiss: Sie hat – ähnlich der Mutter Courage – den Sinn des Krieges nicht hinterfragt, hat die Söhne ins Feld ziehen lassen und deren Schlachtentod wie den ihres Mannes als Schicksalsschlag hingenommen. Krieg war ihr Lebensalltag, den Heldentod zu sterben eine Auszeichnung. Waren nicht noch im Ersten Weltkrieg Mütter stolz darauf, wenn ihre Söhne als Freiwillige ins Feld zogen und sich fürs Vaterland opferten?

Regula Engels Aufzeichnungen müssen aus der damaligen Zeit heraus gesehen werden. Einer Zeit, in der auch die Mutterrolle eine andere war als heute. Geburten konnten nicht geplant werden; dass viele Kinder wegstarben, gehörte zum Alltag, es wurde nicht viel Aufhebens davon gemacht. Trotzdem zeigte die Engelin – nicht nur im Alter – auch mütterliche Gefühle. Sollen wir ihr den Zusammenbruch und Todeswunsch bei einem Gang über das Schlachtfeld von Waterloo, auf dem ihr Mann und ihre Söhne lagen, nicht glauben?

Hölderlins Diotima
Susette Gontard
(1769–1802)
Frankfurt

Und wüssten sie noch in kommenden Jahren
Von uns beiden, wenn einst wieder der Genius gilt,
Sprächen sie:
Es schufen sich einst die Einsamen liebend
Nur von Göttern gekannt ihre geheimere Welt.

FRIEDRICH HÖLDERLIN

28. Dezember 1795 – ein entscheidendes Datum für zwei Menschen, die als große Liebende in die Literaturgeschichte eingegangen sind.

An jenem Tag kommt der Dichter Friedrich Hölderlin in Frankfurt am Main an und stellt sich bei der Bankiersfamilie Gontard vor, die einen Hauslehrer für den achtjährigen Sohn sucht. Der junge Bewerber muss vor allem auf die Frau des Hauses einen nachhaltigen Eindruck gemacht haben, er erhält die Stelle, obwohl oder gerade weil er eher linkisch als konversationsgewandt, eher versponnen als weltläufig wirkt.

Hauslehrer und Hausherrin – mehr als eine Romanze

Zu Beginn des Jahres 1796 tritt Hölderlin seinen Hauslehrerposten an. Er wohnt bei den Gontards am Großen Hirschgraben – eine gute Adresse, hier stehen die Häuser des kaiserlichen Rates Johann Caspar Goethe und des einflussreichen Bankiers Bethmann-Hollweg.

Die Unterrichtsstunden mit dem aufgeweckten Henry sind für den bisher vom Glück nicht begünstigten Hölderlin offensichtlich eine angenehme Pflicht. Der Junge, der seinen viel beschäftigten Vater nur selten zu Gesicht bekommt, fasst Vertrauen zum neuen Lehrer, auch mit den später dazukommenden kleineren Schwestern gibt es keine Schwierigkeiten. Die Mutter verfolgt die Lernfortschritte aufmerksam und es entwickelt sich zwischen der 26-jährigen Susette Gontard und dem um ein Jahr jüngeren Hölderlin bald ein Vertrauensverhältnis, das über den schulischen Rahmen weit hinausgeht.

Mitte Januar schreibt Hölderlin an seinen Freund Neuffer: »Ich lebe, wie es scheint, unter sehr guten und wirklich, nach Verhältnis, seltnen Menschen.« Und am 24. Februar bekräftigt er den ersten Eindruck: »Die neuen Verhältnisse, in denen ich jetzt lebe, sind die denkbar besten. Ich habe viel Muße zu eigener Arbeit, und die Philosophie ist wieder einmal fast meine einzige Beschäftigung.« Nicht ganz: Viel Zeit verwendet er auf Gespräche mit der Hausherrin, die dem Sensiblen und wenig Belastbaren das Lehrerdasein möglichst angenehm zu gestalten weiß. Er erhält vierhundert Gulden Jahresgehalt bei freier Station und nur wenigen Verpflichtungen.

Die weltoffene Stadt Frankfurt wirkt befreiend auf ihn nach beklemmenden Kleinstadterfahrungen in Nürtingen, Tübingen und Jena. Das Erlebnis, zum ersten Mal im Leben richtig durchatmen zu können, hat er Susette Gontard zu verdanken, in deren Nähe er sich leicht und beflügelt fühlt. Er schreibt seinem alten Freund Neuffer überschwänglich: »Es gibt ein Wesen auf der Welt, woran mein Geist Jahrtausende verweilen kann und wird ... Lieblichkeit und Hoheit, und Ruh und Leben, und Geist und Gemüt und Gestalt ist Ein seliges Eins ...« Sein Schönheitssinn orientiere sich an diesem Madonnenkopf, schwärmt er, und die 1795 von Bildhauer Landolin Ohmacht gemeißelte Alabasterbüste der Bankiersgattin zeigt in der Tat ein an griechischen Vorbildern orientiertes, ebenmäßig edles Gesicht.

Hölderlin kommt sich verjüngt und gestärkt vor, und er findet dies, wie er Schiller schreibt, umso schätzbarer, »weil einige bittere Erfahrungen mich wirklich gegen Verhältnisse aller Art hatten misstrauisch gemacht«. Zu den bitteren Erfahrungen gehören aufreibende Hauslehrerstellen und mangelnde Beachtung durch die ›Großen‹ der literarischen Szene, von denen ihm Schiller am wichtigsten ist. Er schickt dem Bewunderten den ersten Band seines in Briefen angelegten Romans *Hyperion* und einige Gedichte. Im Begleitbrief schreibt er: »Ich habe Mut und eignes Urteil genug, um mich von andern Kunstrichtern und Meistern unabhängig zu machen, … aber von Ihnen dependier ich unüberwindlich; und weil ich fühle, wie viel ein Wort von Ihnen über mich entscheidet, such ich manchmal, Sie zu vergessen, um während einer Arbeit nicht ängstig zu werden.‹ – Eine für sein Wesen charakteristische Mischung aus mangelndem Selbstbewusstsein und überhöhtem Anspruch an sein eigenes Werk.

In der Rolle der Diotima

Am *Hyperion* hat Hölderlin schon seit zwei Jahren gearbeitet, Griechenland als Idealkulisse vor Augen und im Mittelpunkt eine Frau, wie sie nur in seinen Träumen existiert, eine Frau, die alle Vorzüge des weiblichen Geschlechts in sich vereint. Er nennt sie Diotima nach der Seherin und Priesterin, die in Platons *Gastmahl* Sokrates über die Liebe belehrt. Ein hoher Anspruch. Abgehoben von der Wirklichkeit, vom alltäglichen Leben.

Und plötzlich begegnet ihm diese verklärte Frau tatsächlich in der Gestalt Susette Gontards. Er macht sie zu seiner Diotima, indem er die Eigenschaften der Romanfigur auf dieses leibhaftige Wesen überträgt. Die hymnisch Überhöhte wehrt sich nicht dagegen, sie findet sich im Gegenteil immer leidenschaftlicher in diese Rolle hinein, gestaltet sie zu ihrem eigentlichen Leben aus.

Daneben laufen die alltäglichen Hausgeschäfte, die Besuche und gesellschaftlichen Verpflichtungen, die Bälle und alles, was ihr nun so gleichgültig geworden ist. Gemeinsam mit Hölderlin, den die Kinder vertraulich Hölder nennen, kümmert sie sich um deren Lernfortschritte, aber sie nimmt auch Anteil an der Vollendung des *Hyperion*, dessen zweiter Band bald erscheinen soll. Sie ist Hölderlins poetische Muse und gleichzeitig seine Beraterin in praktischen Lebensfragen. Ihre Bewunderung für sein Werk stärkt sein Selbstgefühl und lässt ihn erlittene Schmach leichter verkraften. Die mangelnde Beachtung durch Goethe in Weimar und Schiller in Jena versucht sie wettzumachen durch ihren grenzenlosen – nicht ungefährlichen – Glauben an seine Auserwähltheit und seine dichterische Sendung. »Ach wir lebten so frei im innig unendlichen Leben / Unbekümmert und still, selber ein seliger Traum«, beschreibt Hölderlin diesen Zustand.

Beide erfahren sie zum ersten Mal das Glück einer tiefen, vergeistigten Liebe, und Hölderlin besingt in zahllosen Versen ihr Beisammensein:

> Diotima! seliges Wesen!
> Herrliche, durch die mein Geist,
> Von des Lebens Angst genesen,
> Götterjugend sich verheißt!
> Unser Himmel wird bestehen,
> Unergründlich sich verwandt
> Hat, noch eh wir uns gesehen,
> Unser Wesen sich gekannt.

Susette Gontard findet nichts Befremdliches daran, als Diotima gepriesen zu werden, über den Wassern zu schweben, obgleich sie als Hamburger Kaufmannstochter in einer ganz anderen Welt aufgewachsen ist.

Eine schöngeistige höhere Tochter

Susette Borkenstein wurde am 7. Februar 1769 als Tochter
eines begüterten Kaufmanns und Kommerzienrats in Hamburg geboren. Die Mutter, Susanne Bruguier, war hugenotti-
scher Abstammung und kam aus Frankfurt. Sie war 36 Jahre
jünger als ihr Mann und zog nach dessen Tod mit der Tochter Susette in ihre Heimatstadt zurück. Susette wurde die typische Ausbildung einer höheren Tochter aus gutem Hause
zuteil, sie lernte, was ihr in einer zukünftigen Ehe von Nutzen sein sollte, und sie lernte es brav: ein gehorsames, noch
nicht erwachtes Kind, um dessen Hand der Frankfurter
Bankier Jakob Friedrich Gontard im Frühjahr 1786 anhält.
Da ist sie gerade 17 geworden. Kurz darauf findet die Hochzeit statt und Susette zieht ins herrschaftliche Gontard'sche
Haus am Hirschgraben, als Hausherrin mit Repräsentati-
onspflichten und als Gattin eines erfolgreichen Geschäfts-
mannes, der keine Zeit hat, ihr die Welt aufzuschließen.

Die junge Frau fühlt sich nicht unglücklich, aber unverstanden. Die vier Kinder, Sohn Henry und die kurz nacheinander geborenen Töchter Jette, Lene und Male, vermögen
ihr Leben nicht vollständig auszufüllen, es bleibt die unbe-
stimmte Suche nach Höherem, das über den Alltag hinaus-
reicht. Die Erfüllung dieser Sehnsucht bringt ihr Hölderlin, der unverhofft erschienene ›Götterbote‹.

Drei Jahre – Fülle eines ganzen Lebens

Bankier Gontard findet nichts dabei, wenn er bei der
Heimkehr auf die Frage, wo denn seine Frau sei, von der
Haushälterin die süffisante Antwort erhält: Herr Hölderlin
liest ihr vor. – Herr Hölderlin liest ihr häufig vor, aber der
spitzzüngigen Haushälterin, die selber ein Auge auf den
jungen Lehrer geworfen hat, gelingt es nicht, den Argwohn
des Hausherrn zu wecken. Gontard ist seit mehr als zehn

Jahren mit Susette verheiratet und er vertraut ihr. Auch sie ist sich keiner Schuld bewusst. Die Verbindung mit Hölderlin, dieses beglückende Zusammensein, ist ja nicht von dieser Welt, es haben sich zwei Seelen, nicht zwei Körper gefunden. Für Hölderlin, den »schwerfälligen Schwaben«, wie er sich selbst bezeichnet, wäre eine andere als eine geistige Beziehung undenkbar, sie hätte sein von Susette gewecktes Selbstbewusstsein beeinträchtigt und ihn, den in moralischen Kategorien Denkenden, in Schuldgefühle verstrickt. Für ihn ist die Sphäre der Seele das Edle, die Sphäre des körperlich Wirklichen das ›Gemeine‹. Er lässt Hyperion sagen: »Wer nur mit ganzer Seele wirkt, irrt nie. Er bedarf des Klügelns nicht, denn keine Macht ist wider ihn.«

Hölderlin schreibt am *Hyperion*. Aber er schreibt nun nicht mehr an einer luftigen Utopie, er bringt Erfahrenes zu Papier. Immer enger bindet er seine Diotima an sich und sein Götterreich. Und immer häufiger werden die beiden von widrigen Ereignissen auf die Erde zurückgeholt.

In Hessen herrscht Krieg. Die Österreicher unter Erzherzog Karl liefern sich Gefechte mit napoleonischen Truppen, Frankfurt ist bedroht, ein Bombardement wird nicht ausgeschlossen. Der um seine Familie besorgte Gontard schickt seine Frau mit den Kindern samt Hauslehrer aufs sichere Land. Unterwegs wird das in elysischen Höhen schwebende Paar ziemlich unsanft vom hessischen Kriegsalltag überrascht, bei Hanau dröhnt der französische Kanonendonner beängstigend nah in den Ohren, und Hölderlin schreibt an seinen Bruder: »Es ist doch was ganz leichtes, von den griechischen Donnerkeulen zu hören, welche vor Jahrtausenden die Perser aus Attika schleuderten ... als so ein unerbittlich Donnerwetter über das eigne Haus hinziehen zu sehen.«

Die Reise geht weiter durch Westfalen, das »deutsche Böotien«, Schauplatz der Schlacht im Teutoburger Wald, und endet in Bad Driburg. In diesem idyllischen Städtchen lässt es sich gut und sicher leben, bis die Kriegsgefahr in Frankfurt gebannt ist.

Die kurz bemessene Frankfurter Zeit ist für Hölderlin eine außerordentlich fruchtbare, und er weiß, dass er sie Diotima zu verdanken hat. Neben den Gedichten an seine göttliche Muse und der Arbeit am *Hyperion* – der erste Band ist zur Ostermesse 1797 bei Cotta erschienen – entstehen Epigramme, Abhandlungen und Oden. Der lange Zeit arglose Gontard wird allmählich gewahr, wie seine Frau ihm mehr und mehr entgleitet in Höhen, in die seine Sprache und sein Verständnis nicht reichen. Es kommt zu Spannungen, zum Zerwürfnis.

Hölderlin erwähnt in späteren Briefen als Grund des Streites nicht die Eifersucht Gontards, sondern nur seine eigenen Demütigungen. Gontard hat ihn, wie es der allgemeinen Einschätzung von Hauslehrern entspricht, stets nur als Bediensteten, nicht als Gleichgestellten betrachtet. Die Diskrepanz seiner und Diotimas Welt zur Welt des Kommerzes, die ihm jetzt banal und oberflächlich vorkommt, wird ihm immer unerträglicher, bis er eines Tages im Herbst 1798 das Gontard'sche Haus fluchtartig verlässt. Freiwillig oder von Gontard hinausgeworfen?

Fest steht: Hölderlin hat Hausverbot. Susette lässt es – wie es sich für eine pflichtbewusste Gattin geziemt – nicht zum offenen Bruch mit ihrem Ehemann kommen. Sie bleibt bei Gontard, kann und will aber ihrer großen Liebe nicht abschwören und denkt sich verwegene konspirative Treffen aus.

Geheime Verständigung

Hölderlin sucht bei seinem alten Freund Isaac Sinclair Zuflucht, der in Diensten des Landgrafen von Homburg steht. Die kleine Residenzstadt Homburg vor der Höhe liegt nicht weit von Frankfurt entfernt, das erleichtert die weitere Verbindung mit Susette Gontard. Ob *Hyperions Schicksalslied* der Geliebten Trost sein kann? Es heißt darin: »Doch uns ist gegeben, / Auf keiner Stätte zu ruhn, / Es schwinden, es fallen / Die leidenden Menschen / Blindlings von einer / Stunde zur andern, / Wie Wasser von Klippe / Zu Klippe geworfen, / Jahr lang ins Ungewisse hinab.«

Gleich nach seiner Ankunft in Homburg, am 27. September 1798, erhält Hölderlin einen rührenden Brief von seinem Schüler Henry:

»Lieber Hölder!«, schreibt der Zehnjährige, »ich halte es fast nicht aus, dass Du fort bist … Der Vater fragte bei Tische, wo Du wärst, ich sagte, Du wärst fort gegangen, und Du ließt Dich ihm noch empfehlen. Die Mutter ist gesund und lässt Dich noch vielmals grüßen, und Du möchtest doch recht oft an uns denken; sie hat mein Bett in die Balkonstube stellen lassen und will alles, was Du uns gelernt hast, wieder mit uns durchgehn. Komm bald wieder bei uns, mein Hölder …« Ahnt oder weiß der Junge etwas von der engen Beziehung seines Lehrers zu seiner Mutter?

›Hölder‹ hat Henrys flehende Zeilen sofort beantwortet, und der Junge zeigt den Brief, arglos oder mit Absicht, dem Vater. Dieser verbietet ihm strikt jeden weiteren Briefverkehr, nicht einmal der Name Hölderlin darf im Hause Gontard fallen. Umso schwieriger für Susette, sich ihrem Mann gegenüber loyal zu verhalten. Im ersten Brief an Hölderlin wird ihre Verzweiflung deutlich: »Wie ist nun, seit Du fort bist, um und in mir alles so öde und leer, es ist als hätte mein Leben alle Bedeutung verloren, nur im Schmerz fühl ich es noch.« Gontard versucht offenbar, sie mit Aufmerksamkeiten und Geschenken aufzuheitern, doch sie weist ihn zurück, schreibt verbittert: »von dem, der das Herz meines Herzens nicht schonte, muss die kleinste Gefälligkeit anzunehmen mir wie Gift sein …«

Hölderlin nicht zu verlieren, ist ihr einziger Wunsch und sie bereut, dass sie ihm bei dem dramatischen Streit mit

Gontard den Rat gab, sich auf der Stelle zu entfernen: »... die Gewalt welche ich fühlte machte mich gleich zu nachgiebig; wie manches, dachte ich nachher, hätten wir noch für die Zukunft ausmachen können? hätte nur unser aus einander Gehen nicht diese feindselige Farbe angenommen, niemand hätte Dir den Zutritt in unser Haus wehren können, aber jetzt, o! sage mir Du Guter, wie gehet es wohl an, dass wir uns wieder sehen?«

Im nächsten Brief schlägt sie ihm vor: »komm heute Nachmittag ein Viertel nach 3 Uhr, gehe unverstohlen der hintern Türe welche immer offen ist herein, laufe leicht und schnell die Treppe herauf wie sonst, die Türe zu meinem Zimmer an der Treppe wird Dir schon geöffnet sein, die Kinder lernen zu der Zeit im hintern blauen Zimmer und können Dich nicht sehen, wenn Du an der Mauer her gehest ...« Ein kühner Plan. Eine offene Missachtung des Gontard'schen Verdikts. Aber Susette schreibt beschwichtigend: »Sollte Dich sonst auch jemand sehen, tut das gar nichts, es kann nicht auffallend sein, wenn Personen welche 3 Jahre unter einem Dach lebten 1 halbe Stunde zusammen zubringen.«

Der Brief wird durch einen zuverlässigen Boten überbracht, Freund Sinclair ist in die Verschwörung eingeweiht. Hölderlin antwortet umgehend, seine Briefe sind leider, bis auf vier später aufgefundene Entwürfe, nicht erhalten geblieben. Wir können auf deren Inhalt nur durch die Antworten seiner Diotima schließen. Und diese schwanken zwischen Hochgestimmtheit und Verzweiflung, gar Todesgedanken: »Mit einander sterben! – Doch still, es klingt wie Schwärmerei, und ist doch so wahr, – ist die Befriedigung. Doch wir haben heilige Pflichten für diese Welt. Es bleibt uns nichts übrig als der seligste Glaube an einander ...«

In einem weiteren undatierten Brief dann wieder die Einfädelung eines Treffens: »Morgen nach 10 Uhr erwarte ich Dich. Bitte mit mir den Genius unserer Liebe um eine ruhige Stunde. – Sollte es nicht möglich sein, kennst Du das Zeichen … Habe Mut, ich bin auf alles vorbereitet, und es wird gewiss alles gut gehn.« Das Treffen kommt nicht zustande. Bei Gontards hat sich unerwartet Besuch angesagt, die Hausherrin muss liebenswürdige Gastgeberin spielen. Am nächsten Tag erfährt sie, dass ihr Bruder bei einem Jagdunfall verletzt wurde. Hölderlins besorgte Briefe kommen zweimal in falsche Hände, die Götter scheinen dem sich in Sehnsucht verzehrenden Paar nicht wohl gesonnen zu sein.

Die Treffen müssen bedachtsam und auf lange Sicht geplant werden. »Nächsten Monat wirst Du es wohl wieder wagen«, schreibt Susette, »Du kannst dann vielleicht von Hegel hören ob ich wieder allein bin.« Hegel ist in das Komplott eingeweiht. Hölderlin hat dem Philosophen eine Hauslehrerstelle bei einer Frankfurter Familie besorgt und betrachtet ihn als Freund.

In der langen Zeit des Wartens tröstet sich die Einsame mit den Diotima-Gedichten: »Du schweigst und duldest, denn sie verstehn dich nicht, / Du edles Leben! siehest zur Erd und schweigst …« Oder: »Heilig Wesen! gestört hab ich die goldene / Götterruhe dir oft, und der geheimeren, / Tiefern Schmerzen des Lebens / Hast du manche gelernt von mir.«

Homburg: immer entferntere Nähe

Hölderlin arbeitet in der Homburger Zeit am Trauerspiel *Der Tod des Empedokles* – die griechische Antike beflügelt seinen Geist noch immer und entrückt ihn den Tagesgeschäften. Seine irdische Diotima aber muss sich diesen Tagesgeschäften stellen: Der Bruder, der sie in Frankfurt besucht, nimmt ihre Zeit in Anspruch, die Schwiegermutter stirbt, der kleinen Male muss das Stricken beigebracht werden, die Umgestaltung ihres weitläufigen Gartens am Main beschäftigt sie.

Auf einer Reise nach Weimar und Jena lernt sie Wieland, Herder und den Maler Tischbein kennen und macht klopfenden Herzens einen Besuch bei Schiller, der sich Hölderlin gegenüber eher zurückhaltend gibt. Susette weiß, wie sehr Hölderlin unter der Nichtbeachtung seines Idols leidet. Sie wenigstens glaubt unerschütterlich an ihn und seine bleibende dichterische Bedeutung: »Wenige sind wie Du! und was auch jetzt nicht würckt, bleibt sicher für künftige Zeiten.«

Ihre Bewunderung beflügelt Hölderlins Schaffen und die Erinnerung an ihr Zusammensein hilft ihm über öde Tage hinweg: »Erinnerst Du Dich unserer ungestörten Stunden, wo wir und wir nur umeinander waren? Das war Triumph! beede so frei und stolz und wach und blühend und glänzend an Seel und Herz und Auge und Angesicht, und beede so in himmlischem Frieden nebeneinander!«

Solche ungestörten Stunden trauter Zweisamkeit sind nun selten geworden und müssen mit List und Vorsicht geplant werden. Susette gibt Hölderlin genaueste Anweisungen: »wenn es in der Stadt 10 Uhr schlägt, erscheinst Du an der niedrigen Hecke, nahe bei den Pappeln, ich werde dann oben an meinem Fenster mich einfinden, und wir können uns sehen, zum Zeichen halte Deinen Stock auf die Schulter, ich werde ein weißes Tuch nehmen; schließe ich dann in einigen Minuten das Fenster, ist es ein Zeichen, dass ich herunter komme, tue ich es aber nicht, darf ich es nicht wagen …« Und sie fügt hinzu: »Wie es mir unangenehm ist, so intrigenartige Pläne zu machen, brauche ich Dir wohl nicht zu sagen.«

Jeden ersten Donnerstag im Monat, so ist es abgemacht, wollen sich die Liebenden sehen oder wenigstens Briefe durch die Gartenhecke des Landhauses austauschen. Wenn diese über anderthalb Jahre dauernde heimliche Verbindung auch unbefriedigend und für beide demütigend ist, zögert sie doch die endgültige Trennung hinaus. Beide haben sie in letzter Zeit häufiger mit Krankheiten zu kämpfen, Hölderlin mit einem hartnäckigen ›Nervenkopfweh‹ und Gallenkoliken, Susette mit tief sitzendem Husten und einer angegriffenen Lunge.

Zu diesen gesundheitlichen Sorgen kommen Hölderlins schwindende Ersparnisse. Er kann sich kein Privatgelehrtendasein mehr leisten und muss sich nach einer festen Stelle umsehen. Die geplante Herausgabe eines Journals hat sich zerschlagen, er schreibt resigniert: »Die Berühmten nur, deren Teilnahme mir armen Unberühmten zum Schilde dienen sollte, diese ließen mich stehn, und warum sollten sie nicht?« Immer wieder, trotz der Bemühungen Susettes, seine labile Seelenlage zu festigen, diese Einbrüche von Resignation, Depression.

Scheitern an der Welt

Im Juni 1800 kehrt Hölderlin zu seiner Mutter nach Nürtingen zurück, mittellos, arbeitslos. Als Abschiedsgeschenk gewissermaßen lässt er Susette den zweiten Band des *Hyperion* zukommen und schreibt dazu: »Hier *unsern* Hyperion, Liebe! Ein wenig Freude wird diese Frucht unserer seelenvollen Tage Dir doch geben … es ist himmelschreiend, wenn wir denken müssen, dass wir beide mit unsern besten Kräften vielleicht vergehen müssen, weil wir uns fehlen.«

Er ahnt, dass mit dem Entschwinden seiner Muse auch seine produktivste Schaffenszeit zu Ende geht. In Stuttgart kann er nicht Fuß fassen, aus einer Hauslehrerstelle in der Schweiz wird er nach wenigen Monaten entlassen, Bemühungen um eine Dozentenstelle in Jena misslingen, auch als Hauslehrer in Bordeaux scheitert er. Sein seelischer und körperlicher Zustand ist zerrüttet, als er im Frühsommer 1802 nach Deutschland zurückkehrt.

Hier erfährt er von Susettes Tod. Sein Freund Sinclair versucht ihm die schmerzliche Nachricht in einem Brief möglichst behutsam beizubringen, aber Hölderlin stürzt der Verlust seiner Diotima in eine tiefe Krise und Verstörtheit. Im *Hyperion* hat er Diotima sterben lassen. Susette, die sich ja in diese Gestalt hineingefunden hat, konnte sich damit nicht abfinden. Nun ist sie tot. Früh, viel zu früh aus diesem Leben geschieden wie die Diotima des Romans.

Als Diotima unsterblich

Nur 33 Jahre alt ist Susette Gontard geworden, und davon zählten nur die kurzen Jahre mit Hölderlin zu ihren erfüllten, glücklichen. Über ihren Tod schreibt Sinclair Ende Juni 1802: »Am 22ten dieses Monats ist die G. gestorben, an den Röteln, am 10ten Tag ihrer Krankheit. Ihre Kinder hatten sie mit ihr und überstanden sie glücklich. Sie hatte den verflossenen Winter einen gefährlichen Husten gehabt, der ihre Lunge schwächte.« Sie sei sich bis zuletzt gleich geblieben, versichert Sinclair dem verstörten Freund, dessen Gemütszustand sich zunehmend verdüstert.

Zwei Jahre lang wohnt Hölderlin noch bei Sinclair in Homburg, dann macht seine fortschreitende Verwirrung eine Einweisung in eine Tübinger Klinik nötig. 1807 wird er als unheilbarer Fall einem Tübinger Schreinermeister in Pflege gegeben. 36 Jahre lang lebt er noch in dessen Haus, bis er in den Tod hinüberdämmert.

Eine unvorstellbar lange Zeit – gemessen an der kurzen Spanne des Liebesglücks mit Susette Gontard eine Ewigkeit.

Susette Gontards Leidenszeit dauerte nur zwei Jahre, in denen sie nach außen Fassung zu bewahren suchte. Noch im April 1802, zwei Monate vor ihrem Tod, schrieb sie an ihre treue Haushilfe Marie: »Meinen großen unersetzlichen Verlust berühre ich nicht, meine Gefühle darüber aufzuschließen wäre mehr als ich tragen könnte ...« Im selben Brief berichtet sie von Henrys Konfirmation. Die Kinder sind ihr in den letzten beiden Lebensjahren die einzige Stütze.

Und das Vermächtnis Hölderlins: sein Werk, seine Briefe, seine Gedichte, die Erinnerung an die glückliche Diotima-Zeit. In einem ihrer letzten Briefe an Hölderlin hat sie geschrieben: »Und bliebe unsere Liebe auch ewig unbelohnt, so ist sie durch sich selbst, in uns ganz stille doch so schön, dass sie uns immer unser Liebstes, Einziges bleiben soll.«

Königin Luise von Preußen

(1776–1810)
Berlin

Vielleicht war Luise, Königin von Preußen, die märchen-
hafteste Figur, die je als Berlinerin in die Geschichte einging. Porträts ihrer Zeitgenossen, von Tischbein bis Schadow, zeigen wohl ihren außergewöhnlichen Liebreiz, nicht
aber die Tragik, die über ihrem kurzen Leben lag. Sie war
34 Jahre alt, als sie starb, und gehörte so zu den Frühvoll-
endeten, die man in besonderer Weise verehrt. Zehn Geburten hat sie hinter sich gebracht, dabei alle Honneurs
und Pflichten des Hofes wahrgenommen, und als das Aus-
greifen Napoleons ihre Umgebung mutlos machte, lebte
sie in ihrer Schwäche Standhaftigkeit vor. Selbstmitleid
kannte sie nicht, obgleich sie fast immerzu Krankheiten
ausgesetzt war und ihre seelischen wie körperlichen Kräfte
ständig überbeansprucht wurden. Sie war und wirkte wie
ein Kind – und nahm doch interessiert Anteil am politischen Geschehen. Wo sie konnte, versuchte sie, ihren
Mann zu stützen.

So war sie wie geschaffen, die Neugier wie auch die Bewunderung ihrer Mitmenschen zu wecken, ein Hauch von
Verklärung legte sich von Anfang an über ihre Person, und
sie blieb die ehrfürchtig verehrte und doch volksnahe Königin – auch nach ihrem Tod – bis in die Weimarer Zeit hinein,
als die Republik ausgerufen war und man so ganz ohne
Glanz zu leben hatte, nachdem die Dynastie Preußen ge-
stürzt war und nur noch der alte Hindenburg an vergangene
monarchische Zeiten erinnerte. Ein reichliches Jahrhundert
war Luise Vorbildfigur der zusammenwachsenden deutschen Nation: häusliche, mütterlich sich aufopfernde Frau

Königin Luise von Preußen

und zugleich anmutige Repräsentantin des preußischen Staates. Goethe war einer der ersten, der sich über den Liebreiz Luisens äußerte, und zwar am 29. Mai 1793 in seiner autobiografischen Betrachtung *Belagerung von Mainz*: »Gegen Abend war uns, mir aber besonders, ein liebenswürdiges Schauspiel bereitet; die Prinzessinnen von Mecklenburg hatten im Hauptquartier zu Bodenheim bei Ihro Majestäth dem König gespeist und besuchten nach der Tafel das Lager. Ich heftelte mich in mein Zelt ein und durfte so die hohen Herrschaften, welche unmittelbar davor ganz vertraulich auf und nieder gingen, auf das genauste beobachten. Und wirklich konnte man in diesem Kriegsgetümmel die beiden jungen Damen für himmlische Erscheinungen halten, deren Eindruck auch mir niemals verlöschen wird.«

Auch wenn der Voyeur aus Weimar den Himmel bemühte, in Wahrheit ging es um eine recht weltliche Sache. Der König von Preußen suchte für seine beiden Söhne, Kronprinz Friedrich Wilhelm und Prinz Louis standesgemäße Gemahlinnen. Da stieß er auf die beiden Schwestern Luise und Friederike aus dem Hause Mecklenburg-Strelitz. Am 13. März hatte sie der König begutachtet, dann konnte der Kronprinz wählen, und er entschied sich nach einigem Zögern für Luise, die pflichtschuldigst in Liebe entbrannte. In den etwa achtzig Briefen während der Brautzeit versicherte sie immer wieder, wie glücklich sie sei und wie sie sich bemühen werde, ihrem Verlobten eine gute Gefährtin zu sein. Angst hatte sie freilich auch, denn sie war gerade 17 Jahre alt und fühlte sich als Letzte unter den Töchtern der deutschen Dynastien. In einem Brief bat sie den Kronprinzen: »Sie kennen mich noch recht wenig, deshalb bitte ich Sie im voraus, haben Sie viel Nachsicht mit mir, verlangen Sie nicht zu viel von mir, ich bin sehr unvollkommen, sehr jung, ich kann mich oft irren …«

Besonders ängstigte sie ihre Übersiedlung nach Berlin, das fremd und groß vor ihr lag »wie ein böses unbekanntes

Etwas«. In Hannover-Herrenhausen und bei ihrer Großmutter am Hofe in Darmstadt großgezogen, war für sie die
Hauptstadt mit ihren damals 150 000 Einwohnern ein Albtraum, obgleich Berlin viel kleiner und übersichtlicher war
als etwa London oder Paris. Luise dachte in bescheidenen
Verhältnissen; so schreibt sie in einem Brief kurz vor ihrer
Abreise: »Werden Sie es wohl glauben, meine Verlegenheit
wegen der Ankunft in Berlin wächst mit jedem Augenblick; deshalb sage ich es Ihnen vorher und bitte Sie, es allen Leuten zu sagen, dass ich ganz einfach bin.« Später
äußert sie sich schon selbstbewusster und zeigt eigene
Konturen: »Denn unter uns gesagt, soviel ich von den Berliner Frauen habe reden hören, verdienen sie meine
Freundschaft nicht. Die meisten von ihnen sind kokett und
Sie wissen, lieber Prinz, wie ich die Koketterie verab-
scheue.« Die Koketterie sei die Quelle der abscheulichsten
Laster und sie wage es auszusprechen: ihr Herz sei zu tu-
gendhaft, um sich jemals zu ändern. Sie könne sich nicht
dazu erniedrigen, »derartige Personen« zu lieben.

Der Empfang in Berlin war dann allerdings überwältigend. Schon die triumphale Fahrt quer durch Deutschland,
die herzliche Begrüßung in Potsdam. Ein ungeheurer Zu-
lauf von Menschen, schrieb Luises jüngerer Bruder in sein
Tagebuch. In Berlin dann Einzug durch das Potsdamer Tor,
wo die künftige Königin vom Magistrat willkommen ge-
heißen wurde. Die Bürgerwehr war mit ihren Kompanien
aufmarschiert; Glanzpunkt war eine Ehrenpforte Unter
den Linden, zwanzig Meter hoch, alles geschmückt mit
Myrten, Blumen und Inschriften. Die französische Kolonie
vertraten dreißig festlich gekleidete Schüler, die Bürger hatten zwei Dutzend weiß gewandete Mädchen entsandt. Luise überstrahlte alles durch ihre Anmut und Herzlichkeit, so
wurde schon in dieser Stunde klar, dass die Bevölkerung sie
als eine der ihren annahm. Zwei Jahre später schrieb Luise
an ihren Bruder Georg: ›Ja, bester Freund, es war eine feier-

liche Stunde für mich, in der ich Berlins Einwohnerin ward...« Kurz nach der Ankunft, am 24. Dezember 1793, fand die Vermählung statt, anschließend bezog das junge Paar das Kronprinzenpalais Unter den Linden.

Die nun folgenden dreizehn Berliner Jahre bis zur Flucht vor Napoleon, 1806, sind gekennzeichnet durch die Sympathie, welche die Bevölkerung ihrer Königin entgegenbrachte, und Luises Hineinwachsen in die Pflichten des Hofes. Sie beobachtete Staatsaffären und Machtkämpfe, lernte die Mühsal des politischen Geschäfts kennen und größere Zusammenhänge begreifen. Manche Missstände weckten ihre Kritik, so fanden die Reformbestrebungen und Pläne des Grafen Hardenberg und des Freiherrn vom Stein bei ihr ein offenes Ohr.

Ständig blieb ihr Leben von Kummer überschattet: die Enttäuschung über ihren Mann, seine bloße Redlichkeit und formale Korrektheit, ohne inneres Format und wirkliche Größe, war wohl die eigentliche Quelle ihrer Resignation. Auch mit dem Hof, dem die Etikette so viel galt, hatte sie Schwierigkeiten. Sich inmitten dieses äußerst betriebsamen Lebens- und Pflichtenkreises einsam zu fühlen, war eine Last, die sie durch Zuwendung zu ihrer eigenen Familie zu mildern versuchte. So füllte der Briefwechsel mit ihrer Großmutter, ihrem Vater, ihren Schwestern und dem drei Jahre jüngeren Bruder Georg viele Stunden aus. Schwer traf es sie, dass ihre Schwester Friederike, mit der sie eine Doppelhochzeit gefeiert hatte, vom Unglück verfolgt wurde: Ihr Gemahl, Prinz Louis, starb wenige Jahre nach der Verheiratung; als Witwe hatte sie eine Liaison mit einem Adligen, wurde schwanger und musste vom preußischen Hofe verschwinden. Am 11. Januar 1799 klagt Luise in einem Brief: »Sie ist fort! Ja, sie ist auf ewig von mir getrennt. Sie wird nun nicht mehr die Gefährtin meines Leben sein. Dieser Gedanke, diese Gewissheit umhüllen dermaßen meine Sinne, dass ich auch gar nichts anderes denke und fühle ...«

Zu diesem Schmerz gesellte sich noch die Enttäuschung über ihren Bruder. Der über alles geliebte Georg, mit dem sie ständig sehnsüchtige, fröhliche und vertrauliche Briefe gewechselt hatte, stellte sich als Versager heraus. Schließlich liest die Dreiundzwanzigjährige ihm im Juli 1799 schriftlich die Leviten. Der lange, beschwörende Brief gipfelt in der resoluten, für Luise bezeichnenden Feststellung: »So wie es jetzt ist, kann es nicht bleiben, denn du nützest niemandem und hängst an nichts. Beschäftigung, diese muss dir werden, diese muss ein jedes denkende Wesen sich machen, um nicht ohne Nutzen in der Welt zu stehen, wo doch jedes Ding seine Bestimmung hat.«

Es sagt nichts gegen die Berliner, aber alles gegen den Hof, dass zwei ausgedehnte Reisen den eigentlichen Höhepunkt ihrer Berliner Jahre darstellen. Die eine führt sie zusammen mit ihrem Mann zu den vielen Verwandten ins westliche und südliche Deutschland, die andere war eine so genannte Huldigungsreise.

Nachdem König Friedrich Wilhelm II. im November 1797 gestorben war und das Kronprinzenpaar den Thron bestiegen hatte, besuchte es von Ende Mai bis Ende Juni 1798 die alte Krönungsstadt Königsberg, auch Danzig, Warschau und Breslau, und überall waren die Ovationen der Bevölkerung überwältigend, wobei besonders die Königin die Aufmerksamkeit auf sich zog. Das wiederholte sich dann noch einmal während der Huldigungsfeiern in Berlin am 6. Juli 1798. Luise war damals hochschwanger, eine Woche später wurde ihre Tochter Charlotte (die spätere Zarin Alexandra Feodorowna) geboren. Diese Belastungen muss man sich vor Augen halten, um die kleine, bezeichnende Notiz aus Warschau vom 17. Juni 1798 zu verstehen: »Meine Gesundheit hält wunderbarerweise den zahl- und namenlosen Anstrengungen stand, die ich durchmache. Am 29. bin ich in Charlottenburg, und der Gedanke daran ist mehr wert als alle Beruhigungsmittel der Welt.«

Die dauernde körperliche Überbeanspruchung setzt Luise schwer zu, doch versucht sie, heroisch durchzuhalten: fast jedes Jahr eine Geburt, dazwischen all die höfischen Verpflichtungen, dazu kommen Fieber und Erkältungen, die auch in dem geliebten Bad Pyrmont nicht auskuriert werden können. Rheumatische Zahnleiden und Masern, alle Krankheiten der Epoche suchen sie heim, und immer muss sie Haltung bewahren. Nur in den Briefen deckt sie ihre Bedrängnisse auf. Hier wurde ein Leben verbraucht, dem Frohsinn und Unbeschwertheit viel eher angestanden hätten. Was sich in den dreizehn Berliner Jahren andeutete, wurde später, in den vier Jahren auf der Flucht vor Napoleon bis zu ihrem Tode 1810, zum Höhepunkt fortgetrieben. Am 27. April 1808 schreibt sie von Königsberg aus an ihren Bruder, mit dem sie nach wie vor in großer Liebe verbunden ist: »Ach, lieber Georg, ich will Dich nicht traurig stimmen, aber Du kannst es Dir schon selbst sagen, ich bin weit entfernt, glücklich zu sein! Das Unglück anderer ist das meine, die Unmöglichkeit, der leidenden Menschheit zu helfen, ist wirklich ein solches für mich … Die seelischen Leiden übertragen sich auf den Körper, und so verringern sich die Kräfte allmählich. Wenn nur Schlesien geräumt wäre …«

So verbinden sich bei Luise die persönlichen Leiden mit dem Unglück der Menschen und dem Schicksal Preußens, das sie unaufhörlich beschäftigt. Napoleon ist der große Feind. Ihn beginnt sie zu hassen. Ihre vertraulichen Verbindungen zu Freiherr vom Stein sind unter diesen Aspekten zu sehen. Sie ist immer wieder von dessen starker, temperamentvoller Persönlichkeit beeindruckt, die ihrem Manne ganz und gar fehlt. Auch ihre vertrauteste Freundin Caroline von Berg war eine glühende Anhängerin Steins; das politische Interesse Luises bekam so streckenweise einen Zug des Konspirativen. Das Zeitgeschehen empfand sie zutiefst aufwühlend, fast zerstörerisch intensiv – eine

Affinität zu Heinrich von Kleist, der, wie so viele Zeitgenossen, ein emphatisches Gedicht auf die Königin schrieb.

Die Tragik ihrer Situation kommt unverhüllt in einem Brief an Caroline von Berg zum Ausdruck, den sie am 12. März 1809 in Königsberg schrieb: »Ich erlebe heute einen Tag, wo die Welt mit allen ihren Sünden auf mir liegt. Ich bin krank an einem Flussfieber, und ich glaube, solange die Dinge so gehen wie jetzt, werde ich nicht wieder genesen. Der Krieg mit Österreich wird losbrechen, wie jedermann weiß, das ist im Grunde das Hindernis für unsere Rückkehr nach Berlin; dieses allein betrübt mich bis zum Tod, aber was Sie nicht wissen: Russland wird Frankreich helfen, Österreich auszuplündern, und das wird mich noch um meinen Verstand bringen. Ich bin in einem unbeschreiblichen Zustand … Nein, ich kann es nicht aussprechen, was ich fühle, wie es in mir tobt, die Brust zerspringt mir fast. Und wir hier in diesem Klima, in Preußen, wo Stürme seit 14 Tagen wüten, entfernt von allen Lieben. Ach Gott, ist es der Prüfungen noch nicht genug?« Anfang August schreibt sie an dieselbe Adressatin: »Ging ich nur nach Berlin, dahin, dahin möcht ich jetzt gleich ziehen; es ist ordentlich ein Heimweh, was mich dahin ziehet. Und mein Charlottenburg! Und alles mein, sogar mein lieber, tiefer Sand den lieb' ich.«

Und noch einmal an Frau von Berg, Anfang Dezember, kurz vor der Heimkehr, schon Todesschatten fühlend: »Ich werde also bald Berlin wiedergegeben sein und wiedergegeben so viel ehrlichen Herzen, die mich lieben und achten. Mir wird es alle Augenblicke ganz miserabel für Seligkeit, und ich vergieße schon so viel Tränen hier, wenn ich daran denke, dass ich alles auf demselben Platz finde, und doch alles, alles so ganz anders, dass ich nicht begreife, wie es wird. Es ist eine Schwermut in mir, die ich beinah' nicht begreife. Schwarze Ahnungen, Beklommenheit, mit einem Worte: mehr traurig als froh. Ich möchte immer vor der Welt fliehen, allein sein …«

Am 15. Dezember 1809 verließen der König und Luise Königsberg, am 23. Dezember trafen sie in Berlin ein. Der feierliche Einzug war der Beginn großer Anstrengungen in der neuen politischen und sozialen Lage. Dies alles war für ihre labile Gesundheit zu viel. Am 19. Juli starb sie an einer Lungenentzündung, während eines Besuches bei ihrem Vater in Hohenzieritz, umgeben von ihrer Familie. Auch die Oberhofmeisterin Gräfin Voss und die Freundin Caroline von Berg waren bei ihr. Im Mausoleum des Schlosses Charlottenburg wurde sie beigesetzt.

Dichter haben Königin Luise gehuldigt, das Volk hat sie verehrt, Legendenbildungen haben sie einseitig idealisiert. Heute entdeckt man neue Konturen an ihr: die selbstständig denkende und handelnde, die mutig entschlossene Königin. Napoleon nannte sie eine »große Feindin«. Das trifft die Bedeutung dieser Frau eher als die harmlos lieblichen Goldverzierungen vergangener Zeit. Goethe sprach von ihr als einer höchst vollkommenen, angebeteten Königin. Sie war groß in ihrer Schwäche, das ist es wohl, was der Sinnierer unter Vollkommenheit verstand. Das kurze, nur 34 Jahre währende Leben Luises, das mitten in die lange Lebenszeit des Dichters eingebettet war, könnte als eine Art Kontrapunkt zu dieser gesehen werden.

Die Weltreisende
Ida Pfeiffer
(1797–1858)
Wien

Sequenz aus einem Film über die Revolution von 1848 in
Wien, wie ihn Margarete von Trotta gedreht haben könnte:
Eine vierspännige Postkutsche taucht am Horizont auf,
kommt auf staubiger Landstraße näher: die Diligence Triest–Wien. Pferdegetrappel, Spätherbstlandschaft des Wie-
nerwaldes, in der Ferne die Silhouette des Stephansdoms.
Plötzlich scheuen die Pferde. Soldaten haben die Straße
gesperrt. Der Kutscher springt vom Bock, verhandelt mit
Offizieren. Offenbar ist eine Weiterfahrt unmöglich. Die
Passagiere im samtgepolsterten Coupé bekommen Ge-
sprächsfetzen mit: Stadttore geschlossen, Belagerungszustand in Wien, Standrecht verhängt...
Aufgeregte, verängstigte, ärgerliche Gesichter in Großaufnahme. Nur eine Frau – ist es überhaupt eine Frau? –,
eingeklemmt zwischen unförmigen Gepäckstücken, lässt
sich nicht aus der Ruhe bringen. Die Unbekannte in Män-
nerhosen und derben Schnürstiefeln nutzt die Unterbre-
chung, um ihr Reisegepäck zu inspizieren. Die Mitreisenden werfen verstohlene Blicke auf die Hutschachteln und
Botanisiertrommeln, aus denen die seltsame Fremde behutsam ihre Schätze ans Licht holt: getrocknete Seepferdchen
und Riesenmuscheln, Fliegende Fische mit sorgsam präpa-
rierten Flugflossen. Die Passagiere ziehen den Duft gold-
glänzender Arekanüsse aus China ein oder, schnuppern an
Muskatfrüchten und Gewürznelken. Vielleicht ist diese rät-
selhafte Mannfrau doch keine Spintisiererin, vielleicht hat
sie die Abenteuer, von denen sie so spannend erzählt, wirklich erlebt?

Die Reisegefährtin, die selbst welterfahrene Kaufleute beeindruckt mit ihrem Wissen über ferne Kontinente, heißt – ganz bürgerlich – Ida Pfeiffer. Sie ist von Beruf, wie sie sich selbst bezeichnet, Weltreisende und befindet sich nach zweijähriger Abenteuerfahrt auf dem Rückweg in ihre Heimatstadt Wien.

An jenem 31. Oktober 1848, an dem sie vor dem verschlossenen Stadttor steht, hat Fürst Windischgrätz, der Befehlshaber der österreichischen Truppen, die seit Monaten immer wieder aufflackernden revolutionären Umtriebe der erbitterten Bevölkerung endgültig niedergeschlagen und Wien wieder in Regierungsgewalt gebracht. Bis die Lage sich entspannt, bleiben die Zufahrtsstraßen gesperrt und die Reisenden aus Triest müssen für einige Tage in Notunterkünften vor der Stadt ausharren. Für Ida Pfeiffer, die weit härtere Strapazen gewohnt ist, keiner Aufregung wert. Sie verkürzt den Mitreisenden die Wartezeit mit ihren spannenden Erzählungen und lässt sie ihre mitgebrachten Schätze aus Südamerika und China, aus Ostindien, Persien und Kleinasien bewundern.

Weltreisende – eine vollmundige, aber zutreffende Berufsbezeichnung für die sonnengebräunte Frau, von der eine Faszination ausgeht. Welche Dame der Gesellschaft wagte schon – wie sie – das Modediktat des Biedermeier zu ignorieren, statt einer Gobelinhandtasche Botanisierbüchse und Feldflasche mit sich herumzutragen? Seit über sechs Jahren bereist sie ferne Länder. Allein. Sie lebt, wie sie schon immer leben wollte: nur sich selbst verantwortlich, von Fernweh getrieben, Fremdes neugierig in sich aufnehmend und Strapazen als Herausforderung meisternd.

Was bringt eine Frau aus gutbürgerlichem Haus, die über zwei Jahrzehnte eine behütete Ehe geführt und zwei Söhne großgezogen hat, dazu, mit 44 Jahren ins Ungewisse auf- und auszubrechen? – Der fest gefügte Frauenalltag ist ihr zu eng. Wien mit seinen gesellschaftlichen Konventionen ist ihr zu eng. Das ganze zivilisierte Europa ist ihr zu eng. Sie muss frei atmen können, braucht Weite, keine abgesteckten Grenzen. Wovon andere Frauen träumen, setzt sie in die Tat um. An Mut und Durchsetzungsvermögen hat es ihr nie gefehlt, schon ihre Kindheit ist von diesen Eigenschaften, verstärkt durch eine straffe Erziehung, geprägt.

Sie wird im Oktober 1797 noch in die Nachwehen der Französischen Revolution hineingeboren, doch von revolutionärem Aufbruch ist in ihrer Heimatstadt Wien wenig zu spüren. Mädchen ihrer Generation werden zur züchtigen und tüchtigen Gattin erzogen, lernen Konversation und Klavier spielen und sticken an ihrer Aussteuer. Sie hat Glück, ihr Vater, ein wohlhabender Wiener Kaufmann, besteht nicht auf diesen häuslichen Tugenden, seine Erziehungsideale liegen der Tochter mehr: Abhärtung, Tapferkeit, Tatkraft. Sie wächst als einziges Mädchen in der Familie mit sechs Brüdern auf. Dass sie Knabenkleider tragen darf und kein »weibliches« Verhalten lernen muss, kommt ihrem Temperament sehr entgegen. Der Vater möchte sie, wie die Brüder, in einer Militärerziehungsanstalt ausbilden lassen, aber er stirbt, als sie gerade neun ist. Aus der männlichen Karriere wird nichts, stattdessen steckt die Mutter sie in Mädchenkleider.

Ida verweigert sich den steifen Unterröcken und dem Verweiblichungsversuch, sie wird krank. Um nicht Klavier spielen und stricken zu müssen, bringt sie sich Schnittwunden an den Fingern bei. Über Jahre hält sie, zur Verzweiflung der Mutter, ihren Widerstand durch. Erst mit dreizehn, als ein junger Hauslehrer auftaucht, für den sie schwärmt und freudig Opfer bringt, vertauscht sie die Hosen gegen ungeliebte Röcke und holt nach, was sie an hausfraulichen Fertigkeiten bislang vernachlässigt hat. Ihm allein verdanke sie es, »dass aus dem wilden Jungen eine bescheidene Jungfrau wurde«, schreibt sie in ihrer Biografie.

Die bescheidene Jungfrau kann allerdings ihre wahren Neigungen nicht vollständig verleugnen: Sie interessiert sich für Naturwissenschaften, liest Reise- und Abenteuerbücher und würde am liebsten durch alle Weltmeere segeln. Der Liebe zu ihrem Hauslehrer tut dies keinen Abbruch. Sie ist siebzehn, als andere Freier auftauchen und ihr schlagartig bewusst wird, dass sie – wenn überhaupt – nur ihn heiraten könnte.

Aber die Mutter hat andere, ehrgeizigere Pläne für ihre einzige Tochter. Ein Hauslehrer genießt kein gesellschaftliches Ansehen und kommt als Schwiegersohn nicht in Frage, diesem Machtwort hat sich die Siebzehnjährige zu fügen. Das Zusammenleben mit der Mutter, das nie problemlos war, wird immer unerträglicher, so dass Ida sich schließlich in die Ehe mit einem um 24 Jahre älteren Rechtsanwalt aus Lemberg flüchtet. Eine standesgemäße Partie in den Augen der Mutter – das kleinere Übel für die eigenwillige Tochter.

Lemberg ist eine Provinzstadt für die Wienerin, der schon Wien zu eng, zu konventionell ist. Der Ehemann unterhält eine Anwaltskanzlei und gehört zu den Honoratioren der Stadt – bis er eines Tages Unregelmäßigkeiten in der Verwaltung aufdeckt und daraufhin von den Regierungsbeamten boykottiert wird. Auch in Wien, wohin die Familie übersiedelt, gelingt ihm kein Neuanfang als Anwalt. Über lange Zeit sorgt Ida Pfeiffer durch heimliche, unstandesgemäße Arbeit – welcher Art, ist aus ihren Aufzeichnungen nicht zu erfahren – für den Lebensunterhalt des arbeitslosen Ehemannes und der beiden Söhne. Die bedrückende finanzielle Situation bessert sich erst nach dem Tod ihrer Mutter, deren Erbe den Enkeln eine gute Ausbildung ermöglicht. Rechtsanwalt Pfeiffer hat sich von den Seinen getrennt und ist in die Heimatstadt Lemberg zurückgekehrt, Idas Söhne sind bestens versorgt – was könnte die 44-Jährige mit dem unstillbaren Fernweh daran hindern, die Reiseträume der Jugend endlich in die Tat umzusetzen?

Sie wäre nicht die erste Frau, die bürgerliche Sicherheit und Ansehen gegen die Verlockung unbekannter Welten eintauscht. Schon Ende des 17. Jahrhunderts ist die Kupferstecherin Maria Sibylla Merian ins ferne Surinam aufgebrochen, hat Werkstatt und Mann hinter sich gelassen und sich ganz der Faszination tropischer Blüten und Schmetterlinge hingegeben. Mit gefülltem Skizzenbuch und der Befriedigung, ihr Leben gelebt zu haben, ist sie – allerdings gesundheitlich angeschlagen – nach Amsterdam zurückgekehrt.

Oder die englische Adelige Mary Montagu, gut ein Jahrhundert vor Ida Pfeiffer. Schon als Kind wollte sie die am Horizont verschwindende Sonne einfangen, später reiste sie der Sonne hinterher quer durch den Orient. Ihre unschickliche Kleidung, die weite Pluderhose vor allem, entsetzte die »gute Gesellschaft«. Noch um 1800 lesen wir im *Journal des Luxus und der Moden* aus Paris: »Zu den frechsten Zügellosigkeiten gehört die Umkleidung der Damen in Männer ...« – Hosen nicht nur als praktisches Reiseutensil, sondern als Ausdruck der Rebellion. Ob die fernwehkranke Wienerin Mary Montagus kühne *Briefe aus dem Orient* gekannt hat?

Ida Pfeiffer bricht 1842 zum ersten Mal zu einer großen Reise auf, ins Heilige Land, das Ziel ihrer Kindheitsträume. Um ihre Umgebung, die den Kopf über die wunderliche Närrin schüttelt, zu beschwichtigen, gibt sie vor, eine Brieffreundin in Konstantinopel zu besuchen. Zehn Monate ist sie unterwegs, und all ihre Erlebnisse hält sie genauestens im Tagebuch fest. Auf die Frage, was sie denn in die Welt hinaustreibe, hat sie eine einfache Antwort: »Ich bin mit dieser Reise- und Wanderlust geboren worden.« Auch für den späten Aufbruch in die Ferne hat die an Selbstständigkeit Gewöhnte eine Erklärung: »Solange mich häusliche Pflichten fesselten, drängte ich jene Sehnsucht zurück; da ich frei war, da meine Kinder der pflegenden Hand der Mutter nicht mehr bedurften ... erwachte das lange zurückgehaltene Verlangen aufs Neue und trieb mich hinaus.«

Das lange zurückgehaltene Verlangen wird jedoch auf dieser ersten großen Reise noch keineswegs gestillt. Im Gegenteil: Die Neugier treibt sie weiter an. Sie ist begierig, ihren Horizont zu erweitern, und stolz auf ihr Durchhaltevermögen, das man einer Frau ihres Alters nicht zutraut. In ihrer Jugend hatte sie als Mädchen ja keine Gelegenheit, ihren Forscherdrang zu stillen, fremde Völker, fremde Kulturen erschließen sich ihr erst jetzt, auch wenn es mit der sprachlichen Verständigung nicht immer klappt. Da sie wenig geografisches und geschichtliches Wissen besitzt, ist ihr Blick nicht vorgeprägt – gerade diese Naivität erhöht den Reiz ihrer Schilderungen.

Ihre Freunde finden die Briefe und Tagebuchnotizen so faszinierend, dass sie auf Veröffentlichung der Reiseberichte drängen. Literatur über fremde Völker ist in dem sich der Welt öffnenden 18. Jahrhundert gefragt, und die Abenteuer einer allein reisenden Frau werden, so hofft der rasch gefundene Verleger, auf besonderes Interesse stoßen. Er hat sich nicht getäuscht: Die *Reise einer Wienerin in das Heilige Land,* 1844 erschienen, wird in kürzester Zeit zum Bestseller. Auch die folgende Nordlandfahrt findet gleich ihren publizistischen Niederschlag unter dem Titel *Reise nach dem skandinavischen Norden im Jahre 1845.*

Die beiden Bücher bringen Ida Pfeiffer zu ihrer eigenen Überraschung so viel Geld ein, dass sie endlich ihren größten Jugendtraum verwirklichen kann: eine Reise rund um die Welt. Am 1. Mai 1846 bricht sie von Wien aus auf. Nicht ins Blaue hinein, nein, alles ist bestens geplant. In ihrem Brustbeutel verwahrt sie eine Liste mit Anlaufadressen, die ihr Freunde oder Freundesfreunde mitgegeben haben. Sie ist nicht von adeligem Stand und kann deshalb nicht auf selbstverständliche Hilfe an Höfen und Regierungssitzen hoffen, sie muss sich alleine durchschlagen – allerdings mit der beruhigenden Gewissheit im Hinterkopf, dass ihr Wiener Verleger, begierig auf neuen Lesestoff, sie schon nicht im Stich lassen wird. Regelmäßig, oft monatlich, erreichen ihn ihre Reiseberichte und erscheinen, ehe sie als Buch herauskommen, mit großem Erfolg in *Frankls Sonntagsblättern*.

Die Route ihrer auf zwei Jahre veranschlagten Weltumrundung soll von Hamburg aus über Südamerika nach China und Ostindien, auf dem Rückweg über Persien und Kleinasien führen. Sie hat alle erreichbaren Reiseberichte gelesen, weiß, was ins Tropengepäck gehört und was unnötiger modischer Ballast ist. Zwar ist sie – die Begriffe Reiseschriftstellerin oder Reporterin sind für Frauen noch nicht geläufig – als Touristin unterwegs, aber ihre Wissbegier, ihre scharfe Beobachtungsgabe und ihre Kontaktfreudigkeit übersteigen das Maß durchschnittlicher Vergnügungsreisender bei weitem.

Gleich auf ihrer ersten Etappe, in Prag, lernt sie einen begüterten Adligen kennen, Graf Berchthold, der sich von ihrer Abenteuerlust anstecken lässt und sich ihr für die Überfahrt von Hamburg nach Brasilien als Reisegefährte anbietet. Auf dem Dampfboot zwischen Prag und Dresden macht sie eine weitere nützliche Bekanntschaft: eine Professorenwitwe, die lange in Brasilien gelebt hat, versorgt sie als Landeskundige mit guten Ratschlägen und vor allem mit weiteren Anlaufadressen.

Im Juni schifft sie sich auf einem dänischen Segler nach Brasilien ein. Sie weiß, dass sie bei ihrem 100-Dollar-Kajütenplatz nicht den Komfort eines Luxusdampfers erwarten kann. »Als Hauptsache werden die Waren betrachtet, und die Reisenden sind eine dem Schiffspersonale sehr unangenehme Zugabe«, notiert sie in ihrem Tagebuch. Die Reise auf einem Segelschiff bringt jedoch auch Vorteile. Sie ist billig, und die Passagiere – Auswanderer, Abenteurer, Forscher – sind interessantere Gesprächspartner als das Promenadendeck-Publikum der vornehmen Dampfer. Dass für die Überfahrt zwei Monate, bei schlechten Windverhältnissen auch drei oder vier, veranschlagt werden müssen, stört Ida Pfeiffer nicht, sie nutzt die ruhige See, um ihre Beobachtungen und Erfahrungen zu Papier zu bringen. Ihren Lesern in Wien gibt sie Ratschläge fürs Reisegepäck in tropische Länder: unentbehrlich Zwieback und Suppenkonzentrat in Blechbüchsen, Eier in starkem Kalkwasser konserviert, für Reisende mit Kindern empfiehlt sie die Mitnahme einer Ziege zur Milchversorgung.

Ihre Reisenotizen beschränken sich nicht auf das Bordleben, ihr Interesse gilt auch den Meerestieren, den leuchtenden Mollusken vor allem, die wie »handgroße, schwimmende Sterne« aussehen. Vor den Capverdischen Inseln beobachtet sie Schwärme Fliegender Fische mit den charakteristischen flügelähnlichen Seitenflossen. Diese lassen sich weder mit Netzen noch mit Angeln fangen, doch hie und da wird ein erschöpftes Tier an Deck geschwemmt, und die Matrosen bringen es der »wunderlichen Lady« aus Wien, die so an zahlreiche seltene Präparate kommt. Die faszinierte Dilettantin kennt zwar keine lateinischen Namen und Gattungsbezeichnungen, aber in genauer Beobachtung steht sie Berufszoologen nicht nach.

Die Eigenarten und Gebräuche der Menschen beschäftigen sie ebenso wie die Lebensgewohnheiten der Tiere. Bei der Ankunft in Rio de Janeiro empört sie sich über die Herablassung, mit der die schwarzen Sklaven behandelt werden: »Ich gebe zu, dass sie einigermaßen entfernt von der geistigen Bildung der Weißen sind, finde aber die Ursache nicht in dem Mangel an Verstand, sondern in dem gänzlichen Mangel an Erziehung … Man hält ihren Geist wie in alten despotischen Staaten vorsätzlich in Fesseln, denn das Erwachen dieses Volkes dürfte den Weißen fürchterlich sein.«

Ida Pfeiffer macht sich zwar ihre kritischen Gedanken über die Kolonialpolitik der Weißen, erschrickt dann aber über die eigene »Anmaßung« und beeilt sich anzufügen: »Aber ich versteige mich in Vermuthungen und Abhandlungen, die wohl gelehrten Männern zukommen, nicht aber mir, die ich die dazu nöthige Bildung durchaus nicht besitze.« – Ein devotes Zurücknehmen der eigenen Fähigkeiten, wie es für viele Frauen – nicht nur ihrer Generation – bezeichnend ist.

Kompetent fühlt sie sich auf einem Gebiet, das bei männlichen Forschungsreisenden kaum Beachtung findet: Beschreibung von Frauenalltag in den verschiedenen gesellschaftlichen Schichten eines Landes. In Brasilien nimmt sie Anstoß an den Heiratsbräuchen der Oberschicht: Frauen erhalten als Brautgeschenk Sklaven, über die sie frei verfügen und die sie zur Aufbesserung ihres Taschengelds weitervermieten können. Sie beklagt auch, dass die Kindererziehung schwarzen Ammen überlassen wird, denen Moralität und gute Sitten, kurz »die wahre Religion« fehlten.

Von Rio aus unternimmt sie waghalsige Exkursionen ins Innere des Landes. Den Überfall eines Schwarzen in einsamer Gegend übersteht sie zwar, trägt aber von dessen Buschmesser tiefe Schnittwunden davon. Von ihren Verwundungen berichtet sie nichts nach Wien, um ihre Angehörigen und ihre Leser nicht zu beunruhigen. Sie selbst lässt sich davon auch nicht allzu sehr abschrecken, denn wenig später dringt sie mit zwei eingeborenen Begleitern durch den Urwald bis zu einem abgelegenen Indianerstamm vor. Sie ist entsetzt über das Elend in den Palmhütten dieser christlich getauften Indios und macht die Missionare, »die glauben, durch die Taufe allein schon dem Himmel Seelen gewonnen zu haben«, dafür verantwortlich. Sie wird als weiße Zauberin bestaunt, und man erwartet von ihr Hilfe und Medizin für alle möglichen Gebrechen. Sie verordnet harmlose Malvenbäder gegen Krebsgeschwüre und Hauteкzeme und wird zum Dank mit festtäglichem Papageien- und Affenbraten bewirtet. Die Männer tanzen sich ihr zu Ehren in Trance, und als Abschiedsgeschenk bekommt sie Pfeil und Bogen mit auf den beschwerlichen Rückweg.

Ihr nächstes Ziel ist die Hafenstadt Valparaiso, ein trister Ort, der ihr mit den angeketteten Sklavenarbeitern wie ein großes Gefängnis vorkommt. Sie strebt möglichst rasch weiter und überredet einen gutmütigen Kapitän, sie für 200 spanische Taler nach China mitzunehmen. Bei einem Zwischenhalt in Taiti empört sie sich über die vielen jungen Prostituierten, die von der Familie in dieses Gewerbe gezwungen werden: »Ich muss offen gestehen, dass, obwohl ich viel in der Welt herumgereist bin und viel gesehen habe, mir noch nie so ein öffentlich schamloses Betragen vorgekommen ist.« Immer gilt ihre Sympathie den Ausgebeuteten – und das sind meist die Frauen und Kinder.

Nach einem Aufenthalt in der britischen Kronkolonie Hong-kong schifft sie sich als einzige Weiße auf einer kleinen chinesischen Dschunke nach Canton ein. Die zwölf Dollar für eine Dampfschiffskarte sind der sparsamen Reisenden zu viel, die Dschunke kostet nur drei Dollar, da nimmt sie ein erhöhtes Risiko in Kauf. »Ich setzte meine Pistolen in Stand und begab mich am Abende des 12. Juli ganz ruhig an Bord«, hält sie im Tagebuch fest. Die mitreisenden Chinesinnen drängen ihr zum Schlafen, wie es Landessitte ist, ein höchst unbequemes Kopfschemelchen auf, das sie, ohne unhöflich zu sein, nicht ablehnen kann.

In Canton geht sie unbefangen von Deck, wundert sich allerdings, dass man in den Straßen hinter ihr her schreit und mit Fingern auf sie zeigt. Europäer sind hier seit den englischen Kolonialkriegen äußerst unbeliebt, sie heißen alle »Inglesi«. Und allein reisende europäische Frauen sind ein doppeltes Ärgernis – besagt nicht eine Prophezeiung, eine fremde Frau werde das Himmlische Reich erobern? So kann Ida Pfeiffer von Glück reden, dass sie nicht gesteinigt wird. Die chinesische Grausamkeit, vermerkt sie, übertreffe noch die der christlichen Inquisition.

In der Hafenstadt Tschang-hai (alle chinesischen Orte Originalschreibweise Ida Pfeiffer) hofft sie auf tolerantere Menschen. Hier hat sie Gelegenheit, die durch festes Bandagieren verunstalteten Füße der Chinesinnen aus der Nähe zu sehen: »Die vier Zehen waren unter die Fußsohle gebogen, an dieselbe fest gepresst und schienen mit ihr wie verwachsen ...« Zu ihrer Verwunderung trippeln die dermaßen verstümmelten Geschöpfe trotzdem behände einher, und sie erfährt, der Wert einer Braut bemesse sich nach der Kleinheit ihrer Füße.

In Singapore trifft die Wienerin unvermutet auf die erste deutsche Frau seit ihrer Abreise von Hamburg. Durch diese Bekanntschaft erhält sie Einblick in den chinesischen Alltag und das Leben der Kolonialherren, wie ihn Touristen sonst kaum geboten bekommen. Sie wird auf Tiger- und Affenjagden mitgenommen, beobachtet, wie Schlangen gehäutet und gebraten werden, und findet das Fleisch der Boa zarter als Geflügel. Alles hält sie im Tagebuch fest: Eßgebräuche und Jagdgelage, Hochzeitsmahl und Totenklage.

Bei ihrer Abreise aus China Richtung Indien kann sie die Gewissheit mitnehmen, gesehen zu haben, was keine weiße Frau vor ihr zu sehen bekam. Nach Aufenthalten in Ceylon und Madras schifft sie sich schließlich im Spätherbst 1846 auf einem englischen Dampfer nach Calcutta ein. Auf dem Schiff sieht sie ihre tief sitzenden Vorbehalte gegen die Engländer aufs Neue bestätigt: Eine Eingeborene mit fieberndem Kind wird ohne Windschutz auf das nasskalte Deck geschickt, weil englische Passagiere sich vom Husten des Säuglings belästigt fühlen. Ida Pfeiffer notiert empört: »Sollte man sich nicht schämen, einer Menschenklasse anzugehören, die an Humanität und Herzensgüte von den so genannten Wilden und Heiden weit übertroffen wird? Kein Wilder hätte je eine Mutter mit krankem Kind verjagt...« – Abneigung gegen Herrenmentalität lässt sie auch zögern, eine »Trag-Palankin« zu benutzen, eine Art Sänfte mit Schlafkissen und Jalousien, die von vier Eingeborenen getragen wird.

In Calcutta macht sie sich mit dem fest gefügten indischen Kastenwesen und den vier Hauptkasten der Hindus vertraut. Ihr Mitgefühl gilt den Kastenlosen, den verachteten Parias, die in eigenen Wohnvierteln in größter Armut dahinvegetieren, während die gut genährten heiligen Kühe unter dem Schutz der Regierung stehen.

Die Sympathie für die Parias hindert sie nicht daran, die Einladung einer der reichsten und vornehmsten Familien des Landes anzunehmen. Der Clan-Oberste, der so genannte Baboo, stellt ihr stolz seine Söhne vor. Ihre Frage nach den Frauen und Töchtern ist höchst ungehörig, wird der unwissenden Europäerin aber verziehen. Sie darf sogar an den Hochzeitsfeierlichkeiten für die neunjährige Tochter teilnehmen, die ihren Bräutigam beim Heiratszeremoniell zum ersten Mal sieht. Die wohlgenährten weiblichen Hochzeitsgäste, schreibt Ida Pfeiffer, seien »mit Gold, Perlen und Edelsteinen so reich überladen, dass sie wahrlich wie Lastthiere zu tragen hatten«.

Erschüttert ist die mit christlichen Ritualen aufgewachsene Wienerin von den nackten Sterbehäusern der Hindus, in denen die Todkranken ohne Nahrung und Wasser und ohne ärztliche Betreuung langsam dahinsiechen. Ihre Leichen werden zu ständig brennenden Scheiterhaufen geschleppt, wo Aasgeier und Raben schon gierig auf Beute warten. Diese Bilder verfolgen Ida Pfeiffer auf ihrer ganzen weiteren Indienfahrt.

Nach fünf Wochen Aufenthalt in Calcutta reist sie auf dem Ganges weiter nach Benares, der heiligsten Stadt Indiens. Prinz Rajah, der Herrscher des Landes, lädt sie in seinen Palast ein und lässt ihr zu Ehren Tänzerinnen einen Natsch, den traditionellen Festtanz, aufführen – kein ästhetischer Genuss für die Europäerin: »Die beiden Sylphiden kreischten so erbärmlich, dass mir für mein Gehör und Nervensystem bange wurde.« Von der überwältigenden Gastfreundschaft des Prinzen lässt sie ihren kritischen Verstand nicht betäuben. Sie findet den von der englischen Regierung finanzierten Hofstaat angesichts der Armut im Lande höchst unmoralisch: den Kleiderluxus, die vierzig Frauen des Prinzen, die tausend Diener und Leibwächter, die hundert Pferde, fünfzig Kamele und zwanzig Elefanten. Selbst beim weltberühmten Taj-Mahal-Mausoleum vergisst sie ob der vollkommenen Form des Kunstwerks nicht die Sklavenarbeit, die darin steckt. Diese Überlegungen vertraut sie jedoch nur ihrem Tagebuch an, ihren Gastgebern gegenüber hält sie sich mit Kritik zurück – ist sie doch auf deren Entgegenkommen bei ihren ausgefallenen Reisewünschen und auf deren Weiterempfehlung angewiesen.

Auf der Fahrt von Delhi nach Kottah, die sie mit einem preiswerten, aber langsamen Ochsengespann bewältigt, wird sie Zeugin von Witwenverbrennungen. Die Suttis – so heißen die Frauen, die sich mit der Leiche ihres Mannes verbrennen lassen – werden dazu nicht gezwungen, aber bei Verweigerung aus der Verwandtschaft verstoßen. Die Europäerin sieht mit Schaudern, wie die prächtig geschmückten und von Opium betäubten Frauen zum Scheiterhaufen geführt werden und sich über die Leichen ihrer Männer werfen. Sie sieht, wie der Holzstoß entzündet wird und hört, wie schrille Musik und das laute Wehklagen der Umstehenden die Schmerzensschreie der Sterbenden übertönen. Grausames und doch faszinierendes Indien. Keinen Augenblick denkt sie daran, ihre nervenaufreibende Reise abzubrechen. Sie nimmt in Kauf, dass sie als Christin oft im Freien schlafen muss, weil für strenggläubige Hindus ein Haus verunreinigt wird, wenn Andersgläubige es betreten.

Mit jeder Reiseetappe wächst ihre Erfahrung – und auch ihr Selbstbewusstsein. Sie weiß, welche Strecke ein Ochsengespann oder eine Kamelkarawane an einem Tag bewältigt, sie hat alle Distanzen im Kopf und kann von keinem Führer übers Ohr gehauen werden. Das ist besonders in entlegenen Gegenden, in die sonst kein Fremder kommt, wichtig. Auf dem Kamelritt nach Indor, der Hauptstadt des Königreiches Holkar beispielsweise oder dem gefährlichen Ritt zur Wüstenfestung Adjunta.

Über Puna gelangt sie schließlich nach Bombay. In keiner anderen Stadt hat sie ein bunteres Völkergemisch erlebt – und nirgends so viel Intoleranz fremden Religionsgemeinschaften gegenüber. Bei Einladungen in Häuser wohlhabender Parsi muss sie als »unreine« Christin an einer getrennten Tafel essen. Der mächtige Stamm der Parsi oder Feueranbeter betrachtet Frauen als jederzeit verfügbaren Sachbesitz – immer wieder muss sich Ida Pfeiffer zwingen, nicht europäische Maßstäbe anzulegen bei ihren Beobachtungen, Befremdliches zwar zu registrieren, aber nicht zu bewerten.

Auf einem kleinen, völlig überladenen Dampfer verlässt sie am 23. April Bombay Richtung Persien. Unter den zusammengepferchten Frauen und Kindern brechen die gefürchteten Pocken aus, bis zum Einlaufen in den Persischen Meerbusen fordert die Seuche zwei Todesopfer. Nur achtzehn Tage hat diese Fahrt gedauert, aber es war die schlimmste der ganzen Reise.

Durch die Delta-Landschaft von Euphrat und Tigris geht es weiter tigrisaufwärts auf die Kalifenstadt Bagdad zu, deren Minarette und Kuppeln der nimmermüden Wienerin schon von weitem entgegenleuchten. Beim Landgang muss sie sich, um nicht den Zorn der Bevölkerung herauszufordern, in einheimische, höchst unbequeme Frauengewänder hüllen, unter dem Gesichtsschild kann sie kaum atmen beim Ehrenempfang im Harem des Paschas.

Für Ida Pfeiffer ergibt sich im Vorderen Orient eine neue Reisesituation. In Südamerika, in China und Indien hat sie ihre Exkursionen meist allein unternommen, hier jedoch wird ihr dringend davon abgeraten, auch nur einen Schritt ohne schützende männliche Begleitung zu tun. So schließt sie sich, ganz gegen ihre Gewohnheit, einer Karawane an, die in zwölf bis vierzehn Tagen Mossul erreichen soll. Über diese beschwerliche Wüstendurchquerung auf einem Maultier schreibt sie: »Ich reiste wie der ärmste Araber und musste, wie er, gefasst sein, die glühendste Sonne auszuhalten, nichts als Brod und Wasser, höchstens eine Hand voll Datteln oder einige Gurken zu genießen, und den heißen Erdboden zur Schlafstätte zu haben ... Wie beneidete ich die Missionäre und Naturforscher, die ihre beschwerlichen Reisen mit Packpferden, Zelten, Lebensmitteln und Dienern unternehmen.« Trotzdem: noch immer kein Augenblick der Reue, der Heimatsehnsucht.

In den Häusern der Araber ist sie von der Neugier und Zudringlichkeit der Gastgeberinnen überrascht, die ihr Gepäck ganz ungeniert durchwühlen. Doch befriedigt schreibt sie abends ins Tagebuch: »Ueberall und jederzeit setzte ich mich durch. Ich fand, dass Energie und Furchtlosigkeit allen Leuten imponirt, sie mögen Araber, Perser, Beduinen oder wie immer heißen.«

Von Mossul aus sucht sie Anschluss an eine Karawane nach Tebris – mit nun doch etwas ängstlichen Gefühlen, da man ihr sagte, sie würde auf dem ganzen Weg nirgends auf Europäer stoßen. Sie legt sich ein kleines Lexikon mit den wichtigsten Ausdrücken in Arabisch und Persisch an und sendet noch von Mossul aus ihre Papiere und Schriften nach Wien, »dass, wenn ich ausgeraubt oder getödtet würde, doch wenigstens mein Tagebuch in die Hände meiner Söhne gelangen möchte«. – In Kurdistan wird die kleine Reisegruppe denn auch von Wegelagerern überfallen, kann sich aber dank der mitgeführten Pistolen wirkungsvoll verteidigen.

Obwohl Ida Pfeiffer ab und zu in Missionsstationen Unterschlupf findet, hält sie von der Heidenmissionierung nicht viel. Ihr missfällt, dass die Missionare in den vornehmen Vierteln wohnen und ihre Schäfchen in den Elendsquartieren nur ab und zu besuchen. Sie notiert: »Ich glaube nicht, dass die Missionäre auf solche Art das Vertrauen des Volkes leicht und schnell gewinnen können. Die fremde Kleidung, die elegante Lebensweise lässt den Armen den Abstand zu sehr fühlen und flößt ihm eher Furcht und Zurückhaltung als Liebe und Vertrauen ein.« Sie belässt es nicht bei sozialkritischen Beobachtungen, sie wüßte auch, wie es besser laufen könnte: »Die Missionäre müssten wie Väter, wie Freunde mit und unter dem Volke wohnen, mit ihm arbeiten, kurz seine Mühen und Freuden theilen ...«

Als die Weltreisende in Tebris anlangt und im Haus des englischen Konsuls ihren Pass vorzeigt, will ihr niemand glauben, dass sie die gefahrvolle Reise durch Persien ohne männlichen Begleitschutz geschafft hat. Sie wird dem Vizekönig als Schriftstellerin vorgestellt, eine schmeichelhafte Ehrung, die sie verlegen macht, denn sie ist sich ihrer Mängel durchaus bewusst: »Einerseits besitze ich zu wenig Witz und Laune, um unterhaltend zu schreiben, und andererseits zu wenig Kenntnisse, um über das Erlebte gediegene Urteile fällen zu können ... will ich etwas beurtheilen, so kann ich es blos von dem Standpuncte einfacher Anschauung aus.« Ihre Urteile sind zwar subjektiv und spontan, aber nicht von der Warte des überlegenen Europäers aus gefällt, wie es dem herrschenden Zeitgeist noch entspricht. Für eine Frau ist es um die Mitte des 19. Jahrhunderts sehr ungewöhnlich, eine so dezidierte eigene Meinung zu haben und diese auch in der Öffentlichkeit zu äußern.

Ida Pfeiffers Abenteuerlust ist noch immer ungebrochen. Als sie von Tebris aus nach Russland weiterreisen will, erfährt sie, dass die russische Regierung wegen der gespannten politischen Lage jedem Fremdling die Einreise verweigert. Dieses Argument hat sie schon in China gehört und es trotzdem geschafft, das riesige Reich zu durchqueren – wer könnte sie davon abhalten, es auch in Russland zu versuchen?

Am 11. August sattelt sie zusammen mit einem angemieteten Diener die Pferde zum Aufbruch nach Armenien. Tagelang reiten sie durch die wilden Täler des Ararat, bis sie die Zollstation Natschivan erreichen. Hier wird ihr Gepäck genauestens durchsucht – von der Familie des Zollinspektors: »Ein Dutzend zusammengefalteter Papierchen, Münzen, getrocknete Blumen und andere Gegenstände von Babylon und Ninive enthaltend, waren in einem Augenblicke aufgerissen und herumgeworfen, ich meinte am Ende wahrhaftig, erst jetzt unter Wilde gerathen zu sein.« Ein sorgfältig verpacktes Kistchen wird mit einer Holzhacke aufgeschlagen, und die Verblüffung der Zöllnerfamilie ist groß, als nur Tonscherben und Bruchstücke eines Sandsteinkopfes zum Vorschein kommen: »sie konnten es gar nicht fassen, dass man solche Sachen mit sich schleppe.«

Für die nicht ungefährliche Weiterreise nach Tiflis schließt sich Ida Pfeiffer widerwillig einer Tatarenkarawane an. Als sie sich an einer Raststelle von der Gruppe entfernt, um die Gegend auf eigene Faust zu erkunden, wird sie von bewaffneten Kosaken in einen Wagen gezerrt und ins Regierungsgefängnis gebracht. Man vermutet in der neugierig herumstreifenden Frau eine gefährliche Spionin.

Die Nacht muss sie auf einer Holzpritsche verbringen, ohne Decken, ohne Wasser, ohne Brot. Wehmütig erinnert sie sich früherer Kontrollen: »O, ihr guten Araber, Türken, Perser, Hindus und wie ihr alle heißen möget, ähnliches ist mir unter euch nie geschehen... und hier in dem christlichen Reiche, wie viel Unbilden hatte ich auf dieser kurzen Strecke zu erleiden!«

In Erivan hofft sie nach ihrer Freilassung Landsleute und Unterstützung zu finden. Die einheimische Bevölkerung empfindet sie nach ihren Gefängniserlebnissen als habgierig, grob und knechtisch. Ein deutscher Arzt hilft ihr nach Tiflis weiter. Zum ersten Mal hat sie hier das Gefühl, wieder in Europa zu sein, und sie wundert sich, dass es ein Gefühl der Erleichterung ist.

Mit der russischen Schnellpost, die allerdings nur sehr langsam vorankommt, durchquert sie Georgien, gelangt mit einem Flößerschiff ans Schwarze Meer und mit einem Krondampfer nach Odessa. Auch die 360 Seemeilen nach Konstantinopel legt sie, der Sicherheit wegen, auf einem Dampfer zurück. Die Ankunft in Athen verzögert sich durch eine zwölftägige Pockenquarantäne vor Piräus. Hier erfährt sie vom Ausbruch der Wiener Oktoberrevolution und hat es nun auf einmal eilig, ihre Heimatstadt zu erreichen.

Vom Ausbruch der Märzrevolution hatte sie in Bagdad gehört und die Kunde kaum glauben können: »In meinem ganzen Leben haben mich keine Nachrichten so sehr überrascht als jene aus Wien. Meine gemüthlichen, friedliebenden Oesterreicher – und ein Umsturz der Regierung! – Ein Erwachen aus langer Lethargie! … Die Ereignisse der Märztage hatten mich so entzückt und begeistert, dass ich mich mit Stolz eine Oesterreicherin nannte.« Aber der Verlauf der Unruhen dämpft ihr Hochgefühl. Von ihren Angehörigen in Wien hat sie keinerlei Nachricht.

Am 24. Oktober erst kann die ungeduldig Wartende mit einem kleinen Dampfer Athen verlassen. Am 31. besteigt sie in Triest den Postwagen nach Wien, genau an dem Tag, an dem die Stadt gestürmt wird. Es drängt sie, ihre Verwandten, ihre Söhne vor allem, wieder zu sehen. Es drängt sie auch, ihre Reiseberichte, die regelmäßig in Wiener Zeitungen erschienen sind, als Buch gedruckt zu sehen. Die Aufzeichnungen erscheinen 1850 in drei Bänden unter dem Titel *Eine Frauenfahrt um die Welt* und finden reißenden Absatz.

Was macht ihre Schilderungen, die sie selbst als dilettantenhaft und unvollkommen empfindet, so lesenswert, dass ihr Ruhm als Weltreisende weit über Wien hinausdringt?

Sicher ist es in erster Linie die Tatsache, dass sie sich als allein reisende Frau auf dieses Abenteuer eingelassen hat. Ihr Mut, der oft an Waghalsigkeit grenzt, imponiert in einer Zeit, in der Frauen noch als das schwache Geschlecht, als Schutzbefohlene definiert werden. Ihre Unbefangenheit und ihre Neugier haben ihr Einblick in Küchen und Kammern, Hinterhöfe und Paläste verschafft, wie dies einem Mann kaum möglich wäre. Die Orts- und Landschaftsschilderungen sind so genau, dass ihre Aufzeichnungen – auch von Männern – als praxisnahe Reiseführer benutzt werden können. Für Frauen und junge Mädchen, die Fernweh umtreibt, bieten sie Stoff für Träume und Ausbruchsfantasien, die eines Tages Realität werden könnten. Auch wenn Ida Pfeiffers Bemerkungen zur Lebensart fremder Völker subjektiv gefärbt und vom Zeitgeist abhängig sind, liefern sie uns heute doch Anschauungsmaterial aus einer Epoche enzyklopädischen Wissensdrangs und beginnender Mobilität. Ihre Berichte sind, bei aller Kritik an herrschenden Mißständen, von einem Optimismus getragen, der ansteckend wirkt.

In ihre Fußstapfen treten in den folgenden Jahrzehnten immer wieder Frauen, die aus dem Alltag ausbrechen, Extremerfahrungen machen wollen oder einfach auf der Suche nach sich selbst und dem Sinn ihres Lebens sind. Aussteigerinnen, Forscherinnen, Missionarinnen. Jede Reisende sei letztlich eine Suchende, schreibt die Genfer Reiseschriftstellerin Ella Maillard, die vor dem Zweiten Weltkrieg gefahrvolle Reisen nach Afghanistan, Turkestan und Indien unternommen hat und die noch mit über neunzig Jahren Fernweh und Neugier auf Unbekanntes umtreibt.

Auf ein hundertjähriges Leben voller Herausforderungen kann die französische Orientalistin Alexandra David Néel zurückblicken. Die nur 1,56 Meter große Forscherin hat fast die Hälfte ihres Lebens in Indien zugebracht und 1921 als erste weiße Frau im Gewand einer Bettelpilgerin die verbotene Stadt Lhasa betreten. Ihrem Mann schrieb sie kurz vor Antritt ihrer gewagten Tibetreise: »Wenn ich sterbe, dann ziehe ich die Steppe vor mit dem weiten Himmel über dem Kopf und mit der Befriedigung, zumindest gewagt zu haben, was ich mir wünschte, statt in meinem Zimmer vom Bedauern getötet zu werden, nicht genug Mut gehabt zu haben.« – Ein Satz, der auch von Ida Pfeiffer stammen könnte.

Die nun 51-Jährige hält es nicht lange in Wien, zu fest gefügt und wohl geordnet kommt ihr alles vor. Nach Erscheinen ihrer dreibändigen Reiseschilderungen bereitet sie sich auf eine neue Weltumrundung vor, diesmal unter etwas komfortableren Bedingungen, da ihre Bücher ansehnliche Honorare abwerfen. Auch auf dieser Reise führt sie für ihre wachsende Lesergemeinde ein Tagebuch, das 1856 unter dem Titel *Meine zweite Weltreise* herauskommt.

Sie hat es fertig gebracht, nicht nur ein breites Publikum, sondern auch Fachgelehrte zu fesseln. Alexander von Humboldt, der um 1800 selbst spektakuläre Forschungsreisen unternommen hat und Ida Pfeiffers Leistung aus eigener Erfahrung zu würdigen weiß, veranlasst ihre Aufnahme als Ehrenmitglied in die Berliner Geographische Gesellschaft. Diese Aufnahme einer Frau, einer Nichtwissenschaftlerin, ruft Erstaunen in der Fachwelt hervor. Noch ist in England Frauen der Beitritt zur führenden Royal Geographical Society verwehrt. Alexander von Humboldt weiß, wie wichtig es für die wenig kosmopolitischen Deutschen ist, Einblick in fremde Welten zu bekommen und so die eigene Kultur als eine von vielen möglichen einzuordnen, statt sie als absoluten Maßstab zu nehmen.

Auch nach der Rückkehr von der zweiten Weltreise gibt es für Ida Pfeiffer noch weiße Flecken auf der Landkarte, die sie nicht ruhen lassen. Madagaskar zum Beispiel. Die Insel ist noch nicht kolonisiert, gilt als äußerst gefährlich für Fremde – und damit als besonders verlockend. Vergeblich warnt Alexander von Humboldt vor diesem verwegenen Reiseplan; das Vertrauen der Wienerin in das eigene Überlebensgeschick ist so groß, dass sie alle Warnungen in den Wind schlägt – und dies bitter büßen wird.

Auf Madagaskar herrscht Königin Ranavola, die ihre Insel unter allen Umständen vor ausländischen Einflüssen bewahren will. Eindringlinge werden gefangen genommen und eingekerkert. Auch Ida Pfeiffer entgeht diesem Schicksal nicht. In der Gefangenschaft wird sie von dem berüchtigten Madagaskarfieber erfasst und wie eine Aussätzige von der Insel abgeschoben. Diese Strapazen überlebt die Entkräftete nicht lange. Am 28. Oktober 1858, mit 61, stirbt sie an den Folgen der tropischen Krankheit. Sie wird auf dem Wiener Zentralfriedhof – immerhin – in einem Ehrengrab bestattet. Ihre letzten Aufzeichnungen, die *Madagaskartagebücher,* bringt ihr Sohn Oskar nach ihrem Tod heraus. Sie erreichen, wie all ihre anderen Bücher, hohe Auflagen und werden in zahlreiche Sprachen übersetzt.

Ida Pfeiffer hat in ihren 16 Reisejahren 150 000 englische Seemeilen und 20 000 Meilen an Land zurückgelegt, als erste Frau die Kordilleren erklommen, Madagaskar und Sumatra durchquert, sie ist in unerschlossene Urwaldregionen vorgedrungen. Und stets hatte sie, wie der Titel eines Buches von Julia Keay lautet, »Mehr Mut als Kleider im Gepäck«. Nicht aus Eitelkeit habe sie sich auf diese Abenteuer eingelassen, schreibt sie, angeborene Reiselust und unbegrenzte Wissbegier hätten sie angetrieben: »Wie es den Maler drängt, ein Bild zu malen, den Dichter, seine Gedanken auszusprechen, so drängt es mich, die Welt zu sehen. – Reisen war der Traum meiner Jugend, Erinnerung des Gesehenen ist nun das Labsal meines Alters.«

Sie hat das Alter nicht mehr auskosten können. Aber hätte sie es auskosten wollen? Könnte man sich Ida Pfeiffer geruhsam im Ohrensessel einer Wiener Biedermeierwohnung vorstellen?

Die Frauenrechtlerin
Louise Otto-Peters
(1819–1895)
Leipzig

Nun denn, Ihr Wohlhabenden und Reichen unter den Frauen ...
Ihr habt Gelegenheit und Zeit gehabt,
Eure Herzen und Euren Geist zu bilden,
Kenntnisse mancher Art zu sammeln.
Macht diese Eure Bildung, Eure Einsicht, Eure Kenntnisse
nutzbar, indem Ihr anfangt, sie den Armen
unter Euren Schwestern mitzuteilen.

FANNY LEWALD

Der untypische Lebenslauf einer Tochter aus gutem Hause

Louise Otto, geboren am 26. März 1819. Vater Gerichts-
direktor in Meißen, großes Haus mit Studier- und Gäste-
zimmer, Biedermeierbehaglichkeit, Dienstboten, Landsitz
mit eigenem Weinberg. Schulbesuch bis zur Konfirmation,
dann Privatunterricht in Französisch, Musik, Zeichnen
und Handarbeit – was eben eine höhere Tochter zur Hei-
ratsvorbereitung braucht ... Bis dahin entspricht alles dem
gängigen Muster einer Zeit, in der Mädchen möglichst
rasch und gut unter die Haube gebracht werden, eigene
Berufstätigkeit nicht vorgesehen ist und Unverheiratete als
»alte Jungfern« von der Familie abhängig sind oder ein
kümmerliches Dasein als Gouvernante fristen, wenn sie
nicht in die Boheme abtauchen oder gar ins »Milieu«, über
das man in guten Kreisen schamhaft schweigt.

Louise hätte es nicht nötig gehabt, aus den gewohnten Familienbahnen auszubrechen, auch nicht nach dem frühen Tod der Eltern, die ihr und den beiden älteren Schwestern ansehnlichen Besitz hinterlassen haben. Sie hätte häkelnd und Klavier spielend warten können, bis sich der richtige Freier einstellt. Ihre Schwestern machen, wie es sich gehört, gute Partien, sie bleibt allein mit einer Tante in dem zu weiträumigen Haus zurück.

Nun zeigt es sich, dass sie von ihren Eltern, ihrem Vater vor allem, mehr mitbekommen hat als andere junge Mädchen ihrer Zeit. Der Vater, der nicht mit dem üblichen respektvollen »Sie« angeredet werden musste, hatte die Töchter angehalten, in der Zeitung nicht nur das Feuilleton und die vermischten Nachrichten zu lesen, sondern auch – nach der französischen Julirevolution 1830/31 – das politische Geschehen zu verfolgen. Er hatte sie auf soziale Mißstände aufmerksam gemacht, ihr kritisches Bewusstsein geweckt, sie zur Selbstständigkeit erzogen. Erziehungsmethoden, die im Verwandten- und Freundeskreis auf Befremden stießen.

Schreibend das Leben bewältigen

Louise liest, was ihr in die Hände kommt, Jean Paul, Byron, Schiller. Sie träumt sich in die Jungfrau von Orleans hinein, schreibt Gedichte, Geschichten. Sie fühlt sich zur Dichterin berufen. Den Schmerz über den Tod der bewunderten ältesten Schwester, den Verlust der Mutter, kurz darauf des Vaters, kapselt sie in ihrem Inneren ein.

Ihr soziales Gewissen, vom Vater geschärft, rebelliert, als sie mit 21 bei einer Reise durchs Erzgebirge zum ersten Mal in den Fabriken und den düsteren Behausungen der Arbeiterfamilien hautnah richtige Not erlebt, Hunger, Kälte, Ratten. Heimarbeiterinnen mit Vierzehnstundentag. Kinderarbeit. Ihre Empörung setzt sie in Verse um, schreibt im Gedicht *Klöpplerinnen*:

Seht ihr sie sitzen am Klöppelkissen,
Seht ihr die Spitzen, die sie gewebt:
Ihr Reichen, Großen – hat das Gewissen
Euch nie in der innersten Seele gebebt?

In dickbändigen Romanen zeichnet sie auch das Elend der ausgebeuteten Arbeiterschicht nach. Der erste, *Ludwig der Kellner,* erscheint 1843 in Leipzig. Doch wer liest schon Romane? Die gebildeten höheren Töchter und bürgerlichen Gattinnen. Sie aber will die Kreise erreichen, die etwas bewirken, Verhältnisse ändern können. Sie versucht es mit Zeitungsartikeln – anfangs oft unter dem männlichen Pseudonym »Otto Stern«, für Frauen schicken sich politische Äußerungen nicht – und, wer nähme sie ernst?

Im gleichen Jahr antwortet sie auf eine Umfrage der *Sächsischen Vaterlandsblätter,* ob Frauen ein Recht zur Teilnahme an den Interessen des Staates hätten, kühn: »Die Teilnahme der Frauen an den Interessen des Staates ist nicht allein ein Recht, sie ist eine Pflicht der Frauen.« Unterzeichnet: Louise Otto. Erstmals versteckt sie sich nicht hinter einem Männernamen. Der Chefredakteur Robert Blum ist von dem sächsischen Mädchen beeindruckt, Bekannte und Freunde in Meißen – die »Untat« hat sich schnell herumgesprochen – sind empört. Wie kann eine Frau sich derart anmaßend in Männergeschäfte einmischen?

Einmischung in die Politik

Die junge Journalistin, die als Romanautorin und auch als Lyrikerin nicht den erhofften großen Durchbruch erlebt, macht nun im Zeitungsgeschäft Furore. Sie nimmt als erste Frau öffentlich Stellung zur Arbeiterinnenfrage. Als die Regierung in Dresden eine ministerielle »Arbeiterkommission« einrichtet, fordert Louise Otto, in einem von der *Leipziger Arbeiter-Zeitung* groß aufgemachten, von mehreren sächsischen Zeitungen nachgedruckten offenen Brief, der *Adresse eines Mädchens* (das Mädchen ist schon 29!), vom zuständigen Minister und der Kommission: »Meine Herren – wenn Sie sich mit der großen Aufgabe unserer Zeit: mit der Organisation der Arbeit beschäftigen, so wollen Sie nicht vergessen, dass es nicht genug ist, wenn Sie die Arbeit für die Männer organisieren, sondern dass Sie dieselbe auch für die Frauen organisieren müssen.« Wäre ein solcher Appell nicht auch heute noch – oder wieder – aktuell?

Der Schlusssatz allerdings irritiert und zeigt den Zeitabstand: »Meine Herren – denken Sie auch an das schwächere Geschlecht, das, weil es sich nicht selbst zu helfen vermag, ein heiliges Recht hat, diese Hilfe von Ihnen, dem stärkeren Geschlecht, zu fordern.« Ist diese Unterwerfungsgeste geschickte Taktik, sich Gehör zu verschaffen, oder schlagen da doch, wie die große Gegenspielerin Clara Zetkin später vermutet, überkommene bürgerliche Klassenstrukturen durch?

Louise Otto hat nie einen Hehl daraus gemacht, dass die Ehe ihrer Eltern und deren liberale, auf Selbstständigkeit zielende Erziehungsmethoden für sie Maßstab ihrer Emanzipationsvorstellungen sind. Dabei grenzt sie sich scharf ab von der in ihren Augen »falschen Emanzipation« der Vormärz-Amazonen, die nach französischem Vorbild einer George Sand in Männerkleidung und Zigarre rauchend die Öffentlichkeit schockieren und ihre Weiblichkeit verleugnen.

Zu ihrer Intimfeindin hat sie sich die scharfzüngige Pfarrerstochter Louise Aston erkoren, deren Spott über frömmelnde weibliche Sittenapostel sie mit diffamierenden Spitzen gegen die geschiedene Freidenkerin kontert. In ihren Rundumschlag – wenn es um »Emanzipation des Fleisches« oder um »maßlose Subjektivität« geht, kennt sie kein Pardon – bezieht sie auch die Berliner Salonkultur, Bettina von Arnim und Rahel Varnhagen ein, die ihr eigent-

lich als Mitstreiterinnen willkommen sein müssten. Hatte
doch Rahel Varnhagen, als Frau und Jüdin doppelt gestraft,
geklagt: »Wir sind neben der menschlichen Gesellschaft.
Für uns ist kein Platz, kein Amt, kein eitler Titel da!« Aber
Louise Otto sieht in Varnhagens sprachmächtigen Ausbrü-
chen nur den Mangel an »objektiven Darstellungen«, betrachtet deren Briefe und Tagebücher, »in denen von nichts
die Rede ist als von sich«, abschätzig, wie sie selbst Bettina
von Arnims »Innerlichkeit« kritisiert, verkennend, dass
auch mit romantischem Gefühlsüberschwang Sozialrefor-
men wirkungsvoll angestoßen werden können.

Eine gespaltene Reformerin: Wenn es um Sexualmoral,
um die sittliche »Hebung der Frau«, um die Ehe als den
»eigentlichen Beruf des Weibes« geht, bleibt sie in den
durch ihre Herkunft vorgegebenen Bahnen. Wenn es um
weibliche Entfaltung, Selbstbestimmung, um das Recht auf
Arbeit, Bildung geht, stößt sie entschlossen in Neuland
vor. Nur eine gute Ausbildung, argumentiert sie, ermögliche es Frauen, sich selbstständig zu behaupten, wenn ihnen, aus welchen Gründen auch immer, ein erfülltes Leben
als Hausfrau und Mutter versagt bleibt. Sie denkt an die
Unverheirateten, die Witwen, an ihr eigenes Schicksal.

Als Einundzwanzigjährige hatte sie sich mit einem jungen Dresdner Juristen verlobt, der wenig später an Lun-
gentuberkulose starb. Sie stand allein da. Wie wäre es ihr
ergangen, hätte sie keine ordentliche Bildungsgrundlage,
keine finanzielle Absicherung gehabt?

Dann der zweite Schlag: Robert Blum, ihr Leipziger
Mentor und enger Vertrauter, der als Abgeordneter der
Frankfurter Nationalversammlung den liberalen Kräften in
Wien den Rücken stärken sollte, wird von der Reaktion im
November 1848 als Aufrührer standrechtlich erschossen.
Entsetzen in Frankfurt, in Leipzig. Für Louise Otto bedeu-
tet dies das jähe Ende eines politischen Traums. Blum hatte
ihren ersten Gedichtband *Lieder eines deutschen Mädchens*

rezensiert, hatte ihr bei Frauen selten anzutreffendes politisches Gespür gelobt. Sie fühlte sich verstanden, ermuntert. Anlässe, sich politisch zu empören, gab es genug, warum sollte es Männern vorbehalten sein, darüber Gedichte zu schreiben? Gingen Weberaufstand und Arbeiterelend nicht auch Frauen an? Oder die blutigen Ausschreitungen – sieben Tote – gegen demonstrierende Leipziger Bürger beim Besuch des sächsischen Thronfolgers Prinz Johann?

Die Feder als Waffe

Ein halbes Jahr nach Robert Blums Tod bringt Louise Otto – sie hat von ihrem Meister viel gelernt – die erste Nummer einer *Frauen-Zeitung* heraus unter dem anspruchsvollen Motto »Dem Reich der Freiheit werb' ich Bürgerinnen«. Die Zeitung hält sich, im Gegensatz zum kurzlebigen Blatt *Der Freischärler* ihrer Widersacherin Louise Aston, mehr als drei Jahre, eine lange Zeitspanne, wenn man bedenkt, wie genau jede der wöchentlich erscheinenden Nummern unter die Lupe genommen wird: von misstrauischen Männern, von Behörden, von radikalen und von rechtskonservativen Frauen. Louise Otto lernt, mit Drohbriefen und Bespitzelung zu leben, sie ist von ihrer pädagogischen Aufgabe überzeugt und lässt sich nicht einschüchtern. Hilfe zur Selbsthilfe will sie den Frauen bieten, denn: »Die Geschichte aller Zeiten, und die heutige ganz besonders, lehrt, dass diejenigen vergessen wurden, welche an sich selbst zu denken vergaßen.« Sie verlangt für die Bürgerinnen eine verantwortliche Teilnahme am Staat – eine Provokation für die Behörden, obwohl sie nicht so weit geht, das Stimmrecht einzufordern.

Dass die Zeitung neben politischen und frauenrechtlichen Beiträgen auch einen feuilletonistischen Teil mit Erzählungen, Gedichten, Redaktionsbriefen und Buchrezensionen enthält, kommt dem Unterhaltungsbedürfnis der

Leserinnen entgegen und soll dem Blatt gleichzeitig einen harmlosen Anstrich geben. Aber die Zensoren sind wachsam. Als im Dezember 1850 der anklagende Bericht »Blick auf die politischen Gefangenen« erscheint, wird die Zeitung beschlagnahmt. Die Redakteurin verblüfft mit genauesten Kenntnissen der Zustände in den Strafanstalten, das macht ihre Berichte gefährlich. Ihr späterer Mann August Peters, der Führer sächsischer Freischärler, der im Badisch-Pfälzischen Feldzug in Gefangenschaft geriet und als Revolutionär verurteilt wurde, sitzt in Bruchsal im Gefängnis. Zwar wird seine Post zensiert, aber zwischen den Zeilen lassen sich genügend Informationen durchschmuggeln.

Die *Frauen-Zeitung* fällt noch im selben Jahr dem neuen sächsischen Pressegesetz zum Opfer, das allen Frauenbestrebungen nach Selbstverantwortlichkeit Hohn spricht. Da steht schwarz auf weiß: »die verantwortliche Redaktion einer Zeitschrift dürfen nur ... männliche Personen übernehmen oder fortführen.« Eine »Lex Otto«. Die findige und zensurerfahrene Redakteurin verlegt den Erscheinungsort des Blattes flugs nach Gera. Doch auch hier holt sie die Zensur ein. Nach einer Haussuchung wird die *Frauen-Zeitung*, dieses öffentliche Ärgernis, 1852 verboten.

Einiges, darauf kann die Herausgeberin stolz sein, hat sie mit der *Frauen-Zeitung* in den wenigen Jahren des Bestehens erreicht: Frauenfragen sind ins öffentliche Bewusstsein gerückt, werden diskutiert, nicht mehr nur hämisch abgetan. Eine andere Hoffnung hat sich nicht erfüllt: der Wunsch, die Arbeiterinnen am Kampf um ihre Rechte und die Verbesserung ihrer Arbeitsbedingungen teilhaben zu lassen. Frauen aus den Fabriken und Heimarbeiterinnen konnten nicht als Leserinnen, geschweige denn als Schreiberinnen gewonnen werden, obwohl die Redaktion ihnen jede Hilfe bei Gesprächen oder schriftlichen Formulierungen angeboten hatte. Die Zeitung blieb das Sprachrohr bürgerlicher Frauen.

Auch ein anderes Ziel hat Louise Otto nicht erreicht: die Solidarisierung der Leserinnen überall im Lande, den gemeinsamen Einsatz für Frauenbelange unter dem Motto »Jede für alle!«. Aber diese Idee wird sie nicht mehr loslassen: Es müssen neue Wege gefunden werden. Werden denn Revolutionen nur für Männer gemacht? Sie bringt ihren Ärger im Gedicht *Für alle* zu Papier:

> Wohl grüßten freie Männer sich als *Brüder.*
> Nur Bürger gab es, nicht mehr Herr und Knecht;
> Wohl sangen sie der Liebe Bundeslieder
> Und fühlten sich als ein erneut' Geschlecht.
> Doch auf die *Schwestern* blickten stolz sie nieder,
> Der *Menschheit Hälfte* blieb noch ohne Recht,
> Blieb von dem Ruf: »für alle!« ausgenommen –
> Ihr musst erst noch der Tag des Rechtes kommen.

Dass dieser Tag des Rechtes nicht von alleine oder von der Männer Gnaden kommt, weiß die Verfasserin. Er muss von den Frauen herbeigeholt, herbeigeredet, herbeigeschrieben werden. Mit dem Herbeireden ist es schwierig geworden, seit die sächsische Regierung aus Angst vor nachrevolutionären Widerstandsnestern Arbeiter- und Frauenvereine verboten hat. Louise Otto gilt als politisch gefährliche Schriftstellerin, ihr Name ist, wie der aller mit Revolutionären Sympathisierenden, in Polizeiakten registriert.

Anklagen in historischem Gewand

Die arbeitslose Redakteurin schreibt. Schreibt einen historischen Roman nach dem andern, nicht nur aus rein geschichtlichem Interesse. In historischem Gewande – das haben Schriftsteller zu allen Zeiten gewusst – lassen sich aktuelle Missstände trefflich darstellen, ohne dass die Autoren, die ja nur aus ferner Vergangenheit berichten, belangt werden könnten. Louise Otto wählt ihre Stoffe sorgfältig:

Hexengeschichten, nachrevolutionäre Schicksale. Mit der Zensur hat sie schon vor der 48er Revolution ihre Erfahrungen gemacht, als sie 1846 den dreibändigen Roman *Schloss und Fabrik*, eine Mischung aus eingängiger Romanhandlung und Agitationsschrift, unters Volk bringen wollte. Ihre brisanten Äußerungen zu Zensur, Streiks, sozialen Missständen und »Heuchlerkram unserer Philosophen, Gelehrten, Pfaffen und Staatskünstler« hatten die Beschlagnahme des zweiten und dritten Bandes zur Folge. Erst nach Streichung politisch anstößiger Textstellen und nach Herausnahme von Zeilen eines verbotenen Freiligrath-Gedichts können die Bände erscheinen. Den lange verschollenen Originaltext und die aufregende Zensurakte hat die Biografin Johanna Ludwig vor einiger Zeit aufgespürt und herausgegeben.

Während Louise Otto an ihren Romantexten feilt, fristet ihr Verlobter ein zermürbendes Gefangenenleben, unterbrochen nur von ihren – viermal jährlich gestatteten – Besuchen und ihren zensierten Briefbotschaften. In Baden hatte man August Peters begnadigt, in Sachsen hat man ihn erneut eingesperrt. Aus dem berüchtigten Zuchthaus Waldheim wird er erst 1856, nach siebenjähriger Haft gesundheitlich schwer angeschlagen, entlassen. Zwei Jahre später heiratet die späte Braut ihren aus Arbeiterkreisen stammenden »Sohn des Volkes«, wie sie ihn in einem Gedicht nennt. Sie heißt fortan Louise Otto-Peters, setzt den Namen des Mannes – emanzipatorisches Signal? – hinter den ihren. Die patriotische Gesinnung ist es vor allem, die das sehr wesensverschiedene Paar über Herkunftsschranken hinweg eint. Gemeinsam geben sie in Leipzig die *Mitteldeutsche Volks-Zeitung* heraus. Louise ist für das Feuilleton zuständig, schreibt über Frauenfragen und begrüßt die Rückkehr des in Revolutionstagen aus Sachsen ausgewiesenen Kapellmeisters Richard Wagner. Die Redaktionsarbeit hat sich gut eingespielt, doch nach sechs Ehejahren stirbt August Peters 1864 an den Spätfolgen der Haft.

Neuer Aufbruch – »Neue Bahnen«

Louise Otto-Peters ist wieder frei für die Idee, die sie seit langem beschäftigt: Man müsste die Frauen organisieren, einzelne, überall im Land bestehende Frauenzirkel zusammenführen, um ihren Stimmen mehr Gewicht in der Öffentlichkeit zu verleihen bei der Durchsetzung wichtiger Forderungen. An eine Revolution denkt sie dabei nicht, sie hat die Erfahrung gemacht, dass Revolutionen – wenn überhaupt – nur Männern Vorteile bringen. Sie setzt auf eine »friedliche Demokratisierung« der Gesellschaft. In ihrem stets offenen Heim treffen sich regelmäßig einige künstlerisch oder pädagogisch tätige Frauen zum Gedankenaustausch, unter ihnen Henriette Goldschmidt, Frau eines Rabbiners, und die preußische Offizierstochter Auguste Schmidt. Aus diesem Kreis kommt es – das Vereinsverbot wird nicht mehr so streng gehandhabt – 1865 zur Gründung eines Leipziger *Frauenbildungsvereins,* dessen erste Vorsitzende Louise Otto-Peters wird.

Die politisch aufgeweckten Frauen machen Nägel mit Köpfen. Im Oktober desselben Jahres berufen sie eine erste gesamtdeutsche Frauenkonferenz nach Leipzig ein. Die Presse mokiert sich über die am Jahrestag der Völkerschlacht stattfindende »Leipziger Frauenschlacht«, aber die Kämpferinnen lassen sich nicht beirren. 120, nach anderen Quellen sogar 300, sollen es gewesen sein. Sie beschließen, als Dachverband für Frauenbildungs- und -erwerbsvereine den *Allgemeinen Deutschen Frauenverein* (ADF) zu gründen – ein historischer und wagemutiger Schritt, der Ausgangspunkt der organisierten Frauenbewegung in Deutschland.

Den ersten Vorsitz übernimmt Louise Otto-Peters, und sie wird ihn dreißig Jahre lang behalten. An ihrer Seite die Lehrerin und treue Gefährtin Auguste Schmidt. Männer sind nur als Ehrenmitglieder mit beratender Stimme zugelassen, nur ausnahmsweise als Referenten – welche Genugtuung für Frauen, die sonst in keinen öffentlichen Gremien, geschweige denn im Staat mitreden können.

Der ADF hat sich zum Ziel gesetzt, »für die erhöhte Bildung des weiblichen Geschlechts und die Befreiung der weiblichen Arbeit von allen ihrer Entfaltung entgegenstehenden Hindernissen mit vereinten Kräften zu wirken«. Der Katalog der Forderungen könnte heute geschrieben sein: Arbeiterinnenschutz, Mutterschutz, Industrieschulen für Mädchen, Chancengleichheit im Beruf, gleicher Lohn für gleiche Arbeit ...

Auch Arbeiterinnenbildung steht auf dem Programm, aber die bürgerlichen Frauen planen in ihrem Bildungseifer an den Bedürfnissen der ums tägliche Brot schuftenden Arbeiterinnen vorbei. Für das Frauenwahlrecht setzt sich der ADF nicht, wie später der radikale Flügel der Frauenbewegung, mit öffentlichen Demonstrationen ein. In der Umsetzung emanzipatorischer Forderungen verhält er sich insgesamt eher abwartend als ungeduldig vorpreschend. Das von Louise Otto-Peters entworfene Selbsthilfe-Konzept ist auf lange Sicht, nicht auf rasches Handeln angelegt: »Nur wenn wir Frauen lernen, uns aus eigener Kraft zu helfen, können wir selbstständig werden und in späteren Jahren als Gleichgestellte mit den Männern arbeiten.«

In ihren kühnsten Visionen träumt die Frauenrechtlerin von einem Deutschland überspannenden Netz lokaler Zweigvereine, aber sie lebt mit den Realitäten, tröstet sich und ihre Mitarbeiterinnen über die nicht berauschenden Anfangserfolge hinweg: »Ein Verein, der eine kleine Zahl thätiger Mitglieder besitzt, hat viel mehr Aussicht auf endlichen Erfolg als ein Verein, der hunderte von gleichgültigen Mitgliedern zählt.« Doch der Verein entwickelt sich: 60 Mitglieder am Ende des ersten Jahres, über 10 000 fünf Jahre später.

Zu diesem kontinuierlichen Wachstum und zur Gründung weit gestreuter Zweigvereine beigetragen hat zweifellos die von Louise Otto-Peters und Auguste Schmidt von 1866 an herausgegebene Vereinszeitschrift *Neue Bahnen*. Unter dem Motto »Alles durch die Frauen selbst« bestimmt sie über Jahrzehnte den Kurs der bürgerlich gemäßigten Frauenbewegung, der später von Gertrud Bäumer übernommen wird.

Zukunftshoffnungen

Neben der Redaktionstätigkeit, die Louise Otto-Peters bis an ihr Lebensende ausübt, schreibt sie weiter Buch um Buch. Sie kann es nicht lassen, sich in politische Fragen einzumischen, zum Beispiel mit der provozierenden Schrift *Das Recht der Frauen auf Erwerb* – ein Recht, das sie als »Fundament aller weiblichen Selbstständigkeit und Mündigkeit« versteht.

1876, fünf Jahre nach dem Deutsch-Französischen Krieg und der Ausrufung von Wilhelm I. zum deutschen Kaiser, erscheint der Band *Frauenleben im Deutschen Reich*, Fazit lebensumspannender Bemühungen um die Teilhabe der Frauen an Bildung, Arbeit und Verantwortung für sich selbst und die Gesellschaft. Das Nachwort, »Zukunftshoffnungen« überschrieben, beschließt die 57-jährige mit den zuversichtlich trotzigen Zeilen:

> Doch was der Mensch erreichen *will* und *kann,*
> Das kommt ihm zu – sei er ein *Weib,* ein *Mann.*

1890, nun schon über 70, zieht sie in einer Gedenkschrift Bilanz über *Das erste Vierteljahrhundert des Allgemeinen Deutschen Frauenvereins*. Eine Bilanz, die sich sehen lassen kann, wenn auch längst nicht alle Hoffnungen sich erfüllt haben. 1894 schließt sich der ADF in Berlin mit 33 anderen bürgerlichen Frauenorganisationen im *Bund deutscher Frauenvereine* zusammen. Die Arbeit geht, unter dem Vorsitz Auguste Schmidts, in größerem Rahmen weiter.

Zwei Jahre vor ihrem Tod, 1893, hat Louise Otto-Peters ihr letztes Buch herausgebracht, einen Lyrikband: *Mein Lebensgang, Gedichte aus fünf Jahrzehnten.* Sie legt Wert darauf, neben ihren historischen Romanen und ihren kämpferischen Schriften das »Ewig-Weibliche« nie vernachlässigt zu haben:

> Meint Ihr, ich sei kein fühlend Weib geblieben,
> Indes der Freiheit Fahne ich getragen?
> Ich hab' verlernt zu dulden und zu lieben,
> Weil meine Lieder keine Liebesklagen?

Ein »fühlend Weib« ist die am 13. März 1895 in Leipzig verstorbene Frauenrechtlerin gewiss geblieben, vielleicht auch, wie Clara Zetkin meint, eine »Gefangene ihrer Klasse« – aber könnte das, umgekehrt, nicht ebenso für die Führerin der proletarischen Frauenbewegung gelten? Die Dichterin Ricarda Huch hält sich nicht mit Klassenfragen auf, ihr sind andere Akzente im Lebensbild der Louise Otto-Peters wichtiger, Tatkraft zum Beispiel und Mut: »Sie setzte sich energisch für ihre Ideale ein und imponierte durch ihre Sicherheit und Furchtlosigkeit.«

Louise Otto-Peters gehört nicht zu den vergessenen Frauen der ersten Stunde. Als »Begründerin der deutschen Frauenbewegung«, gar als deren »Mutter«, ist sie in die Geschichte eingegangen. Die Stadt Leipzig hat einen Platz nach ihr benannt, dankbare Frauen setzten ihr um die Jahrhundertwende im Rosental ein Denkmal, die Louise-Otto-Peters-Gesellschaft und ein dazugehöriges Archiv widmen sich ihrem Werk und ihrer Person.

»Vereint sind wir stark« – ein Motto der neuen Frauenbewegung. Es hätte – ein Jahrhundert früher – auch von Louise Otto-Peters geprägt werden können.

Die Amazone und Familienmutter *Hedwig Dohm*

(1833–1919)
Berlin

Es gibt seit den zwanziger Jahren eine Hedwig-Dohm-Schule in Berlin. Aber wer kennt Hedwig Dohm? Kaum einer unter den Schülern, das zeigt eine Umfrage. Im Frauenzentrum weiß man besser Bescheid: Feministin, Pazifistin war sie; als Vorausdenkerin groß im Formulieren griffiger Parolen, ist sie zu einer Symbolfigur der Frauenbewegung geworden. Ihre Schriften, etwa *Die wissenschaftliche Emancipation der Frau* (Berlin 1873/Zürich 1977) oder *Die Antifeministen* (Berlin 1902/Zürich 1976) werden als Reprints gelesen und sind von erstaunlicher Aktualität. Ideenreich und mit spitzer Feder – ihre weibliche Waffe – kämpft sie für die Rechte der Frau und fordert schon 1873, als noch Mut dazugehört, erstmals in Deutschland öffentlich das Frauenstimmrecht. Sie weiß, dass sie damit Gespött und bissige Attacken der Männerwelt auf sich zieht, sie kontert furchtlos mit messerscharfer Argumentation und wortschöpferischer Fantasie. »Herrenrechter«, »Amazonentöter« oder »Ritter von der traurigen Gestalt« nennt sie ihre Gegner, weder von Politikern noch Professoren und Pastoren lässt sie sich in die Enge treiben. An den mit wissenschaftlichem Anspruch formulierten Theorien von der biologischen und geistigen Minderwertigkeit der Frau spürt die Autodidaktin, die mit fünfzehn die Schule verlassen musste, mit sicherem Instinkt und verblüffender Logik die Schwachstellen auf, so in der Schrift des Leipziger Arztes Paul Julius Möbius *Über den physiologischen Schwachsinn des Weibes*, die 1900 in Halle erschien und mit neun Auflagen noch vor dem Ersten Weltkrieg zum Bestseller wurde.

Einen verhängnisvollen Zirkelschluss deckt die Autorin der *Antifeministen* dabei auf: »Man verwehrt den Frauen Gehirnarbeit, entzieht ihnen die Möglichkeit, Willens- und Tatkraft zu üben, und nähern sie sich dann in ihren schwächeren Exemplaren – auf dem Wege der Anpassung – dem Schafsideal, so ruft man triumphierend: ›Seht da – die Natur des Weibes!‹« – Dieser Automatik entgegenzusteuern, ist ihr lebenslanges Anliegen. Gleiche Ausbildungsmöglichkeiten für Mädchen verlangt sie deshalb, Selbstbestimmung des Lebenswegs, kurz: Emanzipation auf der ganzen Linie. Dies ist die Hedwig Dohm, die man in Frauenzirkeln kennt.

Die andere, die zurückgezogen lebende Hausfrau und Mutter von fünf Kindern, die in der Öffentlichkeit schüchtern-schweigsame, hochsensible Gefährtin des *Kladderadatsch*-Redakteurs Ernst Dohm (der führenden politischsatirischen Zeitschrift im damaligen Berlin) tritt im Bewusstsein der Nachwelt zurück. Sie habe zeitlebens eine große Scheu vor Lärm und Menschenmengen, vor Versammlungen und Reden auf dem Podium gehabt, berichtet ihre Biografin Hedda Korsch und weist gleichzeitig auf Hedwig Dohms eigentliche Stärke hin: »Sie war ein mutiger Angreifer auf dem Papier.« Minna Cauer, die profilierte Berliner Frauenrechtlerin der Jahrhundertwende, bestätigt dies, wenn sie in einem Geburtstagsgruß für Hedwig Dohm schreibt: »Sie hat nie das Podium bestiegen, um durch Reden ihre Grundsätze zu vertreten, aber sie hat durch ihre Schriften großartig gewirkt … Kaum glaubt man es, wenn man diese zarte Erscheinung sieht, dass der darin lebende Geist solcher wuchtigen Waffen fähig ist.« Was die schon fast vierzigjährige Hausfrau Hedwig Dohm letztlich bewogen hat, nach dem Flüggewerden ihrer Kinder – sie hatte mit neunzehn geheiratet – ihre scharf pointierten Pamphlete gegen die Männerwelt zu schreiben, kann nur vermutet werden, sie hat sich über ihr eigenes

Ehe- und Familienleben kaum schriftlich geäußert. Dies steht in seltsamem Gegensatz zu ihrer auch durch Selbstzeugnisse reich dokumentierten Kindheit. Es mag sein, dass sie der – viel später von Ingeborg Bachmann vehement vertretenen – Überzeugung war, die Kindheit und Jugendzeit sei das eigentliche Kapital eines Schriftstellers, alle späteren Erfahrungen brächten keine neuen Erkenntnisse mehr. Sicher sind, neben dem sozialen Engagement und ihrem ausgeprägten Gerechtigkeitssinn, Erlebnisse der Kindheit sie drängende Schreibimpulse. So arbeitet sie im Roman *Schicksale einer Seele* (Berlin 1899) ihre frühen Jahre auf. – Ihre Romane haben übrigens, im Gegensatz zu den Kampfschriften, Patina angesetzt und sind heute nur mehr schwer lesbar.

Die Kindheit bleibt für Hedwig Dohm zeitlebens eine belastende Hypothek. Am 20. September 1833 wird dem Berliner Tabakfabrikanten Schleh – seinen jüdischen Namen Schlesinger hatte er abgelegt und sich taufen lassen – das elfte Kind geboren, ein Mädchen nur, man macht deshalb von der Geburt nicht viel Aufhebens. Die kleine Hedwig, schmächtig und weinerlich, wird einer Amme in Obhut gegeben, die Mutter, die sie ständig schwanger in Erinnerung hat, bleibt ihr fremd. Niemand, zu dem sie Zutrauen fassen könnte, den Vater bekommen die Kinder nur selten zu Gesicht. Hedwig fühlt sich verlassen inmitten der wuselnden Kinderschar, nicht angenommen. Sie ist die Verstockte, Furchtsame, der Sündenbock für die Untaten der Geschwister. Sechzehn Kinder am Familientisch, zwei sind früh gestorben, und eine ständig überforderte und gereizte Mutter, die für das schüchterne, ernste Mädchen nie Zeit hat, und die es nicht versteht, eine Atmosphäre der Geborgenheit im Haus zu schaffen, obwohl die Familie materiell gut gestellt war. Unter dieser Kälte leidet Hedwig mehr als unter den Schlägen der Mutter. »Ich war ein leidenschaftlich unglückliches Kind, ein verkanntes, ein Kind ohne Mutterliebe. Einsam unter siebzehn Geschwistern«, schreibt sie später in ihren Jugenderinnerungen, die allerdings auch heitere Begebenheiten enthalten, weniger an die Familie als an die Berliner Umgebung geknüpft. Die sommerlichen Landpartien zu den legendären Gartenlokalen etwa: »In großen Kremsern ging's nach Tegel, den Pichelsbergen, Charlottenburg, Treptow, wo die Mamas wahr und wahrhaftig den Kaffee selbst kochen.« Erinnerungen an große braune Bunzlauer Kaffeekannen, an rosinenreiche Napfkuchen und Schokoladensuppen, an saure Milch, dick mit Zucker und geriebenem Brot bestreut, im Sommer und im Winter an Bratäpfel in der Ofenröhre.

Neben diesen harmlosen Vergnügungen gibt es Szenen, die sich im Kopf des heranwachsenden Mädchens fest einprägen, die Gedanken in bestimmte Bahnen lenken. Schlüsselerlebnisse. Erfahrungen aus dem Familienalltag: »Meine acht Brüder schlitterten auf dem zugefrorenen Rinnstein, schneeballten sich, keilten sich grässlich untereinander, waren faul in der Schule und wuschen sich am liebsten gar nicht … Die Mädchen, die saßen möglichst still, sittsam, machten Handarbeiten in den Feierstunden, von der mühsamen Perlen- und Petit-point-Stickerei bis zum ekligen Strumpfstopfen herunter.« Die unterschiedliche Erziehung von Jungen und Mädchen, die mindere Behandlung, der geringere Spielraum des weiblichen Geschlechts – ihr späteres lebenslanges Thema.

Ein weiteres, sie aufwühlendes Erlebnis: die Revolution von 1848, die sich in Berlin bis in den Straßenalltag hinein auswirkt. Wegen der Unruhen verbietet man ihr und den Geschwistern, das Haus zu verlassen. Sie tut es trotzdem, gerät in eine protestierende, aber unbewaffnete Studentengruppe, die, mit schwarzrotgoldenen Schärpen und Kränzen aus Eichenlaub geschmückt, patriotische Lieder singend, den berittenen Truppen entgegenzieht. Diese eröffnen das Feuer, Panik entsteht, die meisten der Aufständischen flüchten, einige sinken verwundet zu Boden, ein junger Student stirbt auf dem Straßenpflaster, direkt vor ihren Füßen. Das ist der Augenblick, sie ist erst fünfzehn, wo sich in ihr die Überzeugung festsetzt, dass Gewalt kein Mittel zur Konfliktlösung sein kann. Der Augenblick der Weicherstellung für ihre spätere pazifistische Haltung, die sie konsequent beibehielt bis zu ihrer 1917 veröffentlichten Anklageschrift *Der Missbrauch des Todes*, in der sie den Krieg verdammt. Auch ihr allerletztes schriftliches Zeugnis, die Betrachtung *Auf dem Sterbebett* richtet sich gegen Krieg und Heldentod und ist – ganz entgegen ihrer sonstigen Lebenseinstellung – von Resignation und dem Gefühl der Absurdität allen Seins gekennzeichnet. Eine Greisin, die sich zu Tode lacht, die an ihrem Lachen erstickt, wird da geschildert – ein Bild wie von Goya oder Grosz. Die *Vossische Zeitung* veröffentlichte den Beitrag am 7. Juni 1919, drei Tage nach Hedwig Dohms Tod, in der Einleitung hatte sie sich noch als »todessehnsüchtige, fast achtundachtzigjährige Greisin« bezeichnet.

Dies muss für sie eine bittere Einsicht gewesen sein, denn ihr ganzes vorangegangenes Leben war geprägt von vitaler Jugendlichkeit, und es war geradezu ein Phänomen, dass sie mit zunehmendem Alter immer jünger, immer progressiver, immer zukunftsgerichteter wurde. Sie dachte ihrer Zeit, in der sie sich nie heimisch gefühlt hat, weit voraus. Diese Zeit, die sie als sacht und zahm, als Zeit ohne Jugend, ohne Rausch sah: »Eine Zeit wie für alte Leute.« Und alte Leute, die mit dem Leben abgeschlossen haben, flößen ihr Angst ein, fast hektisch jagt sie der Jugend, der Kraftfülle hinterher: »Das Alter ist ein Feind, kämpfe! Andauerndes Schaffen mit Hand oder Kopf hält jung, weit über die Jahre hinaus. Untätigkeit ist der Schlaftrunk, den man dir, alte Frau, reicht. Trink ihn nicht, sei etwas! Schaffen ist Freude, und Freude ist fast Jugend!« Dies ruft sie ihren Geschlechtsgenossinnen 1903 in der Schrift *Die Mütter* zu.

Kritisch und energisch, rege und gleichzeitig von in sich versunkener Nachdenklichkeit, so malte sie Lenbach im Jahre 1894, da war sie 61 Jahre alt und hatte noch ein gutes Viertel ihres Lebens vor sich. Das Porträt blieb in Familienbesitz, und der Urenkel Golo Mann beschreibt in seinen Erinnerungen, wie er sich vom Blick der Urgroßmutter ständig belauert fühlte, wenn er als Kind im großelterlichen Haus weilte. Er fürchtete sich vor den »großen durchbohrenden Märchenaugen, so wie sie waren oder wie Lenbach sie hatte sehen wollen«.

Märchenaugen. Auch die Enkelin Katia, Thomas Manns Frau, sieht in Hedwig Dohm eine wahrhafte Märchenprinzessin, sehr klein und sehr zart. Etwas Märchenhaftes muss der »Little Grandma«, wie Thomas Mann sie nennt, angehaftet haben, etwas elfenhaft Hexisches. Dabei war märchenhaft in ihrem Leben höchstens der Aufbruch aus der antimusischen Bürgerlichkeit der Friedrichstraße in das intellektuelle, weltoffene Milieu des Dohm'schen Hauses. Hier gingen Frauenrechtlerinnen wie Helene Lange, Alice Salomon und Lily Braun aus und ein, berichtet die Enkelin Hedda Korsch, doch auch Dichter: Maximilian Harden und Else Lasker-Schüler, Theodor Fontane, der Hedwig Dohms dramatische Werke wohlwollend rezensierte, und Fritz Reuter, der Begleiter auf Ferienausflügen. Nicht zu vergessen Franz Liszt, der die Dohmschen Töchter auf Bällen »chaperonierte«. Eine Welt, in die sich das Aschenputtel Hedwig als Kind nicht hineinzuträumen gewagt hätte. Die kindlichen Träume reichten nur bis zu Mignon, der sie sich verwandt fühlt, und später zu Heines Insel Bimini, wo das Glück sie erwarten würde. Eine Traumglückseligkeit, aus der sie Kräfte schöpfte und deren Gefahr sie gleichzeitig sah. So schreibt sie in den *Kindheitserinnerungen einer alten Berlinerin*: »Die grübelnden Träumer, das sind die Menschen, die nie zu Taten reifen. In ihren Gedankenschöpfungen möglicherweise Revolutionäre, Umstürzler, die kühn und frech am Weltbau rütteln, in Wirklichkeit nicht das kleinste Steinchen zu bewegen die Kraft haben. Blutlose Feiglinge dem Leben gegenüber – wie ich.«

Es sind diese Gedankenburgen ohne in der Praxis gemauertes Fundament, auf die Helene Lange, die kritische Beobachterin und streckenweise Rivalin Hedwig Dohms, anspielt, wenn sie deren Werk und Wert so zusammenfasst und einordnet: »Für die deutsche Frauenbewegung ist keine geistreichere Feder geführt worden als die von Hedwig Dohm, aber ihre Bedeutung liegt mehr in der Augenblickswirkung einer glänzenden Persiflage, als in der Mitarbeit an der Theorie, aus der die Frauenbewegung sich selbst immer besser zu rechtfertigen lernte.«

Träumerin und Weltfremde, sarkastische Spötterin und streitbare Amazone, schließlich häuslich umsichtige Familienmutter – all das ist Hedwig Dohm, eine Frau, die sich nie auf einen Nenner bringen lässt. Friedrichstraße *und* Parnass. Wenn sie schreibt: »Aus der spießbürgerlichen Wohnung, Friedrichstraße 235, nahe dem Halleschen Tor, ritt ich mit Bravour hinauf zum Parnass«, war sie doch weder da noch dort richtig heimisch. Sie lebte in der falschen Zeit: »Zu früh und zu spät war ich geboren. Zu spät für die Romantikerzeit, der ich mich wahlverwandt fühle, zu früh, viel zu früh für die Zeit, in der jetzt meine Enkelinnen mein Leben leben ...«

Die erste Berliner Ärztin
Franziska Tiburtius
(1843–1927)
Berlin

Am 28. November 1900 sitzt im Moabiter Gerichtssaal
Frau Dr. med. Franziska Tiburtius auf der Anklagebank:
Der 57-Jährigen wird »unbefugte Führung des medizinischen Doktortitels« vorgeworfen, die anonyme Anzeige
hatte wahrscheinlich ein missgünstiger Kollege erstattet.
Eine peinliche Angelegenheit – aber mehr für das Gericht
als für die Angeklagte, die ihren Doktorgrad in Zürich
rechtmäßig erworben hat und seit fast 25 Jahren in Berlin
erfolgreich praktiziert. Sie erinnert sich später, wie sie in
der Verhandlung ihr Diplom vorlegen muss, der Staatsanwalt drei Mark Konventionalstrafe beantragt: »Staatsanwalt, ein ganz junger Herr, und Vorsitzender, sehr höflich.
Schöffen – ehrsame Handwerker – blicken mit weiser Miene in das Diplom, nach kurzer Beratung – Freispruch.«

Eine Farce mit ernstem Hintergrund. Jahrzehntelanges
zähes Ringen um Anerkennung und Gleichberechtigung
als Frau in Ärztekreisen war dem vorausgegangen, und
noch war der Kampf nicht völlig ausgestanden, noch verhielten sich Presse und Öffentlichkeit weiblichen Ärzten
gegenüber reserviert, noch löste der Gedanke an Frauen im
Operationssaal ungeheure Heiterkeit im Reichstag aus. Eine Situation, die Franziska Tiburtius an den Beginn ihrer
Laufbahn, an die erste anatomische Vorlesung in der Universität Zürich im Jahre 1871 erinnert. Da in Deutschland
Frauen noch nicht zum Universitätsstudium zugelassen
waren, musste sie – wie es auch Ricarda Huch oder Rosa
Luxemburg getan haben – den Weg über Zürich wählen,
aber einfach war es für sie und ihre Kommilitonin Emilie

Lehmus, die beiden ersten deutschen Medizinstudentinnen hier, auch nicht: »Es war unter den Studenten bekannt geworden, dass die Frauenzimmer zum ersten Mal kommen würden. Als wir eintraten, war der Saal dicht gefüllt, auch von den anderen Fakultäten zahlreiche Mitläufer, und es erhob sich ein wüster Lärm, Schreien, Johlen, Pfeifen usw.; da hieß es ruhiges Blut behalten ...«

Ruhig Blut musste die junge Lehrerin, die es sich in den Kopf gesetzt hatte, Ärztin zu werden, noch oft bewahren. Es kam ihr dabei zugute, dass sie – von einem Gutshof auf Rügen stammend und als ältestes von neun Geschwistern aufgewachsen – Besonnenheit und Beharrlichkeit, hartes Arbeiten und selbstständiges Handeln früh gelernt hatte. Nach einem glanzvollen Studienabschluss in Zürich und einer Volontariatszeit an der Frauenklinik in Dresden zog es sie nach Berlin, wo ihr Lieblingsbruder, der sie zum Medizinstudium ermuntert hatte, als Oberstabsarzt tätig war. Er hatte einige Jahre zuvor Henriette Hirschfeld, die erste Zahnärztin Deutschlands, geheiratet, die ihre Examen an der Universität Philadelphia abgelegt hatte und nun – eine Pioniertat in Berlin – ein »Zahnärztliches Atelier für Frauen und Kinder« führte. In ihrem Haus fand Franziska herzliche Aufnahme und Unterstützung im Kampf gegen Behörden und Paragrafen. Der Versuch, eine Approbation als Ärztin oder wenigstens die Zulassung zum deutschen Staatsexamen zu erlangen, erwies sich als aussichtslos, alle Gesuche und Bittschriften bis hinauf ins Reichskanzleramt wurden abgelehnt. Man wollte keinen Präzedenzfall schaffen. Aber es war weniger das ausländische Examen, dem man misstraute, als der allgemeine Zweifel an der Befähigung der Frauen zum Arztberuf. Ihre schwächere Konstitution wurde angeführt, ihr Zart- und Schamgefühl, das im Seziersaal Schaden nehmen könnte, ihre intellektuelle Minderbegabung – hatte doch ein Professor Bischoff bei Frauen eine wesentlich geringere Gehirnmasse festgestellt und daraus gefolgert, sie seien zum Studium ungeeignet.

Franziska Tiburtius greift zur Selbsthilfe. Bringt neben der Haustür – sie wohnt bei Bruder und Schwägerin in einem Eckhaus Friedrichstraße/Schützenstraße – gut sichtbar ein Emailleschild an: »Dr. med. Franziska Tiburtius« und wartet, ob ein Einspruch der Behörde kommt. Nichts geschieht, obwohl das Schild beträchtliches Aufsehen erregt und neben echten Patienten auch Neugierige anlockt. Jeder will die erste Ärztin Berlins sehen, das von den Witzblättern karikierte »Weib im weißen Kittel«. Der *Kladderadatsch* zeigt zwei sich um einen wehrlosen Patienten raufende Ärztinnen, Dr. Romulus und Dr. Remus, eine Anspielung auf Franziska Tiburtius und ihre Studiengefährtin und enge Mitarbeiterin Dr. Emilie Lehmus. – Die beiden lassen sich nicht entmutigen, planen zusätzlich zu ihrer Gemeinschaftspraxis die Einrichtung einer Poliklinik für die ärmere Bevölkerung in den Arbeitervierteln im Norden Berlins.

Die fehlenden Praxisräume beschafft die Schwägerin Henriette, die einen ihrer Patienten, einen reichen Industriellen, von der Wichtigkeit dieses Projektes überzeugt – mit nicht ganz fairen Mitteln, wie sich Franziska Tiburtius erinnert: »Frau Henny verstand sich gut darauf, mit Gewandtheit und anscheinender Unabsichtlichkeit ein Gespräch dahin zu lenken, wo sie es haben wollte, und als der Herr, einen Gummiknebel im Mund, die zu bearbeitenden Vorderzähne in Gummi eingespannt, vollständig unfähig zu einem Wort der Widerrede, unter ihren Händen dasaß, wurde ihm der Plan dargelegt und vorgestellt, wie viel Gutes für die Frauen jenes Stadtteils aus einer solchen Anstalt hervorgehen würde und welch großes Verdienst er sich erwerben könne.« Was blieb dem Mann anderes übrig, als in einem seiner Häuser in der Alten Schönhauser Straße eine Wohnung zur Verfügung zu stellen. Erdgeschoss, zum

Hof hin, halbdunkel, aber immerhin: der Beginn der ersten Poliklinik Berlins mit weiblichen Ärzten.

Gleich in die erste Sprechstunde kamen zwölf Arbeiterfrauen, und es wurden täglich mehr. Die beiden Ärztinnen arbeiteten bis in die Nacht hinein, schließlich musste die Zahl der Behandlungen auf 40 pro Tag limitiert werden. Die Tüchtigkeit der Doktorinnen sprach sich schnell herum, Patienten kamen auch aus anderen Stadtteilen und auch aus der bürgerlichen Schicht. Eine Konsultation kostete zehn Pfennig, die Einkünfte deckten nicht einmal die Auslagen für Licht und Heizung, aber mehr konnte den Hinterhofpatienten nicht abgefordert werden, und eine allgemeine Kranken- und Sozialversicherung gab es noch nicht.

Die 1878 so bescheiden gegründete Poliklinik weitete sich immer mehr aus. 1890 kam eine dritte Ärztin dazu, Dr. Agnes Bluhm, eine ebenfalls in Zürich ausgebildete Chirurgin. Die Arbeit war auch jetzt kaum zu bewältigen. 20 000 Patientinnen wurden bis 1896 behandelt. Dringendstes Bedürfnis war die Einrichtung einer Pflegestation, auf der kranke Frauen, herausgenommen aus dem häuslichen Elend, längere Zeit klinisch betreut werden konnten. Aus einer Mansarde mit drei Betten entwickelte sich allmählich die erste »Klinik weiblicher Ärzte« an der Karl-Schrader-Straße, ein Modell, das weit über Berlin hinaus bekannt wurde.

Aber noch immer waren die Ärztinnen rechtlich ihren männlichen Kollegen nicht gleichgestellt, sie wurden mit den Naturheilkünstlern, Kurpfuschern und Wunderheilern unter die »Heilkundigen« eingereiht, denen die preußische Gewerbeordnung zwar erlaubte, Kranke zu behandeln, für die es aber keine qualifizierten Ausbildungsmöglichkeiten gab. Die notgedrungen im Ausland erworbenen Titel galten bei Behörden und in Ärztekreisen wenig. Als Professor Virchow, dem berühmten Mediziner, zu Ohren kam, dass Dr. Tiburtius und Dr. Lehmus einen

Winterkurs über Gesundheitslehre am Viktoria-Lyceum halten sollten, trat er aus Protest über die »unqualifizierten« Kolleginnen aus dem Kuratorium der Schule aus. Es gab auch weiterhin Anzeigen wegen »falscher Doktortitel«, ein Universitätsprofessor reichte gar eine Massenklage gegen alle in Berlin ansässigen Ärztinnen mit ausländischem Diplom ein. Dass ihnen gerichtlich auferlegt wurde, hinter ihren Dr. med. den Zusatz »d. Univ. Zürich« zu setzen, gereichte Franziska Tiburtius nicht zum Schaden. Ihre Patientinnen vermuteten in dem langen Titel eine besonders ehrenvolle Auszeichnung.

Der Druck auf die Regierung, Frauen zum Universitätsstudium zuzulassen, wurde, nicht nur in Berlin, immer stärker. Druck aus progressiv-emanzipatorischen Kreisen, aber auch von konservativer Seite. Frauen sollten sich nicht »dem empörenden Notzwange fügen, ihren kranken Körper der Behandlung des männlichen Arztes zu überlassen«, schrieb Gustav Dahms 1894 in der Zeitschrift *Die Frau*. Petitionen wurden von 55 018 Antragstellern im Reichstag eingebracht, darunter von 147 männlichen Ärzten. Das scheinbar großzügige Projekt einer Frauenuniversität wurde von Franziska Tiburtius heftig abgelehnt. Sie wollte keine Schmalspurausbildung für höhere Töchter, sondern gleiche, auch gleich harte Bedingungen wie die männlichen Kommilitonen.

1898 wurden die Frauen zu deutschen Staatsprüfungen zugelassen, zwei Jahre später studierten in Berlin 25 Medizinstudentinnen, die höchste Zahl an einer deutschen Universität. Aber da hatte Franziska Tiburtius schon seit einem Vierteljahrhundert, erfolgreich auch ohne Approbation, ihre Praxis und Klinik geführt und damit eine Bresche für ihre Nachfolgerinnen geschlagen. 1907, mit 64 Jahren, räumte sie ihren Platz jüngeren Kolleginnen. Ihr zu Ehren hatten Freunde und Patienten einen Fonds eingerichtet, die Franziska-Tiburtius-Stiftung, mit deren Hilfe noch mehr unbemittelten Patientinnen klinische Behandlung ermöglicht werden sollte. So blieb ihr Name, und nicht nur ihr Name, der Klinik verbunden.

Sie selbst hatte nun zum ersten Mal in ihrem Leben etwas Zeit, auch für private Dinge, und sie erfüllte sich ihre lang gehegten Fernwehträume: ein Winter in Rom, fünf Monate Nordamerika, eine Fahrt durch Spanien und Nordafrika, Reisen nach Ägypten und Palästina. Und dann, wieder in Berlin, die Reise in die eigene Vergangenheit, der Rückblick auf ein tätiges Leben, zusammengefasst in den *Erinnerungen einer Achtzigjährigen*: die Jugend auf Rügen, die Studienzeit in Zürich, das Heimischwerden in Berlin. Das langsame Sich-Erobern dieser Stadt und dieser Menschen, denen sie sich von Anfang an zugehörig fühlte. Das Berlin von 1876 mit den Kartoffeläckern und Kornfeldern zwischen Kurfürstenstraße und Schöneberg, den Sommerwohnungen der gut situierten Bürger in Charlottenburg und der Sonntagsidylle der Kleinbürger in der Hasenheide. Die Pferdebahn nach Rixdorf für einen Groschen und die mühevollen Patientenbesuche. Später die Barackenstadt im so genannten Vogtlande, das aufkommende Industrieproletariat, aber auch die glänzenden Kaiserparaden: »Wenn beim schönsten ›Hohenzollernwetter‹ unter den Klängen des Hohenfriedbergers oder Torgauers die prachtvollen Regimenter die Friedrichstraße hinunterzogen zum Tempelhofer Feld, – dahinter die Hofwagen, der alte Kaiser, nach beiden Seiten freundlich grüßend, der Kronprinz, meist zu Pferde, dann die Wagen mit den kaiserlichen Damen und Gefolge, die Bürgersteige schwarz von Menschen, – flogen die Hüte und Mützen von den Köpfen, und ich hätte den Sozialdemokraten sehen mögen, dem nicht das Herz im Leibe lachte, mochte er auch abends vorher in Versammlung oder Bierkneipe noch so lebhaft Lassalle'sche Reden oder Marx'sche Theorie verfochten haben!«

Ihre Erinnerung geht zurück zum Berlin der Jahrhundertwende, zum Aufbruch der Frauen, dann zum Ersten Weltkrieg: wieder wird sie gebraucht, im Krankendienst und in der Wohlfahrtspflege, das Altenteil hatte sie sich ruhiger vorgestellt. Wenn sie all die Jahre ihres mühsamen Kampfes um berufliche Anerkennung noch einmal an sich vorüberziehen lässt, so stellt sich keine Verbitterung ein. Sie habe sich nie auf raschen Erfolg eingestellt, schreibt sie, denn: »Wer der Welt etwas Neues bringen will, muss erst beweisen, dass es etwas Richtiges ist, – dass die Welt es braucht und dass er selbst dazu steht.«

Emilie Kempin-Spyri,
erste Juristin der Schweiz

(1853–1901)
Zürich

Wachsflügelfrau nennt Eveline Hasler ihre fragile Romanfigur Emilie Kempin-Spyri, deren Lebensweg sie nach-
spürt. Wachsflügelfrau – ein gefährlich schönes Bild, das
aus der Romantik stammen könnte: Höhenflüge einer
Karoline von Günderode an die Grenzen der Welt und
darüber hinaus. Oder aus dem alten Kreta: Baumeister
Dädalus, wie er kunstvoll Flügel formt aus Federn, Leinwand und Wachs, um damit aus dem ausweglosen Laby-
rinth in die Freiheit zu fliegen; wie sein Sohn Ikarus zum
Höhenflug ansetzt, der Sonne zu nahe kommt und ins Meer
stürzt.

Emilie Kempin-Spyri, eine Frau, die sich wie Dädalus
kühn berechnend Flügel gebaut hat und der Enge entflie-
hen will. Ist es ihre Schuld, dass sie scheitert, abstürzt wie
Ikarus? Sie stürzt nicht ins Meer, nicht in den Tod, nur immer wieder in die Ernüchterung des Alltags mit seinen tausend Schranken, zuletzt in die geistige Verwirrung. Die
Flügel schmelzen dahin oder sie werden gestutzt auf das
richtige Maß, sind zum Schluss nur noch ein Fremdkörper,
Wundfläche an einem aufgezehrten Leib. Ist es ihre
Schuld?

Sie hat nicht die Bescheidenheit und Demut, die Töchtern in protestantischen Pfarrhäusern anerzogen werden.
Sie ist eigenwillig und aufmüpfig, die Fünfzehnjährige, die
der schwangeren Mutter im Haushalt hilft – helfen muss.
Es sind drei jüngere Schwestern zu betreuen und bald der
nicht mehr eingeplante Nachzügler, ein Junge wenigstens.
Sieben Kinder muss Johann Ludwig Spyri, Pfarrer am

Neumünster, durchbringen, die älteste Tochter ist 17, verlobt, sie wird das Haus bald verlassen. Für Emilie reicht es nach der Sekundarschule nur zu einem Welschlandjahr, dann wird sie wieder zu Hause eingespannt.

Dabei möchte sie Lehrerin werden oder Schriftstellerin wie Tante Johanna oder studieren. Der Vater hat für ihre Wünsche kein Ohr. Von berufstätigen Frauen hält er wenig, von studierenden gar nichts, außerdem fehlen Emilie Lateinkenntnisse. Das lässt sich nachholen; was Emilie sich in den Kopf gesetzt hat, gibt sie nicht so schnell auf. Sie belegt einen Latein-Grundkurs an der Höheren Töchterschule. Dazu hat ihr auch Tante Johanna geraten, allerdings nicht als Vorbereitung auf das Studium, sondern für den Hausgebrauch, denn: »Der Hausstand ist der einzige würdige Wirkungskreis der Frau.« Emilie hätte von der Tante, die sich als Schriftstellerin schon einen Namen gemacht hat, mehr Verständnis erwartet.

Johanna Spyri, die Frau des Zürcher Stadtschreibers, führt im Stadthaus keinen mustergültigen Haushalt; Staub liegt auf den Möbeln, Emilie sieht es mit Genugtuung. Die Tante mit dem strengen Gesicht und dem hochgesteckten Zopf wirkt vergrämt und depressiv, kaum zu glauben, dass sie mit leichter Feder Gestalten zeichnen kann, wie den glutäugigen Verführer in der Novelle *Ein Blatt auf Vronys Grabe,* die Emilie verschlingt. Der Schluss allerdings befremdet sie: Vrony, die dem gewalttätigen Ehemann davongelaufen ist und sich umbringen will, wird durch die Worte eines Pfarrers umgestimmt: »Geh' nun heim zu Deinem Mann, und wenn der Zorn bei ihm losbricht, so falte Deine Hände und bete immerfort in Deinem Herzen: Führe uns nicht in Versuchung!« Vrony folgt seinem Rat und erträgt die eheliche Folter froh und gottergeben. Emilie fragt sich: Ist die Tante so gottesfürchtig oder schreibt sie so, weil man von Frauen Erbauliches erwartet? Dass Johanna Spyri, die mit dem schwermütigen Dichter Conrad Ferdinand Meyer und seiner Schwester Betsy befreundet ist, später noch ganz andere Seiten entfalten wird, dass ihre Heidi-Bücher sie weltberühmt machen werden, davon ahnt Emilie noch nichts. Aber sie sieht, dass für die Tante Schreiben Leben ist, sich Freischreiben aus bürgerlicher Enge, auch wenn am Schluss – anders als im wirklichen Leben – immer das Gute siegt.

Emilie wird durch das Elternhaus nicht in besonderer Weise religiös geprägt. Der Vater ist zwar Pfarrer, aber näher steht ihm die Volkswirtschaft, er befasst sich mehr mit Statistiken und Bahnentwicklung als mit der Bibel. Die Mutter fürchtet um die Heiratschancen ihrer rebellischen, lernbegierigen Tochter. »Studierte Frauenzimmer« stehen in keinem guten Ruf, besonders nicht im »unteren« Zürich, der Altstadt mit den Handels- und Patrizierhäusern, während man sich oben am Zürichberg, in den Studenten- und Professorenvierteln eher an das bunte Treiben und die fremden Sitten der ausländischen Studenten, aus Russland und Polen vor allem, gewöhnt hat. Die Danziger Romanistin Käthe Schirmacher schreibt über ihre Zürcher Studienerfahrungen: »dieses untere Zürich ist streng konservativ: nimmt es den studierenden Mann als ein Kulturerfordernis, so hält es die studierende Frau (gemeinhin) für eine unzulässige Neuerung …«

Dass Pfarrer Spyri als Redaktor und Präsident der *Schweizerischen Gemeinnützigen Gesellschaft* scharfe Artikel gegen die Frauenemanzipation und das Frauenstudium schreibt, hindert Tochter Emilie nicht, sich neugierig das studentische Treiben in den Vierteln Platte und Oberstraß anzusehen und sich von dem Milieu faszinieren zu lassen, das die im radikalen Flügel der Frauenbewegung engagierte Käthe Schirmacher so beschreibt: »Wer die nihilistisch-anarchistische Jugend der Universität und des Technikums in ihrem reichsten Flor sehen will, der muss die Vorlesungen über Staatsrecht und Kulturgeschichte hören. Sie finden in dem größten Saale des Technikums statt und zeigen eine langhaarige, mittelmäßig rasierte und kunstlos frisierte Hörerschaft, einige auffallende, helle Krawatten, große Heckerhüte und Pelzbaretts und dazu eine Sammlung begeisterter Schwärmer und Prophetengesichter, Märtyreraugen und Fanatikerprofile: sie bilden die Heerschar des Kommunismus, sie entflammen sich für das Evangelium der Gleichheit und Brüderlichkeit und nennen Eigentum Diebstahl. Wie viele von den hier Anwesenden, dachte ich mir, werden in ihrem Leben mit den Gefängnismauern Bekanntschaft machen? Wie viele werden in Kronstadt oder Schlüsselburg, wie viele in Sibirien enden?« – Die Studentin der Staatswissenschaft Rosa Luxemburg, die mit knapp achtzehn nach Zürich gekommen ist und zum Kern der Revolutionäre gehört, wird nicht in Sibirien enden, sondern im Berliner Landwehrkanal, im Januar 1919, von der Reichswehr brutal ermordet. An ihren Auftritt an einem Internationalen Sozialistenkongress in Zürich erinnert sich ein Teilnehmer: »Ich sehe sie noch, wie sie aus der Menge der Delegierten aufsprang und sich auf einen Stuhl schwang, um besser verstanden zu werden. Klein, schmächtig, zierlich in ihrem Sommerkleid, das geschickt ihren körperlichen Fehler verbarg, verfocht sie ihre Sache mit einem solchen Magnetismus im Blick und mit so flammenden Worten, dass die Masse des Kongresses, erobert und bezaubert, die Hand für ihre Zulassung erhob.«

Das chaotische Zürich. Daneben das brav bürgerliche mit seiner rigiden Sozialkontrolle und einem Frauentyp, den Johanna Spyris *Vrony* so treffend verkörpert. Dazwischen Emilie. Sie ist zu nüchtern und undoktrinär für Weltrevolutionspläne und utopische Heilsbotschaften, aber die dienende und duldende Hausfrau, *Die kluge und einsichtige Schweizerin von bürgerlichem Stande,* wie sie ein viel gelesenes Werk jener Zeit fordert, entspricht ihrem Charakter noch weniger.

Bei Emilies Vater, dem Präsidenten der Gemeinnützigen Gesellschaft, ist ein junger Theologe aufgetaucht mit philanthropischen Ideen und einem fanatischen Blick, der Pfarrer Spyri nicht gefällt, der Tochter wohl. Emilie trifft den Philanthropen – ist es Zufall? – wieder in der Buchhandlung am Stadelhofer Platz, die dem Vater des angehenden Pfarrers gehört, einem nach 1848 aus Stettin geflüchteten Typografen. Der politisch denkende 23-jährige Walter Kempin versteht es, Emilies sozialen Interessen ein kritisches Fundament zu geben, die Schriften John Stuart Mills empfiehlt er ihr als Gegengewicht zu den reaktionären Ansichten und dem patriarchalischen Frauenbild Pfarrer Spyris.

Walter Kempin, der Habenichts mit den utopischen Ideen, soll Pfarrer in Zürich-Enge werden, eine geachtete Stellung; Vater Spyri, aus altem Zürcher Geschlecht, ist trotzdem gegen eine Verbindung seiner Tochter mit dem Sohn eines deutschen Asylanten, das hübsche und intelligente Mädchen könnte bessere Partien machen, könnte in eine Industriellen- oder Geschäftsfamilie einheiraten. Nicht sehr christlich gedacht, aber Pfarrer Spyri vertauscht sein Amt ohnehin bald mit dem Direktorsposten bei der neu gegründeten Nordostbahn.

Die Tochter setzt ihren Willen durch und heiratet Walter Kempin. Sie ist 21, volljährig. Der Vater sperrt die Mitgift. Die junge Frau, bald Mutter von drei kurz hintereinander geborenen Kindern, muss mit knappem Haushaltsgeld wirtschaften, ihr Tag ist mit häuslichen Pflichten voll ausgelastet, aber sie träumt noch immer von einem Studium. Nein, sie träumt nicht, sie setzt ihr Vorhaben Schritt für Schritt in die Praxis um. Lernt abends, todmüde, noch Latein und Mathematik. Walter Kempin hilft ihr dabei, er tritt öffentlich für die selbstständige Entfaltung der Frau ein, und bei ihm decken sich, im Gegensatz zu vielen Schönrednern, Anspruch und Wirklichkeit.

Emilie belegt als Gasthörerin einen mathematischen Kurs am Polytechnikum, Vorlesungen in Logik und Metaphysik, Rechtsgeschichte und Institutionenlehre. Sie besucht einen Kurs über Hypnotismus, den Professor Forel, der Direktor der Nervenklinik Burghölzli, leitet. Der unverbindliche Status einer Gasthörerin befriedigt sie nicht, sie will »richtig« studieren, holt im Frühjahr 1885 das Maturitätsexamen nach und beginnt – völlig außergewöhnlich und befremdlich für eine Frau – ein Jurastudium. Was für ein Höhenflug. Der Vater ist gekränkt und verärgert. Seine Tochter. Entzieht sich ihren Familienpflichten. Was will sie mit dem Studium anfangen? Er hält Frauen ihrer physischen Beschaffenheit wegen für ungeeignet, das Amt eines Advokaten, Arztes oder Geistlichen auszuüben.

Die Pfarrfrau steht unter genauer Beobachtung der Gemeinde. Wie kann eine Ehe gut gehen, in der die Frau morgens zur Universität hastet, zu Fuß, um das Geld für die teure Pferdebahn zu sparen, der Mann Frauenarbeit, eines Pfarrers unwürdig, übernimmt? Und die Kinder, leiden sie nicht unter der Abwesenheit der Mutter? Sie bekommen Mitleid, aber auch Spott zu spüren, besonders Robert, der Sohn. Die Mutter hat ständig ein schlechtes Gewissen, sie schreibt in einer Zeitschrift: »Auch ich habe nicht gewusst, bis die große Lehrmeisterin Erfahrung kam, dass sich die Pflege und Erziehung von Kindern nicht an gewisse Stunden binden lässt ... Mit bitterem Weh wird die Frau an die Stunden zurückdenken, in denen sie sich ihren Kindern entzogen hat ... Was verstehen denn davon alle die Kinderlosen und Unverheirateten, die in der Regel an der Spitze der Frauenbewegung stehen?«

Sie hat Recht: Die Pionierinnen der Frauenbewegung, Louise Otto-Peters, Helene Lange, Auguste Schmidt,

bei den Radikalen Minna Cauer, Anita Augspurg, Marie
Stritt, sie alle haben nicht für Kinder zu sorgen, auch die
meisten Berufsfrauen nicht, die in Zürich ausgebildeten
Ärztinnen Franziska Tiburtius, Emilie Lehmus, Agnes
Bluhm …

Ob Emilie Kempin die Ausnahme kannte? Hedwig
Dohm, die Großmutter Katia Manns, Frauenrechtlerin der
ersten Stunde, die in geschliffen formulierten Schriften
schon 1873 das Frauenstimmrecht forderte, war Ehefrau
eines Redakteurs, Mutter von fünf Kindern. Später, ein
Jahrzehnt nach Emilie Kempin, wird sich eine Zürcher Frau
zur Habilitation anmelden, die auch eine Familie zu versorgen hat: Hedwig Bleuler-Waser. Sie hat als zweite
Schweizerin an der philosophischen Fakultät promoviert.
Ihr Habilitationsgesuch zieht sie allerdings wieder zurück,
weil sie schwanger ist. Sie arbeitet für den Bund abstinenter
Frauen, unterstützt ihren Mann, Professor Eugen Bleuler, in
der Heilanstalt Burghölzli, schreibt Theaterstücke, organisiert Frauenbildungskurse – auch sie ist Mutter von fünf
Kindern.

Dass die Pfarrfrau Kempin ihr Studium straff durch-
zieht, hat nicht nur mit ihrem Ehrgeiz, ihrem Wissens-
drang und ihrem Trotz dem Vater gegenüber zu tun,
sondern auch mit wirtschaftlichen Zwängen. Ihr Mann hat
die Pfarrstelle in der Kirchgemeinde Enge verloren, der
Kirchenrat hat ihm nahe gelegt, von sich aus zu kündi-
gen, er passt nicht ins Bild, das man sich von einem
Pfarrer macht. Mit dem von ihm gegründeten *Centralver-
ein des Schweizerischen Roten Kreuzes,* der Pflegerinnen
für Krankenstationen auch in Friedenszeiten ausbilden sollte, ist er ebenfalls gescheitert. Auch der Versuch,
in Zürich ein *Intelligenzblatt* herauszugeben, ist ein
Misserfolg. Walter Kempin, der Pfarrer, der Philanthrop,
der Redakteur, ein Versager oder ein von der geschlos-
senen Zürcher Gesellschaft als Außenseiter Geächteter?

Er setzt sich aus Zürich ab, nimmt eine Redaktionsstelle in Remscheid an, viel Geld schickt er nicht nach Hause, seine Frau muss sehen, wie sie mit dem wenigen zurechtkommt.

Im November 1886 vertritt sie ihren Mann als Klägerin in einer Geldeintreibungssache vor dem Bezirksgericht Zürich-Selnau. Sie studiert im sechsten Semester Jura, steht kurz vor der Promotion und hat sich mit der Rechtslage vertraut gemacht. Der Vertreter der Gegenseite, ein Winkeladvokat ohne Studium, anerkennt die Klagevertreterin nicht. Sie ist zwar »durch Geburt und Heirat« Bürgerin von Zürich, aber sie ist eine Frau. Sie hat nicht das Aktivbürgerrecht, die einzige Voraussetzung für die Vertretung Dritter vor Gericht. Umsonst beruft sie sich auf Artikel 4 der Bundesverfassung: Jeder Schweizer ist vor dem Gesetze gleich. Es gibt in der Schweiz keine Untertanenverhältnisse, keine Vorrechte des Orts, der Geburt, der Familien oder Personen. – Da steht aber nichts von *Schweizerin*, kontert der Richter süffisant.

Die angehende Juristin gibt sich nicht geschlagen, sie will den Beschluss des Bezirksgerichts durch eine staatsrechtliche Beschwerde beim Bundesgericht anfechten. Unerwartete Unterstützung erhält sie von Theodor Curti, der nach seiner Tätigkeit für die *Frankfurter Zeitung* in Zürich eine eigene Zeitung, die *Züricher Post,* herausgibt. Der Unabhängige mit sozialistischen Ideen von Volkseigentum, der sich aber von den Sozialisten nicht vereinnahmen lässt, will den Fall Kempin in die Presse bringen. Sei es aus gerechter Empörung, sei es, um Emilies Vater, dem konservativen Vertreter der Privatwirtschaft, politisch zu schaden. Er gibt, erfahren in Verfassungsfinessen, der Klägerin rechtspraktische Tipps zum Argument, Frauen käme das Aktivbürgerrecht nicht zu, weil sie unter der Vormundschaft des Ehemannes ständen.

Emilie Kempin ist zuversichtlich – bis im Januar 1887 der Bundesgerichtsentscheid eintrifft, der ihre Beschwerde als unbegründet ablehnt: »Wenn nun die Rekurrentin auf Artikel 4 Bundesverfassung abstellt und aus diesem Artikel scheint folgern zu wollen, die Bundesverfassung postulire die volle rechtliche Gleichstellung der Geschlechter auf dem Gebiete des gesamten öffentlichen und Privatrechts, so ist diese Auffassung ebenso neu wie kühn; sie kann aber nicht gebilligt werden ...«

Ebenso neu wie kühn – eine verblüffende juristische Begründung. Der Verein Feministische Wissenschaft hat ihn zum provozierenden Titel eines Buches über das Frauenstudium an der Universität Zürich gewählt. Frauen können also ungehindert Jura studieren, können mit Auszeichnung Examen machen, nur Anwältin können sie ohne Aktivbürgerrecht nicht werden. Die Aktivbürger bleiben unter sich, die störende Konkurrenz wird klein gehalten.

Unterstützung in ihrem Kampf erhält die Abgewiesene von der streitbaren Kommilitonin Meta von Salis, die für die *Züricher Post* schreibt und an der philosophischen Fakultät promoviert. Theodor Curti versucht, die beiden abzuwiegeln, er rät zur Geduld, will im Kantonsrat kämpfen für die Zulassung von Frauen vor Gericht. Aber Emilie Kempin hat nicht die nötige Langmut, für sie geht es nicht nur um ein Grundsatzproblem, sie muss eine Familie unterhalten.

Die Kempins sind aus dem Pfarrhaus in eine Wohnung an der Oberdorfstraße umgezogen, in Universitätsnähe, praktisch für die studierende Mutter, für die Kinder ein Verlust an Bindungen. Die Jüngste besonders vermisst die vertraute Umgebung, sie reißt eines Tages aus und macht sich auf den Weg zurück zum alten Haus. Die Mutter ist erschreckt und betroffen. Hat ihr Vater Recht mit der Behauptung, die Frau gehöre nicht an die Universität, sie habe im Haus ihre Kinder zu erziehen? Oder Tante Johanna, die für studierte Frauen nur den Begriff »Mannweiber« übrig hat?

Trotz dieser psychischen Belastungen zieht Emilie Kempin ihr Studium in der kürzest möglichen Zeit durch. Im Mai 1887 reicht sie beim Dekanat der Rechts- und Staatswissenschaftlichen Fakultät ihre Dissertation ein: *Die Haftung des Verkäufers einer fremden Sache* – kein besonders spannendes, aber ein übersichtliches, nicht zu zeitraubendes Thema. Im Juli wird sie promoviert, nach sechs Semestern, magna cum laude. Eine enorme Leistung der 34-Jährigen, die aussieht wie 25, zart, zerbrechlich, Wachsflügelfrau.

Sie kann sich nicht ausruhen auf ihren Lorbeeren, sie muss Geld verdienen. Noch hat sie als Frau keine Chance, als Advokatin oder als Privatdozentin zugelassen zu werden. Professor Meili, bei dem sie Institutionenlehre gehört hat, bietet ihr eine Stelle als Substitutin in seinem Advokaturbüro an. Er hat ein Gespür dafür, dass diese ehrgeizige und überaus tüchtige Frau an der Hochschule oder in einer anderen Anwaltspraxis eine gefährliche Konkurrentin werden könnte; sie einzubinden und so unter Kontrolle zu halten, scheint ihm geboten. Nun wälzt die junge Juristin Eisenbahnakten und sieht sich plötzlich im Fahrwasser des nüchtern kalkulierenden Vaters.

Substitutin bei Meili. So hat sie sich die Zukunft nicht gedacht. Professor Schneider von der juristischen Fakultät schlägt Emilie Kempin als Vertreterin für einen zum Bezirksrichter ernannten Privatdozenten vor. Die Kollegen nehmen Anstoß: Eine Frau als Lehrende? Unmöglich. Der Fall kommt vor den Fakultätsrat. Aus dem Protokoll vom 19. April 1888: »Prof. F. hält es nicht für wünschenswert, dass eine Frau Privatdocentin werde… Prof. W. möchte die Frage der Zulassung einer Frau denn doch noch nach der prinzipiellen Seite geprüft wissen.« Die Entscheidung wird vertagt.

Zur nächsten Sitzung hat Emilie Kempin ein Gesuch um Zulassung als Privatdozentin für Römisches Recht eingereicht; es soll an den Erziehungsrat weitergeleitet werden. Die Professoren sind verstört. Überraschend – oder auch bezeichnend – die Aussage Professor Meilis, ihres Arbeitgebers, im Protokoll: »Prof. M. bezweifelt die genügende Qualifikation der Bewerberin auf Grund ihrer bisherigen Tätigkeit und ist überdies in Anbetracht der möglichen Konsequenzen entschieden gegen die Gewährung des Gesuches.« Mögliche Konsequenz wäre beispielsweise der Verlust einer tüchtigen Arbeitskraft in der Anwaltskanzlei.

Bis zur Klärung des Falls darf Emilie Kempin nicht mehr in den Hochschulräumen unterrichten, auch die Kantonsschule stellt ihr keinen Raum zur Verfügung, private Versuche, ein Lokal ausfindig zu machen, scheitern. So fällt die Vorlesung über Römisches Recht, wie es beabsichtigt war, flach. Das Senatsprotokoll vom 1. Juni liefert die Begründung nach: »Der Senat ist der Ansicht, dass Paragraf 132 des Unterrichtsgesetzes die Zulassung weiblicher Privatdocenten durchaus ausschließt und dass auch hiervon abgesehen, dieselbe unter den gegenwärtigen Verhältnissen inopportun ist.« Am 29. Juni teilt der Rektor mit, dass die Ablehnung des Habilitationsgesuches der Frau Dr. Kempin durch den Erziehungsrat erfolgt sei.

Ein Besuch Emilie Kempins im Sommer 1888 in Berlin macht ihr Hoffnung, dass es mit der Gleichberechtigung der Frauen trotz aller Rückschläge doch vorangeht. Hier herrscht Aufbruchstimmung. Henriette Schrader, eine Nichte Fröbels und Gründerin des Pestalozzi-Fröbel-Hauses, holt sie mit der Kutsche von der Bahn ab und macht sie an einem ihrer »Pädagogischen Abende« mit den Spitzenvertreterinnen der bürgerlichen Frauenbewegung Deutschlands bekannt. Die »erste Schweizer Juristin« führt Gespräche mit Helene Lange, die in ihrer Aufsehen erregenden *Gelben Broschüre* vom Preußischen Kultusministerium weibliche Lehrkräfte an den höheren Schulen fordert. Sie spricht mit Auguste Schmidt, der Mitbegründerin des *Allgemeinen Deutschen Frauenvereins,* und sie lässt sich beeindrucken von den Ansichten Minna Cauers, die den radikalen Flügel im bürgerlichen Lager anführt. Zum Vortrag der Schweizerin ist auch Kaiserin Viktoria erschienen, die sich nach ihrem verstorbenen Gemahl Kaiserin Friedrich nennt. Sie ist an Frauenfragen sehr interessiert, hat allerdings politisch wenig Einfluss. In der Humboldt-Akademie trifft Emilie Kempin auch auf bekannte Gesichter, die Medizinerinnen Franziska Tiburtius und Emilie Lehmus, die in Zürich promoviert haben und nun in Berlin die erste Poliklinik für Frauen leiten.

Diese Begegnungen geben ihr Auftrieb. Noch im Sommer 1888 gründet sie in Zürich ein eigenes Büro für Rechtsfragen. In Berlin hat sie gesehen, wie ein Netzwerk der Frauen funktionieren kann. Gegenseitige Hilfe, Vermittlung von Kontakten, Fürsprachen, Pressearbeit. Das müsste auch in Zürich möglich sein. In ihre Beratungsstunden kommen hauptsächlich Frauen aus dem Universitätsumfeld. Eine der Rat suchenden Klientinnen ist die Ärztin Caroline Farner, die zehn Jahre vor Emilie Kempin als zweite Schweizerin in Zürich promoviert hat. Ähnlich wie Franziska Tiburtius in Berlin hat sie in Zürich eine unentgeltliche Klinik für Frauen gegründet. Neben ihrer großen Praxis setzt sie sich mit mutigen Vorträgen für die Frauenbewegung in der Schweiz ein.

Lichtblicke auch für Emilie Kempin? Liegt nicht der mächtige Schatten ihres Vaters und die Missachtung, die man ihrem Mann in der Öffentlichkeit entgegenbringt, über all ihren Entfaltungsversuchen? Immer drängender wird die Vorstellung: Auswandern. Möglichst weit weg von Zürich, vielleicht Amerika. Sie hat das Beispiel Belva Lockwoods vor Augen, die in den Vereinigten Staaten für ihre Rechte als Frau und Juristin kämpfte und nach fünf Jahren, 1879, als erste Frau am obersten Gerichtshof zugelassen wurde. Wieder ein gefährlicher Höhenflug?

Ende September 1888 kurz entschlossen die Überfahrt mit dem Postdampfer nach New York. Mit Ehemann, drei Kindern, Dienstmädchen und 22 Kisten Umzugsgut – alle Rückzugsbrücken bewusst abgebrochen. Noch auf dem Schiff lernen die Kempins den New Yorker Arzt Dr. Weber und dessen Frau kennen, die sich als Vorsitzende der *Arbitration Society* um Rechtsbeistand für Arme bemüht und juristisch gebildete Mitarbeiterinnen sucht. Zufall oder Gunst des Schicksals: Fanny Weber und die Schweizer Juristin, der die Gründung einer Rechtsschule für Frauen vorschwebt, finden sich.

Aber der Anfang in New York ist hart. Wohnungssuche. Ausbildungsprobleme der Kinder. Mangelnde Englischkenntnisse. Keine Zulassung beim Gericht. Alles auf Emilies Schultern. Walter Kempin bemüht sich zwar um journalistische Aufträge, aber sein Englisch bleibt mangelhaft, während seine Frau sich schnell in der neuen Sprache zurechtfindet, bald ihre Vorträge ganz selbstverständlich englisch schreibt und hält.

Die Wohnung in der 14. Straße ist so klein, dass sich niemand in Ruhe zurückziehen kann, das erschwert das Zusammenleben. Eine größere ist ohne ein festes Familieneinkommen nicht bezahlbar, und die Zürcher Ersparnisse sind bald aufgezehrt. Emilie nimmt schließlich einen Sekretärsposten bei der *Medico-Legal-Society* an, um den Familienunterhalt zu sichern. Walter fühlt sich unwohl als Hausmann in New York, er strebt zurück nach Zürich, möchte ein Jurastudium beginnen, nicht von seiner Frau abhängig sein. Sohn Robert und die ältere Tochter Gertrud wollen ihn begleiten, während Agnes, die jüngste, bei der

Mutter bleibt, die immer noch um die Gründung einer *Woman's Law School* kämpft.

Im Oktober 1890 hat sie mit Hilfe einflussreicher Frauenkreise ihr Ziel erreicht: Die *Woman's Law Class* an der University of the City of New York wird im Beisein des Dekans und der Professoren eröffnet. 14 Schülerinnen haben sich für den Grundkurs eingeschrieben, auch Abendkurse werden angeboten, die Presse berichtet ausführlich. Das Kursangebot soll Frauen, die ihren Lebensunterhalt selbst verdienen müssen, mit dem nötigen Rechtswissen versehen und sie befähigen, eigene Geschäfte zu führen und verantwortliche Stellungen zu übernehmen.

Am Ende des Schuljahres 1890/91 kann Emilie Kempin, die sich jetzt Emily nennt, dreizehn Schülerinnen in einer öffentlichen Feier die Zertifikate überreichen. Das neue Schuljahr ist schon ausgebucht, wegen der großen Nachfrage sollen die Kurse doppelt geführt werden. Wieder ein Höhenflug. Der Durchbruch einer Frau, einer Ausländerin ist gelungen. Aber der Absturz folgt, die Hiobsbotschaft aus Zürich: Robert schwer erkrankt. Überstürzte Abreise aus New York. Die Flügel sind gebrochen. Gewissensbisse. Ist sie der Sonne zu nahe gekommen?

In Zürich findet sie Robert in der Obhut der überforderten Großmutter Kempin. Ein schweres Halsdrüsenleiden hat ihn geschwächt, aber die Anwesenheit der Mutter lässt ihn überraschend schnell genesen. Über allem die bange Frage: Du wirst uns doch nicht wieder verlassen? Die Familie als selbstgewählte Fessel. Depesche nach New York: Absage wegen Familienpflichten.

Was nun? Sie muss Geld verdienen. Ihr Mann führt als Jurastudent ein kleines Anwaltsbüro, das nichts einbringt. Sie könnte wieder bei Meili anfangen, Eisenbahnstatistiken. Dann doch lieber – trotz vorausahnender Bedenken – eine Bürogemeinschaft mit ihrem Mann.

Orell Füssli in Zürich bringt ein Werk von ihr heraus, das sich nach Meinung Professor von Orellis, eines einflussreichen Mentors, als Habilitationsschrift eignet. Die Überschrift hört sich imponierend an: *Die Rechtsquellen der Gliedstaaten und Territorien der Vereinigten Staaten in Amerika mit vornehmlicher Berücksichtigung des Bürgerlichen Rechts, verfasst von Emily Kempin, Doktor beider Rechte der Universität Zürich, Docent der Rechtswissenschaft an der Universität der Stadt New York, Professor für gerichtliche Medizin am New Yorker Medical College und Hospital for Women.*

Ihre nochmalige Bewerbung als Privatdozentin für römisches, englisches und amerikanisches Recht kann nun auch von den »alten Zöpfen des Senats«, wie Professor Forel sich ausdrückt, nicht mehr abgelehnt werden, ohne als voreingenommen zu erscheinen. Der Fakultätsrat bestätigt, die Befähigung der Kandidatin stehe außer Zweifel, die Venia Legendi wird ihr »ausnahmsweise« erteilt. Ihre Antrittsvorlesung hält sie über *Die modernen Trusts.* Für ihr Kolleg haben sich sieben Männer und drei Frauen eingeschrieben, unter ihnen Ehemann Walter und eine Fabrikantentochter aus Danzig, Anna Mackenroth.

Die finanziellen Sorgen bleiben. Sechzig Franken erhält sie an Kolleggeldern, festes Gehalt gibt es für Privatdozenten nicht. Die neue, größere Wohnung an der Florhofstraße muss bezahlt werden, die Kinder wachsen heran, haben mehr Ansprüche, und die Bürogemeinschaft wirft keinen Gewinn ab. Nationalrat Curti rät ihr, nochmals eine Petition wegen der Zulassung als Anwältin einzureichen, aber der Kantonsrat lehnt ab und schiebt eine Motion Curtis auf die lange Bank.

Die Abgewiesene versucht es mit einer Flucht nach vorn, einem Büro in bester Lage an der Bahnhofstraße: *Amerikanisches Rechtsbüro, Dr. E. und W. Kempin.* Ein

New Yorker Anwalt, den sie bei der Arbitration Society kennen gelernt hat, wird amerikanischer Kompagnon. Die Klientel der Bahnhofstraße gehört gutbürgerlichen Kreisen an, als Ausgleich möchte Emilie Kempin nach amerikanischem Vorbild nebenher eine unentgeltliche Rechtsstelle für Frauen einrichten. Die Frauen, die in ihre Praxis kommen, wünschen von ihr persönlich beraten und betreut zu werden, aber vor Gericht darf nur der Jurastudent Walter Kempin die Klientinnen vertreten, der promovierten Ehefrau, Dozentin und erfahrenen Juristin steht dieses Recht nicht zu. Das führt zu Unstimmigkeiten mit der Klientel und in der Ehe.

Abends leitet Emilie Kempin in ihren Praxisräumen eine *Rechtsschule für Laien,* die großen Zuspruch findet. Sie hat Erfolg, aber sie ist erschöpft, arbeitet, wie sie sich selber einredet, nur der Kinder wegen so viel, doch die Kinder sehen ihre Mutter kaum noch. Wieder das schlechte Gewissen. Und ihr Mann, der einstige Philanthrop, schreibt Börsenberichte.

Neben der Berufsarbeit ringt sich die schon voll ausgelastete Juristin und Mutter noch Beiträge für Fachzeitschriften ab. Auf Wunsch deutscher Frauenrechtlerinnen verfasst sie eine Abhandlung über *Die Rechtsstellung der Frau im Deutschen Reich*, die in Leipzig erscheint und sie in Deutschland in weiteren Kreisen bekannt macht. Sie wird zu Vorträgen nach Berlin, Leipzig, Dresden und München, zu einem Frauenkongress nach Nürnberg eingeladen.

Im heimischen Zürich möchte ihre Schülerin Anna Mackenroth einen *Verein akademisch gebildeter Frauen* gründen, Emilie Kempin soll den Vorsitz übernehmen – kann sie sich noch zusätzliche Lasten aufbürden? Anita Augspurg, die radikale Jurastudentin aus Verden an der Aller, die in Zürich als erste deutsche Juristin promovieren wird, hält eine Rede auf Emilie Kempin, ihr Vorbild. Wer ahnt, dass Anita Augspurg später, zur Zeit des Dritten Reiches, als Pazifistin in Zürich Zuflucht suchen muss?

Zur Gründungsversammlung im *Plattengarten,* dem Lokal der Aufrührer und der Feministinnen, finden sich Studentinnen und ehemalige Absolventinnen der Hochschule zusammen, ein Netzwerk soll sich über Generationen und Fakultäten spannen. Die Zoologin Marianne Plehn, die von einem Gut in Westpreußen stammt, und die Zürcher Germanistin Hedwig Waser gehören dazu, beide mit Ricarda Huch befreundet, die nach ihrer Promotion in Geschichte eine Stelle im Archiv der Stadtbibliothek angenommen hat und auch an der Höheren Mädchenschule unterrichtet. Die Kommilitonin Waser und die Großmünsterschule hat sie in der Erzählung *Haduwig im Kreuzgang* verewigt. Zum Abend im Plattengarten kann die viel Beschäftigte nicht kommen, aber sie steuert ein »gesinnungstüchtiges Trinklied« bei vom *Lindtwurm,* der vor der Universität darüber wacht, dass keine Frau hereinkommt.

Anna Mackenroth hat auch die Studentin Rosa Luxemburg eingeladen – undenkbar, dass sie gekommen wäre, obwohl ihr das Lokal Plattengarten vertraut sein muss. Sie hält nichts von Frauenzirkeln, nichts von der Frauenbewegung, auch nicht der proletarischen einer Clara Zetkin, für sie geht es um die Befreiung des Proletariats, sie steht mit ihrem Gefährten Leo Jogiches auf der Seite der Revolution, die nicht Frauensache ist. In einem in Zürich erschienenen Kampfartikel schreibt sie:

»Jawohl: Agitation und Organisation! Das sind alte Losungen, so alt wie der Klassenkampf des Proletariats, und sie werden so lange lebendig bleiben, wie die kapitalistische Gesellschaftsordnung bestehen wird.« Gemessen an ihren gesellschaftsverändernden Zielen nimmt sich die Frauenbewegung, auch die radikale, wie ein harmloses Teekränzchen aus.

Emilie Kempin allerdings ist nicht nach Teekränzchen zumute. Sie übernimmt sich. Sie hat *Le droit des Femmes* aus dem Französischen übersetzt und gilt nun als Expertin für Frauenrechtsfragen. Auf einem Juristentag in Basel tritt sie – einzige Frau – für Gütertrennung in der Ehe ein. 1894 erscheint in Zürich ihre Abhandlung *Die Ehefrau im künftigen Privatrecht der Schweiz.* Ihre wissenschaftliche Kompetenz kann nicht mehr angezweifelt werden, obwohl sie, wie von Kollegen spöttisch bemerkt wird, »weibliche« Standpunkte vertritt. Sie wird immer wieder zu Kongressen eingeladen, ihr Selbstbewusstsein, durch das Scheitern der Bürogemeinschaft mit ihrem Mann angeschlagen, steigt wieder.

Nur an der Universität geht es nicht voran. Immer noch Privatdozentin ohne feste Besoldung. Sie bewirbt sich zweimal um frei werdende Lehrstühle, in beiden Fällen werden junge, unerfahrene Rechtswissenschaftler berufen. Der Nachteil der Frauen: Lebenspraxis, Erfahrung fallen bei Berufungen nicht ins Gewicht. Familienjahre gelten für die Wissenschaft als »verloren«. Und der Behördenbescheid über die Zulassung Emilie Kempins als Rechtsanwältin steht noch immer aus.

Sie müht sich, arbeitet, und das Leben geht an ihr vorbei. Sie ist 42. Die Ehe mit ihrem Mann ist längst keine Ehe mehr, jeder geht eigene Wege. Auf einer Abendgesellschaft verliebt sie sich – sie hat sich solche Emotionen gar nicht mehr zugetraut – in Mathieu Schwann, einen jüngeren Privatgelehrten aus Deutschland. Dieser aber wendet sich der Tochter Gertrud zu, die er in ihrem Haus kennen gelernt hat. Gertrud ist neunzehn, hat die Schule abgebrochen und ist in einem Modeatelier in der Lehre, ein Kind noch in den Augen der Mutter. Und Schwann, der gebildete Schöngeist, lässt sich von diesem Kind betören. Was geht in Emilie Kempin, der Verschmähten, vor? Gerüchte schwirren durch die literarischen Zirkel, durch Hochschulgänge, Pfarrhäuser und Kaffeekränzchen. Das weltoffene Zürich ist doch eine Kleinstadt, man kennt sich, weiß Bescheid. Die Spyris gehören zu den angesehensten Familien. Der Vater Ratsherr und Direktor bei der Nordostbahn, der Onkel war Stadtschreiber, seine Witwe hat sich als Dichterin einen Namen gemacht. Auch die »zugezogenen« Kempins haben sich in der Stadt etabliert, in der Kempinschen Buchhandlung kaufte Gottfried Keller seine Bücher. Dem Sohn, dem ehemaligen Pfarrer, gerät zwar nicht viel, aber diese Schmach hat er nicht verdient, da ist man sich einig. Selbst die sonst zurückhaltende Ricarda Huch beteiligt sich an den Sticheleien, einem Redakteur in Bern schreibt sie über Schwann: »Frau Dr. Kempin verliebte sich in ihn (sagt das Gerücht) und beschloss ihn zu umgarnen, um ihn mit ihrer Tochter zu verheiraten. Die Tochter ist nach allgemeiner Aussage niedlich, aber der minimste Backfisch, den man sich denken kann, ganz kindisch.« – Emilie Kempin als Kupplerin? Schwer nachzuvollziehen.

Verständlich, dass sie erst einmal wegstrebt aus Zürich, sich für das Winter- und Sommersemester 1895/96 von der Universität beurlauben lässt, die Stunden an der Höheren Töchterschule der frisch promovierten Anna Mackenroth überträgt. Berlin ist ihr Ziel, dahin hat sie seit langem Verbindungen. Zentrum der Frauenbewegung. Weltstadt ohne provinziellen Klatsch, ohne bigotte Moral.

Sie nimmt eine Wohnung in bester Lage, Unter den Linden, und genießt den frischen Wind frauenbewegter Aktionen. Minna Cauer ruft mit ihrem Verein *Frauenwohl* zum Widerstand auf gegen den zweiten Entwurf des neuen Bürgerlichen Gesetzbuches, Kundgebung reiht sich an Kundgebung. Helene Lange führt sie im neu gegründeten *Bund Deutscher Frauenvereine* ein, dem Dachverband der bürgerlichen Frauenorganisationen gemäßigter und radikaler Richtungen. Die Szene ist bunter geworden seit ihrem letzten Berlinbesuch, turbulenter, hektischer. Reformkleider und wallende Gewänder neben Hosenanzügen und bürgerlicher Gepflegtheit. Der Gast aus der Schweiz wird um eine Stellungnahme zum neuen Gesetzbuch gebeten. Emilie Kempin ist in ihrem Element, sie hat viel geschrieben über die Rechtslage der Frau, sie holt weit aus, gescheit und differenziert. Aber die Zuhörerinnen reagieren ungeduldig, sie wollen kein abgewogenes Urteil, sie wollen Anleitung zum Widerstand.

Die Frauenbewegung hat sich nicht nur äußerlich verändert, das wird der Rednerin blitzartig klar, auch die Strukturen sind andere geworden, härter, männlicher, professioneller. Sie erlebt die angehenden Akademikerinnen am Rednerpult, einige in Zürich ausgebildet wie Anita Augspurg, ihre Schülerin: wortgewandt, brillant, scharf. Nicht mehr die Verschiedenheit der Geschlechter wird betont, der eigene Weg, sondern das Gleichziehen mit dem Mann, möglichst rasch und ohne Wenn und Aber. Emilie Kempins besonnenes Konzept muss scheitern in dieser Runde, wie auch die Strategien der Gemäßigten um Helene Lange. Was ihr vorschwebt, ist heute leichter zu verbinden als damals: die »weibliche« und die »männliche« Frau. Einerseits das Einbringen einer menschlich orientierten Sichtweise in die Wissenschaft, nicht nur Exaktheit, auch Emotion, andererseits die Beherrschung des männlichen Instrumentariums, Logik, Kenntnis der Gesetzestexte, Durchsetzungsvermögen. In Berlin ist in jenen Aufbruchtagen nur das letztere gefragt. Beim Internationalen Frauenkongress, den Lina Morgenstern 1896 einberuft, steht Emilie Kempin nicht mehr auf der Rednerinnenliste.

Sie hat ohnehin andere Sorgen: die Kinder. Was soll aus Agnes werden, die bei ihr wohnt? Für Sohn Robert muss sie die teure Ausbildung bei einem Buchdrucker bezahlen. Gertrud reist aus Zürich an, schwanger. Sie erwartet ein Kind von Schwann. Die Ratlose schlüpft nun auch bei der Mutter unter. Und Robert wird entlassen, der Bruder eines

»gefallenen Mädchens« ist untragbar – Sippenhaft in der liberalen Weltstadt Berlin.

Der mit den Kempins befreundete Pfarrer und Theologieprofessor von Soden verhilft der bedrängten Juristin zu Vorlesungen an der Lessing-Hochschule und an der Humboldt-Akademie, abends hält sie Rechtskurse für Nichtakademikerinnen. Für die *Deutsche Juristenzeitung* schreibt sie Artikel über Frauenfragen, im Frühjahr 1897 bringt sie ein *Rechtsbrevier für deutsche Ehefrauen* heraus. Keine freie Stunde. Kein Durchatmen.

Und immer die Familiensorgen: Gertrud heiratet Schwann in London, die Mutter wird zur Hochzeit nicht eingeladen. Agnes, die Jüngste und gut Begabte, weigert sich, weiter zur Schule zu gehen. Und eines Tages steht ihr Mann, der ewige Jurastudent, vor der Tür, erschöpft und mittellos. Sie gibt ihm die letzten Scheine, obwohl die Miete noch nicht bezahlt ist. Geld aus Amerika soll eintreffen, von ihrem ehemaligen Kompagnon. Immer wieder fragt sie auf der Post nach. Vergeblich. An einem Migränetag im Herbst 1897 bricht sie vor dem Postschalter zusammen. Sie wird in die Klinik Berolinum, eine private Anstalt in Lankwitz, eingeliefert. Diagnose: Nervenzusammenbruch.

Aus den vorgesehenen drei bis vier Wochen werden eineinhalb Jahre Aufenthalt in dieser Nervenheilanstalt. Die Kinder dürfen sie nicht besuchen, der Anstaltsarzt hat sie für unmündig erklärt. Kann sie tatsächlich keine eigenen Entscheidungen mehr treffen? Eines Nachts bricht sie nach Berlin auf, im Unterrock, die Kleider sind weggeschlossen. Sie findet das Haus Pfarrer von Sodens, er muss ihr weiterhelfen, sie will zurück in die Schweiz.

Professor von Soden vermittelt die Rückkehr – allerdings nicht in die Zürcher Anstalt Burghölzli, wie sie es wünscht, sondern in die Basler Friedmatt. Ist den Angehörigen eine zu große Nähe unangenehm?

Auch in der Friedmatt macht sie einen Ausbruchsversuch. Sie will nach Zürich oder nach New York oder sich nach einer Arbeit umsehen. In einem Brief an einen Basler Pfarrer, der von der Anstaltsleitung zurückgehalten wird, bewirbt sie sich um eine Stelle als Magd: »Ich sehne mich nach nützlicher Arbeit und Bewegung, wie die mannigfachen Pflichten in einem Haushalt sie bieten. Dann aber bin ich noch vollkommen existenzlos, mein Bureau, das ich in Berlin gehalten habe, ist natürlich geschlossen, meine Clientel kennt mich nicht mehr, mein Name ist mit dem Odium der Geisteskrankheit behaftet ...« Die klaren Sätze und der logische Aufbau des langen Briefes könnten vermuten lassen, Emilie Kempin sei zu Unrecht entmündigt worden. Aber es gibt genügend Hinweise auf tatsächlich krankhaftes Verhalten: Wirklichkeitsverlust. Wahnvorstellungen.

Sie stirbt am 12. April 1901 an einer schmerzhaft wuchernden Geschwulst im Leib, die schon Franziska Tiburtius bei einer Untersuchung in ihrer Berliner Frauenpraxis festgestellt hat: Krebs.

Die Biografin Eveline Hasler forscht neunzig Jahre später nach der Personalakte, der Krankengeschichte. Es gibt keine Unterlagen mehr in der Psychiatrischen Klinik Friedmatt, sie muss sich die Daten mühsam aus anderen Quellen zusammensuchen, ein zäher Kampf gegen das Vergessen von Frauengeschichte.

Kein Grabstein also für die Zürcher Bürgerin Kempin-Spyri. Aber wenigstens eine Gedenktafel am Pfarrhaus in Zürich-Altstetten, in dem Emilie Spyri am 18. März 1853 geboren wurde. Enthüllt erst 90 Jahre nach ihrem Tod vom Enkel Herbert Kempin. In Bronze gegossen die Würdigung: Erste Juristin der Schweiz. Vorkämpferin für die rechtliche Gleichstellung der Frauen in Wissenschaft, Lehre und Beruf.

Die Tafel solle heutigen Frauen Mut machen, den Kampf um die Gleichberechtigung weiterzuführen und auf ihren

Rechten zu bestehen, sagt die Pfarrerin Käthi La Roche bei der Einweihung. Noch bleibt einiges zu tun: Erst 1987, fast hundert Jahre nach dem Kempin'schen Habilitationsversuch, wurde an der Rechts- und Staatswissenschaftlichen Fakultät die erste Frau auf den Lehrstuhl für Römisches Recht berufen.

Emilie Kempins Höhenflug bleibt, auch wenn er in ihrer Zeit gescheitert ist, Herausforderung für die Enkelinnen.

Die Politikerin
Clara Zetkin
(1857–1933)
Leipzig

> Ich fühle mich in der ganzen Welt zu
> Hause, wo es Wolken und Vögel und
> Menschentränen gibt.
>
> ROSA LUXEMBURG

Eine Revolutionärin mit Federhut? Die »rote Clara« eine
Dame der bourgeoisen Gesellschaft? Mitnichten, denn revolutionäre Gesinnung zeichnete sich im ausgehenden
19. Jahrhundert nicht durch Bürgerschreck-Kleidung aus,
Fotos aus der Pionierzeit der Frauenbewegung zeigen Pro-
testmärsche von Demonstrantinnen mit Schleppröcken,
riesigen Hüten und Gobelin-Handtäschchen.

Wie verschieden die Bilder...

Es gibt ein Bild von Clara Zetkin und Rosa Luxemburg,
Arm in Arm auf dem Weg zu einer Kundgebung, adrett gekleidet, harmlos wie Freundinnen auf dem Sonntagsspazier-
gang. Niemand würde solch ehrenwerten Damen einen
»Dolch im Rüschengewande« zutrauen, niemand sie für Re-
volutionärinnen halten. DDR-Publikationen und das Zet-
kin-Museum in Birkenwerder bei Berlin – Zetkins Wohn-
haus von 1929 bis 1932 – stellen lieber die proletarische,
schlicht gekleidete Frau des Volkes heraus. Auch auf dem
Leipziger Denkmal sieht die Zetkin bieder volkstümlich
aus.

Clara Zetkin polarisiert die Gemüter wie kaum eine zweite Frauengestalt. Ikone des Sozialismus, glorreiche Führerin der proletarischen Frauenbewegung den einen, gefährliche Scharfmacherin im Klassenkampf den andern. Personenkult hier – schroffe Ablehnung oder Nicht-zur-Kenntnis-Nehmen dort. Einige Beschreibungen ihres Lebens lesen sich wie Heiligenlegenden in christlichen Erbauungsbüchern: eine makellose, für edle Ziele kämpfende Heldin, eine Frau ohne Fleisch und Blut, unfehlbar, uninteressant.

Interessanter die Clara Zetkin, die uns aus ihren eigenen Schriften entgegentritt: streitbar, von revolutionären Ideen besessen, dynamisch vorwärtsdrängend, unerbittlich gegen Feinde, fürsorglich im Kreis von Freunden und Parteigenossen. Eine Führungspersönlichkeit, im Mittelpunkt, wo immer sie auftaucht, in politischen Versammlungen, auf Frauenkongressen, bei Agitationsreden in Fabriken und auf Marktplätzen ... Als »Frau der neuen Zeit mit den Riesenaugen des ganzen Arbeiter-Deutschlands« hat der französische Dichter Louis Aragon sie charakterisiert. Dabei hat ihre Laufbahn brav bürgerlich begonnen:

Clara Eißner wird am 5. Juli 1887 im sächsischen Wiederau als Tochter eines Dorfschullehrers geboren. Die Mutter – ungewöhnlich für dörfliche Verhältnisse – hat sich dem Allgemeinen Deutschen Frauenverein angeschlossen, der sich in Leipzig unter Louise Otto-Peters für mehr Rechte der Frauen und für eine bessere Mädchenbildung einsetzt. Um Clara und den beiden Geschwistern eine gute Ausbildung zu ermöglichen, zieht die Familie nach der Pensionierung des Vaters in die Stadt, nach Leipzig. Durch die Frauenbewegung hat die Mutter Auguste Schmidt kennen gelernt, die Leiterin des Steyberschen Erziehungsinstituts, die die 17-jährige Clara in die Lehrerinnenklasse aufnimmt. Vier Jahre solide Ausbildung. Für Claras späteres Wirken besonders wichtig: Fremdsprachen und historisch-politisches Wissen, das den Mädchen von aufgeschlossenen Lehrerinnen mit emanzipatorischem Engagement vermittelt wird.

Sozialismus als Welterlösungstraum

Politisch aufgeweckt und neugierig, kommt Clara bald mit sozialistischen Kreisen und den in Leipzig stark vertretenen russischen Emigrantengruppen in Berührung und lernt dabei ihren späteren Lebensgefährten Ossip Zetkin kennen. 1878 legt sie die Lehrerinnenprüfung mit der Gesamtnote »gut« ab – die einzigen beiden Einsen erhält sie ausgerechnet in Religion und Sitte. Im selben Jahr tritt sie der sozialdemokratischen Partei bei und besucht Veranstaltungen des Leipziger Arbeiterbildungsvereins. Während sie sich als Hauslehrerin in der Provinz durchschlägt, wird ihr Freund Ossip Zetkin wegen illegaler Umtriebe als »lästiger Ausländer« aus Leipzig abgeschoben. Er geht nach Paris, ins Zentrum der sozialistischen Arbeiterbewegung, und Clara folgt ihm Ende 1882 dorthin.

Ein aufregendes, entbehrungsreiches Emigrantenleben beginnt: Eintauchen in revolutionäre Kreise, Freundschaft mit der Tochter des von ihr bewunderten Karl Marx, Geburt der beiden Söhne Maxim und Kostja, Vortragsreisen, Übersetzungen und Artikel für Parteiblätter, Agitationsarbeit. Ihre erste öffentliche Rede hält sie mit zitternden Knien vor Leipziger Genossen. Die illegalen Reisen nach Deutschland, als Verwandtenbesuche getarnt, die beiden Kinder am Rockzipfel, sind nicht ungefährlich. Sozialistische Versammlungen dürfen in Sachsen nicht stattfinden, so trifft man sich »zum Geburtstag« in Schrebergärten oder abgelegenen Waldlokalen, mit Wachen vor der Tür. Während die Kinder hinten im Saal schlafen oder von Genossen betreut werden, versucht die Mutter den Arbeitern

– Frauen finden sich nur wenige ein – Bebels dicken Wälzer *Die Frau und der Sozialismus* zu erklären.

Clara Zetkin ist eine überzeugende Rednerin und eine gute Pädagogin, Vorbild für ihre spätere Leipziger Mitarbeiterin Käthe Duncker, die sich ihr geistiges Rüstzeug auch im bürgerlichen Lehrerinnenseminar geholt hat. Nach Paris zurückgekehrt, schreibt die Zetkin ihrem Förderer Karl Kautsky begeistert: »Die deutschen Arbeiter, ich schließe nach den Leipziger Genossen, sind doch wahre Prachtskerle: als ich sie in ihrem Wirken und Kämpfen so intim kennen lernte, war ich zum ersten Mal in meinem Leben stolz, eine Deutsche zu sein …«

1889 stirbt Ossip Zetkin nach langen, schmerzreichen Krankentagen an einem Rückenmarksleiden. Clara Zetkin muss nun für die Söhne alleine sorgen, als Ausländerin in Frankreich steht ihr keine Unterstützung zu. Selbst mit den deutschen Pässen für die Kinder gibt es Schwierigkeiten. Wie soll sie den Leipziger Behörden klar machen, dass die Söhne Zetkin heißen und nicht ihren Mädchennamen Eißner tragen, obwohl sie nicht ehelich geboren sind? Sie habe, schreibt sie, mit Ossip Zetkin »in freier Ehe« gelebt, »weil ich meine deutsche Staatsangehörigkeit bewahren wollte, und weil es uns darauf ankam, um jeden Preis zu vermeiden, dass unsere Kinder russische Untertanen würden«.

1890, nach Aufhebung der Sozialistengesetze, kehrt sie mit Maxim und Kostja nach Deutschland zurück. Ihr geht nun der Ruf einer exzellenten, international anerkannten Rednerin voraus, seit sie im Juli 1889 auf dem Internationalen Arbeiterkongress in Paris mit großem Erfolg gesprochen hat. Unter den 400 Abgeordneten aus ganz Europa finden sich nur sechs Frauen – eine davon ist Clara Zetkin. Sie hält das vielbeachtete, später veröffentlichte Grundsatzreferat über *Die Arbeiterinnen- und Frauenfrage der Gegenwart* und stellt sich damit an die Spitze der noch im Aufbau begriffenen proletarischen Frauenbewegung.

Einsatz für proletarische Fraueninteressen

Um die proletarischen Frauen – Industriearbeiterinnen, Dienstboten, Heimarbeiterinnen – zu mobilisieren, müssen geschulte Kräfte in Fabriken, in Hinterhöfen und Gasthaussälen Überzeugungsarbeit leisten, keine leichte Aufgabe angesichts der Schicksalsergebenheit der meisten Proletarierinnen, deren Kräfte vom Kampf ums tägliche Brot aufgezehrt werden. Wozu Solidarisierung, Protestversammlungen, Streiks, wenn hinterher die Lohntüte doch nicht voller ist? Es fällt schwer, diesen überforderten Frauen den Sinn eines gemeinsamen Kampfes um bessere Arbeits- und Lebensbedingungen klar zu machen, zumal deren Ehemänner, gewohnt, allein in der Familie zu bestimmen, von solcher »Aufhetzung« gar nichts halten: Sollen die Frauen doch ihre Arbeit tun und die Politik den Männern überlassen!

Der Erfolg muss bei der proletarischen Frauenbewegung mühsamer erkämpft werden als bei den bürgerlichen Frauen, die – Clara Zetkin vermerkt es höhnisch – ein »Recht auf Arbeit« für höhere Töchter einfordern, während Arbeit bei den Proletarierinnen bittere Notwendigkeit ist. Zwölf Stunden, 14 Stunden täglich, dazu der Haushalt, Kinder, die früh mitverdienen müssen oder an Schwindsucht sterben. Zustände, die jeder Menschenwürde spotten, die, so Zetkins Überzeugung, nicht mit Almosen oder mit gut gemeinten Bildungsangeboten für Arbeiterinnen geändert werden können, sondern nur durch Umsturz der bestehenden »Feudalordnung«, durch Aufhebung der Klassengesellschaft, durch eine Herrschaft des Proletariats.

Radikale Töne, die Clara Zetkin anschlägt. Zu radikal für viele Genossen der sozialdemokratischen Partei. Zu radikal ist ihnen auch die *Gleichheit,* eine – auf Vorschlag August Bebels von Clara Zetkin redigierte Parteizeitschrift für die proletarischen Frauen. In dem alle 14 Tage erscheinenden Blatt entwickelt die Redakteurin ihre Strategien für die Beteiligung der Frauen am Befreiungskampf des Proletariats, »eine der Voraussetzungen für den Sieg der sozialistischen Idee, der sozialistischen Gesellschaft«. Ihre Logik ist – innerhalb des sozialistischen Denkgefüges – zwingend, Kompromisse geht sie nicht ein, nicht mit liberaleren Parteigenossen und schon gar nicht mit der bürgerlichen Frauenbewegung. Immer wieder betont sie, »dass zwischen der Arbeiterinnenbewegung und bürgerlicher Frauenrechtelei keine Gemeinsamkeit der Interessen besteht«. Ihre schroffe Ablehnung jeglicher Zusammenarbeit beruht auf Gegenseitigkeit: Helene Lange, die Führerin der gemäßigten bürgerlichen Frauenbewegung würde einer Aufnahme der proletarischen Frauen in den Bund Deutscher Frauenvereine niemals zustimmen, obgleich beide Lager ja »zum Wohle der Frauen« agieren und ein gemeinsamer Kampf für die von beiden postulierten Ziele sinnvoller und kräfteschonender wäre.

Wenn Clara Zetkin behautet, nur die proletarische Frauenbewegung kämpfe für die politischen Rechte der Frauen, die Bürgerlichen verlangten lediglich »innerhalb ihrer Familie das freie Verfügungsrecht über ihr Vermögen, die Erschließung der so genannten liberalen Berufe, akademischen Schulbildung und Ähnliches mehr«, so weiß sie nicht Bescheid, was in Berlin und auch in München läuft, oder sie verschweigt die emanzipatorischen Vorstöße der Gegnerinnen bewusst. Schon 1873 hat Hedwig Dohm, die zornige Großmutter Katia Manns, mit spitzer Feder von den »Amazonentötern« das Frauenstimmrecht eingefordert. Später haben Minna Cauer und Anita Augspurg – zwei Kämpferinnen vom radikal-bürgerlichen Flügel der Frauenbewegung – sich im Verein *Frauenwohl* und auch mit eigenen Zeitschriften und mit Demonstrationen vehement für das Stimmrecht der Frauen eingesetzt. Für sie steht die politische Entscheidungsfreiheit der Frauen im Zentrum aller Emanzipation, während Clara Zetkin den Arbeiterinnen erst das richtige Bewusstsein vermitteln will, damit sie als künftige Stimmbürgerinnen das Kreuzchen nicht an die falsche Stelle setzen. Den besten Werbeslogan hat die Agitatorin Zetkin zweifellos: »Wenn wir schon nicht wählen können, wollen wir umso mehr wühlen ...«

Sie wühlt landauf, landab, spricht in Großveranstaltungen vor Arbeitern und – das hat sie in wenigen Jahren fertiggebracht – auch vor Arbeiterinnen. Sie spricht über Steuergesetze im Klassenstaat, über Ausbeutung und Rechtlosigkeit der Frauen, über Prostitution und Arbeiterinnenschutz. Wo immer sie auftritt, sind die Säle voll. 375 Veranstaltungen in 173 Orten listet die *Gleichheit* insgesamt auf, 14 Großveranstaltungen in Leipzig. Im *Pantheon* muss der Saal wegen Überfüllung geschlossen werden, im Plagwitzer *Felsenkeller* sollen, wenn man den Presseberichten glauben darf, 2000 Genossen und Genossinnen ihre Rede gegen die Zentrumspartei und gegen ein Arbeitsverbot für verheiratete Fabrikarbeiterinnen gehört haben. Den Rechten gehe es nicht um Senkung der Kindersterblichkeit, sie wollen sich nur um die Kosten staatlicher Kindereinrichtungen drücken, argumentiert die Rednerin unter großem Beifall. Immer baut sie anschauliche Beispiele in ihre Reden ein, immer scheint ihr Weg der einzig gangbare zu sein.

Auf sozialistischen Frauenkongressen ist sie die gefragteste Rednerin, auch wenn ihre Radikalität zunehmend auf Widerstand stößt. 1907 gelingt es ihr, in Stuttgart die nationalen proletarischen Frauenverbände zu einer *Sozialistischen Fraueninternationale* zusammenzuführen. Wer weiß heute noch, dass der jährlich am 8. März stattfindende *Internationale Frauentag* auf ihre Initiative zurückgeht? Heutige Feministinnen werfen ihr vor, sie habe ihre einmalige Stellung zu wenig genutzt, um für Arbeiterinnen Autonomie gegenüber männlichen Herrschaftsstrukturen zu erkämpfen. Aber Clara Zetkin hat nie einen Hehl daraus gemacht, dass sie den Kampf der Arbeiterbewegung als gemeinsamen Kampf von Männern und Frauen sieht, genauso wie ihre Gesinnungsgefährtin Rosa Luxemburg, die die ganze Frauenbewegung in Frage stellt. Für sie gibt es Wichtigeres.

Pazifismus – aber Kampf dem Klassenfeind

Als 1912 der Internationale Sozialistenkongress in Basel stattfindet, liegen Angst vor dem drohenden Krieg, aber auch euphorische Kriegsbegeisterung schon in der Luft. Überall im Deutschen Reich haben sich pazifistische Frauengruppen aus dem radikal-bürgerlichen Lager zusammengefunden, die jede Art von Gewalt und Kampf mit der Waffe ablehnen. Clara Zetkin dagegen unterscheidet zwischen gerechten und ungerechten Kriegen: Kampf gegen Kapitalismus und Ausbeutertum ist gerecht. Sie beschreibt ihrer holländischen Freundin Heleen Ankersmit, »welch tiefe grundsätzliche Kluft uns von den vulgären bürgerlichen Friedensaposteln trennt«. Sie habe in Basel »nicht als Frau und Mutter an und für sich« gesprochen, »vielmehr als sozialistische Frau und Mutter, das besagt aber als Kämpferin«. Flugblätter, die sie entworfen hat, werden illegal gedruckt und überall, auch im Ausland, verteilt, allein in Deutschland 200 000 Stück. Sie lebt gefährlich. Haussuchungen sind bei ihr an der Tagesordnung. Aus dem Untersuchungsgefängnis Karlsruhe, wo man sie wegen »versuchten Landesverrats« eingesperrt hat, wird sie aus gesundheitlichen Gründen vorzeitig entlassen, in Wirklichkeit wohl, weil die Proteste und Solidarisierungsadressen aus aller Welt der Regierung höchst unangenehm sind.

Dass die Sozialdemokraten 1914 im Reichstag die Kriegskredite mit bewilligen, empört Clara Zetkin dermaßen, dass sie nun auch gegen die eigene Partei ankämpft, zu deren linkestem Flügel, den Spartakisten, sie sich zählt.

1915 hat sie, ohne Genehmigung der Partei, eine internationale sozialistische Frauenkonferenz gegen den Krieg nach Bern einberufen, aber eine politische Massenwirkung geht von diesem Frauentreffen nicht aus, an den Verhandlungstischen bleiben die Männer unter sich. Zwar protestieren Frauen, die die Kriegslasten ungefragt mittragen müssen, da und dort, auch in Leipzig, doch wird nach den so genannten Lebensmittelunruhen nur ein umso schärferer Belagerungszustand über die Stadt verhängt. Aus Enttäuschung darüber, dass die Sozialdemokraten und auch die proletarischen Frauen nicht überzeugter und geschlossener hinter ihr stehen, spaltet sich Clara Zetkin 1917 mit der Spartakusgruppe von der Partei ab und tritt der neu gegründeten *Unabhängigen Sozialdemokratischen Partei Deutschlands*, der USPD, bei.

Die Redaktionsleitung der *Gleichheit* hat man ihr – bei ihren ständigen Provokationen nicht anders zu erwarten – entzogen und der gemäßigten Politikerin Marie Juchacz übertragen. Die Frauenbeilage der *Leipziger Volkszeitung*, die Clara Zetkin nun mitgestaltet, befriedigt ihren journalistischen und politischen Ehrgeiz nicht. »Und ich möchte doch etwas mehr tun als das Leipziger Frauenblättle redigieren«, schreibt sie am 17.11.1918 an Rosa Luxemburg. In dem langen Brief vermischt sich – typisch für beide Kämpferinnen – stets Politisches und Familiäres, Parteiarbeit und Freundschaft. Die Zetkin, von häufigen Herzattacken geschwächt, doch mit eiserner Selbstdisziplin arbeitend, berichtet von ihren Reden in Ulm und Göppingen – »auf der Straße unter den Jahrmarktsbuden« –, aber auch von der Sorge um die beiden Söhne, die krank aus dem Feld zurückgekehrt sind. (Der Brief wurde übrigens der Nachwelt auf makabre Weise erhalten: Einer der für die Ermordung Rosa Luxemburgs und Karl Liebknechts verantwortlichen Freikorpsoffiziere hat ihn aus der Handtasche der Revolutionärin entwendet und als »Souvenir« aufgehoben.)

Schon am nächsten Tag antwortet Rosa Luxemburg. »Alle meine Gedanken und mein Herz sind bei Dir«, schreibt sie der Freundin und bittet diese um Beiträge für die in Berlin erscheinende *Rote Fahne*. Clara Zetkin reagiert schnell, liefert vier Tage später den Grundsatzartikel *Die Revolution und die Frauen*. Die politischen Ereignisse überstürzen sich in diesen Tagen. Rosa Luxemburg, ständig gehetzt und in immer neuen Verstecken untertauchend, schickt der Genossin Zetkin unter dem Decknamen Mathilde »in fliegender Hast statt des ellenlangen Briefes, der in meinem Herzen fertig ist, nur einige armselige Zeilen«. Die Zetkin soll von der *Leipziger Volkszeitung* abgeworben werden und in Berlin ein neues Blatt herausbringen: »Und die Sache ist so dringend! Jeder verlorene Tag ist eine Sünde.«

Rosa Luxemburg ahnt, dass ihr nicht mehr viel Zeit bleibt für die Umsetzung revolutionärer Ideen. Am 15. Januar 1919, dem Tag ihrer Ermordung, erscheint ihr letzter Artikel – ein Kampfappell voller Zukunftseuphorie an die Genossen: »Und ob wir dann noch leben werden, wenn es erreicht wird – leben wird unser Programm; es wird die Welt der erlösten Menschheit beherrschen.« Clara Zetkin hat die Botschaft ihrer Freundin und Kampfgefährtin längst verinnerlicht. Sie weiß die Zeitungsnachricht »Auf der Flucht erschossen« richtig zu deuten …

Ende Dezember 1918 hat Rosa Luxemburg noch die *Revolutionäre Kommunistische Arbeiterpartei*, die spätere KPD, mitbegründet, in der Clara Zetkin nun weiterkämpfen wird.

Arbeiterparadies Sowjetrussland?

Auf der ersten Frauenkonferenz der KPD, 1920, berichtet Clara Zetkin nach einer Moskaureise über das Leben der Frauen in der Sowjetunion. Sie glorifiziert den sowjetischen Alltag, die russischen Revolutionen, schwärmt von den Samstags- und Sonntags-Arbeitseinsätzen der Bevölkerung: »Tausende der edelsten, überzeugtesten Kommunisten, die mit diesem freiwilligen, unvergüteten Schaffen begannen, das bald als selbstverständliche Parteipflicht und unerlässliche Parteiehre betrachtet wurde ... Welche Kraft und Freudigkeit von ihr ausgeht, das verrät der jubelnde Klang der Internationale, die von Werkstätten und Höfen beim Mühen und auf der Straße von heimziehenden Gruppen gesungen wird.« Sieht sie nur, was sie sehen will? Meldungen über Gräueltaten der Bolschewiki tut sie als Propaganda aus trüben Quellen ab. Verschweigt sie bewusst alles, was das glanzvolle Bild dieses Aufbruchstaates verdunkeln könnte? Oder lässt sich die sonst so kritische Analytikerin einfach mitreißen von der Euphorie vieler westlicher Intellektueller, die ein kommunistisches Weltreich heraufdämmern sehen? Sie verherrlicht die mit der Waffe kämpfenden Frauen der Roten Armee so, wie in Deutschland die jungen Kriegsfreiwilligen von 1914 verherrlicht wurden. Das macht sie deutschen radikalen Pazifistinnen suspekt.

Das größte Erlebnis ihrer Reise nach Sowjetrussland war die Begegnung mit Lenin und dessen Frau Nadeshda Krupskaja. Ihre Verehrung für Lenin – Rosa Luxemburg machte sie schon früh auf diesen bemerkenswerten »eigensinnigen Schädel« aufmerksam – ist grenzenlos. Seine Gedanken fließen in all ihre Reden und Schriften ein. Sie ist davon überzeugt, dass die bolschewistische Politik den ersten weltgeschichtlichen Versuch darstellt, »das gesellschaftliche Leben und seine Entwicklung zu erheben von einem Spiel blind, anarchisch wirkender Kräfte zu einem Werk der Wissenschaft, Bewussten Willens«.

1921 wird sie auf der Zweiten Internationalen Frauenkonferenz in Moskau zur Leiterin des Westeuropäischen Internationalen Frauensekretariats in Berlin berufen. Schon ein Jahr davor ist sie als Abgeordnete der KPD in den Deutschen Reichstag eingezogen. Die Energie, mit der

sie trotz ihres Herzleidens, trotz ihrer nach zwei missglückten Staroperationen sehr geschwächten Sehkraft all
ihre Ämter ausfüllt, nötigt auch ihren Gegnern Respekt ab.
Ihrem Sohn Maxim, der sich nach ihrem Befinden erkun-
digt, schreibt sie: »Ich arbeite, arbeite, arbeite, Tag und
Nacht ... Mein Leben ist das Leben der Partei, der revolutionären proletarischen Vorhut, und das ist nicht angenehm. Ich stehe als Soldat der Revolution auf Posten und
halte aus.«

Sie kämpft mit allen Mitteln. Um illegal ins faschistische
Italien einreisen zu können, verkleidet sie sich als Schau-
spielerin: hochgetürmte Frisur, dunkle Brille, Federboa,
Spitzenbluse wie auf dem Foto im falschen Paß. Auf dem
Parteitag der Kommunisten in Mailand redet sie den lauen
Genossen hart ins Gewissen und schlüpft dann wieder in
die überzeugend gespielte Rolle einer exaltierten Bühnen-
dame. Ein gefährliches Spiel.

Dabei ist sie keine Spielernatur. Wie in der KPD gehört
sie in der Kommunistischen Internationale nach heutigem
Sprachgebrauch zum Flügel der Realos. An der Spitze dieses Flügels steht der Lenin-Freund Bucharin, der die
zwanzig Jahre ältere Zetkin als seine »mütterliche Freundin und Lehrerin in Fragen der internationalen Politik«
empfindet. Kein Wunder, dass die junge, 1895 ebenfalls in
Sachsen geborene einflussreiche Fundamentalistin Ruth
Fischer in allen Gremien die entschiedenste Gegenspielerin
der Veteranin Zetkin wird.

Trotz schwerer gesundheitlicher Beeinträchtigungen –
häufige Herzattacken und Ohnmachtsanfälle, schwindende Sehkraft, Erfrierungen am Fuß – scheut sie nicht vor anstrengenden Agitationsreisen zurück, wenn es die Umstände erfordern, reist sie inkognito. Zwei Versuche der
lettischen Polizei, sie festzunehmen, scheitern. Ihr legen-
därer »Mannesmut« mehrt ihren Ruhm, nicht nur in
Deutschland. Ein Wolgadampfer wird nach ihr benannt,

Moskauer Frauen sammeln für ein Flugzeug, das ihren Namen tragen soll, und die Kommunistische Akademie in Moskau ernennt sie zur Präsidentin der Frauensektion. In Berlin finden sich zu ihrem 70. Geburtstag 20 000 Menschen im Sportpalast zusammen.

Alterspräsidentin des Deutschen Reichstages

Ihren letzten großen Auftritt in Berlin hat sie im August 1932 als Alterspräsidentin bei der Eröffnung des Reichstages. Sie ist zu diesem Anlass extra aus Moskau angereist, obwohl ihre körperlichen Gebrechen eine so lange Fahrt eigentlich nicht zuließen. Die fast Blinde und Gehbehinderte muss zum Podium geführt werden – und vergisst bei ihrer Ansprache, die sie ohne Manuskript hält, all ihre Schmerzen, ja, redet sich in ihrer Leidenschaft wieder jung. Mit scharfen Worten warnt sie die Abgeordneten eindringlich vor der drohenden Gefahr der Kriegsaufrüstung und ruft alle Werktätigen zu einer Einheitsfront gegen den Faschismus auf. Für diese Flammenrede erhält sie nicht nur von den eigenen Genossen Beifall, aber aufhalten kann sie die Entwicklung mit ihren Worten nicht. Fruchtlos auch der von ihr mit unterzeichnete Friedensappell von Persönlichkeiten wie Frans Masereel, Heinrich Mann, Käthe Kollwitz, Maxim Gorki oder Albert Einstein …

Auf dem Internationalen Frauentag 1933 wird sie mit dem Leninorden ausgezeichnet – ein krönender Abschluss ihrer Lebensleistung. In Basel erscheint ihre Broschüre *Lenins Vermächtnis für die Frauen der Welt* mit einem Vorwort der Krupskaja. Sie verbringt nun, betreut von ihrem Sohn Maxim und ihrer Schwiegertochter, die meiste Zeit in Moskau oder in einem Sanatorium in Archangelskoje. Fieberhaft arbeitet sie an ihren letzten Schriften, nimmt noch einmal das als Fragment hinterlassene Werk *Zur Geschichte der proletarischen Frauenbewegung Deutschlands* zur

Hand. Ihr Arbeitstag beginnt morgens um fünf. Noch im Bett macht sie sich mit großen, ungelenken Buchstaben Notizen, die sie später ihrer Sekretärin diktiert. Dann lässt sie sich vorlesen oder durch den Park führen und empfängt Besuche, prominente wie den Dichter Romain Rolland und unbekannte, die als Delegierte eines Betriebes oder einer Kolchose kommen, um die Kampfgefährtin des großen Lenin zu sehen.

Letzte Botschaft

In ihrem verdunkelten Krankenzimmer in Archangelskoje nimmt Clara Zetkin zwar geschwächt, aber noch immer bei vollem Bewusstsein die beunruhigenden Berichte von Kurieren aus Deutschland entgegen: Hitler zum Reichskanzler berufen, Massenverhaftungen von Kommunisten, Verhaftung auch des Kommunistenführers Ernst Thälmann, Enttäuschung über die Haltung der Sozialdemokraten.

Die Alterspräsidentin des Deutschen Reichstages und Präsidentin der internationalen *Roten Hilfe* ruft in einem letzten Appell die Weltöffentlichkeit zur Solidarität mit den deutschen Kommunisten auf: »Das Opfer, das die Internationale Rote Hilfe von Euch verlangt, ist winzig im Vergleich mit den Opfern an Gut und Blut, die die revolutionären Arbeiter jeden Tag bringen in ihrem heldenhaften Kampf gegen den Faschismus.« Ihre Gedanken gehen zurück zu Rosa Luxemburg und deren furchtlosem Einsatz für die Partei. Als Clara Zetkin am 20. Juni 1933 stirbt, gilt ihr letztes hingehauchtes Wort ihrer Freundin: »Rosa«.

Hunderttausende – für deutsche Verhältnisse unvorstellbar – ziehen an ihrem Sarg im Moskauer Gewerkschaftshaus vorbei, Hunderttausende geben ihr das letzte Geleit. Sie wird, wie alle großen kommunistischen Führer, an der Kremlmauer beigesetzt.

Leipzig, Paris, Moskau waren die wichtigsten Stationen ihres Lebens. Sie hat immer in internationalen Dimensionen gedacht. Ihrem Ziel, einer klassenlosen Gesellschaft unter kommunistischer Führung, ist sie nicht näher gekommen, aber sie hat es trotz aller Rückschläge nie aufgegeben.

Konsequent war sie, von keinerlei Zweifeln und Verunsicherungen angefochten. Hart gegen sich selbst, hart gegen ihre Feinde, mitfühlend jedoch gegenüber den Benachteiligten dieser Erde. Sie konnte ihnen keine gerechtere Welt bieten – doch: Wäre eine Welt nach ihrem Sinne gerechter? Die Verhältnisse, sie sind nicht so, sagt Brecht, der Realist.

Lena Christ

Franziska Gräfin zu Reventlow

Franziska Gräfin zu Reventlow
(1871–1918) und
Lena Christ (1881–1920)
München

Zwei Frauen in München, die ihre Jugend, ihr bisheriges Leben niederschreiben. Zwei Frauen, die nicht vorhatten, Schriftstellerin zu werden, und es, gedrängt von ihren Partnern, doch geworden sind. Zwei Frauen, die außerhalb der wohl geordneten bürgerlichen Normgesellschaft leben und das Stigma dieser Gesellschaft zu spüren bekommen.

Die Rede ist von Franziska Gräfin zu Reventlow und ihrem autobiografischen Roman *Ellen Olestjerne* und von Lena Christ mit ihren *Erinnerungen einer Überflüssigen*. Zwei Zeitdokumente, die Frauenleben um die Jahrhundertwende widerspiegeln, Frauenleben im Kaiserreich mit all seinen Behütungen und seinen Sanktionen für Ausbrechende. Und das Erstaunliche: Die Muster gleichen sich in den verschiedenen Gesellschaftsschichten. Lieblosigkeit und Ausbeutung, Aufbegehren und Alltagsflucht gibt es ganz oben und ganz unten, das zeigen die beiden Lebensläufe drastisch. Ob Aufbruch und Ausbruch aus einem Schloss oder einem Kätnerhaus, das Verlassen der vorgezeichneten Bahnen bedeutet Isolierung, Einsamkeit.

Franziska zu Reventlow stammt aus einem Schloss. Am 18. Mai 1871 wird sie in Husum als viertes Kind des preußischen Landrats und Grafen zu Reventlow geboren und getauft auf die Namen Fanny Liane Wilhelmine Sophie Auguste Adrienne. Behängt mit so viel Familienvergangenheit, behütet von Gouvernanten und Hauslehrerinnen, eingesperrt in einem herrschaftlichen Park, hat sie nichts anderes zu tun, als sich auf eine spätere standesgemäße Ehe vorzubereiten, während ihren Brüdern alle Möglichkeiten der Entfaltung offen stehen. Mit 19 eben aus einem Internat in Altenburg hinausgeworfen, wohin die Eltern die Widerspenstige verbannt hatten, beklagt sie sich bei einem Freund: »Sie machen sich gar keinen Begriff, wie mit solch unglücklichen Backfischen zu Hause und in Pensionen verfahren wird, ihnen werden die unnötigsten, uninteressantesten Kenntnisse eingetrichtert, furchtbar viel Religion, Grammatik, Handarbeit und Klavier. Sie sollten gewaltsam in eine Schablone gepresst werden; was dabei herauskommt, können Sie an den durchschnittsjungen Frauen und Mädchen sehen, ungebildete, bleichsüchtige, spitzenklöppelnde, interesselose Geschöpfe, die, wenn sie sich verheiraten, in Haushalts- und Kindergeschichten aufgehen und ihrem Mann unmöglich etwas sein können, als eben seine Hausfrau – bleiben sie ledig, so entsteht aus ihnen die Sippe der unleidlichen alten Jungfern, über die sich alles lustig macht, deren Wirkungskreis in Kaffeeklatsch und Diaspora besteht …«

Erstaunlich, mit welcher Schärfe da eine Neunzehnjährige ihre und die Rolle ihrer Geschlechtsgenossinnen sieht und auch den Schlüssel findet für diese gesellschaftliche Deklassierung: »Es liegt eben darin, dass man die Frau nicht als Selbst, nur als wesenloses Geschöpf betrachtet.« Und dagegen wehrt sie sich, versucht, sich selber geistig weiterzubilden.

Natürlich hat sie – angeregt durch den Lübecker Ibsen-Club – *Nora* gelesen und sich Ibsens Emanzipationsideen zu Eigen gemacht. Sie möchte, nachdem sie schon ihre Zigeuner- und Zirkusträume begraben hat, Malerin werden. Die Eltern haben dafür kein Verständnis. Ihr bleibt, wie vielen aus dem Hause strebenden höheren Töchtern damals, nur das Lehrerinnenseminar als Ausweg. Sie absolviert, noch minderjährig, die Ausbildung lustlos und ohne den Wunsch, jemals Lehrerin zu werden.

Wie dankbar dagegen wäre Lena Christ für eine gute Ausbildung gewesen. Sie, die schon als Kind aufgeweckt und wissbegierig war, allerdings auch eigensinnig und widerborstig. Am 30. Oktober 1881 im Dorf Glonn südlich von Ebersberg geboren, gehört sie noch zur gleichen Erlebnisgeneration wie Franziska zu Reventlow, nur das Umfeld ist ein völlig anderes. Sie ist das uneheliche Kind einer Magd und – wahrscheinlich – eines Schmiedegesellen, der später auf hoher See verschollen ist. Im Haus der Großeltern, biederen, ärmlichen Kleinbauern, wächst Lena zusammen mit anderen Kostkindern auf, und sie fühlt sich vor allem in der Obhut des Großvaters wohl.

Als eines Tages die Mutter, die inzwischen einen Gastwirt und Metzger geheiratet hat, anreist, um die Achtjährige nach München zu holen, fängt das Elend einer »Überflüssigen« an. Nicht aus Mutterliebe handelt die für Lena fremde Frau, sondern aus Geschäftssinn: Mit acht kann das Mädchen schon kräftig in Haus und Laden zupacken. Aber alles an Lena passt der Mutter nicht, die bäuerische Sprache, die langen Zöpfe, der plumpe Gang. Die Haare werden der Läuse wegen kurz geschoren, und in der Schule rufen die Kinder nun »Gscherte« oder »Dotschen« hinter ihr her. Nachts holt sie die Katze ins Bett, um ein bisschen Wärme zu haben.

Die Geburt eines kleinen Stiefbruders macht ihre Lage noch schlimmer. Sie muss neben der Schule die Arbeit einer vollen Kraft verrichten, um fünf aufstehen, das Kind allein versorgen, die Wäsche waschen, Geschäft und Schlachthaus putzen. »Kam ich mittags aus der Schule, wurde ich meistens mit Schlägen empfangen, denn ich hatte nachsitzen müssen, weil ich in der Früh zu spät gekommen war.« Sie hetzt wieder zum Nachmittagsunterricht, kämpft ständig gegen den Schlaf an, kann keine sauberen Hausaufgaben vorweisen und wird in Handarbeiten mit einem »Ungenügend« bestraft, wofür sie sich zutiefst schämt.

Während für Franziska zu Reventlow jeder Handarbeitsunterricht sinnloses Zeittotschlagen höherer Töchter ist und sie sich darüber erhaben fühlt, könnte Lena dem

Sticken, Stricken und Nähen schon etwas abgewinnen, wenn man ihr die Zeit dazu ließe. Sie ist ehrgeizig und hat sich trotz der häuslichen Misere zur Klassenersten emporgearbeitet. Vermerke wie die im Reventlowschen Zeugnis: »Sie ist zerstreut und vergesslich« oder »Durch Mangel an Pflichttreue und Gewissenhaftigkeit war sie ein nachteiliges Beispiel für andere«, würden sich in ihrem nie finden. Über ein »Ungenügend« in Betragen, Gesang und Englisch, wie die Pröpstin des Freiadeligen Magdalenenstiftes zu Altenburg es der jungen Gräfin bescheinigt, käme sie nicht so unbekümmert hinweg. Sie möchte sein wie die andern oder noch ein bisschen fleißiger und gescheiter, sie will heraus aus ihrem Hinterzimmer in der Schlachterei und weiß instinktiv, dass ihr dies nur über Wohlverhalten und besondere Leistung gelingen kann.

Beide Mädchen träumen sich in ein anderes Leben. Franziska über Konventionen und starre Einbindungen hinaus in die Welt des fahrenden Volkes, zu Zigeunern und Zirkusleuten, Lena aus dem gehetzten Mägdealltag in die ruhige Geborgenheit eines verstehenden Menschen. Bei beiden sind es Männerträume, wilde, verwegene oder schutzsuchende, bei beiden ist es Flucht vor der eigenen Mutter. Erschreckend, wie Kälte und mangelnde Zuwendung sich wie eine Eisschicht über Kindheit und Jugend legen können, lähmend, aber auch Widerstandskräfte freisetzend.

Franziska, die »Unberechenbare«, die viel lieber ein Junge gewesen wäre, und mit der die Eltern keinen Staat machen können wie mit der adretten Schwester Agnes, schreibt am 16. April 1890 an ihren Jugendfreund Emanuel Fehling über die Mutter, die sie als engherzig und etikettenstolz charakterisiert: »Sie kann mich nicht leiden, seit frühester Kindheit bin ich immer ein Stiefkind gewesen. Besonders ist sie in steter Angst, dass ich etwas tue, was sie nicht mögen.« Die Angst ist nicht unbegründet. Franziska zahlt die Abweisung mit Renitenz heim. Sie schreibt an Fehling: »Sie glauben nicht, was das für eine Wonne für mich ist, wenn ich in Holstein bin, diese Art Leute vor den Kopf zu stoßen; dieselben leiden nämlich auch sehr an Standesvorurteilen …«

Die gesellschaftlichen Honneurs, von denen Lena Christ nicht einmal zu träumen wagt, sind der jungen Gräfin ein Gräuel. Sie schildert ihrem Freund einen der Bälle, von denen es etwa zwanzig in der Saison zu absolvieren gilt: »Während die unglücklichen Schlachtopfer arglos sich amüsieren, sitzen die Mütter in langen Reihen umher, beobachten mit mehr wie Argusaugen, wer wem die Cour macht etc. und tun ihr Möglichstes, um Partien zu machen.« Sie entflieht diesen Zwängen, sobald sie volljährig ist, erst nach Hamburg, dann nach München. In Hamburg hat sie sich mit einem Assessor verlobt, der sie großzügiger- oder leichtsinnigerweise noch einmal auf ein Jahr nach München ziehen lässt, damit sie sich im Malen fortbilden kann.

München, für sie die Stadt der großen Freiheit, der Kunst und Boheme, ist für Lena Christ ein Albtraum. Ein Albtraum, der aus Schlachtereien und Schankstuben, in denen sie von früh bis spät Fronarbeit leisten muss, besteht: Adalbertstraße, Glückstraße, Buttermelcherstraße, schließlich Sandstraße, heißen die Stationen. Arbeit, Hunger, Schläge einer unbeherrschten Mutter, die tiefe Striemen hinterlassen, sadistische Strafen. Einmal muss das Mädchen eine Nacht lang auf einem Holzscheit knien, weil es einem Lehrer von den Schlägen der Mutter erzählt hat. In den *Erinnerungen einer Überflüssigen* ist vom Hass der Mutter immer wieder die Rede: »Jede, auch die geringste Verfehlung wurde mit Prügeln und Hungerkuren bestraft, und es gab Tage, wo ich vor Schmerzen mich kaum rühren konnte.«

Bei den Reventlows wird nicht geschlagen und mit einem »Ochsenfiesel« gezüchtigt, hier kennt man subtilere Strafen: Nichtbeachtung, Liebesentzug, den kalten, hasserfüllten Blick der Mutter, der Franziska jedes Mal zusammenzucken lässt. Auch sie kann sich nicht wehren, oder höchstens mit den Worten, die sie in ihr Tagebuch schreibt. Verse wie »Zurückgestoßen vom Mutterherzen / mit kalter Hand und nie geliebt«, oder

> Verloschen ist mir des Tages Glast,
> die Welt liegt weit und leer.
> Hinwerfen möcht ich des Lebens Last,
> sie war mir schon lange zu schwer.

Lebensüberdruss auf den Reim gebracht, Schreiben als Therapie. Lena Christ hat diese Möglichkeit – noch – nicht. Sie erträgt die Demütigungen der Mutter, die allein durch die Anwesenheit dieses »Kindes der Sünde« ja auch eine Gedemütigte ist, eine, deren Leben durch den einen »Fehltritt« verpfuscht wurde, und die sich nun, in der Position der Stärkeren, aber im Grunde genauso Ohnmächtigen, rächt. Sie prügelt noch die Neunzehnjährige mit dem Stock. Mehr als ein Jahrzehnt später erst, als Lena gelernt hat, ihr Leben in Worte zu fassen, beschreibt sie diese Hilflosigkeit, die zur Katastrophe führt: Sie möchte, in einem doch ab und zu durchbrechenden Tochtergefühl, der Mutter eine Namenstagsfreude machen und kauft einer Magd eine fein gehäkelte Spitze ab, die sie als eigene Arbeit ausgibt. Die Mutter, die die Täuschung des »verlognen Luders« merkt, wirft die Spitze mit hämischem Lachen ins Feuer.

Lena ist verstört, unsäglich allein, gerät in ausweglose Panik: »… plötzlich ergriff ich das große Tranchiermesser, legte erst die eine und dann die andere Hand auf den Hackstock und schnitt mir an beiden Armen die Pulsadern durch. Dann lief ich zum Schlüsselbrett, nahm die Kellerschlüssel, rannte die Stiege hinab, schloss mich in den Weinkeller ein und kauerte mich in einen Winkel und hoffte stumpfsinnig auf den Tod.«

Man findet die ohnmächtig in ihrem Blute Liegende und schafft sie eiligst zum nächsten Bader. Später näht ein Arzt die Wunden, aber die seelischen Verletzungen können nicht genäht werden. Als Lena nach Hause zurückkommt, empfängt die Mutter sie mit den Worten: »Hat die jatz der Teufi no net gholt! Bist no net hin?«

Lena wehrt sich nicht, reagiert fast erschreckend vernünftig auf die herzlosen Worte und denkt, »es könnte am Ende besser sein, wenn ich ginge; denn vielleicht bekäme ich von der Mutter einmal einen Hieb, der mich zum Krüppel machte, da wäre ich doch lieber tot«. Aber das Weggehen ist nicht so einfach, sie ist noch nicht volljährig, braucht die Einwilligung des Vormunds und ein Dienstbuch von der Polizei, wenn sie eine Stelle antreten will.

Schließlich kommt sie als zweite Köchin in der Floriansmühle, einem Ausflugslokal am Englischen Garten, unter. Sie schickt sich gut, die Wirtsleute sind mit ihr zufrieden. Aber als plötzlich die Mutter auftaucht und sie zurückholen will, bricht so etwas wie Heimweh in Lena auf, die Mutter ist für sie doch die einzige Person, an die sie sich gebunden fühlt: »I möcht wieder hoam. Mi leid's nimmer da, wenn i woaß, dass mi d'Muatter braucht«, sagt sie der Wirtin und lässt sich – sie hat gut Geld verdient – von einem Fiaker nach Hause fahren.

Ihre zweite freiwillige Rückkehr ins ungeliebte Elternhaus. Schon zwei Jahre zuvor hatte sie ein Noviziat im schwäbischen Kloster Ursberg abgebrochen, die Züchtigungen der Mutter schreckten sie doch weniger als der Drill und die Unterwerfungsriten des klösterlichen Lebens.

Sie ist nun im besten Heiratsalter, hübsch anzusehn in ihren Wirtschaftskleidern aus blauem Musselin mit weißem Battistkragen, dazu dem weißen Spitzenschürzchen, die blonden Haare zur Krone aufgesteckt, in der Stirn ein paar neckische Löckchen. Der Stiefvater, ein gutmütiger, ihr wohl gesonnener, aber ungeschlachter Mensch, kauft ihr Lackschuhe, so ist sie bestens ausstaffiert, um Freier anzulocken. Die bleiben nicht aus: ein Drechsler aus Traunstein, ein angejahrter Briefträger, ein Bräumeisterssohn, ein

Schlosser, ein reiselustiger Schneider, ein Eisenbahnexpeditor und ein verschuldeter Hausbesitzer treten nacheinander auf den Plan. Sie alle werden vom Buchhalter Anton Leix ausgestochen, der in den *Erinnerungen* als Benno Hasler auftritt (Lena Christ verändert alle Namen).

Der Buchhalter kommt mit einem Veilchenstrauß und vielen Versprechungen in die Wirtsküche und auch gleich zur Sache: »Liabs Fräuln Leni, ich hab Sie lang beobacht und hab g'funden, dass bloß Sie mi glücklich machen können. Wenn's Ihnen also recht ist, heiraten wir, Ihre Eltern haben mich nicht abgewiesen.« Die Wirtsleni willigt ein. Eine Liebesheirat ist es nicht, aber doch eine recht gute Partie, ein Schritt über die Schankstube hinaus.

Die Mutter gibt ihr statt ihres Segens Verwünschungen mit auf den Weg: »Du sollst koa glückliche Stund habn, so lang'st dem Menschn g'hörst, und jede guate Stund sollst mit zehn bittere büaßn müaßn.« Aber diese selbe Mutter schenkt ihr einen Frauntaler und überlässt ihr die stattliche Mitgift von 38 000 Mark. Diese Mutter, die mit der Heirat der Tochter nicht nur eine tüchtige Arbeitskraft verliert, sondern auch an ihr eigenes Altwerden, ihr nichtgelebtes Leben, das mit der Schande ihrer Mutterschaft zusammenhängt, erinnert wird.

Lena vermerkt nach der ernüchternden Hochzeitsnacht mit einem angetrunkenen, brutalen Bräutigam lakonisch:

»So hatte ich denn den ersten Schritt in das Leben getan, das mir noch so übel geraten sollte.« Die Vorahnung täuscht nicht, die Ehe mit dem labilen Trinker Anton Leix wird zur Hölle, schlimmer noch als das Elternhaus. Der anfängliche Wohlstand – auch der Bräutigam brachte ein stattliches Vermögen in die Ehe ein – schwindet schnell, wird vertrunken, verjubelt, an der Börse verspekuliert. Lena, die sich Kinder wünscht, aber dann von acht Schwangerschaften in sechs Jahren doch überfordert ist, kann sich nicht wehren, wenn der betrunkene Ehemann immer wieder über sie herfällt, selbst in Zeiten, wo sie hochschwanger ist: »... unter den gröbsten Schmähungen zerrt er mich an den Haaren herum, wirft mich zu Boden, tritt sein eigen Fleisch und Blut mit Füßen und versucht, mich zu erwürgen.«

Nachbarn befreien sie aus der Gewalt des Rasenden, weiter geschieht nichts. Männer, die ihre Frauen prügeln, gehören zur Alltagsrealität. Ungewöhnlich ist nur, dass jemand, dass eine Frau, eine Betroffene, darüber schreibt. Zu ändern vermögen solche Anklagen kaum etwas. Gewalt in der Ehe ist noch längst kein Thema, sie wird weder gesellschaftlich geächtet noch juristisch verfolgt. Dass Lena schließlich, nachdem der Mann sie mit dem gezückten Stilett bedroht und die Wohnung kurz und klein geschlagen hat, mit den Kindern in die kalte Schneenacht flieht, ist keine Polizeiaktion, nicht einmal eine Pressenotiz wert. Immerhin wird der Randalierer – Sachbeschädigungen scheinen schwerer zu wiegen als Körperverletzung – erst einmal in psychiatrische Verwahrung gebracht.

Lena Christ geht nun auf Arbeitssuche, obwohl ihre Gesundheit ruiniert ist und sie sich kaum auf den Beinen halten kann.

Sie hat nicht nur die vielen Schwangerschaften, sondern auch ein halbes Dutzend Wohnungsumzüge in diesen letzten Jahren hinter sich. Immer Geldnöte und nie das, was sie sich so sehnlich gewünscht hat, ein Zuhause. Unterschlupf findet sie am Ende in einer feuchten Neubauwohnung in Haidhausen. »Trockenwohnen« heißt ein solches Mietverhältnis, das damals durchaus üblich war für Familien, die keine angemessene Miete bezahlen konnten. »... das Wasser lief an den Wänden herab; wir schliefen auf dem Boden und bedeckten uns mit alten Tüchern und krochen zusammen, damit wir nicht gar zu sehr froren«, schreibt Lena Christ, und es verwundert nicht, dass sie, von schwerer Lungenkrankheit, Hunger und Kälte gepeinigt, sich nach einem Ende der Misere sehnt: »Oft war die Versuchung in mir aufgestiegen, dem Leben ein Ende zu machen; oft hatte ich am Abend den Hahn der Gasleitung zwischen den Fingern; doch die Hoffnung auf eine bessere Zukunft ließ mich das nicht vollbringen, was die Verzweiflung mir eingab.«

Die Armenbehörde gewährt ihr schließlich ein Spitalbett. Die Kinder, von denen nur drei überlebt haben, werden »untergebracht«, wie es in der Aktensprache heißt. Der Sohn kommt zu den Schwiegereltern, die beiden Töchter ins Kloster Moosburg. Damit ist die Familie, Lenas letzter Halt, aufgelöst. Ihre Aufzeichnungen enden mit diesem harten Schnitt – aber auch mit dem erstaunlich zuversichtlichen Satz: »Doch das Leben hielt mich fest und suchte mir zu zeigen, dass ich nicht das sei, wofür ich mich so oft gehalten, eine Überflüssige.«

Die Jahre vor und nach der Jahrhundertwende, die Lena Christ so dumpf in München verbracht hat, ohne von dieser Stadt mehr zu kennen als Schankstuben, graue Mietwohnungen und feuchte Neubauten, hat auch Franziska zu Reventlow hier durchlebt, in ganz anderer Weise allerdings, voller Lebensgier, Übermut und einer lustvoll zelebrierten »Revolution des Fleisches«. Sie fordert freie Liebe, nachdem sie eine missglückte Ehe hinter sich gebracht hat, nachdem der eher halbherzige Versuch, etwas von der im Grunde verachteten Ordnung und Sicherheit in ihr Leben zu bringen, gescheitert ist. Mit Myrthenkranz und Schleier wie eine Jungfrau hatte sie am Hochzeitsmorgen vor dem Spiegel gestanden, blass und »beinahe schön«: »… Ich habe mich sehr lange im Spiegel gesehen, weil es mein zweites Ich sehr interessiert, wie das erste sich heut machen wird«, schreibt sie ins Tagebuch. Sie spielt ihre Rolle und ist sich dessen bewusst: »Eine Art Freude in mir bei alledem, ein Stolz, so va banque zu spielen, so ganz allein und so ganz stark.« Aber sie kann sich in dem als großbürgerlich steif empfundenen Hamburg nicht mehr einleben. Sie will nicht, wie sie später verallgemeinernd für die Frauen ihrer Gesellschaftsschicht schreibt, »als Nutzobjekt oder Dekorationsgegenstand im Hause figurieren, ... den Pflichten des christlichen Ehebettes nach bestem Vermögen nachkommen und ihre Kinder zu derselben trostlosen Lebenslangeweile erziehen«.

Es treibt sie nach Schwabing zurück. In einem Taumel von Freiheit lebt sie sich aus. Sie überlässt sich dem Augenblick, ist bereit, »für einen Moment der Freude« selbst ihre »ewige Seligkeit« zu verkaufen.

Von ihrer gräflichen Familie hat sie sich längst losgesagt. Der letzte Versuch, mit den Ihren Kontakt aufzunehmen, als der Vater im Sterben lag, war gescheitert. Die Mutter hatte ihr den Zutritt zum Elternhaus verwehrt, der Pastor hatte sie gnadenlos abgewiesen: ausgestoßen aus der gräflichen Sippe. In unserer Zeit hat Elisabeth Plessen in ihrem Buch *Mitteilung an den Adel* einen ähnlichen Konflikt mit der standesbewussten Familie geschildert – nur dass hier die Tochter freiwillig auf die Teilnahme an der Beerdigung des Vaters verzichtet. Die alten Strukturen haben sich erhalten, aber der Spielraum ist größer geworden.

Für Franziska zu Reventlow ist Ehrlichkeit ein wichtiges Postulat. Das bedeutet für sie, stets ihren augenblicklichen Bedürfnissen zu folgen, sich keinem Zwang zu unterwerfen. Eine lebenslange Bindung an einen Mann lehnt sie als Heuchelei ab. Als 1897 ihr Sohn Rolf geboren wird, ein Wunschkind, das sie emphatisch liebt, gibt sie den Namen des Vaters nicht preis. Sie will das Kind alleine, nach ihrem Willen erziehen, auch wenn sie damit ihre Freiheit beschneidet und für ein einigermaßen geregeltes Einkommen sorgen muss. »Mein Kind hat keinen Vater, es soll nur mein sein«, bestimmt sie. Zum ersten Mal im Leben hat sie das Gefühl, dass ihr etwas wirklich gehört – derselbe Stolz, wie ihn auch Lena Christ nach der Geburt des ersten Kindes empfindet. Ein Besitz, der gleichzeitig Bürde und Verzicht bedeutet.

Aber weder Lena Christ noch Franziska zu Reventlow haben über ihre Mutterpflichten jemals geklagt. Muttersein haben beide, auch wenn es ihnen von der Gesellschaft schwer gemacht wurde, als Bereicherung, als Glück gesehen. Jemanden ganz für sich zu haben, ein Kind, dem man aber nie so ausgeliefert ist – so empfanden es beide – wie einem Mann.

Das Aufgehen in der Mutterrolle verändert Franziska zu Reventlows unstetes Leben. Sie bemüht sich um Ordnung, um Arbeit, die Heimarbeit sein muss, damit sie ihr Kind beaufsichtigen kann. So hält sie sich mit Übersetzungen aus dem Französischen über Wasser, schreibt gelegentlich für den *Simplicissimus,* die führende satirische Zeitschrift Münchens, und lebt im Übrigen immer noch auf großem Fuß. Zwar wohnt sie nun nicht mehr so komfortabel, aber ein Hausmädchen zu halten, gehört als Selbstverständlichkeit zu ihrem Lebenszuschnitt, auch wenn die Schlafstelle in der Küche eingerichtet werden muss und das Essen oft kaum für drei reicht. Übersetzen wird schlecht bezahlt, die mühselige Nachtarbeit setzt ihrem nach schwerer Krankheit und Operation geschwächten Körper zu, aber dem Sohn Rolf darf es an nichts fehlen, er »muss das Sonnenkind werden, das ich nicht geworden bin«.

Doch die Voraussetzungen dazu sind nicht günstig. Franziska zu Reventlow muss erleben, dass der ferne Ehemann in Hamburg nicht bereit ist, sie mit dem Kind eines fremden Mannes wieder aufzunehmen. Auf seine Veranlassung wird die Ehe »wegen fortgesetzter Untreue« der Ehefrau geschieden. Das Kind bleibt ohne Vater. Es wird darunter nicht so leiden wie Lena Christ, die Schwabinger Boheme ist keine Kleinbürgerszene, trotzdem weiß die Ausbrecherin, dass sie mit dem Kind gesellschaftlich »für immer bankrott« sein wird und dass dies wie eine Hypothek auf dem Sohn lastet.

In ihrem Freundeskreis wird sie ob ihrer Kühnheit, mit der sie ein Vertuschen des »Makels« ablehnt, bewundert. Für Rilke ist sie »die Madonna mit dem Kinde« – eine Rolle, in der sie sich wohl fühlt. Sie posiert in Madonnenhaltung vor dem Spiegel. In einem Brief an den Freund Paul

Schwabe malte sie sich schon vor der Geburt des Kindes aus, wie sie im weißen Schlafrock mit dem Baby im Arm durch ihre Gemächer schreiten würde. Der weiße Schlafrock sei schon vorhanden, schreibt sie, nur mit den Gemächern würde es bei ihren Schulden wohl noch Schwierigkeiten geben – und sie bittet den gutmütigen Freund bei der Gelegenheit, ihr noch etwas Gnadenfrist für die Rückzahlung des Geborgten zu gewähren.

Immer wieder das Geldproblem. Franziska zu Reventlow hat es nie gelernt, mit Geld umzugehen. Hatte sie welches, gab sie es bedenkenlos aus, hatte sie keins, borgte sie es sich genau so bedenkenlos zusammen. Von ihrem Verleger Langen lässt sie sich für die Übersetzungen Vorschuss geben – 150 Mark für 280 Druckseiten, die innerhalb von vierzehn Tagen vorliegen sollen.

Ihre Bücher sind für 50 Pfennig das Stück zum Antiquar gewandert. Vom Bodensee, wo sie billiger zu leben hoffte, ist sie enttäuscht nach München zurückgekehrt und wohnt nun wieder für acht Mark Monatsmiete in ihrer kleinen Bude in der Georgenstraße, sitzt an ihrem alten Tisch und schläft auf ihrem »Diwan dem Schrecklichen«, da ihr die fünfzig Mark fehlen, um Bett und Wäsche aus der Pfandleihe auszulösen.

Sie schmarotzt nicht nur, sie rackert sich auch redlich ab. »Siehst du, ich habe so arg unter mir selbst gelitten, unter meinem Leichtsinn und alledem«, schreibt sie an Schwabe. Sie versucht sich als Schauspielerin, als Animierdame. Sie eröffnet sogar ein Milchgeschäft in der Schillerstraße, eine »Gräfliche Milch- und Butterniederlage« mit einer naturgetreu gemalten Kuh im Schaufenster. Aber alle Reklame hilft nichts, das Geschäft floriert nur genau eine Woche, bis die Neugier der Kunden gestillt ist, dann bleibt sie auf ihren Milchkannen sitzen, während die Freunde im Hinterzimmer den ohne Konzession ausgeschenkten Schnaps trinken und gute Ratschläge geben, die aber die Pfändung des ganzen Unternehmens nicht verhindern können.

Franziska zu Reventlow hat viel über das Recht der Frau auf freie Liebe geschrieben, schon 1898 über *Das Männerphantom der Frau,* ein Jahr später *Was Frauen ziemt* – der Titel wurde vom Herausgeber Oskar Panizza in den verkaufsträchtigeren *Viragines oder Hetären* verwandelt. Doch die in der Theorie eingeforderte Freiheit nimmt sich in der Praxis weniger großartig aus. Die Willkür, mit der Partner und Rollen gewechselt werden, zeugt eher von rastlosem Getriebensein als von innerer Freiheit. Als heimliche Geliebte eines Münchner Rechtsanwalts gerät die so selbstbestimmt Auftretende doch in eine gefühlsmäßige Abhängigkeit, deren Ausmaß sie überrascht: »Sonderbar, wie demütig ich vor diesem Mann bin, es rührt und freut mich jedes gute Wort...«

Willig schlüpft sie auch in die Rolle, die ihr der Philosoph Ludwig Klages zugedacht hat, die der Hetäre, der kultisch verehrten Freundin, die neben einem schönen Körper auch eine empfindsame Seele besitzt. Perikles' Aspasia oder Demosthenes' Freundin Lais mögen Klages vorgeschwebt haben, als er in der ebenmäßigen Gestalt der Gräfin seine »heidnische Göttin« zu entdecken glaubt.

Klages, wie die Reventlow aus Norddeutschland nach München gekommen und von der Offenheit dieser Stadt fasziniert, hatte sich auf der Suche nach einem über Rationalismus und Empirie hinausgehenden Lebenssinn dem Kreis der »Kosmiker« um Karl Wolfskehl, Stefan George und Alfred Schuler zugewandt. Diese beschäftigten sich mit dem Werk Nietzsches und begründeten darauf eine Metaphysik der Seele, wobei sie den Geist als den Widersacher der Seele sahen, in ihr kosmisches Weltbild hinein holten sie auch antike Mysterienkulte und die Lehre Bachofens über Mutterrecht und Matriarchat. All ihre Findungen wurden, dem Zeitgefühl entsprechend, kultisch zelebriert. Franziska zu Reventlow, die von Klages in den Kreis eingeführt wurde fühlt sich gleichzeitig überhöht und in neue Abhängigkeiten verstrickt.

Die Rolle der beseelten Hetäre spielt sie mit Bravour, bejaht Mutterkult und die »Kräfte des Blutes«, die ihr seit der Geburt ihres Sohnes eine elementare Lebenserfahrung sind. Aber es ist eine ihr von Männern zugeschriebene Rolle. Klages will sie, das wird ihr rasch klar, nach seinem Bilde formen. Er möchte auch – hier ganz selbstlos – Ordnung in ihr äußerlich und innerlich chaotisches Leben bringen. In seine Fürsorge schließt er Franziskas Sohn Rolf, den »Hetären-Sprößling«, ein.

Die solchermaßen kultisch Verehrte und zugleich in die Pflicht Genommene verweigert sich dieser Erziehung, obwohl sie spürt, dass Klages wie niemand sonst sich bemüht, sie zu verstehen, sie aus ihrer Einsamkeit herauszuholen, unter der sie, von Geschäftigkeit übertüncht, sehr leidet. Ihre ständigen Krankheiten und Depressionen, ihre Migräne verstärken dieses Einsamkeitsgefühl noch. Klages schreibt über eine gemeinsame Reise nach Wildenroth, die er sich auch als eine Reise nach innen wünschte: »Ich fühlte: alles ist vorhanden, aber wie hinter eisernen Gittern verborgen, die ich sprengen muss. Die Geliebte lauschte hingerissen; und doch kam sie mir vor wie eine in jenen Käfig gesperrte Seele; ich rüttelte an den Stäben, ich konnte sie nicht zerbrechen. Sie horchte, ahnte, sehnte sich, aber sie fand nicht den Ausweg aus dem Kerker, den eine schlimme Jugend, verworrene Fahrten, irrende Abenteuer geschmiedet hatten.« Was Klages da unternimmt, kommt einem psychotherapeutischen Behandlungsversuch nahe.

Er ermuntert sie auch, ihr Leben, über das sie ja Tagebuch geführt hat, in Romanform niederzuschreiben und gibt ihr dabei Hilfestellung. An ihr Innerstes kommt er trotzdem nicht heran, an ihre »Elementarseele«, die er sich »im selben Feuerkreis« wünscht. »Ich spürte, dass sie draußen blieb«, schreibt er resigniert. Sie löst sich aus der Beziehung im selben Jahr 1903, in dem ihr autobiografischer Roman *Ellen Olestjerne* erscheint. Die Rollen, die sie für Klages spielte als

Hetäre, Sirene, Erdmutter und Hermaphrodite sollten ihre letzten fremdbestimmten sein. Von bürgerlichen Zwängen hat sie sich längst befreit, nun versucht sie, sich auch vom Sog der Schwabinger Boheme zu lösen, ihre Kräfte nicht mehr auf Künstlerfesten, in exzentrischen Literaturzirkeln oder okkultistischen Seancen zu verschleißen.

Der Erfolg ihres Romans bestärkt die zwischen Malerei, Schauspielerei und Schreiben Schwankende, bei der Feder zu bleiben. Die Subskriptionsliste von *Ellen Olestjerne* – fünf Mark soll der Band kosten – wird von illustren Namen angeführt; in München zeichnen Helene Böhlau, Dr. Karl Wolfskehl, Dr. Ludwig Klages, Frank Wedekind und Otto Falckenberg, in Berlin Maximilian Harden, in Paris Rainer Maria Rilke.

Sie erfährt nun, dass sie mehr sein kann als die Geliebte von …; dass sie ein eigenes Gewicht, eine eigene Sprache hat, die weitab vom Pathos der Kosmiker, viel eher in der Umgebung Heines angesiedelt ist. Die Übersetzungen gehen ihr leichter von der Hand; sie schreibt Essays und Erzählungen mit ironischem Unterton. Viel München ist darin und viel Sozialkritik. In der kurzen Geschichte *Nachtarbeit* beobachtet sie bei einem Spaziergang an der Isar einen Heizer hinter einem Bretterverschlag, der, übermüdet und von der Hitze gequält, Kohlen in einen brennenden Schlund wirft. Und sie hört gleichzeitig, wie sich Theaterbesucher im Pelz und Abendmantel auf der Brücke über Sozialismus und die letzten Streiks unterhalten, wie ein Kavalier sagt: »Sehen Sie, Fräulein, ein interessantes Motiv«, während der Heizer schweigend »zwischen Nachtfrost und Kohlenhitze« seine Arbeit tut.

Franziska zu Reventlow schreibt für in- und ausländische Zeitschriften, am häufigsten für den *Simplicissimus,* in dessen Autorenregister Namen wie Wedekind, Hamsun, Tschechow, Rilke oder Thomas Mann auftauchen. Über die Mitarbeit dichtender Damen ist der Redakteur Ludwig Thoma gar nicht erbaut. Er beklagt deren »miserable Diktion, hysterisches, unwahres Empfinden und saudumme Erfindung«.

Dabei gehört Franziska zu Reventlow nicht zu den in Redaktionsstuben verhassten »Bewegungsweibern«, denen man Übereifer und Humorlosigkeit nachsagt. Sie bejaht zwar die Ziele der Frauenbewegung, ist aber für Selbstbestimmung nur dort, wo das Geschlechterspiel, das erotische Knistern nicht wegfällt. Der Behauptung, die Frau könne alles, was der Mann kann, sie sei nur durch jahrhundertelange Unterdrückung daran gehindert worden, hält sie entgegen: »Aber für jedes wahrhaft erotisch empfindende Weib liegt gerade ein unendlich feiner Reiz darin, den stärkeren Gegner im Liebeskampf anzureizen, zu versuchen und sich ihm dann im selbstvergessenen Rausch zu schenken.« Sie wirft der Frauenbewegung vor, Feindin aller erotischen Kultur zu sein, weil sie die Frauen vermännlichen und »unseren blutarmen höheren Töchtern durch Gymnasium und Studium das bisschen Geschlecht noch völlig abgewöhnen« wolle.

Bei diesem Rundumschlag bekommt auch das Christentum ein paar Hiebe ab. Es habe mit der Einehe auch die Prostitution geschaffen: »Der Geschlechtstrieb und seine Befriedigung überhaupt wird als notwendiges Übel hingestellt, dem so oder so abgeholfen oder der gesteuert werden muss. In der Ehe wird er, zur Pflicht gestempelt, außerhalb derselben verpönt oder seine Befriedigung in möglichst unästhetischen Formen, wie unsere heutige staatliche konzessionierte Prostitution, gebracht.« Und sie plädiert dafür, da die Kinder nun einmal in Sünde empfangen worden seien, sie auch den Mut zur Sündhaftigkeit zu lehren.

Die Autorin mit der spitzen Feder kennt keine Scheu, sich mit Mächtigen anzulegen, öffentliches Ärgernis zu provozieren. Als ihre Satire *Das jüngste Gericht* im *Simplicissimus* Anstoß wegen Gotteslästerung erregt und das

Heft vom Staatsanwalt beschlagnahmt wird, spornt sie das Verfahren zu einer Fortsetzungssatire an, *Das allerjüngste Gericht,* die in einer der folgenden Nummern erscheint.

Ihre Erlebnisse im literarischen München, vor allem bei den Kosmikern und dem sich davon ablösenden George-Kreis bringt sie im *Schwabinger Beobachter* unter, der, 1904 von ihr anonym herausgegeben, in drei Folgen erscheint. Ausführlicher und aus dem Abstand eines Jahrzehnts heraus mit milder Ironie schildert sie ihre wilde Schwabinger Zeit in dem Schlüsselroman *Herrn Dames Aufzeichnungen.* Hier karikiert sie die von den Kosmikern angestrebte androgyne geschlechtliche Einheit. Karl Wolfskehl tritt als Professor Hofmann auf, sie selbst als Bohemienne, Stefan George wird despektierlich zum »Weihenstefan«, Schwabing heißt »Wahnmoching«. Der in Form tagebuchartiger Aufzeichnungen geschriebene Roman zum »Mythos München« erscheint 1913 und wird natürlich von allen Kennern der Szene begierig gelesen. Verschlüsselte Personendarstellungen erhöhen die Spannung und werden auch von andern Autoren häufig gewählt. Die Husumer Gräfin findet sich etwa in Ernst von Wolzogens Roman *Das dritte Geschlecht* wieder und soll auch für Wedekinds *Lulu* Modell gestanden haben.

Wie unterschiedlich Frauenleben in München sein kann, wird augenfällig, wenn man Franziska zu Reventlows vom Normalbürgeralltag abgehobenen Schwabing-Roman mit Lena Christs *Erinnerungen einer Überflüssigen* vergleicht, dieser zur selben Zeit entstandenen harten Aufzeichnung des Kleineleutelebens. Die Hilfe und Ermunterung, die Franziska zu Reventlow durch Klages erfahren hat, wird Lena Christ durch den Schriftsteller Peter Jerusalem zuteil, von dem sie sich 1911 als Diktatschreiberin anheuern ließ. Er erkennt sehr schnell ihre Fähigkeit, Erlebtes und Beobachtetes in anschaulicher, unverbrauchter Sprache wiederzugeben, und er drängt die nun Dreißigjährige, ihr Leben niederzuschreiben. Was dabei entsteht, ist mehr als ein sozialkritischer Mägdereport, es ist ein Stück volksnaher bayerischer Literatur, und der Kritiker Hofmiller bescheinigt der Verfasserin: »Sie weiß alles, diese Erzählerin … Sie blickt ihren Gestalten bis ins Innerste. Keine Regung entgeht ihr, kein Verdacht, kein Spiel mit einem Gedanken … Ein urwüchsigerer echterer Dialog ist in altbayerischer Mundart niemals geschrieben worden.«

Lena Christ hat die Niederschrift der *Überflüssigen* viel Mühe gekostet, den zweiten Teil vollendete sie im Schwabinger Krankenhaus, wo sie wegen eines sich verschlimmernden Lungenleidens längere Zeit liegen musste. Der angesehene Verlag Langen nahm das Manuskript auf eine Anregung Ludwig Thomas hin an – besser hätte ein Einstieg in die literarische Welt nicht erfolgen können. Peter Jerusalem, der sich später Peter Benedix nannte, selbst ein erfolgloser Schwabinger Poet, hatte auf das richtige Pferd gesetzt. Die beiden heiraten im August 1912, und Benedix, der überzeugt ist vom Schreibtalent seiner Frau, drängt sie nun, anknüpfend an Ludwig Thomas erfolgreiche *Lausbubengeschichten*, *Lausdirndlgeschichten* zu schreiben. Aber das Buch wird kein Erfolg. Lena Christ liegt das humorvoll Augenzwinkernde nicht.

Benedix lässt sich vom Misserfolg »seiner Dichterin« nicht beirren. Er bringt ihr Jeremias Gotthelf und Gottfried Kellers *Grünen Heinrich* als Lektüre mit, volksnahe, aber nicht volkstümelnde Werke. Sie ist gelehrig, was Aufbau und Rahmen der Bücher betrifft, aber sie behält ihre ureigene kräftige Sprache, die der Germanist Jörg Drews der Kellerschen an die Seite stellt.

Wie Klages seine Gräfin zur Hetäre stilisierte, so drängt Benedix seinen Schützling in die Rolle des urwüchsigen, ungebildeten und unverbildeten Naturkindes. In ihrer Biografie wird die Häuslerkindheit, die Arbeit als Schankstubenmagd hervorgehoben; dass Lena Christ während ihres

Noviziats im Kloster mit den Schülerinnen des Lehrerinnenseminars gemeinsam unterrichtet wurde, dass sie Dantes *Göttliche Komödie* fast auswendig kann und durchaus belesen ist, passt nicht ins Bild und wird verschwiegen. Es wäre aber ungerecht, Peter Benedix nur Vermarktung und Ausbeutung eines Talents vorzuwerfen. Er hat der Labilen und oft Depressiven auch ein Heim geboten, in dem sie sich, zum ersten Mal in ihrem Leben, zu Hause fühlt. Sie kann ihre beiden Töchter aus dem Kloster zurückholen, kann eigenen Besitz, und seien es nur wertlose, beim Tandler erstandene Krüge, zusammentragen, kann aus einer Mansardenwohnung in Gern in eine geräumigere in Nymphenburg umziehen und von dort gar in ein kleines ländliches Haus am Würm-Kanal. In diesem Hoamatl in der Kuglmüllerstraße entfaltet sie sich als Kleinbäuerin, legt einen Gemüsegarten an und hält, in Erinnerung an die Kindheit beim Großvater, Schweine, Hühner, Enten und zwei Geißen.

Zwar kostet das Viehzeug mehr als es einbringt, aber Lena Christ kann sich diesen bescheidenen Luxus nun leisten. Ihre Bücher haben Erfolg, sie kommen dem Bedürfnis der Leser nach »authentischer Literatur« entgegen, ähnlich Anna Wimschneiders *Herbstmilch* in unseren Tagen. 1914 erscheint der Roman *Mathias Bichler,* die Lebensgeschichte eines Findelkindes, das in die Münchner Welt der Kunst aufbricht und ein berühmter Bildschnitzer wird. Mathias Bichler ist der Name ihres geliebten Großvaters, den sie auf diese Weise in ihrem Werk festhält und unvergessen macht.

Ebenfalls 1914 kommen in Albert Langens Reihe der Kriegsbücher ihre Skizzen aus dem Kriegsalltag heraus: *Unsere Bayern anno 14.* Das Buch und zwei Folgebände erreichen in kürzester Zeit mehrere Auflagen und bringen ihr eine Einladung ins Wittelsbacherpalais ein. Bei Tisch unterhält sie Ludwig III. und die Hofgesellschaft mit ihren Münchner Gschichtln. Gleichzeitig aber wird ihr mit Entsetzen bewusst, dass nun schon wieder eine der Vorhersagen in Erfüllung gegangen ist, die ihr eine Wahrsagerin vor vielen Jahren gemacht hat: Die Frau hatte ihr prophezeit, sie werde von ihrem ersten Mann getrennt, finde aber einen zweiten, durch den sie so berühmt werde, dass Könige sie empfingen. Mit 38 aber werde sie sterben. – Orakelgläubig wie sie ist, kann sie sich ihre weitere Lebensspanne ausrechnen; drei Jahre bleiben ihr noch. Sie verfällt nun öfter in Schwermut, zumal Benedix zum Kriegsdienst eingezogen wird und das geregelte Familienleben, das ihr Halt gegeben hatte, entfällt.

Obwohl ein weiteres Buch von ihr erscheint, *Die Rumplhanni*, das von Ludwig Thoma und den Kritikern gelobt wird, fühlt sie sich unverstanden und einsam. Hofmiller, der später voller Anerkennung von ihr sagt: »Wenn die richtigen Weiber anfangen zu erzählen, dann reichen sie in Tiefen, wo die Mannsbilder nicht mehr hinkommen«, weiß so gut wie sie selbst, dass in dieser Tiefe gleichzeitig Gefährdung liegt. Lena Christ schreibt dem in Landshut stationierten Ehemann verzweifelt: »Ich war nur durch Dich was und bin nix mehr, seit ich Dich nicht mehr hab. Ich bin haltlos, kraftlos und lebenslos ... mein eigentliches Leben ist wie in einem Sarg verschlossen, und nur Du kannst es wieder zum Leben bringen.«

Die Alleingelassene hat Angstzustände und zieht dem Einzigen, der ihr die Angst nehmen kann, nach Landshut hinterher. Benedix, der an die Front nach Frankreich ausrücken muss, bittet einen jungen, kriegsversehrten Freund, den Sänger Ludwig Schmidt, sich um die Verstörte zu kümmern. Dass aus dem Fürsorgeverhältnis Liebe und Leidenschaft werden könnte, hat er nicht bedacht. Lena Christ zieht zu dem »Buab« nach München und versucht in einer Art Torschlusspanik, versäumtes Leben, versäumte Jugend nachzuholen.

Um den jugendlichen Geliebten an sich zu binden, braucht sie Geld. So versieht sie zweitklassige Bilder aus ihrem Besitz mit Signaturen bekannter Maler, um sie teurer verkaufen zu können. Die Fälschungen sind derart unbeholfen und naiv, dass der Schwindel auffliegen muss. Sie wird von einem Händler angezeigt, und ihre Verhaftung droht.

Im Roman *Rumplhanni* findet eine Bauernmagd nach vielen Abenteuern schließlich in der Stadt ihr Glück. Umgekehrt bringt in ihrem letzten Roman *Madam Bäurin* das einfache Leben auf dem Dorfe einem Stadtmädchen Erfüllung. Die Muster sind gradlinig wie im Märchen: die Helden kommen nach allerhand Prüfungen und Entbehrungen zu Ansehen und Wohlstand. – Wunschträume der Lena Christ.

Auf ihr eigenes Leben passt dieses Muster nicht. Sie sieht aus den Verstrickungen keinen andern Ausweg mehr als den Tod – den ihr die Wahrsagerin prophezeit und den ihr die Mutter herbeigewünscht hatte. Sie schreibt Peter Benedix, der sich von ihr scheiden ließ, sich ihr aber immer noch verbunden fühlt und sich um ihre Kinder kümmert: »Ich bin so elend beisammen, so zermürbt, dass ich halt nicht mehr kann. Denn dass Ihr mir bald beide verloren seid, Du und der Bub, dass auch das Glück sich allmählich von mir wenden wird, das weiß ich bestimmt. Ich falle eben doch dem Schicksal anheim, welches mir meine Mutter gewünscht hat.« – Die Zerstörung des Selbstvertrauens durch die Ablehnung der Mutter wirkt noch zwei Jahrzehnte nach und kann auch nicht durch Benedix' Zuwendung wettgemacht werden. Ein zerbrochenes Leben. Auch der junge Sänger hat sie im Stich gelassen.

Sie bittet Benedix um einen letzten Gefallen. Er soll ihr Gift besorgen, damit ihren Kindern die Schmach ihrer Verurteilung wegen der Fälschungsgeschichte erspart bleibe. Benedix zögert. Sie setzt ihn unter Druck, droht, sich von der Großhesseloher Brücke zu stürzen oder sich in der Zelle aus den Fetzen ihres Gewandes einen Strick zu drehen. Er verspricht schließlich, ihr von einem Chemiker Zyankali zu beschaffen, und sie ordnet, äußerlich ganz ruhig, ihre Sachen, schreibt ein Testament und einen Abschiedsbrief an

Ludwig Thoma, der ihren Schritt erklären soll: »Ich habe meinen Fehltritt freiwillig mit dem Opfer meines Lebens gesühnt, damit die Ehre meiner Kinder bewahrt bleibt.«

Am Vormittag des 30. Juni 1920 trifft sie sich mit ihrem ehemaligen Mann auf dem Münchner Waldfriedhof. Er übergibt ihr das Gift und verabschiedet sich von ihr. Sie geht allein in den Tod, wird auf einem efeuüberwachsenen Grabhügel gefunden und auch auf diesem Friedhof beerdigt. Das ist für eine offenkundige Selbstmörderin, der die Kirche den Segen verweigert, außergewöhnlich. Ihr Grab liegt – registriertes Elend – in der Sektion 44. Erst viele Jahre später, als er wegen Beihilfe zum Selbstmord nicht mehr belangt werden konnte, veröffentlichte Peter Benedix die aus seiner Feder stammende Fortsetzung der *Erinnerungen einer Überflüssigen: Der Weg der Lena Christ.*

Lena Christ ist in München gestorben. Franziska zu Reventlow hat ihre letzten Lebensjahre nicht mehr in München verbracht. Sie zog ins Tessin und spielte hier noch einmal eine Rolle, die der große Coup werden sollte, aber doch – wie so vieles in ihrem Leben – scheiterte. Erich Mühsam, der wohlmeinende Schriftstellerkollege, hat bei diesem Stück Regie geführt. Er schlägt der chronisch unter Geldmangel leidenden und gesundheitlich geschwächten Autorin eine Scheinehe mit einem begüterten baltischen Baron vor. Dieser führt ein ungebundenes Leben als Sonderling und Bohemien in Ascona.

Die auf Reputation bedachte Familie will ihm das Erbteil nur auszahlen, wenn er eine standesgemäße Ehefrau vorweisen kann. Da macht sich ein Gräfinnentitel nicht schlecht. Aber der Vater durchschaut den Schwindel, der Sohn bekommt nur den Pflichtteil, doch auch der garantiert noch ein angenehmes Leben.

Franziska zu Reventlow legt den ihr überlassenen Anteil, diesmal ganz bürgerlich solide, auf einer Tessiner Bank an. Aber die Bank macht 1914 Konkurs, und die betrogene

Betrügerin sieht von ihrem Geld nichts mehr. Sie verarbeitet den Verlust nicht ohne Ironie literarisch in der autobiografischen Novelle *Der Geldkomplex* – und lebt weiter in Armut.

Zwischendurch erwägt sie, wieder nach München zurückzuziehen, doch der Krieg hat auch die Schwabinger Bohemewelt verändert, alte Freunde sind in die Emigration gegangen, die Hochstimmung ist in Resignation umgeschlagen. So bleibt sie im Tessin und versichert sich schreibend der Vergangenheit. Nur wenige Menschen sind der früher so Umschwärmten geblieben. Als sie am 27. Juli 1918 nach einer Operation in Muralto bei Ascona verarmt und vereinsamt stirbt, ist sie erst 47 Jahre alt. Tröstlich, dass wenigstens ihr Sohn Rolf, der ihrem Leben Sinn gegeben hat, bei ihr ist.

Franziska zu Reventlows und Lena Christs Lebenskreise berührten sich kaum, auch wenn beide Frauen zur gleichen Zeit in München und, noch eingegrenzter, in Schwabing gewohnt haben.

Denkbar wäre eine Begegnung durchaus gewesen, etwa bei Kathi Kobus, der legendären Wirtin des Simpl, der Künstlerkneipe in der Türkenstraße. Weniger im Café Noris, wo sich Intellektuelle und politische Emigranten trafen. In diesen Kreisen verkehrte Lena Christ nicht, sie waren der passende Zuschnitt für die Gräfin Reventlow, die über dem Café im Haus Leopoldstraße 41 eine Zeit lang gewohnt hat – eine Gedenktafel erinnert daran.

Für Lena Christ ist eine Gedenktafel am Gasthof Deutsche Eiche angebracht, Ecke Sandstraße/Kreittmayrstraße, dem Gasthof, der Lenas Eltern gehörte und in dem sie ihre bittersten Jugendjahre verlebt hat. Wer ahnt heute etwas vom Elend der »Wirtsleni«, wenn er die Tafel, eingerahmt von Reklameschildern für Löwenbräu und Grillhendl, liest?

Ums Überleben schreiben: Lena Christ hatte zum Schluss die Kraft nicht mehr. Doch war für sie wie für Franziska zu Reventlow lange Zeit Schreiben nicht nur eine notwendige materielle Basis in ihrem ungesicherten Dasein, sondern auch die einzige Brücke, die die Vereinsamten mit der Außenwelt verband.

Dass die Werke beider Schriftstellerinnen heute, neu aufgelegt, mit einer Anteilnahme gelesen werden, die über das historische Interesse weit hinausgeht, zeigt, dass hier Lebenstragik jenseits der Zeitepochen niedergeschrieben wurde: höchst subjektive Dokumente, in ihrer sprachlichen und psychologischen Substanz doch zu allgemein menschlichen Aussagen verdichtet.

Die Sozialreformerin
Alice Salomon
(1872–1948)
Berlin

New Yorker Zeitungen melden in den letzten Augusttagen des Jahres 1948 eine außergewöhnliche Hitzewelle. Brooklyn liegt verlassen da, die meisten Menschen sind an die kühlere Küste gefahren. So nimmt niemand den Tod der alten Frau in einem Apartment der East 79th Street zur Kenntnis. Herzversagen. Emigrantin aus Deutschland. Bei der Beerdigung auf dem Evergreens Cemetery folgen nur vier oder fünf Leute dem Sarg, keine Angehörigen. In der Rasenfläche des riesigen Friedhofs ein Stein unter Tausenden: Alice Salomon 1872–1948. Elf Jahre hat sie in New York gelebt, harte Jahre. In Berlin, in Deutschland galt sie als große Pionierin der Sozialarbeit, hier kannte sie kaum jemand. Mit 65 musste sie sich, ganz auf sich allein gestellt, noch einmal eine Existenz aufbauen. Im August 1947 schreibt sie an Hildegard von Gierke, die Leiterin des Pestalozzi-Fröbel-Hauses in Berlin, mit der sie in alter Freundschaft verbunden ist: »Meine Kraft reicht nicht weiter … Aber niemand, der etwas besorgt oder kocht oder einen Brief zum Kasten bringt …«

Das soziale Netz, das sie in Deutschland mitgeknüpft hat, hier existiert es nicht, und von privater Hilfe abhängig zu sein, wenn man ein Leben lang für das Recht auf Arbeit gekämpft hat, ist bitter. Sie hält sich mit Zeitungsartikeln und Vorträgen zu Sozialthemen über Wasser, mehr schlecht als recht, wohnt in Hotels, bei Bekannten, dann endlich in einer eigenen kleinen Zweizimmerwohnung. In ihren Lebenserinnerungen, an denen sie in jenen Jahren in englischer Sprache schreibt, ist von diesen Alltagsschwierigkeiten kaum die Rede. Vielleicht aus Stolz, vielleicht, weil sie ihre amerikanischen Leser von *Character is Destiny* nicht vor den Kopf stoßen will. Dass sie keinen Verleger findet für das Werk, enttäuscht sie schwer, sie ist es nicht gewohnt, abgewiesen zu werden, ihre Bibliografie umfasst 27 Bücher und 247 publizierte Aufsätze und Vorträge.

In Deutschland erscheint *Charakter ist Schicksal* erst zehn Jahre nach ihrem Tod – und es wäre ihr so wichtig gewesen, ihre Erfahrungen an die nachfolgende Generation weiterzugeben, eine Generation, die auf keine gesicherten Werte mehr zurückgreifen konnte: »Alles, was ich während meines Lebens getan habe, hatte einen Inhalt: beizutragen zur Entstehung einer sozialen Ordnung mit mehr Gerechtigkeit, Chancengleichheit und einem tieferen Empfinden der Solidarität und Brüderlichkeit.« Alice Salomon leidet darunter, dass sich zu den amerikanischen Sozialorganisationen keine dauerhaften Arbeitskontakte ergeben, sie bleibt Konkurrentin, Fremde. Um so gerührter ist sie, als ehemalige Berliner Sozialschülerinnen gemeinsam mit amerikanischen Frauenvereinigungen zu ihrem 70. Geburtstag in einem New Yorker Hotel einen Empfang für sie geben und bekannte Musiker aus ihrem früheren Freundeskreis, Adolf Busch und Rudolf Serkin, zu ihren Ehren spielen.

Aber kein Echo aus Deutschland. Und als Deutsche fühlt sie sich immer noch, obwohl sie seit 1944 die amerikanische Staatsbürgerschaft besitzt: »Deutschland war mein Vaterland, Deutsch meine Muttersprache. Die deutschen Dichter und Philosophen gehörten zu meiner Erziehung ...« Sie denkt an die Lieder Paul Gerhardts, an die Choräle Luthers und natürlich an Goethe, der sie ständig begleitet. Sie träumt von einer deutschen Frühlingslandschaft mit jungem Baumgrün und rosa Blütenblättern, die über die Wiesen geweht werden. – Heimweh. – Warum ist sie nicht zurückgekehrt? Sie war zu alt, zu schwach, zu illusionslos. Zu tief verletzt auch von dem, was man ihr angetan hat.

Dabei ist Selbstmitleid und Resignation nicht ihre Art. Im Gegenteil: ein ausgeprägter Wille, Leistungsbewusstsein und Durchhaltevermögen zeichnen ihre schulische und wissenschaftliche Karriere aus. Aufgewachsen als Kaufmannstochter in wohlhabender Umgebung – das Elternhaus stand in der Königgrätzer Straße –, hätte sich die junge Alice Salomon durchaus auf die übliche und standesgemäße Höhere-Töchter-Laufbahn beschränken können: Klavier spielen, Sticken, auf einen Ehemann warten. Aber sie ertrotzt den Besuch des Viktoria-Lyceums, dessen Fächerangebot sie freilich enttäuscht; von allem ein bisschen, was Frauen in der Ehe brauchen. Ihr Wunsch, Lehrerin zu werden, scheitert am Widerstand der Eltern, in ihren Kreisen üben Mädchen keinen Brotberuf aus.

Die Weichen für ihr weiteres Leben werden 1893 gestellt, als sie im Bürgersaal des Berliner Rathauses an der Gründungsversammlung der »Mädchen- und Frauengruppen für soziale Hilfsarbeit« teilnimmt. Neben theoretischer Belehrung lernt sie hier zum ersten Mal praktische Sozialarbeit kennen, ehrenamtlichen Einsatz in Krippen und Kindergärten, Waisenhäusern und Krankenanstalten, in Volksküchen und in der Armenpflege. Neu ist dabei, dass es sich um eine systematische Ausbildung der Helferinnen handelt, man spricht nicht mehr von »Wohltätigkeit« und »Almosen«, sondern von »sozialer Hilfsarbeit« und »Wohlfahrtseinrichtungen«. Alice macht Hausbesuche bei Fabrik- und Heimarbeiterinnen, sieht die ungesunden, beengten Wohnverhältnisse, empört sich über die langen Arbeitszeiten und die extrem niedrigen Löhne der Frauen: das Thema ihrer späteren Doktorarbeit. Dass die junge Sozialhelferin ihre Weiterbildung nicht vernachlässigt, dafür sorgt eine der Leiterinnen, die für sie bald zur mütterlichen Freundin wird, Jeanette Schwerin. Sie nimmt Alice ganz in ihre Arbeit herein und überträgt ihr immer verantwortungsvollere Aufgaben, beim Bund Deutscher Frauenvereine, bei der Organisation einer ersten Berufsberatungs- und Arbeitsvermittlungsstelle, bei der Zulassung als Armenpflegerin – ein viel beachteter Präzedenzfall in Berlin.

1899 ist Alice Salomon mit dabei, als in Berlin ein Ganztagskurs zur Ausbildung beruflicher Sozialarbeiter anläuft – der erste auf dem europäischen Kontinent und Grundstein für weitere Schulen der Sozialarbeit. Gleichzeitig wird ein neues Berufsbild geprägt: der fachlich ausgebildete qualifizierte Sozialarbeiter, der für seine Tätigkeit einen geregelten Lohn erhält. Die Möglichkeit einer beruflichen Entfaltung auch und vor allem für Mädchen. Alice Salomon gibt dem praktischen Experiment den theoretischen Unterbau: »Aus der Charitas wird soziale Arbeit, Sozialreform und Sozialpolitik. Hilfstätigkeit erfordert nicht nur die rechte Gesinnung. Sie braucht auch Organisationen und Institutionen, durch die der Helfende den Weg zum Hilfsbedürftigen findet.«

Mit ähnlicher Konsequenz geht Alice Salomon später das Problem der jugendlichen Arbeitslosen an: »Sie erfuhren in den Jahren der Arbeitslosigkeit, dass sie nicht gebraucht wurden und sie lernten nie, dass Brot die Frucht mühevoller Arbeit sein sollte – dass seine Zutaten nicht in den Wohlfahrtsbüros hergestellt wurden ... Wir waren davon überzeugt, dass die Arbeitslosen mehr benötigten als Geld, um Lebensmittel zu kaufen und ihre Mägen zu füllen; dass sie etwas brauchten, um ihren Tag auszufüllen, ihre Hände in Bewegung und ihren Geist beweglich zu halten. Am dringlichsten brauchten sie den Glauben an sich selbst und an die Zukunft, um ihrer Existenz einen Sinn zu geben.« – Das hat Alice Salomon formuliert, lange bevor Hitler den Arbeitslosen zurief: »Euer Land braucht Euch nicht? *Ich* brauche Euch!«, und ihre Worte sind, wie vieles aus ihren Schriften, heute nicht weniger aktuell als damals.

Ihr Sachverstand und ihre praktische Logik fallen auch den Professoren Max Sering und Alfred Weber auf, bei denen sie volkswirtschaftliche Vorlesungen besucht. Frauen sind an den preußischen Universitäten seit 1896 als Gasthörer zugelassen, haben aber nicht das Recht, akademische Prüfungen abzulegen. Ganz unbürokratisch und gegen den Widerstand des Dekans ermöglichen Sering und Weber der Autodidaktin trotzdem eine Promotion in Volkswirtschaftslehre, auch andere Kollegen ziehen mit; die gefürchtete Philosophieprüfung bei Professor Riehl verläuft glänzend. 1906 erhält sie die Promotionsurkunde. Alice Salomon ist eine der allerersten Studentinnen, die in Berlin ihr Studium mit einem akademischen Grad abschließen – zwei Jahre bevor sich die Friedrich-Wilhelms-Universität für Frauen öffnet. Nun geht es mit ihrer Karriere steil aufwärts. 1908 übernimmt sie die Leitung der neu eröffneten Sozialen Frauenschule in Berlin-Schöneberg, die sich rasch entwickelt und Modell für andere Schulen im In- und Ausland wird. Alice Salomon möchte eine »hochschulartige Stätte« für Frauen schaffen, aufbauend auf der Sozialen Frauenschule, so kommt es 1925 zur Gründung der »Deutschen Akademie für soziale und pädagogische Frauenarbeit«. Ihre organisatorischen Fähigkeiten sprechen sich herum, die Ämter häufen sich. Sie wird Schriftführerin im Internationalen Frauenbund, Vorsitzende der Konferenz sozialer Frauenschulen Deutschlands und des Internationalen Komitees sozialer Schulen. 1932 verleiht ihr die medizinische Fakultät der Universität Berlin den Dr. h.c. Zu ihrem 60. Geburtstag wird ein Haus der Sozialen Frauenschule in der Barbarossastraße in »Alice-Salomon-Schule« umbenannt.

Ehrung über Ehrung – und ein Jahr später, 1933, ist alles vorbei. Die Nationalsozialisten entheben sie ihrer Ämter.

Weggewischt ein ganzes Lebenswerk, ein nichtarischer Name am Schulportal. Um einer »Gleichschaltung« der Akademie für Frauenarbeit zuvorzukommen, beruft Alice Salomon telegrafisch eine sofortige Vorstandssitzung ein, auf der die Auflösung der Schule beschlossen wird. Alle Papiere und Dokumente werden vernichtet. Nun ist sie arbeitslos, die so unermüdlich Tätige. Aber sie sucht sich eine neue Aufgabe, mit einigen Freunden gründet sie in Berlin ein kleines Hilfskomitee für jüdische und christliche Auswanderungswillige, eine Anlauf- und Beratungsstelle, die misstrauisch beobachtet wird, wie alles, was sie tut.

Wahrscheinlich ist man auch über ihre Kontakte zur »Bekennenden Kirche« gut informiert. Sie ist überzeugte evangelische Christin, hat sich schon 1914 taufen lassen, ein Schritt, den ihre jüdischen Verwandten und Freunde missbilligten. Durch einen jungen Pfarrer wird sie in die Dahlemer Kirche und den Kreis um Pastor Niemöller eingeführt. Sie besucht seine Gottesdienste, beteiligt sich an den Gesprächen in seiner Wohnung, dann, als der Kreis größer wird, trifft man sich im Gemeindehaus. Sie beobachtet, wie Niemöllers energisches Gesicht immer asketischere Züge annimmt, aber seine Predigten zunehmend machtvoller und eindringlicher werden: »Es waren diese unbedingte Ergebenheit in Gott, sein leidenschaftlicher Ernst und sein Mut, welche Menschen aus allen Teilen der Stadt zu Niemöllers Kirche hinzogen; sie kamen in solchen Massen, dass die Fahrkartenkontrolleure in der U-Bahnstation Dahlem verstärkt werden mussten. Die Menschen kamen schon eine Stunde vor Beginn des Gottesdienstes; einige brachten Klappstühle mit, andere standen während des langen Gottesdienstes und die Übrigen blieben draußen und versuchten, so viel wie möglich zu verstehen. Gegen Ende seiner dortigen Zeit predigte Niemöller jeden Tag, im sicheren Bewusstsein davon, dass seine Freiheit und vielleicht sein Leben bald vorbei sein würden.«

Nach der Verhaftung Niemöllers und seiner Einlieferung ins Konzentrationslager übernimmt Otto Dibelius seinen Platz auf der Dahlemer Kanzel, und Alice Salomon ist von der Kraft seines Wortes nicht weniger beeindruckt. Sie hat diese Kraft nötig in der nächsten Zeit. Im Mai 1937 wird sie zur Gestapo bestellt und über ihre Auslandskontakte befragt. Nach dem vierstündigen Verhör befiehlt man ihr, Deutschland innerhalb von drei Wochen zu verlassen. Dies sei eine Anweisung, um das Konzentrationslager zu vermeiden. Sie kann es, will es nicht fassen, obgleich der Verstand ihr sagt, dass nichts anderes zu erwarten war: »Ich war von jüdischer ›Rasse‹; ich gehörte der kämpfenden protestantischen Kirche an; ich war eine progressive Frau, international eingestellt und daher pazifistisch. Zweifellos glaubten sie, dass ich außerhalb des Landes weniger schaden würde als im Lande.« – Sie bringt – ohne Panik – ihre Sachen in Ordnung, löst die Wohnung auf, schreibt einen Abschiedsbrief an die Freunde und verlässt Deutschland am 12. Juni 1937. Der Schatten des Dritten Reiches verfolgt sie bis nach New York: 1939 wird ihr die deutsche Staatsbürgerschaft aberkannt und der 1906 erworbene Doktorgrad an der Berliner Universität für nichtig erklärt.

»Nicht wo ich ein bequemes Leben habe sondern wo ich nützlich sein kann, dort ist mein Vaterland«, hat sie sich aus Goethes *Wilhelm Meister* notiert. Es gehört zur Tragik ihres Lebens, dass sie in den letzten Jahren im Exil keine sie erfüllende und befriedigende Aufgabe mehr gefunden hat.

Die Komponistin
Alma Mahler-Werfel
(1879–1964)
Wien

Eine Performance, wie sie die Tanzkünstlerin Susanne Hajdu für eine Wiener Avantgarde-Aufführung gestaltet haben könnte:

Auf kalt ausgeleuchteter Bühne vor weißem Hintergrund fünf marmorierte Säulen aus Pappe, jede gekrönt von einem goldglänzenden Pappmachékopf mit markanten Gesichtszügen. Das Publikum, mit der Wiener Künstlerszene vertraut, erkennt die Köpfe an ihren charakteristischen Details sofort: ganz links der Sezessionsmaler Gustav Klimt, Rundschädel, Vollbart, Haartolle auf sonst kahler Stirn. Daneben, schmalgesichtig intellektuell, mit scharfem Blick hinter randlosen Brillengläsern Hofoperndirektor Gustav Mahler. In der Mitte, hager hohlwangig, der junge Wilde unter den Malern, Oskar Kokoschka. Ihm zur Rechten als Kontrast der Architekt Walter Gropius, mit dezentem Schnurrbart über verschlossenem und entschlossenem Mund. Rechts außen wieder ein Rundkopf mit weichen Konturen, krausem Nackenhaar und Doppelkinn, der Dichter Franz Werfel.

Eine illustre Säulenreihe. Statisch. Unverrückbar. – Oder doch nicht? Eine Frauengestalt im schwarzen Trikot huscht auf die Bühne. Tanzt – zu Mahlers Zweiter Symphonie – zwischen den Säulen, bleibt stehen, scheint mit der Platzierung der Köpfe unzufrieden. Fängt an, die wuchtigen Säulen mit leichter Hand zu verschieben, vor, zurück, nach rechts, nach links. Betrachtet ihr Werk aus dem Abstand von der Bühnenrampe aus. Beobachtet die Schatten, die jede Säule wirft, längere, kürzere, je nach Standort. Richtet sich darin ein. Wechselt die Stellung in immer hektischerem Schattenspiel. Sinkt schließlich hinter der letzten Säule erschöpft zusammen, das Gesicht dem Publikum zugewandt: Alma Mahler-Werfel. Gefährtin berühmter Männer. Sie steht mit ihnen im Rampenlicht – ein gewagtes Spiel mit Licht und Schatten, mit den Heroen auf den Säulenkapitellen. Geben sie mehr Licht oder werfen sie mehr Schatten?

In der Realität lassen sie sich nicht hin und her schieben wie auf der Bühne. In der Realität sind die Säulen aus Granit, fest im Fundament verankert, Wege, Zukunft markierend. Davor müsste eigentlich noch eine Säule stehen: »Ich bin die Tochter eines großen Monuments, gewissermaßen«, schreibt Alma Mahler-Werfel in ihren Erinnerungen. Das große Monument ist der Wiener Landschaftsmaler Emil J. Schindler, ein Atelierkollege Hans Makarts. Die Tochter verklärt den Frühverstorbenen zur Lichtgestalt ihrer Jugend. Seine Schulden, sein Leben auf zu großem Fuße entschuldigt sie mit seiner Genialität. Ihre Musikbegabung hat sie selbstverständlich von ihm, nicht von der aus kleinbürgerlichen Verhältnissen Hamburgs stammenden Mutter. Nicht ihm, sondern der Mutter lastet sie ihre lückenhafte Schulbildung an.

Der Vater bereist im Regierungsauftrag die Adria, um die Küstenstädte von Dalmatien in Tuschzeichnungen festzuhalten. Seine Familie begleitet ihn von Ort zu Ort – an einen geregelten Schulbesuch für Alma und ihre Schwester ist dabei nicht zu denken. Die Mädchen werden von häufig wechselnden Hauslehrern und von der pädagogisch ahnungslosen, aber lebenspraktischen Mutter unterrichtet. Immerhin wird für die musikalische Alma auf Korfu ein Pianino besorgt. Dass geeignete Noten fehlen, ist nicht von Nachteil für Almas künstlerische Entwicklung, sie denkt sich eigene Kompositionen aus.

Als der Vater im Sommer 1892 während eines Aufenthaltes auf Sylt plötzlich stirbt, ändert sich das unstete Leben, Wien wird nun zum Lebensmittelpunkt der Familie. Die nicht nur auf musikalischem Gebiet frühreife Alma baut sich mit fünfzehn eine eigene Bibliothek auf, indem sie ihre Kinderbücher heimlich in Antiquariaten gegen Dehmel, Rilke und Liliencron eintauscht. In der Familie findet sie keinerlei Unterstützung ihrer literarischen Interessen, so hält sie sich an Freunde ihres verstorbenen Vaters, ältere gebildete Herren, die sich vom Wissensdurst und auch vom Charme des jungen Mädchens beeindrucken lassen. Max Burckhard, der spätere Burgtheaterdirektor, verliebt sich in die Siebzehnjährige und versorgt sie – von der Mutter argwöhnisch beobachtet – waschkörbeweise mit klassischer Literatur. »Max Burckhard war der erste, der sich meines irrlichternden Geistes annahm«, schreibt sie. » Aber er gefiel mir als Mann nicht, und seine große Verliebtheit löste Widerwillen in mir aus. Wir waren immer einer Meinung, und das langweilte mich auf die Dauer.«

Ihrer besonderen Wirkung auf das männliche Geschlecht ist sich Alma früh bewusst, sie äußert ihre Gefühle kindlich unbekümmert und ungestüm – auch ihrem Kompositionslehrer Alexander von Zemlinsky gegenüber, der sie in ihren musikalischen Ambitionen bestärkt und sie so beflügelt, dass sie über Nacht ganze Sonatensätze zu Papier bringt. Einen scheußlichen Gnom nennt sie ihn zwar, doch gleichzeitig lässt sie sich faszinieren von seiner Gedankenschärfe und erwägt sogar, ihn, der auch der Lehrer Arnold Schönbergs ist, zu heiraten. Eine Backfischschwärmerei in den Augen der Mutter.

Eine ernstere Gefährdung der Moral ihrer nun achtzehnjährigen Tochter sieht die Mutter – wohl nicht zu Unrecht – in einem wesentlich älteren, stürmischen Verehrer: Gustav Klimt. Der 35-jährige schon berühmte Künstler fährt Alma und deren Familie nach Italien hinterher und heftet sich hartnäckig an ihre Fersen. Sein lockerer Lebenswandel und seine unehelichen Kinder sind der Mutter Grund genug, jede Begegnung zu unterbinden und heimlich in Almas Tagebuch nach Beweisen verbotener Liebesbezeugungen zu suchen. Diesen Vertrauensbruch wird ihr die Tochter nie verzeihen.

Alma hat Klimt im elterlichen Haus kennen gelernt. Ihr Stiefvater Carl Moll gehört zu den Gründern der Wiener Sezession, jenem rebellischen Kreis von Architekten und Malern, die sich vom alten Künstlerhaus losgesagt haben und neue, zukunftsweisende Wege gehen wollen. Die ersten geheimen »Katakombensitzungen« finden im Moll'schen Hause unter Anführung Gustav Klimts statt. Diese konspirative Atmosphäre beflügelt die Fantasie Almas, die sich in ihren Träumen mit dem Rebellen vereint sieht. »Seine Schönheit und meine frische Jugend, seine Genialität, meine Talente, unser beider tiefste Lebensmusikalität stimmten uns auf gleichen Ton«, schreibt sie emphatisch und vermerkt wenig später verbittert, ihre so genannte gute Erziehung habe ihr erstes Liebeswunder vernichtet. Sie hegt Selbstmordgedanken. Aber ihr Lebenswille ist stärker, ihre Wut auf die Mutter vor allem. Sie beginnt wieder zu komponieren, ihren Schmerz in Töne umzusetzen, überzeugt, dass Klimt ihre ›Erweckung‹ bewirkt habe.

Insgeheim fühlt sie sich ihm verlobt, wohl ahnend, dass er nie ihr allein gehören würde. Sie sieht sein künstlerisches Schaffen, seine »Flitterkrambilder«, seine Liebesaffären mit kritischem Blick und der trügerischen Hoffnung, Klimt könnte sich durch sie auf den richtigen Weg bringen lassen: »…und darum suchte er mich, weil er fühlte, dass ich ihm hätte helfen können.« – Wunschtraum einer übersteigerten Jungmädchenfantasie, diese Rolle zwischen Geliebter und fürsorglicher Freundin? – Jahre später noch übt Klimts Erscheinung einen magischen Zauber auf sie aus.

Der Mann, der dann ihr weiteres Leben bestimmen wird, sieht ihrem Wunschbild in keiner Weise ähnlich. Er hat nicht die pralle Lebensfülle Klimts, nicht die große Pose, er wirkt abweisend, in sich gekehrt, intellektuell: Gustav Mahler. Die Zwanzigjährige hat den um neunzehn Jahre älteren Hofoperndirektor im Herbst 1901 bei Berta Zuckerkandl, in deren Salon ›tout Wien‹ verkehrt, kennen gelernt – zornentflammt. Der große Meister hat ein Werk ihres Lehrers Zemlinsky ein Jahr in der Schublade liegen lassen, sie stellt ihn deswegen zur Rede. Mahler, verblüfft über die Courage des jungen Frauenzimmers, lenkt ein, lädt die Empörte zur Generalprobe von *Hoffmanns Erzählungen* ein. Kurz darauf macht der eingefleischte Junggeselle seinen Antrittsbesuch bei Almas Mutter, drei Wochen später ist das ungleiche Paar verlobt.

Liebe auf den ersten Blick war es nicht bei Alma, wohl eher die Hochachtung vor dem berühmten Komponisten und entschlossenen Opernreformer. Mahler ist eine umstrittene Persönlichkeit im Wiener Kulturleben. Seine Absage an den vertrauten Belcanto-Stil, seine eiserne Probendisziplin, seine Anforderungen an Musiker und Publikum lassen die Oper sich zu großer Form entfalten, aber die gemütliche Atmosphäre im Parkett ist dahin. Berta Zuckerkandl, die kritisch beobachtende Kennerin der Musikszene, beschreibt die Spannung, wenn Mahler den Orchesterraum betritt und sich ans Dirigentenpult schwingt: »Wie Napoleon bei der Truppenschau lässt er seinen Blick über die Menschen im Parkett, in den Logen, auf den Galerien gleiten. Es herrscht atemlose Stille. Die Magie dieser Erscheinung, dieses eisernen Willens, dieses befehlenden Geistes bannt die Versammelten. Wehe, wenn einer dieser unverschämten Theaterhuster die

Stille entweiht oder ein Operngucker tückisch zu Boden fällt! Da blitzen die Brillengläser des Allfordernden in teuflischem Hohn. Jeder fühlt sich zerknirscht, mitschuldig.«

Gustav Mahler führt die Verdunklung des Zuschauerraumes zu Beginn der Aufführung ein, um die Konzentration auf das musikalische Geschehen zu lenken. Das Wiener Publikum, das den Blick gern in die Runde schweifen lässt, gewöhnt sich nur murrend an diese Disziplinierung, die bald auch in anderen Konzertsälen Europas Schule macht.

Diktatorische Anordnungen trifft Mahler nicht nur in der Oper, sondern – in den Augen seiner Verlobten – auch im privaten Leben. Er untersagt ihr weiteren Kompositionsunterricht bei Zemlinsky, hält nichts von ihrem Komponieren: »Du hast von nun an nur *einen* Beruf: mich glücklich zu machen!« Und er präzisiert seine Forderungen in dem Brautbrief, den er von einer Gastspielreise nach Wien schickt: »Du musst Dich mir *bedingungslos* zu Eigen geben. – Die Gestaltung Deines zukünftigen Lebens in allen Einzelheiten innerlich von meinen Bedürfnissen abhängig machen, und nichts dafür wünschen als meine Liebe!«

Immer wieder führt er seiner Braut, offenbar verärgert über deren Widerspenstigkeit, die Schreckensvision einer komponierenden Ehefrau vor Augen: »Hast Du eine Ahnung, wie lächerlich und später herabziehend vor uns selbst, so ein eigentümliches Rivalitätsverhältnis werden muss?« Und er stellt ihr die Schicksalsfrage: »Bedeutet dies für Dich einen Abbruch Deines Lebens, und glaubst Du auf einen Dir unentbehrlichen Höhepunkt des Seins verzichten zu müssen, wenn Du Deine Musik ganz aufgibst, um die Meine zu besitzen, und auch zu sein?« Ganz selbstverständlich fordert er, »dass Du so werden musst, wie ich es brauche, wenn wir glücklich werden sollen«.

Und Alma? Lässt sie sich abschrecken von diesen Besitzansprüchen? Ist ihr die künstlerische Eigenexistenz so viel wert, auf Mahler zu verzichten? – Nein. Sie heiratet ihn, gegen den Rat ihrer Mutter. Am 9. März 1902 findet die Trauung in der Wiener Karlskirche statt. Später, in ihrem Lebensrückblick, versucht sie sich selbstbedauernd Rechenschaft zu geben über diesen »Anfang einer harten Leidenszeit«, über ihr nur von seinen Gedanken bestimmtes Leben, über den Verlust all ihrer alten Freunde durch Mahlers Eifersucht. Vom Augenblick ihrer Verlobung an habe er seinen Tonfall ihr gegenüber geändert, vom werbend Liebenden zum strengen Meister, dem sie alle Unannehmlichkeiten, alle Alltagsgeschäfte vom Leib zu halten habe.

Sie sitzt nun Tag für Tag über Notenblättern und kopiert hektisch Partituren – nicht die eigenen, sondern Mahlers 5. Symphonie. Da er immer nur eine Stimme ausschreibt, muss sie als gelehrige Kompositionsschülerin die anderen Stimmen in den verschiedenen Schlüsseln ausfüllen. Sie kommt sich vor, als ob ihre Flügel beschnitten seien. »Gustav, warum hast du mich flugfrohen, farbfrohen Vogel an dich gekettet«, fragt sie anklagend – und beteuert gleichzeitig, nur ein Ziel zu haben: »mein Glück für das eines andern zu opfern und vielleicht dadurch selber glücklich zu werden«.

Ist diese unverhoffte Opferhaltung nur ein Lippenbekenntnis oder versucht sie, sich in ihre Lage zu fügen, wohl wissend, dass sie die Musik, die sie wieder in ihrem Inneren »webt«, für sich behalten muss, dass ihm ihre Kompositionskenntnis nur so lange erwünscht ist, wie sie seinem Werk zugute kommt: »Gustav lebt sein Leben und ich habe auch das seine zu leben.«

Resignation. Aber dann wieder höchster Überschwang: »Ich bin tief erfüllt von meiner Mission, diesem Genie die Steine aus dem Weg zu räumen!«, schreibt sie, und dies ist durchaus nicht ironisch gemeint wie der ganz ähnliche Satz in den Erinnerungen von Tolstojs Frau. Die heftigen Gemütsschwankungen können mit ihrer Schwangerschaft zusammenhängen, die ihr schwer zu schaffen macht. Ein Rückert-Gedicht, das Gustav Mahler für sie vertont, rührt sie und verstört sie zugleich: »wie wenig ich bin und habe im Vergleich zu seinem Reichtum …«

Im November 1902 wird die Tochter Maria geboren. Die junge Mutter kann für dieses Kind keine spontane Liebe empfinden, die Beschäftigung mit dem Säugling füllt sie nicht aus. Sie lernt Griechisch, übersetzt Paulus Nikaios und sehnt sich nach einem Gegenüber, mit dem sie reden kann. Mit ihrem Mann ist dies, wie sie glaubt, nicht möglich, »er hat alles zu tief innen, als dass es im Leben ans Licht könnte«. Ihr graut vor diesem Ehegefährten, der »in der Welt draußen das Pfauenrad zu schlagen hat«, während sie ihn zu Hause nur müde und abgespannt erlebt: »Ach, wenn er doch jünger wäre! Im Genießen, im Erleben jünger!« Und sie denkt das Undenkbare: »Wenn er doch nicht mehr nach Hause käme …«

Sie hat alle Lust am Leben verloren, das sie als Scheinleben, als Unterdrückung empfindet: »Mein Schiff ist im Hafen. Aber leck.« Sie tröstet sich mit der Einsicht, dass Mahlers Egozentrik offenbar zum Künstlertum gehört: »Die Frau wird neben einem bedeutenden Künstler immer zu kurz kommen. Er empfindet sich, wie auch sie, nur als Instrument, um seine Art von Herrschsucht durchzusetzen und auslebend zu gestalten, nämlich seine Kunst.« Die Musik soll ihr über die Lebensenttäuschung hinweghelfen. Sie holt heimlich ihre alten Kompositionen hervor, ihre Lieder, ihre unvollendete Klaviersonate. Aber sie kommt nicht weiter, brauchte Hilfe: ihren früheren Lehrer Zemlinsky. Doch da ist Mahlers Eifersucht, die sie fürchtet. Sie wagt nicht, die Klavierstunden bei Zemlinsky wieder aufzunehmen.

Im Juni 1904 wird Anna, das zweite Kind, geboren. Alma fühlt sich überfordert: Der Haushalt wird, trotz Hilfen, komplizierter. Die Kinder brauchen sie. Ihr Mann braucht sie – und sie braucht ihn. Die Begründung hört sich allerdings ziemlich ernüchternd an: »Er hat mir so viel genommen, dass seine Gegenwart jetzt meine einzige Stütze ist.« Eine weitere Stütze könnte ihr der in ihrem gastlichen Haus verkehrende Musiker Hans Pfitzner sein, doch wieder beklagt sie sich über Mahlers – berechtigte oder unberechtigte? – Eifersucht. Zeit für Frau und Kinder nimmt sich Mahler allerdings kaum. In manischer Hektik schreibt er in der knappen Freizeit, die ihm der Opernbetrieb lässt, seine großen Symphonien.

Seine Stellung als Direktor der Wiener Hofoper ist nicht unangefochten. Es gibt Widerstand im Hause, Neider seines Erfolges, Intrigen, die ihm zusetzen. Der Arzt stellt ein Herzleiden fest: die Belastungen, auch die familiären, haben ihre Spuren hinterlassen. Während eines Urlaubs am Wörthersee in diesem Unglückssommer 1907 erkrankt die fünfjährige Tochter Maria an Scharlach und Diphtherie. Ein unter primitiven Umständen vorgenommener Kehlkopfschnitt misslingt, das Kind stirbt qualvoll.

Gustav Mahler entzieht sich der Verzweiflung, der häuslichen Misere, auch den Schwierigkeiten in der Oper durch ein Engagement in New York. Trotz seiner ständigen Herzbeschwerden unterzeichnet er einen mehrjährigen Vertrag mit der Metropolitan Opera. Die Arbeitsbedingungen sind hier besser als in Wien, er hat die Möglichkeit, ein eigenes Orchester aufzubauen, die Konzertsaison dauert nur – allerdings mörderische – drei bis vier Monate, die übrige Zeit kann er ganz seiner Kompositionsarbeit widmen. Und er nutzt diese Zeit: In kurzer Folge entstehen seine 7., 8. und 9. Symphonie, die Skizzen zur 10. und *Das Lied von der Erde*. Er arbeitet mit einer Intensität und Unrast, die keine Zerstreuung, kein Familienleben dulden, sucht dem Leben abzutrotzen, was sein krankes Herz noch hergibt – und flieht gleichzeitig vor den Ansprüchen seiner jungen Frau, der er von seinen Konzertreisen allerdings lange Liebesbriefe schreibt. Er habe Angst, sie zu verlieren, gesteht er Sigmund Freud in einem therapeutischen Gespräch. Alma Mahler schreibt dazu: »Er war ein Zölibatär und fürchtete das Weib. Seine Angst, ›heruntergezogen‹ zu werden, war grenzenlos, und so mied er das Leben ... also das Weibliche.«

Dafür widmet er ihr in einem nächtlichen Gespräch seine 8. Symphonie, die im September 1910 in München zum ersten Mal aufgeführt wird – in einer gigantischen Inszenierung, mit tausend Mitwirkenden und verstärkten Chören aus Wien und Leipzig und einer fast halbstündigen Ovation der Konzertbesucher. Alma Mahler erlebt den Triumph ihres Mannes von der Loge aus mit. Mahler auf dem Höhepunkt seiner Laufbahn. Sie weiß: Er wird nicht mehr lange durchhalten. Die Angina-Pectoris-Anfälle häufen sich. Aber er macht kühne Pläne für die Zukunft, kauft ein Grundstück im Semmering, hier soll seine neue Arbeitsstätte entstehen. Er arbeitet rastlos, pausenlos, in Amerika geht die Hektik weiter: 65 Aufführungen in einer kurzen Saison. Und auch hier Missstimmigkeiten. Seine kompromisslose Art stößt auf Ablehnung, auch wenn seine Genialität stärker als in Wien anerkannt wird.

Der mörderische Konzertbetrieb richtet ihn zugrunde, aber vielleicht mehr noch die Ahnung oder Gewissheit von der Untreue seiner Frau. Sein Zusammenbruch war vorauszusehen. Eine Serumbehandlung in Paris bringt nicht die erhoffte Rettung. Am 18. Mai 1911 stirbt Gustav Mahler, noch nicht 51, in seiner Heimatstadt Wien, die sich nun plötzlich ihres großen Sohnes erinnert. Er wird auf dem Grinzinger Friedhof in Döbling bestattet. Hier wird mehr als ein halbes Jahrhundert später auch Alma Mahler ihre letzte Ruhestätte finden nach einem bewegten Leben, das erst am 11. Dezember 1964 in New York, ihrem letzten Domizil, endet. Fünfundachtzig Jahre alt ist sie geworden, umgeben von den Erinnerungen an ihre großen Zeiten.

Nach Mahlers Tod ist sie wenig über dreißig, eine attraktive Witwe, die sich nicht in Trauer vergräbt. Da bleiben Verehrer nicht aus: der Arzt Joseph Fraenkel, der den schwer kranken Mahler in New York betreut und für seine Rückkehr nach Europa gesorgt hat. Der Komponist Franz Schreker, der Biologe Paul Kammerer – sie kommen nicht an gegen den eruptiven jungen Kokoschka, den »Oberwildling« und Gesellschaftsschreck, der sich im April 1912 in die sieben Jahre ältere Witwe verliebt, ja ihr ganz und gar verfällt. Statt sie am Flügel zu porträtieren, gesteht er ihr seine Leidenschaft, fleht sie in einem ungestümen Liebesbrief an: »...bringen Sie mir ein wirkliches Opfer und werden Sie meine Frau: im Geheimen, so lange ich arm bin. Ich werde Ihnen danken als meiner Trösterin, wenn ich mich nicht mehr verstecken muss ... Schreiben Sie mir, dass ich zu Ihnen kommen darf, und ich will es für Ihre Einwilligung halten.«

Der junge Maler mit der großen Emphase und dem bescheidenen Atelier am Stubenring geht aufs Ganze. Wie wird die Angebetete reagieren? Sein Äußeres scheint sie nicht zu faszinieren: »Seine Ohren, obwohl klein und feinziseliert, stehen vom Kopf ab. Seine Nase ist etwas breit und schwillt leicht an. Der Mund groß, der untere Teil und das Kinn vorgebaut. Die Augen stehen etwas schief; dadurch bekommt sein Ausdruck etwas Lauerndes.«

Kokoschka gehört nicht zur guten Wiener Gesellschaft, auch wenn einflussreiche Meinungsmacher auf ihn und seine künstlerische Zukunft setzen. Karl Kraus charakterisiert den Feuerkopf mit einem plastischen Bild: »Wenn's brennt, hat er noch die Geistesgegenwart, das Sprungtuch in die Flammen zu werfen.« – Irrationale Handlungen in einer scheinrationalen Welt. Gegen die Zeitströmung des Materialismus und des sich zuspitzenden Nationalismus malt der dünnhäutige Wilde mit dem Röntgenblick seine wie er sie nennt – nervenirrsinnigen Porträts. Sein Blick ist an Freud geschult, er sieht hinter die Dinge, löst Wohlgefügtes in seine Bestandteile auf und will dabei »das Menschliche« wiedergewinnen.

Der Schüler Klimts lässt die Ornamentik des Jugendstils hinter sich und stößt mit aggressiven Pinselstrichen vor in die ekstatische, gewalterfüllte Szene des frühen Expressionismus, ohne dass er sich in eine Strömung wie die Dresdner *Brücke* oder den Münchner *Blauen Reiter* einbinden ließe.

Er ist ein Wiener Solitärgewächs, von den Wienern mitnichten gehegt. »Ich will mich nicht begraben lassen, wie alle Menschen, die was wert waren, von den Wienern begraben werden bei lebendigem Leib«, schreibt er später von Dresden aus an seine Eltern. Und noch viel später, in der Zeit des Nationalsozialismus, vermerkt er über die Wiener Gesellschaft, von der er sich ausgestoßen fühlt: »Ich werde noch mehr verfemt wie in Deutschland, hier aus Schadenfreude, weil es Gesellschaftssitte ist, von Beethoven und Mozarts Zeiten her über den Geistigen zu grinsen und sich nachher im Kulturausverkauf an seinem Werke zu bereichern.«

Oskar Kokoschka greift hoch in seinen Vergleichen, er ist sich seines Stellenwerts bewusst und er erwartet dies auch von Alma Mahler, die für ihn »Mädel, Mutter, Geliebte und einziger Freund« ist. Das Wort ›Femme fatale‹ fällt nicht, obwohl er sich wie ein Besessener in dieser Beziehung verliert, die sein Leben und Werk beherrscht. Sie sieht ihn, nüchterner, als Kind und als Künstler: »Ich liebte dieses Genie und das ungezogene, störrische Kind in ihm.«

1914 malt er wie in Ekstase das Doppelporträt *Die Windsbraut,* ein luftiges Gehäuse »aus Sturm und Wellen«, das ihn und seine Geliebte in trügerischer Geborgenheit umschließt, abgehoben von der Welt: »Jeder Tag soll uns näher bringen, bis wir die andere Welt vollkommen verloren haben und unser Anfang und Ende selbst sind«, schreibt er seiner Windsbraut in einem der vierhundert liebestrunkenen Briefe, die sie wohlgefällig, aber auch verunsichert entgegennimmt: Wieder wird sie vereinnahmt und lässt es geschehen.

Die Briefe enthalten auch apodiktische Warnungen. Warnungen wie: »Ich dulde keine fremden Götter neben mir.« Nicht einmal eine von Rodin geschaffene Büste Gustav Mahlers kann Kokoschka in seiner Nähe ertragen. Seine Eifersucht ist grenzenlos. Nachts schleicht er misstrauisch um Almas Haus, um sicherzugehen, dass kein »Kerl« sich bei ihr einfindet. Nur hochgeschlossene Kleider mit züchtigen Ärmeln darf sie tragen – ganz grundlos wird seine Abschirmungsstrategie, der sich die Umworbene zu entziehen versucht, nicht sein. In ihrer – zuweilen etwas frei erinnerten – Biografie beschreibt sie, wie Kokoschka eine Heirat erzwingen will, indem er Fakten schafft und beide heimlich im Gemeindehaus von Döbling zur standesamtlichen Trauung aufbieten lässt. Die genötigte Braut entflieht nach Franzensbad, bis der vorgesehene Heiratstermin verstrichen ist.

Über ihre drei Jahre während aufregende und aufreibende Liaison mit Kokoschka schreibt sie rückblickend: »Niemals zuvor habe ich so viel Krampf, so viel Hölle, so viel Paradies gekostet.« In dieser Zeit ist nicht nur die *Windsbraut* entstanden, sondern auch eine auf sieben Fächer gemalte mythische Liebesgeschichte, die Kokoschka *Liebesbriefe in Bildersprache* nennt und Alma widmet. Sechs dieser Fächer haben die stürmischen Zeiten überdauert und werden heute im Hamburger Museum für

Kunst und Gewerbe aufbewahrt, den siebten hat angeblich der eifersüchtige Nachfolger Kokoschkas ins Feuer geworfen.

Oskar Kokoschka entflieht dem zermürbenden Liebeskampf an die Front. Auf einem Pferd, das er sich aus dem Erlös der *Windsbraut* gekauft hat, zieht er mit einem Dragonerregiment gegen Osten, wird im Sommer 1915 und zum zweiten Mal 1916 schwer verwundet und kommt schließlich, endgültig kriegsuntauglich, in ein Dresdner Sanatorium. Über den Verlust der Geliebten ist er weder durch die Schockerlebnisse des Krieges noch durch seine Arbeit an expressionistischen Dramen hinweggekommen, die so bezeichnende Titel tragen wie *Mörder, Hoffnung der Frauen* oder *Orpheus und Eurydike*.

In seiner Verzweiflung ersinnt Kokoschka ein groteskes Trostmittel: Von der Münchner Puppenmacherin Hermine Moos lässt er – *Hoffmanns Erzählungen* im Hinterkopf – eine lebensgroße Puppe anfertigen, die ihm die verlorene Geliebte ersetzen soll. Ein Sehnsuchtsgeschöpf, das Almas Körper nachgebildet ist und nach seinen genauen Anweisungen entsteht: »Bitte machen Sie es dem Tastgefühl möglich, sich an den Stellen zu erfreuen, wo die Fett- und Muskelschichten plötzlich einer sehnigen Hautdecke weichen … auch müssen Sie damit rechnen, dass Hand und Fuß auch noch nackt etwas Anziehendes hat, lebendiges, und nicht klumpig wirkt… ist der Mund zum öffnen? Und sind auch Zähne und Zunge drinnen? Ich wäre glücklich!« Er empfiehlt dem honorigen Fräulein Moos, die Aktzeichnungen von Niklas Deutsch, Baldung Grien und Grünewald zu studieren, und er wünscht sich die Haut »pfirsichähnlich im Angreifen« und ohne Nähte »an Stellen, wo Sie denken, dass es mir weh tut und mich daran erinnert, dass der Fetisch ein elender Fetzenbalg ist«. Und schließlich der letzte, ihm peinliche Wunsch: »es müssen die parties honteuses auch vollkommen und üppig ausgeführt werden und mit Haaren besetzt sein, sonst wird es kein Weib, sondern ein Monstrum.«

Es wird ein Monstrum. Ein Drahtgestell mit plumpen, sägemehlgefüllten Gliedern und einer Haut aus Eisbärfell – ernüchternd und geschmacklos. Und doch begleitet der Fetzenbalg Kokoschka drei Jahre lang. Sitzt auf dem Sofa, wenn der an die Kunstakademie Dresden berufene Meister seine Studenten einlädt, wird von einer Bedienerin angezogen, wenn er sie in die Oper ausführt, bis er schließlich dem grausamen Spiel ein Ende macht, sie im Rausch mit Rotwein übergießt und enthauptet. Von der Monsterpuppe hat er sich freigemalt in den Bildern *Selbstbildnis mit Puppe* und *Frau in Blau* – von der Geliebten gelingt ihm diese Befreiung nie. Noch vierzig Jahre später schreibt er ihr zum 70. Geburtstag: »Wir zwei werden immer auf der Bühne des Lebens sein, wenn widerliche Banalität, das triviale Bild der zeitgenössischen Welt, einer aus Leidenschaft geborenen Pracht weichen muss.«

Alma Mahler bleibt auf der Bühne des Lebens. Aber sie ist nicht die Frau, die es mit Kokoschka auf Dauer ausgehalten hätte, die, wie Kokoschkas spätere Ehefrau Olda, ohne emanzipatorische Ansprüche hätte schreiben können: »Ich habe wohl begriffen, dass man ihn nicht okkupieren darf, dass man immer dasein muss, aber im Hintergrund.« – Alma, die, mit 34 auf sich allein gestellt, ihr Leben nun neu ordnen muss, schreibt: »Oskar Kokoschka hatte mein Leben erfüllt und zerstört, zur gleichen Zeit.« Sie zieht in ihr noch von Mahler geplantes Landhaus auf dem Semmering, ein Haus mit einem riesigen Natursteinkamin und Kokoschka-Fresken im Zentrum.

Anfang 1915 fährt Alma Mahler für vierzehn Tage nach Berlin, um den verwundeten, aus dem Feldlazarett entlassenen Freund Walter Gropius zu besuchen. »Er war unter Toten verschüttet und hat einen schweren Nervenschock«, schreibt sie, und am 18. Mai hält sie im Tagebuch fest: »Sterbetag Gustav Mahlers und zugleich Geburtstag von Walter Gropius. Sind das Zufälle?« Dann, einige Monate später, die nüchterne Notiz: »Am 18. August habe ich Walter Gropius geheiratet …«

Leutnant Gropius kehrt nach dem Heimat- und Heiratsurlaub zu seiner Truppe zurück, und Alma sinniert am 26. September: »Es ist die merkwürdigste Ehe, die sich denken lässt. So unverheiratet … so frei, und doch gebunden.« Die beiden halten ihre Ehe vorerst geheim. Keine wilden Eruptionen wie bei Kokoschka, alles ist wohl überlegt, nur durch den Krieg unberechenbar. »Walter Gropius ist im Feld … manchmal habe ich Angst, dass wir einander fremd werden«, schreibt sie im Oktober 1916. Sie kann sich ein Zusammensein mit dem Architekten Gropius, dem »ungemein noblen Menschen«, gar nicht mehr vorstellen, ihre Verbindung auf Distanz nennt sie »eine müde Dämmerehe«. – »Eine große fremde Freude täte mir not!«, notiert sie im Tagebuch.

Zwei Ereignisse holen sie aus ihrer Lethargie: die Geburt der Tochter Manon und das Gedicht *Der Erkennende* von Franz Werfel, das sie in einer Zeitschrift liest und das sie wie ein Blitz trifft. Es rührt Saiten an in ihr, die sie längst verstummt glaubte. Wann hat sie sich zum letzten Mal ans Klavier gesetzt und aus innerer Bewegung heraus einen Text vertont, wie sie es jetzt tut?

Im Sommer 1917 lernt sie Franz Werfel persönlich kennen, der Dichter Franz Blei bringt ihn mit in ihr gastfreies Haus. Ein Funke springt sofort über, Tagebuchaufzeichnungen bezeugen ihr Spiel mit dem Feuer: »Werfel ist ein untersetzter Mann, mit sinnlichen Lippen und wunderschönen großen blauen Augen unter einer Goetheschen Stirn. Er gewinnt, je mehr er sich gibt …« Werfel kommt wieder und wieder in ihren Salon, trägt im Kreis der Freunde seine Gedichte vor, singt mit wohl-

klingender Tenorstimme Opernpartien und Alma begleitet ihn, endlich wieder in Musik schwelgend, am Flügel.
»... wir wussten von keiner Welt mehr«, schreibt sie ins
Tagebuch. Werfel muss etwas Frauenbetörendes an sich
gehabt haben. Die heimatlose Dichterin Else Lasker-Schüler verbringt einmal, sehnsuchtstrunken, eine ganze Nacht
auf der Fußmatte vor seinem Zürcher Hotelzimmer. Von
ihr stammen die Verse: »... auf seiner Lippe / ist eine
Nachtigall gemalt / Mein Garten singt, / wenn er ihn verlässt.«

Während Gropius noch im Feld ist, fern und entrückt,
trifft sich seine Frau im Januar 1918 mit Werfel in dessen
Hotel. Sie notiert hinterher resigniert: »Wenn ich zwanzig
Jahre jünger wäre, würde ich alles hinhauen und mit ihm
gehen. So aber ... muss ich ihm mit tiefer Trauer nachse-
hen, wenn er seinen Götterlieblingsweg dahingeht.« Ihre
Trauer ist verfrüht. Die elf Jahre Altersunterschied sind für
den Götterliebling, den 28-jährigen Prager Industriellen-
sohn und einfallsreichen Fabulierer, nicht von Belang, er
begehrt Alma – und wird von nun an ihr weiteres Leben
bestimmen. Das Jahr 1918 ist mit dem Ende des Ersten
Weltkriegs ein aufregendes Jahr – auch für ihr persönliches
Leben.

Ein Besuch Werfels in ihrem Landhaus auf dem Semmering endet tragisch. Alma ist im siebten Monat schwanger,
den Ehemann, den sie jetzt an ihrer Seite brauchte, sieht sie
nur selten bei kurzen Fronturlauben. Für den schwärme-
risch veranlagten Werfel ist Alma, die mütterliche Geliebte,
Erfüllung seiner Sehnsucht. Er schreibt am 29. Juli 1918 in
sein Tagebuch: »Ich habe mir Frauen bisher immer nur viele Monate lang vorher imaginiert und zurechtgeschwärmt.
Sie waren mir wenig wirklich. Alma ist mir wirklich.« Und
dann das Geständnis: »Wir liebten uns! Ich schonte sie
nicht.« Für Alma hat diese Liebesnacht schlimme Folgen.
Eine Frühgeburt droht, der Dorfarzt ist überfordert. Der

eilig herbeigerufer.e Ehemann Gropius trifft mit einem Spezialisten aus Wien ein, Alma wird in ein Wiener Sanatorium gebracht. Der Junge, den sie zwei Monate zu früh zur Welt bringt, ist so anfällig und schwach, dass er das erste Jahr nicht überlebt.

Die schuldbewusste Mutter fühlt sich elend, auch Werfel macht sich Vorwürfe. Gropius hat durch Zufall ein vertrauliches Telefongespräch seiner Frau mit Werfel gehört, er weiß nun, was geschehen ist. Bewahrt Haltung, die Zeiten, wo man Nebenbuhler zum Duell forderte, sind vorbei. Er beschwört Werfel: »Schonen Sie Alma. Es kann ein Unglück geschehen. Die Erregung, wenn uns (Uns!) das Kind stürbe!« Werfel ist zerknirscht, sucht sich in gläubig kindlicher Weise zu kasteien. Dieses Erlebnis und die Angst um Alma verwandeln den lebensfrohen Bonvivant und Kaffeehaus-Stammgast, er arbeitet konzentriert, statt die Nächte mit Freunden im Café Herrenhof oder in einer Gulaschhütte zu verbringen. Alma wacht als Muse und Mentorin über seinem Schaffen.

Die Ehe mit dem Berliner Architekten Walter Gropius ist nicht ihr Lebensmittelpunkt – ist es nie gewesen. Gropius, der 1919 in Weimar das Bauhaus gegründet hat, ist von der Idee einer Zusammenführung von Kunst und Handwerk besessen, will die Kunst aus ihren elitären Höhen in die Praxis holen, eine »Versuchszentrale« schaffen, in der Techniker und Künstler gemeinsam neue Wohnformen und Gebrauchsgegenstände entwickeln. Für ein Familienleben mit gesellschaftlichem Glanz, wie es Alma gewohnt ist, bleibt, auch nach ihrer Übersiedlung in die deutsche Residenzstadt, wenig Zeit, zumal die politischen Unruhen – Generalstreik, Kapp-Putsch – im Frühjahr 1920 den Alltag in Weimar bestimmen. Alma sehnt sich nach Wien zurück, zu Franz Werfel. Die Scheidung von Gropius zieht sich hin, es geht um die gemeinsame Tochter Manon, ein hochintelligentes, sensibles Kind, das später, als junges

Mädchen, auf tragische Weise an Kinderlähmung sterben wird.

Die Rückkehr in die Musikstadt Wien nach der Trennung von Gropius wäre der Zeitpunkt, wo sich die nun wieder Unabhängige der Musik widmen, alte Kompositionspläne aufnehmen könnte. Aber wie in ihrer ersten Ehe mit Mahler beschränkt sie sich darauf, dem neuen Gefährten Franz Werfel möglichst angenehme Lebens- und Arbeitsbedingungen zu schaffen. Sie hat ein Haus in Venedig gekauft, in dem Werfel an seinem Verdi-Roman arbeiten kann. Sie reist mit ihm nach Ägypten und Palästina – sein Drama *Paulus unter den Juden* entsteht. Sie bewundert seine Arbeitskraft und sie fürchtet, dass er sich, wie Mahler, übernimmt. Seine Vitalität und seine Jugendlichkeit beunruhigen sie, unterschwellig lauert immer die Angst, ihm nicht genügen zu können.

Im August 1928 schreibt sie nach der Lektüre alter Kokoschka-Briefe ins Tagebuch: »Ich bin seit zehn Jahren unausgeglichen und spiele irgendeine Rolle. Nach außen: die sozusagen glückliche Geliebte eines anerkannten Dichters ... er will ja heiraten, so schnell wie möglich, aber etwas in mir will nicht.« – Dann im September: »Vielleicht werde ich Franz Werfel doch heiraten ...« Und am 7. Juli 1929: »Morgen wollen wir heiraten ... Weiß nicht, ob ich recht handle bei meiner Freiheitssucht ... Ich werde in wenigen Wochen fünfzig Jahre alt – und Franz Werfel ist jung. Ich muss schritthalten ... muss Jugend heucheln. Den ungeheuren Reiz des Alterns, des Sich-in-sich-selber-Zurückziehens, Weniger-Mitspielens – darf ich mir nicht leisten.«

Sie lässt um ihren Paradiesvogel, damit er ihr nicht entfliegen kann, einen goldenen Käfig bauen. Vom besten Architekten. Aus edelstem Material. Die von Josef Hoffmann entworfene 28-Zimmer-Villa *Auf der Hohen Warte* in Döbling bietet dem Dichter ein komfortables, ruhiges

Dachatelier mit Blick zum Kahlenberg und der Hausherrin den Rahmen, den sie sich immer gewünscht hat: mit weißem Marmor ausgestaltete Räume, angefüllt mit ihren gesammelten Schätzen. An den Wänden Kokoschkas, Makarts und Munchs, in Schaukästen Partituren Gustav Mahlers und das Original von Bruckners 3. Symphonie, als Blickfang im Zentrum die Mahler-Büste von Rodin, die Werfel nicht, wie damals Kokoschka, zu Eifersuchtsszenen herausfordert. Er versteht es, sich auch in fremdem Glanz zur Geltung zu bringen, zumal ihm der eigene mit jeder Neuauflage seiner populären Bücher mehr und mehr zufällt. Fügsamer als Mahler, Kokoschka und Gropius spiele er, schreibt Friedrich Torberg, in seiner fülligen Heiterkeit die Rolle eines von Gott verwöhnten Kindes. Die tragende Rolle aber in diesem Gesellschaftsspiel verkörpert Frau Alma. Werfel weiß, was er ihr zu verdanken hat. Sie hat ihn, zum Leidwesen seiner Freunde, zum geordneten Arbeiten gebracht, sie hat ihm den Weg von der Elisabethstraße in dieses feudale Gehege geebnet – wenn auch mit dem Geld seiner Stücke und Bücher.

Im Salon auf der Hohen Warte verkehrt die Wiener Prominenz, wer auf sich hält, muss sich hier sehen lassen. Alma Mahler-Werfel hat mit Geld und Geschick ihre gesellschaftliche Vormachtstellung gegenüber den anderen Wiener Salons ausgebaut, die intimer, aber nicht uninteressanter sind und meist von berufstätigen Frauen geführt werden: der Pädagogin Eugenie Schwarzwald, der Journalistin Berta Zuckerkandl, der Tänzerin Grete Wiesenthal oder der Kulturphilosophin Rosa Mayreder. Bei Alma Mahler-Werfel finden sich höchst widersprüchliche Gäste ein: Heimwehroffiziere und revolutionäre Sozialisten, kirchliche Würdenträger und Freidenker, Bankiers und Bohemiens. Klaus Mann, der zugereiste Beobachter, gibt in seinen Tagebüchern ein anschauliches

Bild dieses typischen Wiener Gemenges im Salon auf der Hohen Warte: »Die Hausfrau, hochgewachsen, sorgfältig geschmückt, von immer noch schöner Miene und Gestalt, bewegte sich triumphierend vom Päpstlichen Nuntius zu Richard Strauss oder Arnold Schönberg, vom Minister zum Heldentenor, vom stilvoll vertrottelten alten Aristokraten zum viel versprechenden jungen Dichter.«

Elias Canetti sieht die Hausherrin, die in wallenden Gewändern durch ihre Räume schreitet, boshafter als »eine ziemlich große, allseits überquellende Frau, mit einem süßlichen Lächeln ausgestattet und hellen, weit offenen, glasigen Augen«. Dass Alma Mahler-Werfel samt ihrem Salon in seiner Autobiografie *Augenspiel* nicht besonders gut wegkommt, verwundert nicht: Mit seinem Werben um Tochter Anna hatte er kein Glück, Anna Mahler hat Paul von Zsolnay geheiratet, den erfolgreichen Verleger der Bücher Werfels.

Auch wenn Alma Mahler-Werfel, die schon ihren früheren Ehemann Gropius von der Politik fern zu halten suchte, in ihrem Salon mehr die schönen Künste als das nüchterne Alltagsgeschäft pflegen will, wird sie doch in den Sog der beunruhigenden politischen Entwicklungen hineingezogen.

Nach der Machtübernahme Hitlers in Deutschland schreibt sie besorgt: »Ich fürchte sehr für Franz Werfel ... seine Bücher werden verbrannt – er ist nicht mehr umworben –, er ist auf einmal ein ›kleiner vorlauter Jud‹ mit mäßiger Begabung für die Menge, die jetzt den Erfolg diktiert.« Am 27. Februar 1934 die Notiz: »Straßenschlacht in Wien ...« Und etwas später: »In Österreich herrscht momentan ein gefährlicher, schleichender Antisemitismus. Also viel ärger als der deutsche.«

Kurt Schuschnigg, der nach der Ermordung von Dollfuß österreichischer Bundeskanzler geworden ist, verkehrt häufig im Hause Mahler-Werfel. Er will die Unabhängigkeit Österreichs sichern, sieht sich aber als schwacher Staatsmann 1938 gezwungen, mit Hitler ein Abkommen zu schließen. Eine anschließende Volksabstimmung über die österreichische Unabhängigkeit wertet Hitler als Vertragsbruch und marschiert ins Land ein. Schuschnigg weigert sich, ins Ausland zu fliehen und wird von den Nationalsozialisten für die ganze Zeit des späteren Weltkrieges in Haft gehalten. Um einer Verhaftung zu entgehen, verlassen viele, vor allem jüdische Bürger das Land, während die Hitler-Begeisterung in der Bevölkerung groß ist. Alma Mahler-Werfel, in früherer Zeit nicht frei von Antisemitismus, erinnert sich: »Den letzten glücklich scheinenden Abend verbrachte ich mit Zuckmayers, Ödön von Horvath (den ich nie mehr wieder sehen sollte), mit Csokor und der Tochter des italienischen Gesandten Salata, die ich alle ins jüdische Restaurant Neugröschl eingeladen hatte. Es war fast leer ...« – Wien hat sich verändert: »Täglich wuchsen die Blumenmengen vor dem Deutschen Verkehrs-Büro, in dem das Riesenbild Hitlers prangte ... Die Frauen legten kniend ihre blühende Last vor dem Bild des Führers nieder. Ein neues Blatt erschien, ›Wiener Beobachter‹, das den ›Völkischen Beobachter‹ noch an Gemeinheit überbot.«

Höchste Zeit, Österreich zu verlassen. Werfel ist schon außer Landes, seine Frau und die Tochter Anna reisen am 13. März 1938 mit kleinem, unauffälligem Gepäck über Prag und Triest nach Zürich, von hier aus gemeinsam mit Werfel weiter nach Paris und Sanary-sur-mer, wo sich viel Emigrantenprominenz zusammengefunden hat. Werfel arbeitet trotz einer Herzattacke wie besessen, Alma kommt mit der Exilsituation schlechter zurecht: »Es ist ja ganz egal, man lebt so hin, wie das Tier, ohne Arbeit, ohne Musik, ein Schatten seiner selbst. Wenn das Sichumbringen nicht so weh täte, ich hätte es längst getan.«

Hitler holt sie auch in Frankreich ein. In Marseille warten sie im Sommer 1940 lange zermürbende Wochen auf ein Ausreisevisum nach Amerika, gemeinsam mit Heinrich Mann, dessen Frau Nelly und Thomas Manns Sohn Golo gelingt ihnen die Flucht durch die Pyrenäen nach Spanien, im zerschlissenen Gepäck die Symphonien Mahlers und die Dritte von Bruckner. Von Lissabon aus schließlich die Überfahrt auf einem griechischen ›Seelenverkäufer‹ nach New York.

Werfel, der sehr sprachbegabt ist, lebt sich schneller in neuer Umgebung ein als seine Frau. Er schreibt wie im Rausch seinen *Bernadette*-Roman nieder, während sie die Kontakte zu anderen Emigranten pflegt: zu Max Reinhardt, Kurt Wolff, dem jungen Pazifisten Benjamin Britten, Marc Chagall, Erich Maria Remarque, Arnold Schönberg, Thomas Mann. Die im Gegensatz zu vielen anderen Emigranten noch immer Wohlhabende kauft ein Haus in Beverly Hills, bescheidener als die Wiener Hoffmann-Villa, aber einen Steinway-Flügel gibt es auch hier.

Werfels Herzattacken häufen sich, werden lebensbedrohlich. Alma wagt nicht mehr, ihn allein zu lassen. Sie geht das letzte Stück Weges mit ihm, wie schon die ganzen harten Jahre der Emigration. Der Wiener Freund Friedrich Torberg löst sie bei den Nachtwachen ab. Immer wieder Hoffnung, trügerische Phasen der Erholung. Dann, an einem Augustabend 1945 der tödliche Kollaps. Mit 55. Der Lebensnahe und Himmelsfrohe sei buchstäblich an gebrochenem Herzen im Exil gestorben, schreibt Torberg.

Im Herbst 1947 kommt Alma Mahler-Werfel zum ersten Mal wieder nach Wien und ist entsetzt: Das Haus auf der Hohen Warte, acht Jahre ihr glanzvoller Lebensmittelpunkt, eine Ruine. Mahlers und Werfels Schreibtische mit kostbaren Briefen und Manuskripten verschwunden. Alles kalt und fremd. – Was sollte sie in dieser Stadt halten? Was in Europa? Die meisten Freunde sind tot. Ihr Leben spielt sich in der Vergangenheit ab.

1952 verkauft sie ihr Haus in Kalifornien und siedelt nach New York über: Weltstadtluft, die sie zum Atmen braucht. Sie ist 73 und von Beruf Nachlassverwalterin. Im dritten Stockwerk ihres Hauses richtet sie sich ein zwischen den Büchern Werfels und den Bildern Kokoschkas. Im Schlafzimmer hängen die Gemälde ihres Vaters, und im Tresor ruhen die durch alle Fluchtländer geretteten Partituren Mahlers. An wie viel Geburtsstunden wichtiger Werke hat sie teilgehabt – und darüber das eigene Schaffen ruhen lassen. Aus Opfermut? Aus mangelnder künstlerischer Antriebskraft? Aus weiser Einsicht in ihre Begrenztheit?

Im Großen Brockhaus ist Alma Mahler-Werfel nur als Tochter, Gattin und Geliebte aufgeführt. Im Brockhaus Musik-Lexikon ist immerhin von »zwei Heften Liedern« die Rede, allerdings ohne Anführung einzelner Titel und eingebettet in das Werkverzeichnis Gustav Mahlers, wie ein Exkurs des Meisters. Welches Gewicht haben ihre eigenen Kompositionen? Wäre hier, wie bei Clara Schumann oder Fanny Mendelssohn, Wiedergutmachung zu leisten? Eine verkannte Komponistin ans Licht zu holen? Kaum.

Alma Mahler-Werfel hat in ihrer Biografie, ihrem »Buch der Erinnerungen«, die Akzente ihres Lebens selbst gesetzt. Da ist, außer in den Jugendjahren, wenig von eigenen Plänen und Kompositionen die Rede. Immerhin hätten sich nach dem Tode Mahlers, der ihr das Komponieren untersagt hatte, Jahrzehnte musikalischer Entfaltung anschließen können – der Steinway-Flügel war vorhanden. Doch sie machte das Werk ihrer Gefährten zu ihrem Lebensmittelpunkt. Sie war Muse – leidenschaftlich, mütterlich, fordernd, verstehend –, und sie fand Befriedigung in dieser Rolle. Sie hat ein volles Leben gelebt und wird, wenn auch in Mahlers Werk nur als Fußnote, so doch, das weiß sie, in Kokoschkas *Windsbraut* weiterleben. Oder sollte sie den Worten des ewigen ungestümen Don Juan misstrauen, der ihr noch zum siebzigsten Geburtstag geschrieben hat: »Wir zwei werden immer auf der Bühne des Lebens sein ...«?

Die Schauspielerin
Tilla Durieux
(1880–1971)
Berlin

»Meine ersten neunzig Jahre« nennt Tilla Durieux ihre Lebenserinnerungen. Die Welt ist eine große, bunte Bühne. Die Schauspieler, die Kulissen wechseln, nur die Hauptdarstellerin tritt nicht von der Rampe zurück. Sie schlüpft in ein neues Kostüm, eine neue Haut und spielt weiter, Rollen aus Textbüchern und aus dem Leben, angelernte und improvisierte, alle mit vollem Einsatz. Ein Stück in neun Bildern, dazwischen immer ein Jahrzehnt.

1. Bild: Wien 1890

Ein gutbürgerliches Wohnzimmer mit schweren Eichenmöbeln. Am Tisch ein Mädchen, zehn Jahre alt, den Kopf in die Hände gestützt. Es liest sich eifrig und selbstvergessen mit halblauter Stimme in einen Sommernachtstraum hinein, in Oberons Elfenreich. Daneben liegt ein zerfledderter Roman der Marlitt. Das Mädchen ist allein, fühlt sich einsam ohne Geschwister, ohne Spielgefährten. Der Vater, ein kränkelnder Chemieprofessor, ist entrückt, die Mutter unnachsichtig. So erfindet es sich seine Freunde, gibt ihnen seltsame Namen und spricht mit ihnen in feierlichen Sätzen aus den gelesenen Büchern. Beschwört vor dem hohen Spiegel, in eine Gardine gehüllt, eine Legion von Untertanen, bis die Mutter mit strenger Miene dem Theater ein Ende macht. Ertappt. Ans Klavier und üben. Aus dem Kind soll etwas Rechtes werden. Eine Pianistin, oder wenigstens eine Klavierlehrerin.

2. Bild: Wien 1900

Eleven-Vorstellung in der Theater-Vorbereitungsschule
des Hofschauspielers Arnau. Ländliches Bühnenbild, Tilla
Durieux, wie sich Ottilie Godeffroy nun nennt, als robust
zupackende Bäuerin Marie in einem Dorf der Picardie. Die
Rolle passt zum herben Gesicht und den kantigen Bewegungen der Zwanzigjährigen, die lieber eine zierliche Naive gespielt hätte. Aber immerhin: sie hat es durchgesetzt,
sie wird Schauspielerin. Im Parkett sitzt ein Theateragent
aus Mähren, der hinter dem »schlichten Äußeren« der Elevin eine eigenwillige Begabung entdeckt und ihr einen Vertrag nach Olmütz anbietet.

3. Bild: Berlin 1910

Premierenabend im Zirkus Schumann. Ein kühner und ehr-
geiziger Plan des Regisseurs Max Reinhardt wird in Szene
gesetzt auf der umgebauten Pferderampe: mit Hofmanns-
thals Bearbeitung des *König Ödipus* von Sophokles soll das
griechische Theater auferstehen; da die Bühnen der Berliner
Theater dafür zu beengt sind, wurde kurzerhand der riesige
Zirkusbau gemietet, und Reinhardt dirigiert souverän die
Massenszenen und seine Stars, Paul Wegener als Ödipus,
Alexander Moissi als Teiresias, die Durieux als Jokaste.

Dem großen Regisseur verdankt Tilla Durieux viel; ohne ihr eigenes subtiles Rollengespür zu ersticken, führt er sie
behutsam zu einer Ausweitung ihrer Ausdrucksmittel und
ihrer Persönlichkeit bis hin zum Morbiden, zum Dämo-
nischen. Er hatte sie 1903 aus Breslau nach Berlin geholt, unter ihm spielte sie Oscar Wildes Salomé, den Oberon im
Sommernachtstraum auf der ersten Drehbühne Berlins, die
Jennifer in Shaws Erfolgsstück *Der Arzt am Scheideweg*,
Hebbels Judith und die Eboli neben Bassermann im *Don
Carlos*.

Unten in der Zirkusloge sitzt der zweite Mann, der die junge Schauspielerin geformt und geprägt hat: der Kunsthändler Paul Cassirer, mit dem sie – nach der Scheidung von dem liebenswürdigen, aber ihren Eruptionen nicht gewachsenen Maler Eugen Spiro – seit einigen Monaten verheiratet ist. Er führt sie in seiner Galerie in der Viktoriastraße und im Café des Westens in die Berliner Gesellschaft und die Boheme ein, macht sie mit Künstlern und Kritikern, mit Schriftstellern und Verlegern bekannt. Eine schillernde private Bühne tut sich da vor ihr auf mit Darstellern wie dem mächtigen Gerhart Hauptmann, Frank Wedekind, dem »erhabenen Clown mit dem Januskopf«, der schrill gewandeten und sich schrill gebärdenden Else Lasker-Schüler, die sich Prinz Jussuf von Theben nennt, und ihrem zierlichen Ehemann Herwarth Walden, der »zu schöngeistig war, um sich mit einem plebejischen Beruf zu belasten«.

Der Premierenabend im Zirkus Schumann – ein Theaterereignis im verwöhnten Berlin. Tilla Durieux verschafft er einen Vertragsabschluss zu einem Gastspiel am Deutschen Theater in Petersburg. Sie lässt sich mittragen auf einer Woge des Rausches: »Arbeitslust, Lebensfreude füllten Berlin bis zum Platzen, und kein Mensch ahnte, dass in unserem tollen Reigen das Kriegsgespenst drohend mittanzte.«

4. Bild: Berlin 1920

Bühne des Staatstheaters am Gendarmenmarkt, des früheren Königlichen Schauspielhauses, in dem jetzt unter Leopold Jessner ein neuer Wind weht. Der Krieg hat nicht nur zerstört, sondern auch Kräfte freigesetzt. Wedekinds *Marquis von Keith* wird – holzschnittartig – in schwarzen Kleidern vor weißen Paravents gespielt, nur die Durieux als Gräfin Werdenfels in feuerroter Perücke, Partnerin des jungen Fritz Kortner. Sie liebt das Extravagante, Herausfordernde dieser Rolle, das Prickeln im Publikum, das ihr der Stummfilm nicht bieten kann. Draußen auf der Straße rollt in diesen Märztagen des Jahres 1920 indes ein anderes Stück ab: Kapp-Putsch. Eine Nacht- und Nebelaktion der Monarchisten. Flucht der Regierung, Generalstreik, Schüsse am Potsdamer Platz. Cassirer, »der die französische Dreckkunst zu uns gebracht hat« (Kaiser Wilhelm II.), steht auf einer Liste der Unerwünschten. Bilder werden in Sicherheit gebracht, Barlach wohnt zu dieser Zeit im Haus, Kokoschka ist Gast, Paul Cassirer setzen Herzanfälle zu. Das Stück endet abrupt, wie es begonnen hat, die Putschisten fliehen, die alte Regierung kehrt zurück, Kokoschka kann sein Porträt der Durieux beenden. Ihr Gesicht, das sich der Filmleinwand sperrt, fordert Künstler immer wieder heraus: Renoir, Liebermann, Corinth, Slevogt, Gulbransson porträtieren sie, Barlach modelliert ihre widerspenstigen Züge, immer in anderen Rollen, immer unverkennbar die Durieux.

5. Bild: Berlin 1930

Eine feudale Villa draußen in Wannsee. Ein privates Stück wird inszeniert: Empfang bei Ludwig Katzenellenbogen, dem Generaldirektor der Brauereien Schultheiss-Patzenhofer. Die feine Geldaristokratie Berlins fährt vor, Bankiers, Fabrikanten. Tilla Durieux, seit dem 28. Februar 1930 mit dem Hausherrn verheiratet, hält die Regiefäden in der Hand, aber das Stück langweilt sie, artige Konversationsszenen, Mode, Börsennotierungen. Die Bilder an den Wänden werden als Spekulationsobjekte taxiert. Sie sehnt sich in die Viktoriastraße zurück, zu dem Mann, der ihr die Welt aufschloss und sie dann doch darin einsperrte, bis sie ihn deshalb verlassen wollte. Ein Albtraum, was folgte: Paul Cassirer erschoss sich in der Kanzlei des Scheidungsanwalts, sie war die Schuldige – war sie es? Selbstvorwürfe, Trotz. Dagegenanspielen mit Tourneen durch Deutschland, Holland, Österreich und die Schweiz. Mit der Zarin in *Rasputin* bei Piscator im Theater am Nollendorfplatz. Mit Filmen wie *Die Frau im Mond* unter Fritz Lang. Dagegenanschreiben mit einem Roman: *Eine Tür fällt ins Schloss.* – Vergeblich, die Vergangenheit lässt sich nicht ruhig stellen. Und draußen marschieren in wohl formierten Trupps mit zukunftssicheren Gesichtern die Braunhemden über die Arbeitslosen und Bettler hinweg. Ende der Goldenen Zwanzigerjahre.

6. Bild: Zagreb 1940

Kleine Zweizimmerwohnung im ausgebauten Haus einer Zagreber Bekannten. Ein Leben aus dem Koffer. Ludwig Katzenellenbogen, dem man in Berlin den Prozess gemacht hat, hat sein Vermögen verloren. Tilla Durieux kann als Frau eines Juden im »Reich« nicht mehr spielen, Gastspiele in anderen Ländern werden immer schwieriger. Bilder müssen verkauft werden, um die mühsam beschafften Pässe von Honduras zu finanzieren. Es gibt Anzeichen einer Hitlerinvasion in Jugoslawien, die deutsche Emigrantin rennt von Konsulat zu Konsulat, um ein Visum zu ergattern. Ludwig Katzenellenbogen verkennt die Gefahr, ist nicht einmal bereit, ein Visum für Amerika zu beantragen – sein späteres Verhängnis.

7. Bild: Zagreb 1950

Werkstatt eines Puppentheaters. An der Nähmaschine, zwischen überhitztem Kohleöfchen und zugiger Hinterhoftür Tilla Durieux. Sie schneidert Fantasiekostüme für die Stabpuppen des Vlado Habenuk, der mit staatlicher Förderung historische Puppenspiele aufführt. Sieben Stunden täglich und manchmal auch nachts arbeitet sie nun nicht auf, sondern hinter der Bühne. In ihrem neuen jugoslawischen Paß steht als Beruf: Schneiderin. »An das richtige Theater konnte ich nicht denken, und ich wollte es auch nicht, denn ich dachte, diese Zeit meines Lebens sei abgeschlossen.« Aber insgeheim memoriert sie zum Gedächtnistraining Zeitungskolumnen und fährt mit dem Finger die alten Straßen auf dem Berliner Stadtplan ab. In Deutschland scheint man sie vergessen zu haben, oder man glaubt, sie sei umgekommen wie ihr Mann, der den deutschen Besatzungstruppen in die Hände gefallen war, während sie sich in Belgrad um ein Visum bemühte. Die deutsche Presse nimmt keine Notiz davon, dass 1946 in Luzern ein Stück der Autorin Tilla Durieux seine Uraufführung hatte: *Zagreb*, die Umsetzung ihrer Erlebnisse im jugoslawischen Widerstand.

8. Bild: Berlin 1960

Gute Stube einer Kleinbürgerwohnung, festlich gedeckter Tisch. Tilla Durieux allein auf der Bühne. Sie spielt die Putzfrau Bornemann in Dengers Stück *Langusten*. Sie ist Marie Bornemann, diese abgearbeitete Frau im Feiertagskleid, die mit einer Languste auf dem Tablett auf die Geburtstagsgäste wartet, auf die alten Freunde, auf den Sohn, den viel beschäftigten. Niemand kommt. Wie die Durieux die geschäftige Hausfrau, die angespannt Wartende, schließlich die enttäuscht aufs Sofa sinkende alte Frau mit sparsamster Mimik und Gestik gestaltet, rührt das Publikum an, nicht nur in Berlin, auch auf den vielen Tourneen durch die Bundesrepublik. Die zweite Karriere der Tilla Durieux. Boleslaw Barlog hatte sie 1952 aus der Verschollenheit des Exils wieder nach Berlin geholt. Als Partnerin von Ernst Deutsch trat sie in einem Stück von Christopher Fry im Schloßparktheater auf. Mit 72 – nach fast zwanzig Jahren – wieder auf den Brettern Berlins, tapfer überspielt sie die Angst vor dem Versagen und verwehrt sich auch den neuen Medien nicht. Film-, Fernseh- und Rundfunkaufnahmen und dazwischen immer wieder Gastspielreisen – sie freut sich über die noch vorhandene Kraft. *Eine Tür steht offen* überschreibt sie ihre 1954 erschienenen Memoiren.

9. Bild: Berlin 1970

Matinee zum 90. Geburtstag der Schauspielerin – inzwischen Staatsschauspielerin – im Schillertheater. Bernhard Minetti spricht im Namen des Ensembles, die Laudatoren heben ihre nicht ermüdende Gestaltungskraft hervor, mit der sie in den letzten Jahren noch neue Rollen ausprägte: die Alte in Ionescos tragischer Farce *Die Stühle* oder die Aurélie in Giraudoux' *Die Irre von Chaillot*. Sie ist Meisterin in der Darstellung von Alterstragik, eine Tragik, die auch in ihr eigenes Leben greift. Alle »Weisst-du-noch-Menschen« sterben weg, es wird einsam um sie, sie ist an keinem Theater mehr richtig heimisch, überall nur Gast. Der Kritiker Friedrich Luft beklagte das schon an ihrem 85. Geburtstag: »Man lässt sie künstlerisch heimatlos. Kein Ensemble hat sie aufgenommen, kein Intendant fest an sein Haus (zu Schmuck und Ehre seines Hauses) gebunden.« Deshalb hat sie auch kein Geschenk zum 90. Geburtstag so gefreut wie die Ehrenmitgliedschaft beim Ensemble des Deutschen Theaters in Ostberlin, jenes Theaters, bei dem 65 Jahre zuvor ihre erste Laufbahn unter Max Reinhardt begonnen hatte. Und Auftrieb gab ihr ein anderes Geburtstagsgeschenk aus Wiesbaden: eine Rolle in Anouilhs *Einladung ins Schloss*.

Epilog

Tilla Durieux konnte der Einladung ins Schloss nicht mehr folgen. Ein halbes Jahr nach ihrem 90. Geburtstag stürzt die »gelernte Berlinerin«, wie sie sich immer bezeichnet hat, in ihrer Wohnung in der Bleibtreustraße so unglücklich, dass sie sich einen Oberschenkelhalsbruch zuzieht. An den Folgen der Operation stirbt sie am 21. Februar 1971 im Oskar-Helene-Heim. Schon vorher hatte eine schmerzhafte Arthritis ihr das Gehen beschwerlich gemacht, ohne dass sie es sich anmerken ließ; im Alter doch wieder eine Heroine, allerdings ohne das Pathos der Moissi-Ära. Wien habe ihr zwar die Heiterkeit geschenkt, aber Berlin die Ausdauer und das eiserne Wollen, sagte sie, und auf die Frage, woher sie denn die innere Kraft zu diesem aufregenden und intensiven Leben geschöpft habe, antwortete sie: »aus meinem Humor, aus meinem Kampfwillen und aus den Worten von Angelus Silesius ›Mensch werde wesentlich!‹«

Die Bürgermeisterin
Louise Schroeder
(1887–1957)
Berlin

Es ist sicherlich kein Zufall
und scheint mir von symbolischer Bedeutung,
dass in diesen schweren ersten Nachkriegsjahren
gerade eine Frau die Geschicke Berlins leitete.
Denn der Leistung der Frauen von Berlin,
die ja hier zahlenmäßig so stark überwiegen wie in
keiner andern deutschen Stadt, ist es in überragendem
Maß zu danken, dass Berlin diese Zeiten ertragen
und überwinden konnte.

OTTO SUHR, REGIERENDER
BÜRGERMEISTER VON BERLIN 1955–1957

Zeit der Trümmerfrauen. Zeit der Blockade. Louise
Schroeder an der Spitze dieser ausgebluteten, aber überlebenswilligen Stadt: 1946 wird sie Bürgermeisterin in Berlin, im Mai 1947 ernennt sie die Alliierte Kommandantur
zum Stellvertretenden Oberbürgermeister. Der von der
Stadtverordnetenversammlung gewählte Oberbürgermeister Prof. Ernst Reuter wird von den Sowjets nicht akzeptiert und kann deshalb sein Amt nicht antreten, so muss
seine Stellvertreterin für ihn die Regierungsgeschäfte führen – keine leichte Aufgabe in den turbulenten Jahren 1947
und 1948. Die sowjetische Besatzungsmacht, verärgert
über die schlechten Wahlergebnisse der Kommunisten in
Berlin, sperrt am 24. Juni 1948 – wenige Tage nach der
Währungsreform – alle Land- und Wasserwege nach West-

Louise Schroeder

berlin. Die totale Blockade der Westsektoren beginnt, und Louise Schroeder steht plötzlich im Rampenlicht der Weltöffentlichkeit. Wer sich gefragt hat, ob diese nicht sehr kräftig wirkende Frau einer solchen Belastung gewachsen sei, wird bald zur Kenntnis nehmen, wie beherzt und besonnen sie auftritt. Nicht zuletzt ihr ist es zu verdanken, dass in dem eingekesselten Berlin keine Panik ausbricht. Fast ein Jahr lang halten die Sowjets die Blockade aufrecht, um die Westmächte zur Aufgabe Berlins zu zwingen. Ihre Rechnung geht nicht auf. Weder die Alliierten noch die Berliner Bevölkerung sind bereit, die Stadt ganz der sowjetischen Besatzungsmacht und dem Einfluss der kommunistischen Partei zu überlassen. Zu enttäuschend und ernüchternd sind die Erfahrungen, die die demokratischen Parteien bis dahin mit den kommunistischen Vertretern im Magistrat gemacht haben. Am Tag des Blockadebeginns stürmen die Kommunisten das Stadthaus und besetzen den Stadtverordnetensaal. Louise Schroeder tritt den randalierenden Demonstranten entschlossen entgegen, fordert sie auf, die Arbeit der demokratisch gewählten Volksvertreter nicht zu behindern. Es sind Zerreißproben, die die Kräfte der amtierenden Bürgermeisterin immer mehr aufzehren. Nicht die Zivilcourage fehlt ihr, sondern einfach die Robustheit, der Körper rebelliert gegen die ständigen Überforderungen der letzten Jahre. Bei Kriegsende wog sie 84 Pfund, sie hatte nichts zuzusetzen, als die politische Arbeit wieder begann, aber sie stellte sich sofort zur Verfügung, wurde noch 1945 in den Vorstand der Berliner Sozialdemokratischen Partei gewählt und 1946 in die Berliner Stadtverordnetenversammlung. Sie räumte nicht nur symbolisch politische Trümmer weg, sondern legte auch selbst Hand an bei den Aufräumarbeiten. Als 1945 die Stadt in Schutt und Asche lag, Industrie und Infrastruktur zusammengebrochen, viele Männer gefallen, verschollen oder in Gefangenschaft, gingen die Frauen daran, die Trümmer-

berge abzutragen und die Straßen und Häuser wieder freizulegen. Täglich acht Stunden Schwerstarbeit im Akkord,
weil es dafür die höchsten Lebensmittelrationen gab und
man eine Familie irgendwo in einem feuchten Kellerloch
oder einer ausgebrannten Ruine zu versorgen hatte. Die
meisten dieser ausgemergelten Frauen hätten sich noch
wenige Jahre früher so ein Tagewerk nicht vorstellen können. Nach der Arbeit Schlange stehen, Kampf um ein paar
Kartoffeln, Hamstern, Tauschgeschäfte, Schwarzmarkt,
Kohlenklauen von Güterwagen, immer am Rande der Le-
galität. Abends bei primitivstem Licht Kleider und Schuhe
zusammenflicken. Frostbeulen behandeln, Überleben planen. In den Parks wird Gemüse angebaut, die Kinder finden ab und zu nicht entschärfte Handgranaten beim Spielen. Die Berliner Illustrierte gibt im Juni 1946 Tipps, wie
man Holzasche als Seifenersatz herstellt, und Erich Käst-
ner schreibt im Winter 1946, die Trümmerfrauen vor Augen:

> Wir haben Sehnsucht nach Glück und nach Seide.
> Der Krieg ist vorbei und noch immer nicht aus.
> Die Tränen, die sind unser letztes Geschmeide.
> Der Hunger schiebt Wache vor unserem Haus ...

Die Lebensverhältnisse bessern sich erst nach Aufhebung
der Blockade im Mai 1949 allmählich. Fast ein Jahr lang
waren die Westsektoren über eine Luftbrücke mit allem
Notwendigen versorgt worden, vom Margarinebecher bis
zu fertigen Fabrikanlagen. An die 8000 Tonnen flogen
die »Rosinenbomber« täglich ein, eine organisatorische
Glanzleistung der Alliierten. Als die Sowjets die Blockade
endlich aufgaben und im Schöneberger Rathaus die Frei-
heitsglocke hochgezogen wurde, war Louise Schroeder
62 Jahre alt. Für sie beginnt nun, auch wenn sie bis 1951
Stellvertretender Oberbürgermeister neben Ernst Reuter
bleibt, ein neuer Lebensabschnitt. Sie vertritt ihre Stadt

nach außen: 1948 wird sie in der Frankfurter Paulskirche zur Präsidentin des Deutschen Städtetages gewählt. Ein Jahr später zieht sie als Vertreterin Berlins in den Deutschen Bundestag ein. Bis zum Jahre 1957 ist sie deutsche Delegierte des Europarates in Straßburg. Man schätzt ihre Zuverlässigkeit, ihre Abgewogenheit und den Blick für das Notwendige und Machbare ebenso wie ihre Vermittlerrolle bei Meinungsverschiedenheiten und ihre Kontaktbereitschaft über Parteigrenzen hinweg. Sie war keine glänzende Rednerin und Formuliererin, aber man glaubte ihr, was sie sagte, und das schaffte mehr politisches Vertrauen als die geschliffenste Rhetorik es vermocht hätte. Das Thema, das sie – neben sozialen Fragestellungen – am stärksten beschäftigte, hieß Berlin. Die Stadt, die sie liebte und an deren Gespaltenheit sie litt: »Meine Kraft gehört Berlin in einem ungeteilten Deutschland!« Dieses ungeteilte Deutschland war ihre Zukunftshoffnung, die sich wie ein roter Faden durch ihre Bundestagsreden zieht:

30. September 1949, 2. Sitzung: »Für uns ist der Einheitsstaat Deutschland der demokratische Staat. Um ihn mit Ihnen zu schaffen, sind wir zu Ihnen nach Bonn gekommen. Lassen Sie uns dabei zusammenarbeiten. Dann retten Sie Berlin und retten Sie Deutschland!«

8. Februar 1950, 35. Sitzung: »Berlin will aus eigener Kraft sein Schicksal meistern ... Niemand wünscht sich das mehr als wir Berliner, damit wir endlich davon befreit werden, immer wieder um Hilfe bitten zu müssen.«

14. Juni 1951, 152. Sitzung: »Wenn es heute, sechs Jahre nach Beendigung des Krieges, noch möglich ist, dass aus einem Teil Deutschlands täglich Menschen fliehen müssen, aus Angst um ihr Leben, um ihre Freiheit, um ihre Gesundheit, dann ist das ein Zeichen für die Schwere der Kriegsfolgen, die wir heute zu tragen haben, wie es schlimmer überhaupt nicht gedacht werden kann ... Dieses Problem ist kein Berliner Problem, ist kein deutsches Problem,

sondern ein europäisches und ein internationales Problem.«

Für ihre Verdienste um Berlin, ihren Einsatz in Blockadetagen, wurde Louise Schroeder 1952 mit dem Großen Verdienstkreuz ausgezeichnet. Der Rektor der Freien Universität überreichte ihr die Ehrendoktorurkunde seiner Hochschule.

Ein Erlebnis aber berührte sie besonders: Ihr Empfang als Repräsentantin Berlins im Festsaal des Hamburger Rathauses. Sie kennt das Gebäude. Fünfzig Jahre zuvor hatte sie ihrem Vater, der als Bauarbeiter hier arbeitete, jeden Mittag das Essen in einem Henkeltopf gebracht. Weder er noch ihre Mutter, die einen kleinen Gemüseladen in Altona führte, hätten sich diesen Aufstieg ihrer jüngsten Tochter träumen lassen, obwohl Louise ein aufgewecktes Kind war, das sich seine eigenen Gedanken machte. An eine höhere Schule allerdings dachte niemand. Mit 16 aus der Gewerbeschule entlassen, musste sich Louise den weiteren Lebensunterhalt selbst verdienen. Als Bürokraft in einem Versicherungshaus bewährt sie sich, so dass sie rasch zur Privatsekretärin aufsteigt. Auch in der Sozialdemokratischen Partei dient sie sich zielstrebig hoch, vom Ortsverein Altona bis in die Nationalversammlung und den Reichstag. Sie ist Mitbegründerin der Arbeiterwohlfahrt und als Dozentin für Sozialpolitik politischer Umtriebe hinreichend verdächtig, als die Nationalsozialisten 1933 an die Macht kommen. Schikanen, Hausdurchsuchungen, Arbeitslosigkeit. Sie macht einen kleinen Brotladen auf, um sich über Wasser zu halten, aber das Geschäft läuft schlecht: die Genossen haben Angst, bei ihr die Brötchen zu kaufen. Bis 1938 hält sie durch ohne Hitlergruß, dann muss sie sich nach Berlin absetzen. Als Sozialbetreuerin kommt sie bei einer großen Baufirma, Gottlieb Tesch & Co, unter. Die Arbeit befriedigt sie, da sie, besonders während des Krieges, vielen Arbeiterfamilien helfen kann.

Dann beginnen die Bombenangriffe. Zweimal wird ihre Wohnung in der Schwedter Straße verwüstet, im Januar 1944 das Haus der Wilmersdorfer Freunde, bei denen sie wohnt. Schließlich wird sie, krank und schwach, von Freunden in Friedenau aufgenommen. Aber sie kommt auch hier nicht zur Ruhe. Als eine Granate das Haus trifft, muss sie unter den Trümmern geborgen werden. Ihre Gesundheit ist ruiniert, ihr Wille, am Wiederaufbau dieser Stadt mitzuarbeiten, nicht. 1946 beruft sie sich in einer Arbeit *Die Frau und der Sozialismus* nicht nur auf August Bebel, sondern auch auf den Philosophen Fichte:

> Handeln sollst Du so, als hinge
> Von Dir und Deinem Tun allein
> Das Schicksal ab der deutschen Dinge,
> Und die Verantwortung wär' Dein.

Sie hat nach dieser Maxime gehandelt.

1951 nannten bei der Umfrage eines Frankfurter Instituts nach Frauen im deutschen öffentlichen Leben 66 Prozent der Befragten – ohne Beteiligung Berlins – an erster Stelle Louise Schroeder. Wie wäre eine Umfrage im Jahre 1987, dem 100. Geburts- und 30. Todesjahr der Berliner Bürgermeisterin, die der Berliner Volksmund respektvoll »Königin Louise« nannte, ausgefallen?

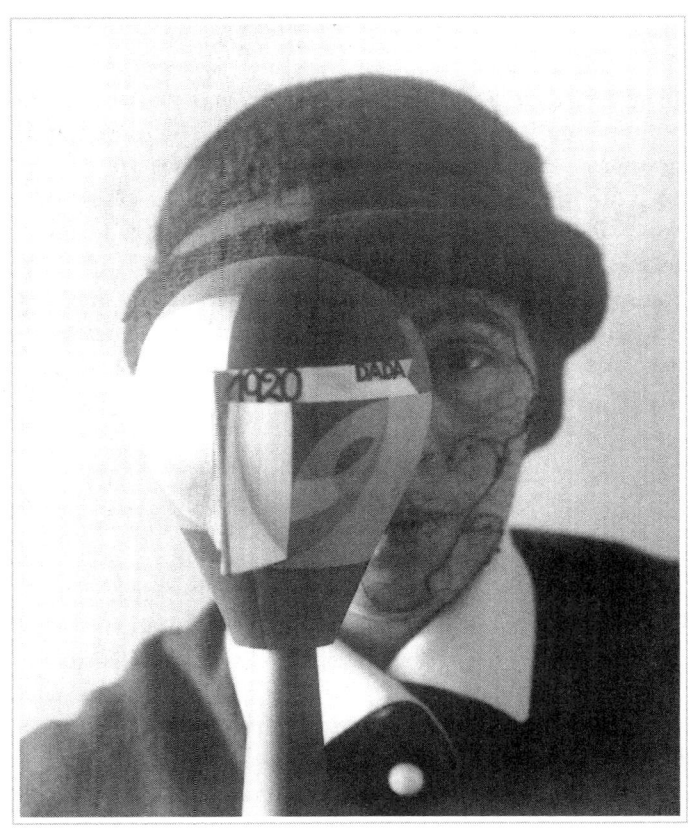

Die Dada-Künstlerin
Sophie Taeuber-Arp
(1889–1943)
Zürich

Plakate, Handzettel, Zeitungsanzeigen machen auf das
spektakuläre Ereignis aufmerksam. Aber die Zürcher wissen schon Bescheid, die Dadaisten rühren ihre Trommel
(im wörtlichen Sinne) seit Monaten, seit der Eröffnung des
Cabaret Voltaire in der *Holländischen Meierei* an der Spiegelgasse. Wer hätte gedacht, dass diese biedere Niederdorf-
Kneipe je zur Wiege einer internationalen Kunst- und Pro-
testbewegung werden könnte?

Es fing ja alles klein und eher zufällig an: im Februar
1916, als der aus Deutschland emigrierte Dichter Hugo
Ball und seine Gefährtin, die Chansonniere Emmy Hennings, nach einer Überlebensmöglichkeit suchten und
gleichzeitig nach einer Möglichkeit, mit Gleichgesinnten
gegen den so selbstverständlich hingenommenen Wahnsinn des Krieges mit seinen Giftgaseinsätzen und Material-
schlachten zu protestieren. Dada – französisch Stecken-
pferdchen – als Nonsens-Antwort auf einen grandiosen
Nonsens, als Verneinung und Verspottung einer abendlän-
dischen Worthülsen-Kultur.

Die Gleichgesinnten finden sich rasch: die Rumänen
Tzara und Janco, der Deutsche Huelsenbeck, der Elsässer
Arp und seine Schweizer Freundin Sophie Taeuber. Dazu
ein internationales Publikum, das auf die dargebotenen
Bürgerschreck-Provokationen mit Begeisterung oder Empörung reagiert: Auf Ball, für den Dada ein »Narrenspiel
aus dem Nichts« ist und der in einer Ritterrüstung aus
blauem Glanzpapier seine *Schizophrenen Sonette* dekla-
miert. Auf Emmy Hennings, die ein Totentanzlied singt,

das später auf Postkarten gedruckt über deutschen Schützengräben abgeworfen wird. Richard Huelsenbeck, der zu Buschtrommeln romantische Verse verfremdet. Tristan Tzara mit seinen sonoren Lautgedichten, Sophie Taeuber mit bizarren Tänzen, »in unheimlich wirkenden Larven und Panzern, die an Tanks und Gasmasken erinnerten«. Dazu Hans Arps schwarzblaue Bühne, auf der Klabund aus dem Stegreif reimt:

> Ein deutscher Dichter seufzt französisch.
> Rumänisch klingt an siamesisch.
> Es blüht die Kunst Hallelujah.
> 's war auch schon mal ein Schweizer da.

Mit dem Schweizer ist der Romancier Heer gemeint, der sich als Stammgast wirkungsvolle Auftritte verschafft, indem er mit seinem Radmantel schwungvoll die Gläser vom Tisch fegt.

Nichts, was die Dadaisten sich nicht einfallen ließen – nur ein politisch-agitatorisches Programm nicht. Dafür ist Wladimir Uljanow Lenin zuständig, der in der Spiegelgasse gleich schräg gegenüber wohnt und seine Fäden weit diskreter zieht als Dada: Statt mit »bruitistischen Konzerten« bringen sich seine Leute mit einem Balalaika-Orchester im Cabaret Voltaire ein. Nur keine Provokation, Extravaganz bekommt der Weltrevolution nicht. Der Maler Marcel Janco erinnert sich an den auffällig Unauffälligen: »Im dichten Rauch inmitten von Rezitationen oder Volksliedern erschien plötzlich das eindrucksvolle mongolische Gesicht Lenins umgeben von seiner Gruppe …« Eine Figur der Weltgeschichte im Dada-Spektakel – Hugo Ball hat Recht: Die Wirklichkeit ist dadaistischer als die Kunst.

Dada gibt sich bewusst demokratisch, jeder kann mitmachen, nach Arps Motto: »Man soll seinen Viktor nicht unter den Scheffel stellen.« Der Tänzer Rudolf von Laban tritt mit seinen Schülerinnen, zu denen auch Sophie Taeuber gehört, auf. Verse von Morgenstern und Else Lasker-Schüler werden rezitiert – allerdings ließe sich die Dichterin, die in Zürich ein recht unbürgerliches Leben führt, niemals in ein Programm einbinden, sie ist Einzelgängerin und scheut Szenen, wie sie Huelsenbeck beschreibt: »Das Publikum rief nach der Polizei, nach dem Irrenarzt und nach dem Verbandkasten. Man drohte, zischte und weinte, Frauen fielen in Ohnmacht und Männer bliesen auf Schlüsseln und Holzpfeifen.« Schweizer Bürger, die »rasten wie die Löwen«.

Dada in aller Munde. So ist es auch beabsichtigt. Hugo Ball schreibt selbstbewusst: »Dada ist eine neue Kunstrichtung. Das kann man daran erkennen, dass bisher niemand etwas davon wusste und morgen ganz Zürich davon reden wird.« Protest durch Provokation. Der Grat zwischen echtem Entsetzen vor dem Krieg und unverbindlichem Spiel mit dem Horror ist schmal, Ball spürt als Erster das Unbehagen. Kann man »Menschen, die nicht unmittelbar an der ungeheuerlichen Raserei des Weltkrieges beteiligt waren«, diesen Wahnsinn jemals vermitteln? Ist nicht jeder Bühnenschock nur ein blasser Abklatsch der Wirklichkeit Krieg? Kann Kunst oder Antikunst überhaupt etwas bewirken? – Fragen, die sich auch der jungen Textilgestalterin Taeuber und dem Maler und Bildhauer Arp stellen. Beide teilen sie die Aufbruchstimmung der Dada-Bewegung, aber beide lassen sie sich nicht restlos davon vereinnahmen. Die Emphase fehlt, mit der Raoul Hausmann, der Berliner Dadakopf, schreibt: »Dass Dada in der Spiegelgasse seine Vorstöße gegen überlebte Kunstgesetze unternahm, war mir, der Ähnliches in der ›Freien Straße‹ in Berlin suchte, von der allergrößten Bedeutung ... Zürich, die Hauptstadt Dadas, Zürich, das Eldorado einer neuen Geisteshaltung, Zürich, das solch eine Umwälzung ermöglichte, dieses Zürich ist für die Ewigkeit in die Ruhmesannalen der Neuzeit eingeschrieben.«

Erfolge haben ihren Selbstlauf: Größere Räume müssen gemietet werden, Soireen finden nun im *Zunfthaus zur Waag* statt und werden durchaus nicht nur von Anarchisten und intellektuellen Ausländern, sondern auch von Studenten und honorigen Zürcher Bürgern besucht. Dada ist salonfähig geworden, also sieht man sich nach einem Salon um und findet ihn ohne Schwierigkeiten in bester Lage. Emmy Hennings schreibt später: »Mich wundert noch heute, dass der Besitzer des Sprünglihauses seine schöne Acht-Zimmer-Etage an der Bahnhofstraße ohne jegliche Garantie uns vermietete. Freilich, er konnte nicht wissen, was ihm bevorstand. Die Dadaisten hatten meistens mehr Ideen als Franken in der Tasche.«

Immerhin besitzen sie eine wertvolle »Negerplastik«, die notfalls im Pfandhaus versetzt werden kann. Und sie haben Beziehungen zur internationalen Kunstavantgarde, so dass sie die Wände ihrer neuen Dada-Galerie nicht nur mit eigenen Gemälden, sondern auch mit Picassos und Modiglianis und mit Werken aus der Berliner Sturmkollektion behängen können: Kandinsky, Feininger, Klee, Kokoschka. Dazu geliehene Antiquitäten feinster Art – Konzession an den bürgerlichen Geschmack oder Verfremdungseffekt? Die Verunsicherung des Publikums und der Presse ist kalkuliert, die *Neue Zürcher Zeitung* berichtet vorsichtig vom »eminenten Geschmack für das farbig Dekorative«.

Vor der Eröffnungssoiree an jenem groß angekündigten 17. März 1917 haben die Dada-Frauen sich praktisch betätigt und einen Stapel Küchenhocker für die vornehme Kundschaft in Ostereierfarben gebeizt – leider nicht farbecht, so dass, wie Emmy Hennings schreibt, »die zarten Kleider der Damen sich an ihnen abfärbten. So sahen sie auch ziemlich abstrakt aus: Kompositionen in Blau, Grün, Gelb, Rot.« Unfreiwillige Farbensymphonien, wie die Künstlerin versichert, aber kann man den Dada-Leuten trauen? Irgendwann in den ersten Ausstellungstagen tauchen zwei Kriminalbeamte auf, heben Kandinskys von der Wand, um dahinter nach geheimen Likörschränken zu suchen. Die Galerie hat keine Schanklizenz, allerdings auch keine alkoholischen Schätze. Das Misstrauen der Bürger bleibt – und hält das Interesse an den Soireen wach.

Auf dem Programm der ersten Aufführungen steht: »Danses: Mlle Taeuber / costumes de Arp.« Sophie Taeuber tanzt, wie ein vorweggenommener Marsmensch, in Arps surrealistischem Pappröhren-Kostüm. Was ungelenk laienhaft aussieht, ist professionelle Perfektion, ausgefeilt von Meister Laban. Sie tanzt auch Poetisches von Seepferdchen und Flugfischen zu Gedichten von Hugo Ball und regt damit Arp zu Versen an:

> sie tanzte und träumte
> ein dreieck, ein viereck …
> ein stilles viereck mit vielen
> kleinen lauten kreisen,
> sie träumte tag und nacht
> von lebenden kreisen.

Im Tanz fühlt sich Sophie Taeuber in ihrem eigensten Element. Alles, was der eher schüchternen und zurückhaltenden Schweizerin sonst schwer fällt, kann sie hier ausdrücken: Temperament, Sinnlichkeit, Fantasie. In Labans Tanzschule hat sie sich mit dessen Assistentin Mary Wigman angefreundet, ein überraschender Gleichklang ohne Worte. Die Ausdruckstänzerin Wigman erinnert sich in einem Brief an Walter Sorell später an gemeinsame Abende: »What divine feasts we have had in my Zürcher apartment! My friend Sophie Täuber – who later married Hans Arp – and I sewed ourselves so tightly into our extravagant costumes one day that, for the whole night we could not get out of them.« Man trifft sich in Labans Atelier an der Seehofstraße, im Sommer auf dem Monte Verità bei Ascona.

Sophie Taeubers Dada-Leben. Daneben gibt es das bürgerliche, das Tag-Leben. Als Einzige in der Dada-Gruppe übt sie einen »soliden« Beruf aus und verdient regelmäßig Geld. Die ausgebildete Textilgestalterin unterrichtet an der Kunstgewerbeschule eine Textilklasse in Komposition, Sticken und Weben. Diese Lehrtätigkeit ist ihr nicht ungeliebter Brotberuf, sondern macht ihr Spaß. Sie ist gern mit jungen Menschen zusammen, erarbeitet mit ihnen gemeinsam Entwürfe und Modelle, versucht ihr Verständnis für Kunst, für die Moderne vor allem, zu wecken. Die Schüler, einer von ihnen ist der spätere Avantgardist Max Bill, mögen ihre unkonventionelle Art, ihre ruhige Sicherheit im Umgang mit dem Ungesicherten: der Kunst und den Menschen.

Sie besucht mit der Klasse Museen, Ausstellungen und Aufführungen, auch in der Dada-Galerie. Das missfällt der Schulleitung. Ihre Auftritte als Tänzerin hält man für unvereinbar mit dem Erziehungsauftrag einer Lehrerin, aber entlassen wird sie nicht. Allerdings taucht ihr Name auch nicht mehr in Dada-Programmen auf, doch sie tanzt weiter, in Furcht erregenden Schamanenmasken, die ihr Anonymität geben. Wie könnte sie einer Schulbehörde den Unterschied zwischen Tingeltangel und Dada-Kunst klar machen, wo sie selbst nicht genau weiß, was Dada-Kunst eigentlich ist?

Ihr Problem: den Schülern die Kunst aufzuschließen und abends auf der Bühne diese Kunst nicht nur in Frage zu stellen, sondern ad absurdum zu führen. Wie lässt sich Kunst im zwanzigsten Jahrhundert überhaupt definieren? In langen Nachtgesprächen mit ihrem Gefährten Hans Arp, den sie im November 1915 bei einer Ausstellung seiner Bilder in der Galerie Tanner kennen gelernt hat, ver-

sucht sie ihr Verhältnis zu Dada und den modernen Kunst-
strömungen zu klären.

Ihr eigenes Schaffen bleibt davon unberührt. Sie ruht in
sich, lässt sich von rasch wechselnden Moden nicht vereinnahmen. Dada bedeutet für sie Bewegung, Umsetzen von
Lebensgefühl in Tanz, Farbe, Form. Die Freisetzung von
Kreativität fasziniert sie, nicht die Zerstörung überkom-
mener Formen, auch nicht das schrille Herausschreien von
Ängsten. Sie hat den Krieg nicht erlebt wie all ihre Emi-
grantenfreunde, sie ist im Appenzellerland in behüteter
Umgebung aufgewachsen und wird darob von den Hei-
matlosen beneidet: keine Familienkonflikte, keine Vater-
landsneurosen, keine Arbeits- und Geldsorgen.

Die gute und für ein Mädchen vom Land damals durchaus ungewöhnliche Ausbildung verdankt sie ihrer Mutter,
einer tatkräftigen und aufgeschlossenen Frau, die nach
dem frühen Tod ihres Mannes, eines aus Deutschland ein-
gewanderten Apothekers, die Kinder alleine durchbringen
musste. Die Appenzellerin führte in Davos ein Weißwa-
rengeschäft und unterrichtete daneben ihre Kinder selbst.
Um ihnen den Anschluss an höhere Schulen zu ermöglichen, zog sie nach Trogen, baute dort nach eigenen Plänen
ein Pensionshaus, nahm Gäste auf und ließ diese teilhaben
an dem intensiven Familienleben. Die vielseitig Begabte
machte Textilentwürfe, malte, entwickelte ihre Fotos selbst,
interessierte sich für Politik und Frauenfragen – ausgerechnet im Kanton Appenzell, der sich später mit dem Frauenstimmrecht so schwer tat –, musizierte mit den Kindern
und brachte den Mädchen Sticken und Klöppeln bei, für
die Ostschweiz typische Handarbeiten.

Die achtzehnjährige Sophie besucht nach der Sekundarschule für drei Jahre die *Zeichnungsschule für Industrie
und Gewerbe* in St. Gallen und geht dann nach München,
um sich an den *Lehr- und Versuchsstätten für angewandte
und freie Kunst* weiterzubilden. Hier herrscht internati-

onales Flair, hier lernt sie den Jugendstil kennen, Henry van de Velde und die Wiener Schule, daneben laufen die praktischen Fächer, Weben, Holzbearbeitung, Darstellungstechnik, kunstgewerbliches Entwerfen. Um den Klöppel- und Kreuzstichtraditionen in Schleswig-Holstein und Jütland nachzugehen, schiebt sie ein Jahr an der Hamburger Kunstgewerbeschule ein. Nach einem weiteren Jahr in München schließt sie ihre Ausbildung mit sehr guten Zeugnissen ab und geht noch vor Ausbruch des Ersten Weltkrieges zurück in die Schweiz, nach Zürich. Sie wohnt bei ihrer Schwester und entwirft für die Filiale der *Wiener Werkstätten* kunsthandwerkliche Gebrauchsgegenstände. Erste eigene Arbeiten entstehen. Fast alle diese noch an Vorbildern orientierten Zeichnungen und Klebearbeiten verrichtet sie, als sie 1915 gemeinsam mit Arp zu neuen Ufern aufbricht.

Der Schritt von der angewandten zur freien Kunst. Wobei die freie Kunst für sie nicht die höherwertige, aber die anerkanntere ist. Im *Schweizerischen Werkbund* setzt sie sich dafür ein, kunsthandwerklichen Arbeiten, denen leicht das Etikett der Höheren-Töchter-Beschäftigung, der »ouvrage de dame«, oder des kommerziellen Kunstgewerbes anhaftet, mehr künstlerisches Eigengewicht zu geben. Ihren eigenen stark geometrischen Kompositionen ist die Praxis als Weberin anzumerken: Kette und Schuss, einfache, klare Formen, die sich nicht mit philosophisch-symbolischen Inhalten verknüpfen. Sie abstrahiert nicht von der Realität, sie benutzt Quadrate, Kreise und Dreiecke als konkretes Bildmaterial: nicht abstrakte, sondern konkrete Kunst. Arp ist von ihren ganz eigenständigen, nach festen Baugesetzen, aber ohne Theorielastigkeit entstandenen Textil- und Collagearbeiten beeindruckt, und sie versucht, sich seinen »nach dem Gesetz des Zufalls« komponierten Werken zu nähern – eine künstlerisch für beide Seiten fruchtbare Symbiose.

»Immer herrschte eine Stimmung wie am ersten Schöpfungstag. Arp und Sophie erfanden die Welt neu, mitsamt neuen Gesetzen, neuen Verständigungsmöglichkeiten«, schreibt die sonst eher spitzzüngige Autorin Claire Goll.

An den schriftlichen Manifestationen der Dada-Kunst, der »totalen Negation des ästhetischen Wertsystems«, wie Huelsenbeck, der radikalste der Gruppe, es formuliert, ist Sophie Taeuber nicht beteiligt. Nicht am Almanach *Cabaret Voltaire* und nicht an der Schriftenreihe *Collection Dada*, wohl aber an den endlosen Diskussionen in den Zürcher Cafés, im Odeon, im Astoria oder im Café de la Terrasse, wo sie auf Gleichgesinnte und Gegner, Sektierer und Anarchisten, Philosophen und Scharlatane trifft. »In Zürich ist jetzt die ganze Literatur«, schreibt Emmy Hennings, und die bildenden Künstler, die sich fast alle auch als Literaten betätigen, sind mit gemeint, starre Abgrenzungen aufgelöst, wie später in den Performance-Darbietungen der Achtzigerjahre, die auf Dada zurückgeführt werden könnten.

In Sophie Taeubers künstlerischem Werk schlagen sich diese Zeitströmungen kaum nieder, auch ihre pädagogische Arbeit hat andere Schwerpunkte. Sie möchte zwar, wie Dada, Kunst und Leben verbinden, aber auf weniger spektakuläre Weise. Durch Einbeziehung der angewandten Kunst soll der Kunstbegriff demokratisiert werden. Mit ihren Schülern sucht sie nach neuen Lösungen, nach funktionsbedingter Formschönheit. Sticken, Weben und Klöppeln nicht in der herkömmlich imitierenden Art, sondern als Experiment, als Spiel mit Farben und Formen und Materialien, auch mit Ornamenten, wenn diese nicht bloßer »Zierrat« sind. Im Unterricht war sie bestrebt, wie Max Bill später schreibt, »ihren Schülerinnen einen Begriff von den Problemen der Zeit zu vermitteln, so dass diese nicht ins Sinnlos-Kunstgewerbliche abglitten ...«

Ungewohnte Wege an der Kunstgewerbeschule, wo dekorative Blumenmotive nach Vorlagen gestickt werden. Arp, der Satiriker, sieht das so: »Scharen junger Mädchen eilten aus allen Kantonen der Schweiz nach Zürich mit dem brennenden Wunsch, unaufhörlich Blumenkränze auf Kissen zu sticken. Die grauenhaftesten Vorbilder spukten in diesen rosigen Jungfrauen, doch Sophie gelang es durch Sanftmut und Güte, die meisten zum Quadrat zu führen.« Das Quadrat ist Sophie Taeubers bevorzugtes Sujet, sie malt sich aneinander reihende, großflächig strukturierte Vierecke in leuchtenden Farben, konstruktivistische Arbeiten, wie sie unabhängig voneinander auch von Mondrian, Malewitsch oder ihrem Landsmann Itten entwickelt werden.

Der Direktor der Kunstgewerbeschule, Alfred Altherr, scheint zu ahnen, was sich da an Umwälzendem an seiner Schule tut, aber er lässt die progressive Lehrerin ihren Weg gehen, ja, er überträgt ihr für die Schweizerische Werkbundausstellung 1918 die Inszenierung des Stücks *König Hirsch* von Carlo Gozzi für ein Marionettentheater. Auch hier setzt die Künstlerin ungewohnte, aus der Psychoanalyse entwickelte Ideen in die Praxis um: Nach ihren präzisen Zeichnungen werden die Marionetten gedrechselt. Die Figur Sigmund Freuds, *Freud Analyticus,* erhält den gewaltigsten Kopf mit blattförmigen Fortsätzen, während die übrigen Puppen mit ihren sichtbaren Gelenken, die das mechanisch Lenkbare betonen, Flachköpfe haben. Die Uraufführung des Stücks wird für die Schöpferin der stilisierten Marionetten ein großer Erfolg, die Zeitlosigkeit dieser *König-Hirsch*-Inszenierung beweist eine Rekonstruktion durch das Zürcher Puppentheater im Jahre 1993. In die Kunstbücher gehen jedoch nicht ihre originellen Figurinen ein, sondern die von Oskar Schlemmer zwei Jahre später für sein *Triadisches Ballett* entworfenen. Im Gegensatz zu den meisten Dadaisten ist Sophie Taeuber keine geschickte Propagandistin ihrer Kunst.

Der Zugang zur Psychoanalyse ergab sich durch die Tätigkeit ihrer Schwester als Bibliothekarin des Psychologischen Clubs von C. G. Jung in Zürich. Der Psychoanalytiker C. G. Jung übt auf Sophie Taeuber eine seltsame Anziehungskraft aus, wie überhaupt außergewöhnliche Menschen sie faszinieren: die Tänzerin Mary Wigman, der rumänische Dada-Wortkünstler Tristan Tzara oder das exzentrische Dichterpaar Ivan und Claire Goll (damals noch Claire Studer), dessen schwierige und doch produktive Zusammenarbeit sie bewundert. Das beruht auf Gegenseitigkeit. Claire Goll berichtet in ihrer *Chronique scandaleuse* über Sophie Taeuber: »Sie machte keinen Unterschied zwischen Geschirrspülen und Dichten, Sticken und Schuheputzen. Jede Tätigkeit verdiente gleich viel Aufmerksamkeit und Hingabe. Diese vollendete Anpassung an den Augenblick befähigte sie, nachts exzentrische Tänze vorzuführen und am Tage sehr ernsthaft ihr Lehramt zu versehen. Ihr machte es nicht die geringste Mühe, die Rolle der Hausfrau mit der einer avantgardistischen Künstlerin in Einklang zu bringen. Sie und Hans Arp waren ein Paar von erlesener und heiterer Harmonie.«

Ganz so heiter war die Harmonie nicht immer. Arp hatte sich, kurz bevor er Sophie kennen lernte, in die Comtesse Hilla von Rebay verliebt und konnte sich lange nicht entschließen, sie aufzugeben, auf Sophie wollte er aber ebenso wenig verzichten. Diese ertrug sein Hin-und-Hergerissensein mit erstaunlicher Langmut, kam ganz selbstverständlich für seinen Lebensunterhalt auf und brachte Ordnung in sein chaotisches Leben. Erst 1917 endete die für Sophie demütigende Romanze mit einem Verzicht Arps auf die Comtesse.

Sophie ist nicht nachtragend und alles andere als eine Exzentrikerin, das erleichtert die Zusammenarbeit mit dem eigenwilligen Gefährten. Es entstehen in der winzigen Zürcher Wohnung, die gleichzeitig Atelier ist, gemeinsame

Klebearbeiten, Arp nennt sie *Duo-Collagen*; sie sollen die »Kunst des Schweigens« symbolisieren, den Weg von der Außenwelt zur Stille weisen – eine deutliche Abwendung von der dadaistischen Lautstärke. Die strenge Feierlichkeit der aus Rechtecken in immer neuen Variationen zusammengestellten Collagen erinnert an asiatische Meditationsbilder. Die bewusste Einbeziehung mystischer Bildinhalte, die Beschäftigung mit dem Buddhismus, mit Lao-Tse, ist für die mehr dem Konkreten verhaftete Künstlerin eine neue Erfahrung, die sie, die Undogmatische, als Bereicherung empfindet.

Es entstehen in dieser Zeit auch gemeinsame *Duo-Plastiken,* inspiriert von rituellen Gefäßen afrikanischer Eingeborener. Sophie Taeuber entdeckt den Mythos und versucht, ihm eine Form zu geben. Religiös-sakrale Bezüge weist eines ihrer wichtigsten Werke auf, das 1918 gemalte Ölbild *Triptyque,* eine Komposition wie ein Fugenmotiv, gold- und silberdurchwirkt. »Une mésure d'orgue« sieht Arp in dieser Kreation.

Was Sophie Taeuber im Dadaismus gesucht hat, die Überwindung des Dualismus von Kunst und Leben, glaubt sie in der Künstlervereinigung *Das neue Leben,* zu deren Gründungsmitgliedern sie gehört, besser verwirklicht: Kunst auch als pädagogischer Auftrag und soziales Engagement. Der Glaube an die Erziehbarkeit des Menschen. Dimensionen, die den Dadaisten fehlen, »hinter deren verblüffendem und aggressivem Auftreten nicht bloß Jugend und Neuerungslust steckte«, wie Hermann Hesse schreibt, »sondern auch viel Verzweiflung über die Not der Zeit«.

Mit dem Ende des Ersten Weltkriegs und mit der Öffnung der Grenzen verschwindet auch der den Zürchern nie ganz geheure »Dadaspuk« aus der Stadt. Proteste gegen den Krieg erübrigen sich – vorläufig wenigstens. Die totale Negation aller Werte hat sich verbraucht. Arp fordert mit

einigen in Zürich verbliebenen Dadaisten in einem Rück-
zugs-Manifest »die Teilhabe der Künstler an der idealen
Entwicklung des Staates«. Als Abgesang auf den Zürcher
Dada kann Sophie Taeubers letzter Auftritt in einer Dada-
Soiree im Saal *Zur Kaufleuten* am 9. April 1919 gesehen
werden. Sie tanzt als *Noir Kakadu* ihre eigene exotische
Choreographie vor Arpschem Bühnenbild. Dada lebt mit
Tzara in Paris, mit Huelsenbeck in Berlin weiter, program-
matischer, politischer.

Arp nimmt im Herbst 1919 an Dada-Aktionen in Köln
und Berlin teil, während für seine Gefährtin das gewohnte
Schulleben weitergeht, unterbrochen von einem längeren
Kuraufenthalt in Arosa nach einer Lungendrüsenent-
zündung. 1922 lässt sie sich für ein Jahr vom Schuldienst
beurlauben und holt längst geplante Reisen und Besuche
bei Freunden nach: Wien, St. Moritz, München, Italien,
Tirol.

Im Oktober heiratet das seit sieben Jahren zusammenle-
bende Künstlerpaar in Pura, einem kleinen Tessiner Dorf.
Aus der geplanten Einbürgerung Arps als Schweizer wird
aber nichts. Während ausländischen Frauen, die einen
Schweizer heiraten, das Bürgerrecht automatisch gewährt
wird, gilt dies umgekehrt für den Mann einer Schweizerin
nicht. Auch Hermann Hesse als vermittelnder Bittsteller
bei den Behörden kann für den stellenlosen Künstler keine
Ausnahme erwirken.

Während Arp als freier Künstler und *animateur culturel*
viel unterwegs ist, verdient seine Frau im heimatlichen Zürich seinen Lebensunterhalt. Die Schule fordert sie stärker
als früher, sie hat neue Fächer und mehr Stunden übernommen. Nebenher führt sie Arps Entwürfe als Web- und
Stickarbeiten aus, macht Konstruktionszeichnungen für
seine Skulpturen und schnitzt Druckstöcke. Sie fühlt sich
als seine Zuarbeiterin trotzdem nicht ausgebeutet, sieht
ihre Arbeit als eine gemeinsame an, weiß, wie viele auch für

sie wertvolle Verbindungen Arp geschaffen hat: zu Schwitters, zu Hannah Höch, zu französischen Künstlern. Die Kontakte zu Frankreich werden in den nächsten Jahren besonders wichtig.

Bei der *Exposition Internationale des Arts Décoratifs et Industriels Modernes* in Paris wird Sophie Taeuber-Arp mit drei anderen Schweizern ausgezeichnet. Sie nimmt an weiteren Ausstellungen teil und macht sich einen Namen als fantasievolle Ausgestalterin von Räumen und Häusern. Einen großen Auftrag zur Innengestaltung des historischen Gebäudes *Aubette* im Zentrum von Straßburg kann sie allein nicht bewältigen, da sie noch immer an die Schule gebunden ist. Sie macht zwar die Entwürfe – die Konzeption eines Gesamtkunstwerks – und übernimmt mit Arp die Ausgestaltung einiger Räume, überlässt aber die weitere Bauaufsicht dem holländischen Architekten Theo van Doesburg. Das mit Beton und Chromstahl ausgebaute Tanzlokal wird von der Bevölkerung als kalt und unangenehm abgelehnt, bringt der Planerin aber ein gutes Honorar ein. Es wird für den Bau eines eigenen Atelierhauses in Clamart/Meudon, nahe Paris, ausgegeben, ein Unternehmen, das bald die ganze planerische Kraft und auch das praktische Geschick Sophie Taeuber-Arps fordert, da die Handwerker den ungewohnten Bau nicht ernst nehmen und entsprechend nachlässige Arbeit leisten. Der dreigeschossige Kubus aus Naturstein und Beton ist wieder als Gesamtkunstwerk gedacht und entsprechend bis ins Detail durchgeplant, von den Lichtschächten bis zu den Gemüsebeeten, nach den modularen Gestaltungsprinzipien Le Corbusiers.

Die Künstlerin, Architektin und Handwerkerin hat die Schwierigkeiten dieses Projektes unterschätzt, sie verausgabt sich zu sehr, kann das ständige Pendeln zwischen Zürich, Paris und Straßburg gesundheitlich nicht durchhalten. Sie gibt 1929 die Schule, ihr anderes Leben und damit ihr Standbein in Zürich, nur zögernd und mit Bedauern auf. Mit einer Kollegin hat sie vor ihrem Ausscheiden noch eine *Anleitung zum Unterricht im Zeichnen für Textile Berufe* verfasst, die Schüler werden ihren zurückhaltenden und doch engagierten Einsatz vermissen. Die neugewonnene Zeit nutzt sie nun für das eigene künstlerische Schaffen, sie beteiligt sich an den großen Ausstellungen der Konstruktivisten, aber auch der Surrealisten und wird in den Ausschuss der international bedeutsamen Gruppe *Abstraction Creation* berufen.

Hitlers Rede gegen die moderne Kunst bewirkt in Frankreich 1935 einen engeren Zusammenschluss früher rivalisierender Künstler und Gruppen. Kontakte zur neutralen Schweiz bekommen einen neuen Stellenwert. Sophie Taeuber-Arp beteiligt sich 1935 in Luzern, 1936 in Zürich und 1937 in Basel an wichtigen Ausstellungen und tritt der in Zürich gegründeten Künstlergruppe *Allianz* bei.

Die Schweizer Erfolge ermutigen sie zu einem weiteren Schritt an die Öffentlichkeit, zur Herausgabe einer eigenen Zeitschrift für konkrete Kunst, *Plastique,* die in Paris und New York erscheint. Sie ist in einer äußerst fruchtbaren Schaffensphase, in drei Jahren sind 117 Werke entstanden, dazu Illustrationen zu einem Arpschen Gedichtband und gemeinsam mit ihrem Mann neue *Duo-Bilder*. Die Einladungen zu Ausstellungen häufen sich, an der wichtigen Londoner *Exhibition of Contemporary Sculpture* stellt sie als einzige Frau aus.

Mit dem Kriegsbeginn 1939 nimmt der internationale Aufbruch ein jähes Ende, die politische Situation spitzt sich für die Künstler zu, Hans und Sophie Arps Werke zählen in Deutschland zur entarteten Kunst. 1940, beim Anmarsch der deutschen Wehrmacht auf Paris, gibt das Künstlerpaar das Haus in Meudon auf und taucht bei Freunden unter, immer an wechselnden Fluchtorten, unter anderem bei Peggy Guggenheim am Lac d'Annecy. Der sonst sehr zurückhaltenden und anpassungsfähigen Sophie Taeuber-Arp widerstrebt es, wie Peggy Guggenheim von den wehrlosen und mittellosen Künstlern Bilder zu Schleuderpreisen aufkauft. Sie drängt weiter, findet ein Refugium in Grasse, »ce coin de France encore protégé contre l'inquisition de la gestapo«.

Das Leben geht hier, unter erschwerten Bedingungen zwar, fast wie in Friedenszeiten weiter. Malen unter Olivenbäumen, Arbeit an einer Litho-Serie mit Sonja Delaunay, die nach dem Tod ihres Mannes von den Arps aufgenommen wird, Zusammenstellen einer Mappe für die große Allianz-Ausstellung im Mai 1942 in Zürich. Schwester Erika schickt Pakete, von den Kunstmäzeninnen Marguerite Hagenbach und Maja Sacher kommt Unterstützung, Max Bill besorgt Leinwand und Ölfarben. Gemeinsam mit Schweizer Freunden organisiert Sophie Taeuber für Kinder aus besetzten Gebieten Erholungsaufenthalte in der Schweiz und hilft Verfolgten bei der Flucht aus Frankreich. Auch die Arps wollen fliehen, möglichst nach Amerika, dem Malerfreund Max Ernst ist der Sprung geglückt, das gibt Hoffnung.

Doch dann marschieren über Nacht deutsche Truppen in Grasse ein, die Arps entkommen im letzten Augenblick in die Schweiz. November 1942. Die Schweizerin mit dem französischen Paß und dem französischen Ehemann als Emigrantin im eigenen Land. Abgebrochen eine verheißungsvolle Karriere. Bittstellerin mit leeren Händen.

Sie wird von ihrer Schwester Erika Schlegel in Zürich aufgenommen, Hans Arp findet bei Binia und Max Bill in Höngg Unterschlupf. Wieder Arbeiten unter erschwerten Bedingungen. Hoffen auf die Verlängerung der Aufenthaltsgenehmigung. Sophies labile Gesundheit. Der strenge Winter. Wie soll es weitergehen? An der Silvesterfeier im

Bill'schen Hause wirft Sophie bei einer spielerischen Séance zweimal ihr Todeszeichen. Sie ist empfänglich für »kosmische Botschaften«, wirkt verstört.

Zwei Wochen später ist sie tot. Keiner kann es fassen. Eine tragische Verkettung von Zufällen. Niemanden trifft eine Schuld, aber alle fühlen sich schuldig. Was hätte man tun können? Sie hat ihren Tod vorausgeahnt. Sie ist ihm entgegengegangen, wenn auch ohne Absicht.

An einem kalten Januarabend arbeitet sie in Bills Atelier, überanstrengt, müde. Sie will aber die angefangenen Abzugs- und Signierarbeiten unbedingt noch vollenden, »man weiß nie«, sagt sie. Es wird spät, zu spät für eine Rückkehr in die Wohnung der Schwester, zu spät für die letzte Straßenbahn. Sie übernachtet im Garten-Gästezimmer, das mit einem Kanonenofen beheizt wird und rasch auskühlt. In der Nacht macht sie Feuer, ohne die Luftklappe zu öffnen und erstickt im Schlaf an einer Kohlendioxidvergiftung. Arp findet sie am nächsten Morgen, wie friedlich schlafend. Neben dem Bett liegt eine französische Grammatik aufgeschlagen.

Er ist erschüttert, macht sich Vorwürfe. Hätte er dieses Unglück verhindern können? Warum hat er sie allein gelassen? So oft allein gelassen? Im Schmerz über ihren Tod ist sie ihm näher, als sie es zu Lebzeiten war. Er holt die letzte Lebensphase in die Erinnerung zurück: »Wer ihr in dieser Zeit begegnete, wurde von ihrem inneren Glanz berührt. Sie strahlte und entfaltete sich wie eine Blume vor dem Vergehen.«

Nach der traurigen Beerdigung am 18. Januar 1943 auf dem Friedhof von Zürich-Höngg macht sich Hans Arp daran, Sophies Werk und ihr gemeinsames Leben aufzuarbeiten. Er stellt eine Monographie zusammen, organisiert 1945 eine Ausstellung in der Zürcher *Galerie des Eaux-Vives*. Im Jahr darauf erscheinen in Paris seine Gedichte, Sophie gewidmet, mit acht Duo-Zeichnungen illustriert:

ich könnte ohne die flammenden berge leben
ohne die olivenbäume und das meer
ich könnte ohne den himmel sein
dich aber kann ich nicht vergessen
ich kann ohne dich nicht sein

Das so plötzlich unterbrochene künstlerische Zwiegespräch führt er nach dem Tod der Partnerin anhand ihrer
Entwürfe weiter. Diese *Variationen* auf Sophies Werk sind
ein einmaliges und gewagtes Dokument einer Symbiose,
»von zwei Händen, aber einer Seele geschaffen«. In seiner
Trauerarbeit verklärt er die Verstorbene immer stärker,
macht sie zum Idealbild, zu seinem »Stern«, seiner Göttin,
mit der er sich in einem neuen Leben wieder vereint sehen
möchte. Er überlebt sie um ein Vierteljahrhundert.

Die Unterstützung in der Öffentlichkeit, die er ihr zu
Lebzeiten nicht immer hat zukommen lassen, holt er nach
ihrem Tod nach, er organisiert zwei bedeutende Retros-
pektiven ihres Werkes und weist in Publikationen auf ihre
Bedeutung hin – trotzdem steht sie nach wie vor in seinem
Schatten. In der Ausstellung, die das Kunsthaus Aarau zu
ihrem 100. Geburtstag 1989 ausrichtete, wird sie mit Meret
Oppenheim als bedeutendste Schweizer Künstlerin unseres Jahrhunderts eingestuft. Undogmatischer und unbe-
fangener als die meisten männlichen Pioniere der Moderne
hat sie sich mit den Strömungen zeitgenössischer Kunst
auseinander gesetzt. Ihr Werk verdiente größere Beachtung.

Zwei Stiftungen tragen dazu bei, ihr den angemessenen
Platz neben ihrem Partner zu sichern: die *Stiftung Hans
Arp und Sophie Taeuber-Arp* im alten Bahnhof Rolandseck
bei Bonn und die *Stiftung Arp* in dem von Sophie Taeuber-
Arp gebauten Haus in Meudon/Clamart bei Paris.

Das Essenzielle der Verbindung dieses Künstlerpaares
und die Basis ihres gemeinsamen schöpferischen Weges,
auf dem die Zürcher Dada-Explosionen nur ein Teilstück

sind, fasste Hans Arp in die Worte: »Wir suchten eine elementare Kunst, die den Menschen vom Wahnsinn der Zeit heilen und eine neue Ordnung, die das Gleichgewicht zwischen Himmel und Hölle herstellen sollte.« – Liegt es an den Künstlern, wenn diese neue Ordnung Utopie bleibt?

Die Widerstandskämpferin im Dritten Reich
Johanna Kirchner

(1889–1944)
Frankfurt

> Es war ihnen nicht beschieden,
> Deutschland zu retten, nur für
> Deutschland sterben durften sie.
> RICARDA HUCH

Gegen Mittag des 9. Juni 1944 wurde die Frankfurter Sozialarbeiterin Johanna Kirchner im Zuchthaus Berlin-Plötzensee durch das Fallbeil hingerichtet. Die Urteilsbegründung
des Volksgerichtshofs: Vorbereitung zum Hochverrat.

Mit dieser Begründung hatte man Johanna Kirchner
schon ein Jahr zuvor in einem Gerichtsverfahren zu zehn
Jahren Zuchthaus verurteilt. Roland Freisler, dem berüchtigten Vorsitzenden des Berliner Volksgerichtshofs, war
diese Strafe zu gering, er wollte ein Urteil, das Widerstandsgruppen abschrecken sollte. Dass ihm dies nicht gelungen ist, zeigt die Untergrundarbeit der Verschwörer
vom 20. Juli 1944.

Freisler verfügt die Wiederaufnahme des Prozesses gegen die im Frauenzuchthaus Cottbus inhaftierte Johanna
Kirchner. Im April 1944, kurz vor ihrem 55. Geburtstag,
findet die erneute Gerichtsverhandlung statt. Sie dauert
keine halbe Stunde, das Todesurteil steht für den Vorsitzenden Freisler längst fest.

Wochenlanges Warten, vergebliche Hoffnung auf Be-
gnadigung zermürben die Verurteilte, aber sie fängt sich

immer wieder. Sie weiß, dass sie im Sinne der Anklage schuldig ist. Seit mehr als einem Jahrzehnt hat sie im Untergrund gearbeitet, hat alles daran gesetzt, Menschen vor dem Zugriff der Gestapo zu retten. Sie musste damit rechnen, eines Tages verhaftet zu werden. Mit der Verurteilung zum Tode hat sie nicht gerechnet.

Doch sie hat auch dieses Urteil mit Fassung aufgenommen. Sie habe bis zuletzt »eine innere und äußere Haltung bewahrt, die beispielhaft war und eine seelische Größe und die ganze Reife ihrer starken fraulichen Persönlichkeit zeigte«, schrieb der Gefängnispfarrer in Plötzensee an die Angehörigen.

Die Verurteilte in der Todeszelle hat sich mehr Sorgen um ihre Familie gemacht als um sich selbst. In einem letzten langen Brief versucht sie, den Ihren Mut zu machen und Zuversicht zu geben.

Sie kann nicht auf Tröstungen der Kirche zurückgreifen, ihre Hoffnung richtet sich, mehr als auf ein Jenseits, auf eine Zukunft in einer besseren diesseitigen Welt. Dieser Zukunftsglaube gibt ihr Kraft, die sich auf ihre Umgebung überträgt.

Am Tag ihrer Hinrichtung schreibt sie, gefasst und klarsichtig, an die beiden Töchter Lotte und Inge: »Ich gehe tapfer und unverzagt meinen letzten Gang. Und meine letzte große Herzensbitte an Euch ist: seid auch tapfer und unverzagt. Lasst Euch vom Leid nicht niederdrücken, denkt an das große Goethewort ›Stirb und werde‹ … Bleibt immer in treuer Liebe und Kameradschaft verbunden. Diese Gewissheit Eurer treuen kameradschaftlichen Gemeinschaft ist eine große Beruhigung für mich … werdet glücklich und seid tapfer, es kommt eine bessere Zukunft für Euch …«

Zukunftsglaube – ein Familienerbe

Den unerschütterlichen Glauben an eine bessere Zukunft teilt Johanna Kirchner mit vielen sozialdemokratischen Genossen ihrer Generation. Dass diese Zukunft erkämpft werden muss, dass es eigener Anstrengung bedarf, um unbefriedigende soziale und politische Verhältnisse zu ändern, wird dem aufgeweckten Mädchen schon im Elternhaus mit auf den Weg gegeben.

Die am 24. April 1889 – im selben Jahr wie Hitler, aber auch wie der Sozialdemokrat Ernst Reuter – geborene Johanna ist die älteste Tochter im Hause Stunz. Der Vater Ernst Stunz, dessen Leben von der Arbeiterbewegung geprägt wurde, ist politisch immer aktiv gewesen. Der Großvater mütterlicherseits, Heinz Prinz, gehörte zu den Mitbegründern der Sozialdemokratischen Partei in Frankfurt am Main. Gemeinsam mit seiner Frau Anna führte er eine Gastwirtschaft in der Allerheiligenstraße. Hier trafen sich die Genossen heimlicherweise, denn noch galt in Preußen das Bismarck'sche Sozialistengesetz, ein striktes Parteiverbot. Die konspirativen Zusammenkünfte wurden verraten und Heinz Prinz musste 1886 die damals zu Preußen gehörende Stadt verlassen. Er kam in einer Schreinerwerkstatt in Bad Vilbel unter, während seine Frau die Gastwirtschaft alleine weiterführte und daneben fünf Kinder großzog – eines davon Johannas Mutter Karoline.

Karoline setzt mit ihrem späteren Mann Ernst Stunz die politische Familientradition fort. Nach der Aufhebung des Sozialistengesetzes baut Stunz die nun legale Sozialdemokratische Partei neu auf und gründet einen mit der Partei verbundenen Arbeiter-Turner-Bund, die ›Freien Turner‹. Auch körperliche Ertüchtigung und Geselligkeit sollen im Kreis der Genossen gepflegt werden.

Diese von den Großeltern und den Eltern nie in Frage gestellte und unter persönlichen Opfern aufrechterhaltene

Treue zur Partei beeindruckt Johanna. Mit ihren fünf Geschwistern – Kinderreichtum gehört auch zur Familientradition – wächst sie ganz selbstverständlich in die straff geführte Arbeiterjugendbewegung hinein und lernt so schon früh solidarisches Verhalten. Gemeinschaft und Gemeinwohl stehen im Mittelpunkt, nicht individuelle Bedürfnisse. Bildung, Arbeiterbildung, hat einen hohen Stellenwert. Der Kopf, nicht das Kapital soll über Zukunftschancen entscheiden.

Soziale Parteiarbeit

Die intelligente, selbstbewusste Johanna besucht eine Handelsschule und bewirbt sich danach mit Erfolg um eine kaufmännische Stelle in einer Frankfurter Firma. Als im Jahre 1908 die von der Frauenbewegung erstrittene Öffnung der Parteien für weibliche Mitglieder erfolgt, tritt sie als eine der ersten Frauen der Sozialdemokratischen Partei bei. Die 19-Jährige lernt in der Arbeiterjugend ihren zukünftigen Mann, den Journalisten Karl Kirchner kennen und heiratet ihn 1912.

Wieder setzt sich die politische und soziale Familientradition fort: Im Ersten Weltkrieg, nach der Geburt ihrer beiden Töchter Lieselotte und Inge, arbeitet Johanna Kirchner gemeinsam mit ihrem Mann in der Kriegsfürsorge, organisiert die Schulkinderspeisung und richtet Milchküchen für hungernde Kinder aus den Frankfurter Arbeitervierteln ein. Nach dem Krieg ist sie am Aufbau der Arbeiterwohlfahrt maßgeblich beteiligt. 1923 organisiert sie eine groß angelegte Kinderverschickung aus dem von französischen und belgischen Truppen besetzten Ruhrgebiet, die unterernährten Kinder werden bei Bauern auf dem Land oder in Schweizer Familien untergebracht.

Während die politische Zusammenarbeit mit ihrem Mann, der als Stadtverordneter und Fraktionsvorsitzender Karriere gemacht hat, gut klappt, gehen die privaten Wege auseinander. Johanna Kirchner lässt sich 1924 scheiden, arbeitet aber weiter als Parteisekretärin Sie ist zuständig für sozialpolitische Fragen und setzt sich auf zahlreichen Veranstaltungen für die Rechte der Frauen ein.

Als nach der Machtergreifung Hitlers im Mai 1933 das SPD-Parteibüro im Frankfurter Gewerkschaftshaus von Nationalsozialisten besetzt wird, lässt Johanna Kirchner die Karteikarten der Mitglieder geistesgegenwärtig in ihrem Busenausschnitt verschwinden. Sie hat Glück: Nur ihre Handtasche wird gefilzt. Aber sie weiß nun, dass ihre Arbeit gefährlich wird.

Gejagt von Fluchtort zu Fluchtort

Nach der Verhaftung des sozialdemokratischen Reichstagsabgeordneten Carlo Mierendorff in Darmstadt reist sie unverzüglich nach Genf, um dort den ehemaligen hessischen Ministerpräsidenten Wilhelm Leuschner, dessen Pressesprecher Mierendorff war, zu informieren und um Hilfe zu bitten. Man erwägt eine Intervention beim Völkerbund in Genf. Durch diese gewagten Aktionen werden die Nationalsozialisten auf die Frankfurter ›Agentin‹ aufmerksam und Gauleiter Robert Ley erlässt einen Haftbefehl gegen sie. Wilhelm Leuschner wird nach dem missglückten Attentat auf Hitler am 20. Juli 1944 als Mitglied des Widerstands hingerichtet.

Johanna Kirchner flieht, um einer Verhaftung zu entgehen, von Frankfurt aus ins damals noch französische Saargebiet, das vorübergehend unter Völkerbundverwaltung steht. Hier arbeitet sie in der Emigrantenfürsorge. Gemeinsam mit ihrer Freundin Lore Wolf baut sie ein Hilfsnetz für politische Flüchtlinge aus Deutschland auf. Ihren Lebensunterhalt verdient sie in einem kleine Café, das die ebenfalls emigrierte Gründerin der deutschen Arbeiterwohlfahrt, Marie Juchacz, führt.

Ihr Kampf gegen den Anschluss des Saargebiets an Deutschland bleibt erfolglos. In einer Volksabstimmung entscheidet sich die Bevölkerung mehrheitlich für die Lösung ›Heim ins Reich‹. Als sich der Völkerbund 1936 von der Saar zurückzieht, ist das auch für Johanna Kirchner und viele Nazigegner das Signal, in französisches Gebiet jenseits der Grenze überzuwechseln. Im grenznahen Forbach sieht sie sofort eine neue Aufgabe: Sie richtet eine aus Spenden finanzierte ›Beratungsstelle für Saarflüchtlinge‹ ein, die den Emigranten eine Überbrückungshilfe gewährt. Der Internationale Gewerkschaftsbund und die ›Rote Hilfe‹ unterstützen sie bei dieser Aktion, wie auch bei der Herausgabe der illegalen *Saarnachrichten*.

Von Forbach aus hält sie Kontakt zu den im Frankfurter Untergrund arbeitenden Widerstandsgruppen. Als ›Kuriere‹ setzt sie – ein waghalsiges Unterfangen – auch ihre beiden Töchter ein. Informationen, die sie aus Deutschland erhält, leitet sie an Emigrantenorganisationen und an den sozialdemokratischen Exil-Parteivorstand nach Prag, dann nach Paris weiter. Sie ist ein Scharnier im international organisierten sozialistischen Widerstand, sie arbeitet zuverlässig, professionell und mit hoher Risikobereitschaft. Das wird später für das Todesurteil des Volksgerichtshofs ausschlaggebend sein: Vorbereitung zum Hochverrat.

Im Februar 1937 wird ihr die deutsche Staatsbürgerschaft aberkannt. Als Staatenlose, Vogelfreie ist sie in der Fremde besonders gefährdet, auf der Fahndungsliste der Gestapo steht sie ganz oben. Nach dem Beginn des Zweiten Weltkrieges und dem Einmarsch der Deutschen in Frankreich verschärft sich die Lage.

1940 wird sie in Metz verhaftet und ins Internierungslager Gurs in den Pyrenäen überführt. Der Lagerkommandant ist ihr wohl gesonnen und entlässt sie, um sie nicht an die Nazis ausliefern zu müssen, aus dem Lager. Eine Hetzjagd von Versteck zu Versteck, ein Wettlauf gegen die Zeit beginnt. Die Hoffnung, die Deutschen könnten sich in Frankreich nicht halten, zerbröckelt.

Aber immer sind Menschen da, die für die gleichen Ziele kämpfen, die weiterhelfen. Für kurze Zeit arbeitet die Umgetriebene mit Herbert Wehner zusammen im französischen Untergrund an einer Zeitung von Exilierten für Exilierte. In Avignon trifft sie auf den Zentrumspolitiker Johannes Hoffmann, den späteren saarländischen Ministerpräsidenten. Er bringt sie in einem ›sicheren‹ Kloster unter, doch die Allgegenwart der Nazi-Spitzel reicht auch hinter Klostermauern. Johanna Kirchner wird verraten und muss weiter flüchten, nach Aix-les-Bains in ein neues Versteck. Hier wird sie von der Geheimpolizei des mit Deutschland kooperierenden Vichy-Regimes aufgespürt und verhaftet. Nun gibt es keine Fluchtmöglichkeit mehr, die Falle schlägt zu.

Im Sommer 1942 wird sie nach Paris überstellt und an die Gestapo ausgeliefert. Ein Schicksal, das sie mit vielen in Frankreich untergetauchten Emigranten und Gesinnungsgenossen teilt, auch mit dem Reichstagsabgeordneten Rudolf Breitscheid.

Zwei Jahre bleiben ihr noch, in der Haft im Frauenzuchthaus Cottbus und in Berlin, ihr Leben, ihren Kampf im Widerstand zu überdenken. Die Bilanz fällt positiv aus, auch wenn am Ende kein Sieg steht. Sie hätte ihr Leben nicht anders leben können, auch wenn sie die Möglichkeit dazu gehabt hätte.

Ihre Situation ist eine andere als die ihrer jüdischen Kolleginnen, die in die Emigration gezwungen wurden, wenn sie dem sicheren Tod in einem Konzentrationslager entgehen wollten. Die Frankfurter Juristin und Sozialarbeiterin Ella Georgine Auerbach etwa oder die auch aus Frankfurt stammende Sonderschullehrerin Berta Jourdan. Beide emigrierten im Januar 1939, dem letzten noch möglichen Zeitpunkt, aus Deutschland. Aus ›rassischen Gründen‹ Verfemte, Gestempelte, wie auch die Sinti und Roma.

Johanna Kirchner hatte diesen ›Makel‹ nicht. Sie hätte ihre widerständig sozialistische Gesinnung abwerfen können und mit den Wölfen heulen. Sie tat es nicht, ebenso wenig wie andere, die für ihre religiöse Überzeugung in den Tod gegangen sind. Anne Frank hätte ein geheucheltes Bekenntnis zum Nationalsozialismus nichts genützt, Johanna Kirchner hätte sich durch ein Abschwören von ihrer Gesinnung vielleicht retten können. Aber diese Möglichkeit hat sie nicht einen Augenblick in Erwägung gezogen.

Bittere und herausfordernde Bilanz

Johanna Kirchner ist nicht die Einzige aus der Familie, die für ihre Gesinnungstreue mit dem Leben bezahlt hat. Ihr ehemaliger Mann Karl Kirchner starb nach mehrmaliger Verhaftung durch die Gestapo 1945 an den Folgen dieser Haft. Der Mann ihrer Schwester Betty, Konrad Arndt – Vater des späteren Frankfurter Oberbürgermeisters Rudi Arndt –, wurde nach sechs Jahren KZ ermordet. Die Schwiegersöhne Johanna Kirchners büßten für ihr politisches Handeln nicht mit dem Tod, aber mit mehrjährigen Gefängnis- und Zuchthausstrafen. Auch die beiden Töchter wurden für kürzere Zeit inhaftiert. Die Freundin Lore Wolf, Gefährtin im französischen Widerstand, wurde 1940 in Paris verhaftet, zu zwölf Jahren Zuchthaus verurteilt und von den Alliierten 1945 aus fünfjähriger Isolationshaft befreit.

Eine bittere Bilanz. Ein Vermächtnis, das nicht in Vergessenheit geraten darf – und das von den Frankfurtern auch nicht vergessen wird: Eine Straße wurde nach Johanna Kirchner benannt, eine Stiftung der Arbeiterwohlfahrt mit mehreren Altenwohnheimen trägt ihren Namen. Die Stadt Frankfurt hat zum Gedenken an den deutschen Widerstand die Johanna-Kirchner-Medaille prägen lassen, und an der Außenwand der Paulskirche, an würdiger Stelle, wurde ihr zu Ehren eine Gedenkplatte angebracht:

Johanna Kirchner, geboren am 24.4.1889 in Frankfurt am Main
hingerichtet am 9.6.1944 in Berlin-Plötzensee.
Den Frankfurter Bürgerinnen und Bürgern, die der Barbarei des Nationalsozialismus Widerstand entgegensetzten.
8. Mai 1992
Stadt Frankfurt am Main

An anderer Stelle, an der Gedenkstätte der Strafvollzugsanstalt Frankfurt-Praunheim, erinnern eindrückliche Worte der Dichterin Ricarda Huch, die dem NS-Regime widerstand, an alle Opfer nationalsozialistischer Gewalt. Eingemeißelt in die Gefängnismauer Verse aus dem Gedicht *An unsere Märtyrer*:

Ihr, die das Leben gabt für des Volkes Freiheit und Ehre
Nicht erhob sich das Volk, Euch Freiheit und Ehre zu retten
Wir aber wollen Male richten, Euch zum Gedächtnis ...

Die Theaterprinzipalin
Ida Ehre
(1900–1989)
Hamburg

> Neun Zehntel der schauspielerischen
> Arbeit besteht ja darin, die Rolle seelisch
> zu erfüllen und in ihr zu leben.
> KONSTANTIN S. STANISLAWSKI

Der Mensch als Rollenspieler, auf der Bühne des Theaters und auf der Bühne des Lebens – dieses Thema hat Ida Ehre zeitlebens beschäftigt. Sie sinniert darüber, beobachtet die Mitmenschen in ihrem Rollenverhalten, beobachtet sich rückblickend selbst: Wie weit hat sie ihr Leben als »Möglichkeitsmensch« im Musil'schen Sinne in eigener Regie gestaltet? Wie weit war es von Zwängen, Zufällen, Fügungen bestimmt? Wie sehr durfte sie als Schauspielerin in ihren Rollen aufgehen, ohne sich selbst zu verlieren? Sie wolle, wie sie einmal sagte, für die Bühne leben und für das Leben spielen.

Sie hat es getan. Mehr als sieben Jahrzehnte lang. Davon über vierzig Jahre nicht nur als Schauspielerin, sondern auch – für eine Frau höchst ungewöhnlich – als Intendantin, als Prinzipalin der Hamburger Kammerspiele. Im Geleitwort zu ihrem 1985 erschienenen autobiografischen Buch *Gott hat einen größeren Kopf, mein Kind* ... hebt Helmut Schmidt – als Theaterliebhaber den Kammerspielen und Ida Ehre seit langem verbunden – hervor, was sie neben der professionellen Passion kennzeichnet: ihre »Beharrlichkeit in der Neugierde, in der Unbefangenheit, im Optimismus, im

Glauben an das Gute im Menschen«. Damit charakterisiert er wichtige Antriebsmomente ihres Schaffens, die sie aus dem Elternhaus mitbekommen hat.

Ein Kind Kakaniens

Bohemeluft lag schon über ihrer Kindheit. Im Juli 1900, zu Beginn des neuen Jahrhunderts, wird sie – räumlich und zeitlich – mitten in die k. u. k. Monarchie hineingeboren, im mährischen Prerau, das heute Prerov heißt und in Tschechien liegt. Robert Musil beschreibt diese beschaulichen Landschaften Kakaniens in seinem *Mann ohne Eigenschaften* liebevoll als Gegenden, »wo der Rauch aus den Kaminen wie aus aufgestülpten Nasenlöchern stieg und das Dorf zwischen zwei kleinen Hügeln kauerte, als hätte die Erde ein wenig die Lippen geöffnet, um ihr Kind dazwischen zu wärmen«.

Als eine Zeit voller Wärme und Geborgenheit hat denn auch Ida Ehre ihre frühesten Kinderjahre in Erinnerung. Das liegt vor allem an der Mutter, die in ihrer heiteren Gelassenheit den Kindern Selbstvertrauen und Eigenständigkeit mit auf den Weg gegeben hat. »Sie hat uns tun lassen, was wir wollten. Verbote in dem Sinne gab es nicht, sie hat höchstens gefragt: ›Findest du das richtig?‹«, erinnert sich die Tochter.

Der Vater träumt von einer Sängerkarriere und bringt es in der kleinen Provinzstadt immerhin zum Oberkantor. Die Mutter ist mit dem Haushalt und der rasch wachsenden Familie beschäftigt. Nach dem frühen Tod ihres Mannes bricht sie ohne finanzielle Absicherung mit den sechs kleinen Kindern nach Wien auf, in die k. u. k. Metropole, wo sie sich mehr Arbeitschancen und bessere Ausbildungsmöglichkeiten für die Kinder erhofft. Sie erhält auch in Wien als Zugezogene keinerlei Unterstützung und verdient den kargen Lebensunterhalt für die Familie als Näherin.

Ida Ehre bleibt unvergessen, wie die Mutter, wenn sie abends müde von der Arbeit kam, aus ihrem weiten Mantel einen Laib Brot oder ein Stück Butter zauberte und sich die Kinderschar glücklich um den Küchentisch versammelte. Die Mutter versteht es, obwohl sie bettelarm sind, die Kinder diese Armut nicht als Mangel empfinden zu lassen. Ihr Lebenszuschnitt misst sich nicht an äußerem Reichtum.

In einem Interview des ZDF als »Zeitzeugin des Jahrhunderts« geht Ida Ehre ausführlich auf diese Jugendzeit »in großer Armut und im großen Glück« ein. Zu dem großen Glück zählt sie auch die Kaiserparaden im festlich geschmückten Wien, den Blumenkorso zum 1. Mai oder die Jubiläumsfeiern 1908. Gerade acht Jahre alt ist sie, als sie mit ihrem kleineren Bruder stundenlang am Straßenrand wartet, um dem über alles geliebten Kaiser Franz Joseph in der blumengeschmückten Kutsche zujubeln zu können. Ihr Sinn für Inszenierungen, für das Theatralische hat bei diesen kaiserlichen Auftritten früh Nahrung bekommen, hat sie aber später nicht anfällig werden lassen für die Massensuggestion eines anderen österreichischen Führers, der sich auch im offenen Wagen von der jubelnden Menge huldigen ließ.

Die Ermordung des Thronfolgers Franz Ferdinand in Sarajevo im Juni 1914 ist für die kaiserbegeisterte Schülerin ein Schock. Mit diesem Auftakt zum Ersten Weltkrieg ändert sich das unbeschwert-heitere Leben in Wien. Es gibt nun Lebensnotwendigeres als die schönen Künste und das Theater, das die Endstation Sehnsucht der 14-Jährigen ist.

Theater spielen, in andere Rollen schlüpfen, sich in fremde Welten versetzen, weitab von der eigenen ärmlichen Behausung – das hat Ida schon von klein an fasziniert. Mit 16 rückt die Theaterbesessene ihrem Ziel trotz widriger Lebensbedingungen ein gutes Stück näher. Hartnäckig und einfallsreich hat sie sich selbst den Weg in Theaterkreise gebahnt und nach einem ersten Vorsprechen die Aufnahmeprüfung an der Wiener Akademie für Musik und Darstellende Kunst bestanden. Gönner ermöglichen ihr das harte dreijährige Studium, die Mutter macht ihr Mut, wenn sie ratlos ist. Der mütterliche Satz »Sorge dich nicht, Gott hat einen größeren Kopf, mein Kind ...« begleitet sie ihr Leben lang. Die Abschlussprüfung, die über Sein oder Nichtsein auf den Brettern, die die Welt bedeuten, entscheidet, besteht sie mit Bravour, obwohl sie nicht, wie die meisten Absolventen, aus einer Schauspielerfamilie stammt. Noch am selben Tag unterschreibt sie ihren ersten Vertrag.

Von Bühne zu Bühne, von Stadt zu Stadt

Kaiser Franz Joseph ist tot. Sein Nachfolger, Kaiser Karl, verzichtet nach Kriegsende 1918 auf den Thron. Damit ist das Ende der Donaumonarchie besiegelt – das einst mächtige Reich wird zerstückelt, Schlesien kommt, wie schon früher Galizien, zu Polen. In diesem Umbruchjahr 1919 debütiert die junge Schauspielerin im schlesischen Bielitz, das zum polnischen Bielsko wird. Ein Engagement am deutschsprachigen Theater von Czernowitz, der Heimatstadt Paul Celans und Rose Ausländers, folgt. Auch in Bukarest, der nächsten Station, gibt es noch ein deutsches Theater, aber keine langfristigen Verträge mehr.

So geht die lehrreiche Reise weiter, kreuz und quer von Bühne zu Bühne, von Cottbus nach Bonn, von Königsberg nach Stuttgart und schließlich 1927 nach Mannheim, dem ersten längeren Domizil. Hier heiratet sie ein Jahr später den deutschnationalen Arzt Dr. Bernhard Heyde, eine konfliktträchtige Beziehung für die Jüdin Ehre, wie sich später herausstellt. In Mannheim wird 1928 auch Tochter Ruth geboren – für die passionierte Schauspielerin allerdings kein Grund, den Beruf aufzugeben: Schon 14 Tage später steht sie wieder auf der Bühne. Noch hält das Mannheimer Nationaltheater die Schauspielerin, die sich als Charakterdarstellerin profiliert hat. Aber die schlechte Wirtschaftslage wirkt sich allmählich auch auf die Bühnen aus, und viele Kollegen werden arbeitslos.

Ida Ehre macht sich mit ihrer kleinen Tochter auf nach Berlin, das zu Beginn der Dreißigerjahre noch immer Zentrum des geistigen Lebens und Mekka der Künstler ist. Sie spielt an verschiedenen Theatern und arbeitet für den Rundfunk – bis 1933 ihre Karriere jäh mit dem Auftrittsverbot für jüdische Künstler endet. Sie kehrt zu ihrem Mann zurück, der in Böblingen eine Arztpraxis führt, und steht ihm als Sprechstundenhilfe zur Seite. Politische Spannungen gibt es zwischen den Eheleuten nun nicht mehr: Ihr Mann hat sich vom völkisch-nationalen Idealisten zum NS-Gegner gewandelt, die von Hitler nach dem Röhm-Putsch mit »Staatsnotwehr« gerechtfertigten Hinrichtungen haben ihm die Augen geöffnet.

Bis 1938 nimmt in Böblingen niemand Anstoß an der jüdischen Frau des Arztes, auch Tochter Ruth kann die Schule unbehelligt besuchen. Nur in der eigenen Familie gibt es Schwierigkeiten mit den beiden Großmüttern: Die eine, Berta Ehre, ist Jüdin, die andere Katholikin und überzeugte Nationalsozialistin. Auf welche Seite soll sich die Zehnjährige schlagen? Die bis auf diesen Familienkonflikt heile Welt des Mädchens in der süddeutschen Kleinstadt zerbricht abrupt, als in der Reichskristallnacht Steine durchs Schlafzimmerfenster der Eltern fliegen. Niemand wird verletzt, aber für das Arztehepaar ist dieser Steinwurf eine Warnung vor Kommendem. Der Entschluss, Deutschland so schnell wie möglich zu verlassen, steht für beide fest. Aber wohin? Einige von Ida Ehres Geschwistern haben sich nach Übersee abgesetzt. Wäre das nicht auch für sie eine Möglichkeit?

Das Tor zur Welt wird zur Falle

Sie fahren nach Hamburg, dem »Tor zur Welt«. Hier laufen die großen Überseedampfer aus, hier gibt es noch Hoffnung. Sie klappern sämtliche Konsulate ab. Chile schließlich wäre bereit, sie aufzunehmen, aber dort hat man keine Verwendung für Ärzte, nur für Landarbeiter. Ihr Mann fährt nach Bayern in sein Heimatdorf und bekommt vom Bürgermeister die gewünschte Bescheinigung – ein Landarzt ist in gewissem Sinne ja auch ein Landarbeiter.

Dann die nächste Schwierigkeit: Chile lässt keine Juden ins Land. Und wieder erfahren sie spontane Hilfsbereitschaft. Der Stuttgarter Krankenhausgeistliche stellt für Ida Ehre ganz selbstverständlich einen katholischen Taufschein aus. So gehen also der Landarbeiter und die Katholikin mit ihrer elfjährigen Tochter und ihrem chilenischen Visum im August 1939 erleichtert an Bord des Südamerikadampfers »Rhoda«. Sogar den Großteil ihrer Habe können sie, in Containern verstaut, mitnehmen. Es ist das letzte Schiff, das mit hoffnungsvollen Passagieren ohne Rückreiseticket von einem deutschen Hafen ausläuft.

Doch die »Rhoda« erreicht Chile nie. Kurz vor den Azoren wird sie gestoppt. Unsicherheit, Bangen an Bord. Gerüchte, Hiobs- und Hoffnungsbotschaften überstürzen sich: Hitler ist in Polen einmarschiert. Frankreich und Großbritannien haben dem Deutschen Reich den Krieg erklärt. Der Zweite Weltkrieg hat begonnen. Nach einer Woche beunruhigenden Wartens bestätigen sich die Befürchtungen der Passagiere. Das Schiff wird nach Hamburg zurückbeordert.

Die Rundfunkreden aus Deutschland sind eindeutig: Für Juden wird im Reich kein Platz mehr sein. Ida Ehre, ihr Mann und ihre Tochter verlassen das Schiff im Hamburger Hafen ohne Illusionen und verkriechen sich in einer winzigen Kammer mit drei Bettstellen und einem Spirituskocher, froh, überhaupt noch zusammen zu sein. Dr.

Heyde hat eine Scheidung von seiner jüdischen Frau stets abgelehnt und kann deshalb keine Praxis übernehmen. Nur eine Vertretungsstelle als Hilfskassenarzt im Alten Land wird ihm gnädig zugestanden. Seine Frau unterliegt, da sie in »arischer Mischehe« lebt, striktem Berufsverbot. Bei jedem Gang durch die Straßen sitzt ihr die Angst im Nacken: Fast alle Juden aus Hamburg wurden schon in Lager abtransportiert – wann wird sie an der Reihe sein?

Ein Kameramann der *Wochenschau* wird ihr 1943 zum Verhängnis. Er sucht in einer Schlange vor der Essensausgabe zur Illustration der propagandistisch geschickt aufgemachten Durchhalteparolen das Gesicht einer ungebrochenen deutschen Frau – und ausgerechnet Ida Ehre scheint ihm diese Frau zu sein. Die Aufnahmen machen die Zensoren in Berlin stutzig: Was, diese Jüdin lebt noch? Zwei Tage später wird sie verhaftet und ins KZ Fuhlsbüttel eingeliefert. An diese schlimme Zeit wird sie sich später jedes Mal erinnern, wenn sie über die Fuhlsbüttler Straße fährt und der Blick hinaufgeht zum vierten Stock – zu jenem schmalen Fenster, hinter dem sich so manches Schicksal entschieden hat. Als Zeitzeugin lässt sie ihr Leben noch einmal in eindrücklichen Bildern an uns vorüberziehen, Bildern, die sich im Gedächtnis einbrennen und die uns, so hofft sie, immun machen gegen ideologische Vereinnahmung. Stockend nur erzählt sie von der Angst vor dem drohenden Abtransport: »Das haben manche gar nicht durchgestanden. Zwei Selbstmorde allein in unserem Saal habe ich miterlebt ... und wir alle wussten, wo die Transporte hingingen und was dort geschah. Alle wussten es.«

In dem einzigen Brief aus dem KZ Fuhlsbüttel, den sie an ihre Familie schreiben darf, steht nichts von ihren Nöten. Vielmehr sorgt sie sich darin – auch dies bezeichnend für sie – um Mann und Kind: »Bitte geht in d. Keller bei Alarm!« Oder um die Hausgeschäfte: »Seid vorsichtig m.

d. Kocher! Sonnelle soll nicht dranzgehen. Lasst das Kompott i. d. Küchenkredenz u. das Obst nicht verkommen, ich weiß doch, dass Ihr alles liegen lasst ...« Und da sie sieht, wie apathisch die Frauen um sie herum auf ihren Pritschen sitzen, die Hände im Schoß, bittet sie ihr Sonnelle, ihr doch die ganze Wolle, die im Karton auf dem Küchenschrank liegt, samt Stricknadeln zu schicken. Dazu Zahnputzzeug und Kamm und Seife. »Schreibt mir sehr sehr bald, ich weiß nicht, wann ich Euch wieder schreiben darf ...« Es sind diese Ungewissheiten, diese absichtlichen Schikanen des Unwägbaren, die sie zermürben.

Ihre überraschende Freilassung hat sie vermutlich den Bemühungen ihres Mannes zu verdanken, der sich bei seinem früheren Schulkameraden Heinrich Himmler für sie verwandt hat. Sie empfindet diese Entlassung wie eine zweite Geburt, obwohl mit der wiedergewonnenen Freiheit die Schrecken nicht aufhören: die Angst vor den Bombengeschwadern und den Nächten im Luftschutzkeller, die sie mit vielen anderen teilt, und ihre eigene Angst vor einer erneuten Verhaftung, über die sie nur mit ihrem Mann sprechen kann. Die Tochter soll von den Ängsten nichts mitbekommen und ahnt doch alles, als sie das verstörte Gesicht der Mutter nach der Entlassung aus Fuhlsbüttel sieht.

Im letzten Kriegsjahr werden auch die letzten Juden, die in »privilegierter Mischehe« leben, in Konzentrationslager deportiert. 6000 sind es in Hamburg, und nur ein Zehntel von ihnen wird überleben. Am 7. Februar 1945 erhält Ida Ehre den Befehl, sich in der ehemaligen jüdischen Schule am Grindelhof einzufinden. Sie weiß, was das bedeutet: KZ Theresienstadt. Sie geht nicht hin. Das Kriegsende muss nahe bevorstehen, davon ist sie überzeugt, bis dahin darf die Gestapo sie nicht finden. Eine junge Schauspielerin versteckt sie, ungeachtet der Gefahr für ihr eigenes Leben. Diese selbstlose und selbstverständliche Hilfe, die Ida

Ehre in den Jahren der Isolation immer wieder erfährt, lässt sie den Mut, den Glauben an das Gute im Menschen nicht verlieren.

Nach dem Selbstmord Hitlers am 30. April und der bedingungslosen Kapitulation der Deutschen im Mai 1945 beginnt für Ida Ehre ein neues Leben. Sie darf sich wieder auf Parkbänke setzen, die für Juden verboten waren, sie ist nicht mehr ausgeschlossen aus der menschlichen Gesellschaft – und sie hat dieser Überlebensgesellschaft etwas zu vermitteln: das Vermächtnis ihrer Mutter, gekritzelt auf eine Postkarte aus dem KZ Theresienstadt: »nicht hassen, nur lieben.« Es waren die letzten, mit zittriger Hand geschriebenen Worte ihrer Mutter, bevor sie ermordet wurde. Eine Schwester Ida Ehres wurde im KZ Lodz umgebracht. Da fällt es nicht leicht, die Botschaft der Mutter zur Lebensmaxime zu machen. »Nicht hassen, nur lieben.«

Die Chance ihres Lebens

Zwölf Jahre lang durfte Ida Ehre keine Bühne betreten, zwölf Jahre spielte die passionierte Theaterfrau eine Rolle, die ihr nicht auf den Leib geschrieben war, die sie jedoch pflichtgetreu ausfüllte: Hausfrau und Arzthelferin. Nun aber bricht das lange Angestaute wie ein Vulkan aus ihr hervor, und nichts und niemand kann sie mehr daran hindern, ihre eigentliche Lebensrolle zu spielen: Theater. Eine *Jedermann*-Aufführung nur wenige Monate nach Kriegsende in der Johanniskirche von Eppendorf gibt ihr die erste Gelegenheit, vor Hamburger Publikum aufzutreten. Sie hat die Rolle der Mutter übernommen. Dass sie in diese Rolle ihr ganzes Engagement legt, spüren auch die Mitspieler und die Zuschauer. Kollegen vom Schauspielhaus ermuntern sie, mit all ihren Ideen eines lebendigen und menschendienlichen Theaters doch eine eigene Bühne zu gründen. Der verwegene Gedanke lässt die Schauspielerin nicht mehr los. Sie erwägt erstaunlicherweise nie, aus Hamburg – dieser Stadt, in der sie so viel Schreckliches erlebt hat – wegzuziehen. Im Gegenteil: Gerade hier möchte sie wirken.

Bei der Aufteilung Deutschlands durch die Alliierten wird Hamburg der britischen Besatzungsmacht unterstellt. Die britische Militärregierung ist nun auch für kulturelle Belange zuständig. Ida Ehre ist bei ihrer Suche nach einer geeigneten Spielstätte – sie will Nägel mit Köpfen machen – auf ein Haus an der Hartungstraße gestoßen, das einen ausgebauten Theatersaal besitzt. Hier hatten Aufführungen des Jüdischen Kulturbundes bis zu seiner Liquidation 1941 stattgefunden. Dasselbe Haus war im Jahr darauf Sammelstelle für einen Transport nach Auschwitz – könnte es einen erinnerungsträchtigeren Ort für ein Theater geben, das Vergangenheit aufarbeiten will? Sie möchte, schreibt Ida Ehre in ihrer Eingabe an die britische Militärregierung, dieses Theaterhaus wieder eröffnen, um dort »menschliche Probleme und Probleme der Welt vorzuführen, von denen wir zwölf Jahre nichts wissen durften«.

Zuständig für die Theater Hamburgs war der britische Besatzungsoffizier John F. Olden. Als Ida Ehre bei ihm vorspricht, in etwas holprigem Englisch, fällt ihr auf, dass auch sein Englisch nicht akzentfrei ist. Sie glaubt einen wienerischen Tonfall herauszuhören. Und tatsächlich: Auch er ist Wiener. Da ist die Theaterlizenz nur noch eine Formsache. Das Haus in der Hartungstraße, in dem sich inzwischen ein britischer Offiziersclub etabliert hat, wird für die zukünftige Theaterchefin geräumt, die schon im Sommer 1945 einziehen kann. Sie hat nun eine eigene Bühne, aber noch keine Schauspieler. Wie soll es weitergehen? Müßig, diese Sorge. Die Schauspieler, Regisseure und Bühnenbildner rennen ihr förmlich die Tür ein, prominente Namen darunter, »da würde sich heute ein Theater alle zehn Finger abschlecken«, sagt sie im ZDF-Interview.

Durch John Olden bekommt sie Zugang zu den zeitgenössischen ausländischen Dramatikern, die sie – nach all den Jahren der Isolation – kaum dem Namen nach kennt: Jean Giraudoux, Jean Anouilh, Jean-Paul Sartre, T. S. Eliot, Tennessee Williams, Thornton Wilder, Max Frisch und Friedrich Dürrenmatt. Sie lernt auch Wolfgang Borchert kennen und überredet den schüchternen Schriftsteller, der noch nie einen dramatischen Text geschrieben hat, zu einer Bühnenfassung von *Draußen vor der Tür*. Das Stück wird zu einem der größten Nachkriegserfolge auf den deutschsprachigen Bühnen. Dazu trägt nicht nur die hochkarätig besetzte Uraufführung in den Hamburger Kammerspielen bei, sondern auch Ida Ehres Überredungskunst: Sie hat den Verleger Harry Rowohlt dazu gebracht, das Stück des unbekannten Autors in einem neu gegründeten Theaterverlag zu drucken.

Eröffnet werden die Kammerspiele am 10. Dezember 1945 mit einem Stück von Robert Ardrey, das den programmatischen Titel *Leuchtfeuer* trägt. Die wenigen Zuschauer harren, vergraben in ihre Mäntel und Decken, bei eisiger Kälte über zwei Stunden lang aus – kein anregendes Klima für den Funken, der überspringen soll. Doch die Prinzipalin lässt sich weder von der Kälte noch von der geringen Resonanz des Stückes abschrecken. Bei späteren Aufführungen sorgt ihr Beschützer John Olden für Kohlen. So können sich die Zuschauer bei Thornton Wilders Erfolgsstück *Wir sind noch einmal davongekommen* mit warmen Füßen tatsächlich als Davongekommene fühlen …

Die Kammerspiele mit Ida Ehres Prägestempel

Mitscherlichs These von der Kollektivschuld der Deutschen am Krieg und an dessen Gräueltaten kann Ida Ehre nicht zustimmen, wohl aber dem Begriff der »Kollektivscham«, den Theodor Heuss geprägt hat. Für die Hamburger sind die Kammerspiele »moralische Anstalt« im Schiller'schen Sinne und zugleich ästhetischer Genuss – Theater vom Feinsten. Beim Durchblättern alter Programme stößt man auf Namen, die in die Theatergeschichte eingegangen sind: Helmut Käutner, Gustaf Gründgens, Grethe Weiser, Hannelore Schroth, Werner Hinz, Hilde Krahl und ihr Mann, der Regisseur Wolfgang Liebeneiner. Günther Weisenborn als Dramaturg, Axel von Ambesser und Walter Jens als Autoren. Auch der große Mime Marcel Marceau holt sich auf der Bühne der Kammerspiele seine ersten Lorbeeren. Und mit all diesen eigenwilligen Charakteren, ob introvertiert oder extrovertiert, wird Ida Ehre mit charmant energischer Autorität fertig. Sie kann längst nicht so hohe Gagen bezahlen wie andere Häuser, doch für Theaterleute ist ihr Haus mit dem besonderen persönlichen Flair trotzdem attraktiv.

Unvergessen bleibt Ida Ehre den Zuschauern in Rollen, die ganz auf sie zugeschnitten sind – etwa als Hekuba in Werfels Bearbeitung der *Troerinnen* von Euripides. Über diese von ihr so einfühlsam verkörperte Frauengestalt schreibt sie selbst: »Von Leid gezeichnet, von Schmerz überhäuft, von Schicksalsschlägen in einem Maße bedacht wie keine andere Frau der Geschichte, bringt sie die Größe auf, über alles, was sie erdulden musste hinweg, die Worte zu sagen: ›Und doch ist gut sein mehr als glücklich sein.‹«

Da scheint er wieder auf, der moralische Anspruch, den Ida Ehre im Gedenken an ihre Mutter an das Theater stellt. Diesen Anspruch sieht sie auch in ihrem Lieblingsstück verkörpert, der *Antigone* in der modernen Fassung von Jean Anouilh. Oder im Stück *Der Untergang* von Walter Jens, ebenfalls die Umarbeitung eines Euripides-Stoffes. Antike Dramen in ihrer ganzen Wucht sind auf einmal aktueller denn je. Sie drücken aus, was moderne Dichtung noch kaum in Worte zu fassen vermag: das Ausgeliefertsein, die Ohnmacht des Einzelnen, die nur durch starke Gestalten wie Antigone gebrochen werden kann. Auch Bert Brecht holt seine *Mutter Courage* aus der Geschichte, aus dem Dreißigjährigen Krieg mit seiner Verwüstungsspur durch Europa. Die Feier ihrer 50-jährigen Bühnenlaufbahn begeht Ida Ehre mit der Inszenierung dieses Antikriegsstücks.

In den achtziger Jahren scheinen von den großen existenziellen Themen der Bühnenstücke keine aufrüttelnden Impulse mehr auszugehen. Die Theater klagen über Zuschauerschwund, auch die Kammerspiel-Prinzipalin kann sich nur mit leichterer Kost über die Runden retten. In einem GEO-Heft über Hamburg von 1983 liest man über die Kammerspiele: »Ihr Ruhm datiert aus der Nachkriegszeit, als aus Berlin versprengte berühmte Schauspieler hier die von den Nazis vorher verbotenen Autoren Giraudoux, Anouilh und Wilder spielten. Inzwischen muss sich die Prinzipalin nach der Decke strecken, macht konservatives Theater und setzt auf Unterhaltung ...« Die Kammerspiele sind verschuldet, da hilft kein Schönreden, nur tatkräftige Unterstützung. Helmut Schmidt, der damalige Bundeskanzler, setzt sich für Ida Ehres darbendes Privattheater ein. Auch der Mäzen Kurt A. Körber appelliert an den hanseatischen Geist der traditionsreichen Kaufmannsstadt und gründet den Freundeskreis der Hamburger Kammerspiele.

Und die Freunde lassen sich etwas einfallen. Sie initiieren zum 85. Geburtstag der Theaterchefin eine Spendenaktion. 488 Sessel ihres Theaters werden ihr symbolisch geschenkt, für jeden einzelnen haben Sponsoren jeweils 500 DM bezahlt – die Schulden sind damit zwar längst nicht getilgt, aber die Solidarität der Theatergemeinde, die ihr über 40 Jahre die Treue gehalten hat, gibt Ida Ehre die Hoffnung, dass »ihr« Theater weiter bestehen wird, auch wenn sie selbst von der Bühne abtritt. Der Regisseur Peter Zadek würdigt ihr Schaffen mit einer Huldigung und einem Dank: »Ich finde es großartig, dass Sie sozusagen stellvertretend für so viele Theaterleute und auch für so viele, die Deutschland verlassen mussten, die Wichtigkeit und Zähigkeit und den Glauben an ein Theater, das sich mit Menschen, nicht mit Ideologien beschäftigt, vertreten haben.«

Bis zu ihrem 88. Lebensjahr steht Ida Ehre auf der Bühne, besonders profiliert in der Rolle der berühmten Kollegin Sarah Bernhardt im Stück *Memoiren* und hintergründig listig als Mrs Wilberforth in den *Ladykillers*. Über ihr Altersspiel schreibt Erich Naused 1986: »Ida Ehre scheint sich im hohen Alter noch einmal zu wandeln, streift immer entschlossener den Hauch der großen Tragödin ab … Sie strahlt eine nahezu ungebrochene Heiterkeit aus, die den Theaterabend zu einem köstlichen und erfrischenden Erlebnis macht, eine ganz von innen kommende Heiterkeit, die zweierlei fast wundersam vereint: Abgeklärtheit des Alters und Fröhlichkeit der Jugend.«

All die Würdigungen und Ehrungen, die Ida Ehre in ihren späten Lebensjahren zuteil werden, gelten nicht nur ihrer überzeugenden Theaterarbeit, sondern immer auch ihrer Person, ihrer Haltung, mit der sie Erniedrigungen durchgestanden hat, ohne ihren Stolz zu verlieren, mit der sie kämpfte, ohne zu verletzen, mit der sie Entbehrungen ertrug, ohne anzuklagen oder in Depression zu verfallen. 1983 erhält sie das Große Bundesverdienstkreuz, im Jahr darauf huldigt ihr Horst Janssen, der eigenwillige Künstler und Freund, mit dem Œuvre *Idas Kreuz* und mit einer Lithografie. 1985 wird sie als erste Frau zur Ehrenbürgerin der Freien und Hansestadt Hamburg ernannt, und kurze Zeit später verleiht ihr die Hebräische Universität in Jerusalem eine Ehrenurkunde. 1988, ein Jahr vor ihrem Tod, zieht die Hamburger Universität nach und macht sie zum Dr. h. c. des Fachbereichs Sprachwissenschaften – auch das eine besondere Ehrung für die Nichtakademikerin.

Was für Ida Ehre noch eine Rolle spielte

Auch wenn das Theater den größten Teil ihrer Zeit und ihrer Arbeitskraft beansprucht hat, war es doch nicht einziger Dreh- und Angelpunkt ihres Lebens. Sie hat von ihrer Mutter einen ausgeprägten Familiensinn mitbekommen und war eine leidenschaftliche Köchin. In ihrer praktischen Art brachte sie es fertig, Beruf, Familie und Hobby miteinander zu verbinden. Regiebesprechungen fanden in der Anfangszeit oft zu Hause am Küchentisch statt, erinnert sich die Tochter. Beim Gemüseputzen kamen der Mutter die kreativsten Ideen. Auch ihre Suppen und ihre Wiener Mehlspeisen waren kreative Schöpfungen und willkommene Zugabe beim Rollenstudium.

Für Ruth Mueller-Eisler, Ida Ehres einzige Tochter, sind die Kindheits- und Jugenderinnerungen kein Albtraum, obgleich sie Schlimmes erlebt hat. Im Gedächtnis haften bleibt ihr die Mutter als fantasievolle Puppenspielerin und als Frau, die immer einen Ausweg weiß, die sich selbst und anderen Mut macht. Ihre Bühnenerfolge bekam die Tochter über Jahre nur aus der Ferne mit – sie heiratete früh, mit 19, und lebte lange in Israel und in den USA, bevor sie nach Hamburg zurückkehrte. Ihre Tochter Daniela wurde 1952 in Jaffa geboren. Eine Enkelin zu haben, das Vermächtnis ihrer in Theresienstadt ermordeten Mutter an eine kommende Generation weitergeben zu können, war für Ida Ehre beglückende Hoffnung und Schaffensantrieb.

Ihren Mann, den Gefährten über fünf Jahrzehnte, verlor sie schon 1978. Er hatte in der schweren Zeit der Judenverfolgung immer zu ihr gehalten – wie leicht hätte er, der anfänglich treugläubige Deutschnationale, sich von ihr trennen und als Arzt Karriere machen können! Stattdessen gab er nach der Reichskristallnacht die Praxis in Böblingen auf, unternahm den gescheiterten Auswanderungsversuch mit seiner Familie und begnügte sich schließlich mit der Stelle als untergeordneter Hilfskassenarzt. Ihre Karriere, dessen ist Ida Ehre sich dankbar bewusst, hat sie nicht zuletzt ihm zu verdanken. Dankbar ist sie auch Erich Rohlffs, dem kaufmännischen Direktor der Kammerspiele. Er hat ihr von Anfang an bis zu seinem Tod 1976 die technischen und finanziellen Seiten der Theaterführung vom Hals gehalten, so dass sie sich ganz den künstlerischen und personellen Belangen widmen konnte.

Sie hat sich Freiräume geschaffen für eine Aufgabe, die ihr nicht nur als Theaterintendantin auf den Nägeln brannte: die Friedensarbeit. Wer wüsste besser als sie, was Krieg, was Hass, was Völkermord bedeutet? An der legendären Kundgebung »Künstler für den Frieden« 1983 im überfüllten St.-Pauli-Stadion rüttelt sie die Menschen mit Wolfgang Borcherts Mahnruf gegen den Krieg auf: »Dann gibt es nur eins: Sagt nein! Mütter, sagt nein!« In der Hoffnung, dass das tausendfache Echo weiterhalle, über den Tag hinaus.

Ihren letzten bewegenden Auftritt hat sie drei Monate vor ihrem Tod im Deutschen Bundestag. Bei der Gedenkveranstaltung aus Anlass der nationalsozialistischen Pogrome gegen die jüdische Bevölkerung liest die 88-Jährige mit verhaltener Stimme Paul Celans *Todesfuge*. Am 16. Februar 1989 geht ihr eigenes tapferes Leben zu Ende.

Auf dem Ohlsdorfer Friedhof erinnert kein pompöses Grabmal an die Ehrenbürgerin der Stadt – nur eine schlichte Platte mit ihrem Namen, umsäumt von fröhlich leuchtenden Begonien. Für die Hamburger bleiben die Kammerspiele mit ihrem Namen verbunden. Ein Platz an der Mönckebergstraße und eine Schule an der Bogenstraße wurden nach ihr benannt. Ihre Tochter Ruth Mueller-Eisler hat die Schirmherrschaft über einen Kulturverein übernommen, der im Gedenken an die Theaterprinzipalin und die Friedensfrau gegründet wurde.

Ida Ehre selbst hat als Motivation ihres Wirkens drei entscheidende Prägungen genannt: »Die Lebensweisheiten meiner Mutter haben mich bestimmt, die dreizehn Jahre Angst haben mich geformt, die Jahre der Kammerspiele haben mich herausgefordert.«

Die Publizistin
Marion Gräfin Dönhoff

(1909–2002)
Hamburg

> Begreifen bedeutet, sich aufmerksam
> und unvoreingenommen der Wirklichkeit,
> was immer sie ist und war, zu stellen und
> entgegenzustellen.
>
> HANNAH ARENDT

Auf dem Cover eines Gedenkbandes vor ihrer Bücherwand: das Foto der Gräfin: entschlossene, im Alter weicher gewordene Gesichtszüge, kritisch beobachtende Augen, noch immer voller Neugier in die Ferne gerichtet. So bleibt sie uns in Erinnerung, die Frau, die unser Leben begleitet hat, von Woche zu Woche, von *Zeit* zu *Zeit*. Im März 2002 ist sie gestorben, mit 92, nach einem aufregenden, erfüllten Leben, dem sie stets ihren eigenen Stempel aufgedrückt hat. Zeugin eines ganzen wirren Jahrhunderts. Als Kommentatorin des politischen Geschehens von bestechender Klarheit, mutig gegen Intoleranz und ideologische Starre kämpfend. Als Mensch geradlinig, gütig und doch bestimmend, Fairness einfordernd, Verlässlichkeit und Gemeinsinn – Tugenden, die sie selbst vorlebte, ohne sich jemals als moralische Instanz aufzuspielen.

Wie lässt sich ein Porträt dieser Ostpreußin, die in Hamburg ihren zweiten Lebensmittelpunkt fand, auf wenigen Seiten zeichnen? Unzählige Nachrufe haben ihre Verdienste gewürdigt. Zwei Dutzend Bücher über sie oder von ihr sind in den letzten Jahren erschienen – so bleibt hier nur der Versuch einer erinnernden Annäherung im Zeitraffer, von Jahrzehnt zu Jahrzehnt.

1909

Schloss Friedrichstein, ein imposantes Gebäude mit Säulenportal, breit hingelagert in die ostpreußische Landschaft, seit Jahrhunderten Familiensitz der Grafen Dönhoff. Hier wird 1909 an einem kaltdüsteren Dezembertag ein Kind geboren, das eigentlich nicht mehr vorgesehen war: die Tochter Marion Hedda Ilse. Eine Risikogeburt, deshalb wird ein erfahrener Professor aus dem nahen Königsberg als Geburtshelfer herbeigeordert. Die Ängste der 40-jährigen Mutter, die in den vergangenen zehn Jahren sechs Kinder zur Welt gebracht hat, sind nicht unbegründet, das letztgeborene Mädchen ist behindert. Die kleine Marion aber gibt zu keiner Sorge Anlass, sie wirkt robust, macht sich mit kräftiger Stimme bemerkbar und übersteht die kalten Wintermonate in den kaum beheizten Räumen ohne die gefürchtete Lungenentzündung.

Eine Amme sorgt für das Neugeborene, die übrigen Kinder werden von Kinderfrauen und Gouvernanten betreut. Nestwärme erfahren sie wenig. Gefühlsregungen zu zeigen gehört nicht zu den spartanisch preußischen Tugenden der Dönhoffs – dafür lernen die Kinder früh, sich gegenseitig beizustehen, Verantwortung zu übernehmen, das Wohl der anderen über das eigene zu stellen. Und sie wachsen in eine Familientradition hinein, in der Geschichte lebendig ist: Der Großvater hat noch Goethe und die Brüder Humboldt gekannt. Der Vater, Graf August Dönhoff, ein Abenteurer und Weltenbummler, der seine Diplomatenkarriere an den Nagel gehängt hat, widmet sich in späteren Jahren – er ist bei Marions Geburt 65, 25 Jahre älter als seine Frau – neben der Verwaltung der Güter vor

allem seiner umfangreichen Kunstsammlung. Der Reichs-
tagsabgeordnete verbindet seine dienstlichen Verpflichtungen in Berlin mit dem Besuch von Antiquariaten und Auk-
tionen und steht mit Kunsthändlern in aller Welt in
Verbindung. Für die Erziehung der Kinder fühlt er sich
nicht zuständig.

1919

Marion wird zehn – ein schwer zu bändigendes Mädchen,
das eher ein Junge ist, dem es nichts ausmacht, in den abgetragenen Kleidern der älteren Geschwister durch die Gegend zu streunen, das auf Bäume klettert, statt manierlich
Monogramme zu sticken, das sich im Pferdestall wohler
fühlt als im blank gebohnerten Salon. Die früh ausgeprägte
Liebe zu Pferden wird sich im späteren Leben der Comtesse noch vertiefen. Vom Kutscher lernt die Wissbegierige
mehr als von den wechselnden Hauslehrern, bei ihren wilden Ausritten durch Wald und Feld, oft ganz allein, erholt
sie sich von der anstrengenden Pflichtübung des Vorlesens.
Der Vater, in den letzten Lebensjahren beinahe erblindet,
aber am politischen Geschehen noch immer brennend interessiert, hält mehrere Tageszeitungen, die ihm die Kinder
regelmäßig vorlesen müssen. Die älteren finden meist eine
Ausrede, nur die Jüngste kann sich schlecht drücken – sie
buchstabiert sich erst mühsam, dann immer flüssiger durch
unverständliche Texte und holt so für den Vater die Welt
ins Arbeitszimmer.

Besuche von Verwandten und Freunden und die längere
Einquartierung von Adeligen, die durch die Revolution von ihren Gütern in Russland vertrieben wurden,
bringen Abwechslung in den Schlossalltag. Einmal kommt
sogar die Kaiserin mit großem Federhut und vornehmem
Gefolge vierspännig angefahren. Gräfin Dönhoff, geborene von Lepel, war vor ihrer Heirat Palastdame bei Kai-

serin Auguste Viktoria und ist daher sehr auf Etikette bedacht, alles muss *comme il faut* ein – von den Dienstboten lässt sie sich mit Exzellenz ansprechen, immer auf Abstand bedacht, auch den Kindern gegenüber. Wenn hoher Besuch kommt, müssen die Kinder am »Katzentisch« essen. Der wilden Marion sind die weißen Spitzenkleider für feine Gelegenheiten ein Graus; sie ist kein adrettes Vorzeigekind, ihre Schwester Maria noch weniger.

Mit der zwei Jahre älteren Maria teilt Marion die ersten Jahre das Zimmer, beide werden von der Kinderfrau Aleh betreut. Maria ist mongoloid und für die wache und neugierige jüngere Schwester keine Gesprächspartnerin – aber eine frühe Erfahrung, dass es Menschen gibt, die »anders« sind und trotzdem zur Gemeinschaft gehören, für die man eine eigene Sprache und viel Geduld braucht.

Vom Vater kann sich Marion auch keine Antworten auf ihre hartnäckigen Fragen mehr holen. Sein Gesundheitszustand hat sich verschlechtert, er stirbt noch im selben Jahr, beunruhigt vom Gang der Dinge nach der Abdankung des Kaisers und der Ausrufung der Republik. Marion hat ihm täglich neue bedrohliche Nachrichten aus den Zeitungen vorgelesen, Wörter, die ihr ein Rätsel geblieben sind: Räterepublik, Dolchstoßlegende, Spartakusaufstand, Generalstreik – und dann die Nachricht vom Tod dieser Frau, dieser Rosa Luxemburg, deren Leiche im Landwehrkanal treibt …

1929

Comtesse Dönhoff hat Schloss Friedrichstein mit den täglichen Morgenandachten und den sonstigen gräflichen Ritualen hinter sich gelassen, auch den väterlichen Bücherschrank, der, wie die frühe Zeitungslektüre, ihr Interesse an Geschichte und politischen Zusammenhängen geweckt hat. Sie besucht, nach ihrer Rebellion gegen die Unterbringung in einem Mädchenlyzeum, in Potsdam ein Jungengymnasium. Als einziges Mädchen in einer Klasse mit 18 Jungen macht sie dort Abitur. Zwei Schulkameraden versuchen, sie für die Ideen des immer stärker aufkommenden Nationalsozialismus zu begeistern: eine Verbindung von Nationalismus und Sozialismus – das leuchtet ihr ein, macht sie neugierig. Deshalb fährt sie eines Tages von Potsdam nach Berlin, um Hitler aus der Nähe zu erleben – und ist entsetzt: »Er trat auf, tobte, geiferte und redete, wie ich fand, viel Unsinn. Angewidert kam ich zurück und erklärte den beiden Freunden: ›Ohne mich! Mit denen nie!‹«

Von den Goldenen Zwanzigerjahren in der Reichshauptstadt bekommt sie – abgesehen von gelegentlichen Theater- oder Kneipenbesuchen mit ihren Brüdern – wenig mit, weder vom aufregenden Kulturleben noch von den Arbeitslosen, der Inflation, der brodelnden Stimmung in der Bevölkerung. Sie hat, wie es sich für eine höhere Tochter gehört, nach dem Abitur erst einmal eine Haushaltsschule zu besuchen, um all das zu lernen, was eine spätere Gräfin zur standesgemäßen Führung eines Gutshauses wissen muss. Sie fügt sich erstaunlicherweise dem Willen der Mutter und bringt das Schweizer Jahr pflichtgemäß hinter sich – ohne jegliches Interesse am Kochen, dafür umso mehr am Bergsteigen in den Engadiner Alpen.

Was in Adelshäusern sonst männlichen Familienmitgliedern vorbehalten ist – nach Schule oder Studium erst einmal die Welt zu erkunden –, nimmt die Comtesse auch für sich in Anspruch. Mit einer Freundin, einem Cousin und einer »Anstandsdame« reist sie – komfortabel in einem vom Vater der Freundin eigens gemieteten Eisenbahnwagon – kreuz und quer durch die Vereinigten Staaten. Danach besucht sie, nun weniger komfortabel, für drei Monate ihren jüngsten Bruder in Kenia, der als einziger Weißer in einem Reservat der Massai lebt und den Eingeborenen die Herstellung und Verwertung von Milchprodukten beibringt. Hier erlegt die jagderfahrene Besucherin zur Verblüffung der Massai-Jäger ihren ersten und einzigen Leoparden.

Nach Kenia, vor allem nach Südafrika, wird Marion Dönhoff später immer wieder reisen. Leben allerdings könnte sie hier nicht – zu sehr würde ihr Gerechtigkeitssinn gegen die noch herrschende Apartheid rebellieren, die ihr Bruder als gottgegeben hinnimmt.

1939

Viel ist geschehen im vergangenen Jahrzehnt, in Deutschland und im Leben Marion Dönhoffs. Kurz vor Hitlers Machtergreifung hat sie in Frankfurt ein Studium der Volkswirtschaft begonnen. Sie will aus den Erfahrungen der Wirtschaftskrise in den Zwanzigerjahren »einfach mehr begreifen von den Zusammenhängen, auch für Friedrichstein«. Den Aufmarsch der »Braunen« in der Stadt und vor der Universität erlebt sie als Schock: »In diesem Augenblick stand das Kommende plötzlich deutlich vor mir: Diese Stiefel würden alles zertreten, was ich liebte und achtete.«

Mit ihren Befürchtungen und ihrer Empörung findet sie nur bei den kommunistischen Kommilitonen Widerhall, die »lauwarmen Rechten«, stellt sie fest, sind für offenen Protest nicht zu gebrauchen. Mit einem der Roten klettert sie kühn aufs Dach der Universität, um eine dort flatternde Hakenkreuzfahne herunterzuholen. Die ist jedoch mit Schlössern so gut gesichert, dass die Aktion misslingt und die »rote Gräfin«, wie sie wegen ihrer Kontakte zu den kommunistischen Gruppen bald genannt wird, sich mit dem Verteilen von Flugblättern und dem Herunterreißen von Plakaten begnügen muss, die in knalligen Lettern »Wider den Ungeist« die Säuberung der Universität von allen – namentlich aufgeführten – jüdischen und kommunistischen Professoren fordern. Da die junge Studentin in Frankfurt bereits als »widerständig« aufgefallen ist und eine Relegierung von der Universität befürchten muss, setzt sie sich ins neutrale Ausland, nach Basel, ab.

In Basel lebt nicht nur einer ihrer Brüder, hier ergibt sich auch bald ein enger Kontakt zu einem Kreis antinazistischer Studenten aus Deutschland. In Professor Edgar Salin findet sie einen verständnisvollen Mentor und Doktorvater. Der Ökonom und Sozialwissenschaftler, bei dem sie über Marxismus promovieren möchte, redet ihr diese Idee aus und schlägt vor, stattdessen doch lieber über ein Thema zu arbeiten, von dem sie mehr versteht: über die Entstehung und Verwaltung des Dönhoffschen Familienbesitzes.

Der Vorschlag kommt ihr nicht ungelegen, gibt er ihr doch die Möglichkeit, in Ostpreußen zu arbeiten, nach dessen Weite sie sich sehnt. So wühlt sie sich denn auf Schloss Friedrichstein durch ungeordnete Aktenberge und vergilbte Briefbündel im Familienarchiv, macht unerwartete Funde, entdeckt zum Beispiel das Kollegheft eines Vorfahren über eine Vorlesung bei Professor Kant in Königsberg und genießt nach staubtrockener Arbeit die Ausritte in die ihr zu jeder Jahreszeit vertraute Natur, unterwegs mit den Störchen, den Kranichen und Wildgänsen ...

In *Kindheit in Ostpreußen* hat sie dieses Glücksempfinden beschrieben: »Erst wenn es Stoppelfelder gibt, Kilometer von Stoppelfeldern, über die man galoppieren kann, dann beginnt die große Zeit des Jahres. Dann muss man einen Trakehner haben, und im Herbst muss es ein Schwarzbrauner sein. Niemand hat die wirklichen Höhepunkte des Lebens je erlebt, der das nicht kennt, dieses Hochgefühl vollkommener Freiheit und Schwerelosigkeit im Sattel. Die Welt liegt einem zu Füßen ...«

In Berlin liegt die Welt – noch nicht die ganze Welt – einem anderen zu Füßen einem, der die Arbeitslosen von den Straßen holt und einen Führerstaat errichtet. Auf Schloss Friedrichstein ist davon noch nicht viel zu spüren. Marion Dönhoff schließt 1935 ihre Doktorarbeit in Basel ab und Professor Salin bewertet sie mit *summa cum laude*.

Erst 1937, nach ausgedehnten Reisen, kehrt sie auf das elterliche Schloss zurück und arbeitet sich in die Verwaltung der umfangreichen Familiengüter ein. Das kommt ihr zwei Jahre später zugute, als sie die alleinige Verantwortung für die Dönhoffschen Besitzungen übernehmen muss. Anfang September 1939 marschiert Hitler in Polen ein. Der Zweite Weltkrieg hat begonnen. Die beiden älteren Brüder werden eingezogen, der jüngste lebt im fernen Afrika; die Schwestern kommen für eine Gutsverwaltung auch nicht in Frage, so hängt alles an Marion, der jungen Gräfin, die nun nicht mehr Comtesse genannt wird. Adelstitel sind ohnehin abgeschafft, man hat sich mit »Heil Hitler« zu begrüßen. Doch auf Friedrichstein ist alles ein bisschen anders, nur die Sekretärin ist eine glühende Nationalsozialistin – und könnte vielleicht gefährlich werden. Der Schweizer Historiker Carl Jacob Burckhardt, der als Hochkommissar des Völkerbundes in Danzig sitzt, hat die Gräfin zur Vorsicht ermahnt: »Es gibt ein Nachher, und in diesem Nachher wird Ihnen eine große Aufgabe zufallen.«

1949

Das Nachher hat sich Gräfin Dönhoff anders vorgestellt. Sie ist es gewohnt, Verantwortung zu tragen, zu organisieren und zu bestimmen, was gemacht wird. Nun sitzt sie in

Hamburg in einem kleinen Redaktionszimmer im obersten Stock eines noch halb zerbombten Pressehauses als Mitarbeiterin des 1946 gegründeten, noch bescheidenen Wochenblattes *Die Zeit*. Schlecht bezahlt. Auf einen Vertrag allerdings legt sie keinen Wert – sie will, freiheitsgewohnt, jederzeit wieder aussteigen können.

Die *Zeit*-Macher sind gleich 1946 auf sie aufmerksam geworden, als ihnen ein Memorandum in die Hände fiel, das die wach und kritisch beobachtende junge Gräfin für einen Offizier der britischen Besatzungsmacht verfasst hatte. Es enthielt konstruktive Vorschläge zur politischen Gestaltung des Landes, die dem Redaktionsteam gefielen. Die unbekannte Verfasserin wurde zu einem Vorstellungsgespräch nach Hamburg eingeladen und auf der Stelle engagiert. Im Protokoll ist festgehalten: »Trotz ihrer mangelnden journalistischen Erfahrung hatte die promovierte Volkswirtin Beachtliches einzubringen. Sie war schon vor dem Kriege durch Amerika und Schwarzafrika gereist, sie beherrschte die westlichen Sprachen, sie bewegte sich wie selbstverständlich in einem internationalen Netz von Beziehungen … die sich für die *Zeit* würden nutzen lassen.«

Damit beginnt das zweite Leben der Gräfin Dönhoff. Ihre ersten journalistischen Beiträge befassen sich mit Themen, die sie auch später nie loslassen werden: Verlust der Heimat, Erfahrungen im Widerstand, Wunsch nach Frieden und Versöhnung. Die eindrucksvolle Reportage »Ritt gen Westen« schildert ihre abenteuerliche Flucht aus Ostpreußen vor den anrückenden Russen und ihre Ankunft im westfälischen Schloss Vinsebeck. Ähnliches haben viele Menschen erlebt – wenn auch die meisten kein Reitpferd zur Verfügung hatten und nicht in Schlössern von Freunden oder Verwandten Zwischenstation machen konnten.

Die Ereignisse jener eisigen Aufbruchtage im Januar 1945 mit ihrem treuen Hengst Alarich bis zum Eintreffen an dem Ort, von dem aus ihre Vorfahren vor sieben Jahrhunderten gegen Osten gezogen sind, spulen sich in ihrem Kopf noch einmal ab, langsam wie ein Film im Zeitlupentempo. Etwa der letzte Ritt über die Nogat, später festgehalten in *Namen, die keiner mehr nennt*: »Seit Tagen war ich in der großen Kolonne der Flüchtlinge, die sich von Ost nach West wälzte, mitgeritten. Hier in der Stadt Marienburg nur war der Strom offenbar umgeleitet worden, jedenfalls befand ich mich plötzlich vollkommen allein vor der großen Brücke. War dieser gigantische Auszug von Schlitten, Pferdewagen, Treckern, Fußgängern und Menschen mit Handwagen, der die ganze Breite der endlosen Chausseen Ostpreußens einnahm und der langsam, aber unaufhaltsam dahinquoll wie Lava ins Tal, schon gespenstisch genug, so war die plötzliche Verlassenheit fast noch erschreckender … Mich kroch plötzlich der ganze Jammer der Menschheit an …«

Sie hat viel verloren durch diesen Krieg: Schloss Friedrichstein, das die Russen 1945 mit all seinen Kunstschätzen niedergebrannt haben. Das Familiengut Quittainen, auf dem sie die letzte Zeit vor ihrer Flucht gelebt hat. Familienangehörige, die gefallen sind, wie ihr Lieblingsbruder Heinrich und zwei ihrer Neffen, für die sie die elterliche Obhut übernommen hatte. Die jüdischen Freunde, die in Lagern umgekommen sind. Die Freunde aus dem Kreisauer Kreis, die nach dem 20. Juli 1944 von den Nazis hingerichtet wurden – eine doppelt schmerzende Wunde: In die Trauer über den Verlust dieser Freunde mischt sich die bittere Enttäuschung darüber, dass der todesmutige Einsatz der Verschwörer von vielen Deutschen, vor allem aber von den Siegermächten in keiner Weise gewürdigt wird. Für Churchill handelte es sich um »Ausrottungskämpfe unter den Würdenträgern des Dritten Reiches«.

334

Mit Axel von dem Bussche, dessen Attentatsversuch gegen Hitler misslungen ist, und mit Richard von Weizsäcker, der als Offizier dem Kreis um Graf Stauffenberg nahe stand, fährt Marion Dönhoff im Oktober 1945 zu den Nürnberger Prozessen – und wird auch hier von den Alliierten enttäuscht: »In Nürnberg wollten sie die Guten von den Schlechten trennen. Da sie den deutschen Widerstand leugneten, gab es für sie keine Guten – und so geriet die ganze Veranstaltung zu einer Art Vernichtung der Deutschen.« Ihr Fazit zum 20. Juli lautet: »Für die politische Geschichte mag entscheidend sein, dass das Attentat misslang. Für das deutsche Volk und seine geistige Geschichte ist wichtig, dass es diese Männer gegeben hat.«

Über ihre eigene aktive Rolle im Widerstand geht sie mit preußisch-hanseatischem Understatement hinweg. Doch wie viel Kraft und Umsicht muss dieses Doppelleben während der NS-Zeit erfordert haben, das Entschlüsseln konspirativer Briefe unter dem zur Tarnung aufgehängten Hitlerporträt ... Die nach außen verschlossen und distanziert Wirkende hat die Fähigkeit, Gefahren intuitiv zu erspüren: »Ich konnte in einem Raum voller Menschen sofort sehen, wer ein Nazi war und wer nicht.«

In der Kreisauer Widerstandsgruppe ist sie die einzige Frau, die aktiv zu Kurierdiensten eingesetzt wird. Sie hält die Verbindung zwischen Ostpreußen und Peter Graf Yorck in Berlin aufrecht und nutzt ihre guten Beziehungen zur Schweiz, um über den Diplomaten Carl Jacob Burckhardt Informationen an ausländische Gewährsleute weiterzugeben. Der Zeit-Mitarbeiter Haug von Kuenheim schreibt dazu: »Detaillierte Aktionspläne bleiben ihr zwar verschlossen, aber sie weiß, dass ihre Freunde die Beseitigung Hitlers planen ... Den 20. Juli, den Tag des Attentats auf Hitler, übersteht sie mit Glück und Geschick. Ein Verhör durch die Gestapo verläuft glimpflich.« Doch Erleichterung empfindet sie nicht. »Nichts konnte schlimmer sein, als alle Freunde zu verlieren und allein übrig zu bleiben«, schreibt sie.

1959

Die Zeit hat sich aus bescheidenen Anfängen zu einem auch im Ausland beachteten Wochenblatt entwickelt, das Gehalt der Redakteurin Dönhoff wurde aufgestockt, die promovierte Volkswirtschaftlerin sollte das Wirtschaftsressort übernehmen – doch ihr brannten andere Fragen auf den Nägeln, Fragen um die geistige und politische Erneuerung: »Wie soll das neue Deutschland aussehen? Was müssen wir tun? Welche Ziele anvisieren?« Ihre Beiträge und Kolumnen sind politischer Art, Orientierungshilfen – nicht immer ganz ausgewogen, etwa wenn es um ihren »liebsten Feind« Adenauer geht, dem sie mangelndes Interesse an der Ostpolitik vorwirft. Ein Kulturkampf zwischen dem katholischen Rheinland und dem protestantischen Preußen. Der gängige, negativ besetzte Begriff »Adenauer-Ära« stammt von ihr. Die zur Leiterin des politischen Ressorts Aufgestiegene tut ihre Meinung unmissverständlich kund, räumt aber in ihrer liberalen und toleranten Art auch anderen Gesinnungen Platz ein und scheut sich nicht vor politischen Visionen.

Den Aufstand vom 17. Juni 1953 kommentiert sie mit Stolz und Zorn: »Als Demonstration begann's und ist eine Revolution geworden! Die erste wirkliche deutsche Revolution, ausgetragen von Arbeitern, die sich gegen das kommunistische Arbeiterparadies empörten, die unbewaffnet, mit bloßen Händen, der Volkspolizei und der Roten Armee gegenüberstanden und die jetzt den sowjetischen Funktionären ausgeliefert sind ...« Und sie fordert, dieser denkwürdige Tag sollte bei uns »jetzt schon zum Nationaltag des wieder vereinigten Deutschland proklamiert werden«. – Wem außer ihr hätte damals die Wiedervereinigung so auf den Nägeln gebrannt?

Ein Jahr später kracht es in der Redaktion, die Gräfin räumt ihren Schreibtisch – sie ist ja nicht an einen Vertrag gebunden – und geht als freie Journalistin nach Amerika. Während ihres Irlandurlaubs war im politischen Teil der *Zeit* ohne ihr Wissen in großer Aufmachung ein Artikel des NS-Staatsrechtlers Carl Schmitt erschienen. Der zuständige Chefredakteur – und das ärgerte sie am meisten – reagierte auf ihre Empörung mit Unverständnis.

Von New York aus schreibt sie nun für die *Welt* Berichte über Amerika, geht dann für ein halbes Jahr zum *Observer* nach London und schließlich nach Paris – bis der Verleger Bucerius sie zur *Zeit* zurückholt.

1969

Ein unruhiges Jahrzehnt ist vergangen: erst der Bau der Mauer mitten durch Berlin im August 1961, dann, 1968, die Studentenrevolte. Beide Ereignisse haben die Gräfin (wie sie von allen in der Redaktion respektvoll, gelegentlich auch etwas süffisant genannt wird) stark berührt.

Als am 13. August die Berliner Bauarbeiter damit beginnen, die Mauer hochzuziehen und Fenster zuzumauern, setzt sie sich mit ihrem jungen Mitarbeiter Theo Sommer in den nächsten Flieger nach Berlin und es gelingt den beiden, mit einem gemieteten VW-Käfer gerade noch in den Ostteil zu kommen. Sie erleben die Bestürzung und Ratlosigkeit der Menschen, sind selbst bestürzt und ratlos, und Marion Dönhoff schreibt in ihrem *Zeit*-Kommentar: »Wir sind dem Abgrund ein gut Stück näher gerückt.« Sie setzt sich nun verstärkt für eine aktive Ostpolitik, ein Nichtabreißen der Kontakte zur DDR ein und hält ihre Erfahrungen in dem Band *Reise in ein fernes Land* fest.

Entsetzt über den Vietnamkrieg und unzufrieden über verknöcherte Strukturen in der Bundesrepublik sympathisiert sie einige Jahre später mit den rebellierenden Studenten, die dem »Muff von tausend Jahren unter den Talaren« den Garaus machen wollen. Aber als Pflastersteine und faule Tomaten fliegen, missliebige Professoren verhöhnt und tätlich angegriffen werden, verurteilt sie diese Auswüchse. Für die Revoluzzer ist sie deshalb eine »Scheißliberale«, für viele Bürgerliche immer noch die »rote Gräfin«. Doch die rote Gräfin der Frankfurter Studentenzeit muss nicht, wie damals, Sanktionen befürchten: Sie sitzt fest im Sattel, Verleger Bucerius hat sie 1968 zur Chefredakteurin gemacht.

In dieser neuen Position hat sie noch mehr Gestaltungsspielraum und Einfluss, und was sie an Disziplin und Arbeitseinsatz vorlebt, erwartet sie auch von ihren Mitarbeitern. Ihr »Ziehsohn« Sommer erinnert sich: »Ich hatte am Anfang Heidenrespekt vor ihr. Sie kann auch sehr harsch bis streng sein und neigt zur Ungerechtigkeit … Geizig kann sie sein. Halsstarrig. Und nachtragend. Wenn sie einem vor drei Jahren ein Buch gegeben hat, liegt eines Tages ein Zettel auf dem Tisch: ›Wo bleibt die Rezension?!‹«

1979

Theo Sommer sitzt nun selbst auf dem Stuhl des Chefredakteurs, Gräfin Dönhoff firmiert im Impressum der *Zeit* seit 1973 als Herausgeberin. Sie hat beharrlich Stufe um Stufe der Karriereleiter erklommen, wobei es ihr nie um Prestige, Statussymbole oder materielle Anreize ging, wohl aber um Einfluss, um Unabhängigkeit, um Gestaltungsmacht. Ihre Blickrichtung nach Osten hat sich nicht verändert, nach wie vor ist die Ostpolitik, die Aussöhnung mit Polen vor allem, für sie ein zentrales Thema.

Sie setzt ihre ganze Hoffnung auf Willy Brandt. Doch als dieser sie 1970 bittet, ihn – gemeinsam mit Günter Grass, Siegfried Lenz und Henri Nannen – zur Unterzeichnung des Warschauer Vertrags nach Polen zu begleiten, lehnt sie nach anfänglicher Zusage kurzfristig ab: »Zwar hatte ich mich damit abgefunden, dass meine Heimat Ostpreußen endgültig verloren gegangen ist, aber selber zu assistieren, während Brief und Siegel darüber gesetzt werden, und dann ein Glas auf den Abschluss des Vertrags zu trinken, das erschien mir plötzlich mehr, als man ertragen kann.« Bundeskanzler Brandt respektiert ihren Entschluss.

Im Jahr darauf wird ihr Engagement für Frieden und Versöhnung mit den osteuropäischen Ländern durch den Friedenspreis des Deutschen Buchhandels gewürdigt. Ihr zu Ehren und als Zeichen der Verständigung zwischen Deutschland und Polen trägt im ehemals ostpreußischen Nikolaiken, dem heutigen polnischen Mikolajki, eine Schule ihren Namen: das Lyzeum Marion Dönhoff, dessen Schülern sie »nachahmenswertes Vorbild« sein soll.

Während sie die Welt bereist und mit Politikern und Staatsoberhäuptern Gespräche über europäische und globale Fragen führt, tobt in Deutschland der Kampf um den § 218. Die Neue Frauenbewegung mit dem Flaggschiff *Emma* ruft zu Demos und Unterschriftenaktionen auf. Frauenzeitschriften und Illustrierte, allen voran der *Stern*, nehmen sich des Themas ausgiebig an, Gräfin Dönhoff jedoch hält sich zum Bedauern ihrer Biografin Alice Schwarzer auf Distanz. Sie hat sich nie zu Frauenthemen geäußert, sie ist in eine Männerwelt hineingewachsen und hat sich darin behauptet, Emanzipationsprobleme kennt sie nicht. Auf die Frage der *Emma*-Redakteurin, ob sie, wäre sie zur APO-Zeit 20 gewesen, für die Frauenbewegung gekämpft hätte, antwortet sie ohne Zögern: »Das kann ich mir gar nicht vorstellen, dass ich in einer Gruppe von nur Frauen gekämpft hätte ...«

Immer hatte sie es mit Männern zu tun, auf der Schule, bei der Jagd, beim Studium, im Widerstand, in der Redaktion ... Gab es in dieser langen Zeit jemals den Einen, den Partner, mit dem sie sich ein Zusammenleben hätte vorstellen können? Ihre Aufzeichnungen schweigen sich darüber aus. Hartmut von Hentig, ein häufiger Gast bei den Dönhoffs, deutet an, dass es da einmal einen Oberst der Kavallerie gegeben habe ...

1989

Die Zeit wird immer umfangreicher, das Redaktionsteam unübersichtlicher. Die Herausgeberin, die noch täglich an ihrem Schreibtisch im sechsten Stock des Pressehauses sitzt, denkt wehmütig an die Zeiten zurück, als das Blatt noch dünn war und die Mitarbeiter trotz kontroverser Ansichten eine verschworene Gemeinschaft bildeten. Sie träumt von einer kleinen »Zeitschrift der Autoren, ohne Werbung«, aber der Konkurrenzkampf duldet keine Träume, Wirtschaftlichkeit hat Priorität.

»In wirtschaftspolitischen Fragen war ihr das Soziale allemal wichtiger als die Marktwirtschaft«, schreibt Ralf Dahrendorf in seiner Bucerius-Biografie und schildert die ständigen, nicht nur politischen Auseinandersetzungen der Gräfin mit ihrem Verleger, dem sie vorhält: »Früher, als Sie nichts hatten, waren Sie viel unbesorgter. Wie oft haben Sie uns angefeuert, auf Inserenten keine Rücksicht zu nehmen. Jetzt, wo Ihre Millionen viele Nullen haben, werden Sie mit einem Mal unsicher.« Die beiden gehen aber immer wieder aufeinander zu, und die Millionen mit den Nullen kommen auch Marion Dönhoff zugute: Nach ihrem Ausscheiden als Chefredakteurin übereignet ihr Bucerius kurzerhand das verwunschene Haus Am Pumpenkamp, in dem sie seit langem zur Miete wohnt, als Schenkung. Sie ist verblüfft über das generöse Geschenk und über sich selbst, dass sie, die nie eine Beziehung zu Eigentum hatte, nun über den Besitz so beglückt ist.

Zum Genießen ihres Refugiums hat sie allerdings noch nicht die nötige Muße: Auf dem Schreibtisch in der Redaktion stapeln sich Briefe und Manuskripte, sie ist häufiger als früher zu Vorträgen und Lesungen unterwegs, Reisen sind noch immer ihre Leidenschaft. Zur Niederschrift ihrer Bücher zieht sie sich am liebsten auf einen Familiensitz der Dönhoffs auf Ischia zurück. Hier, im Gemäuer des alten Weingutes mit dem verwilderten Garten, fühlt sie sich nach Friedrichstein zurückversetzt, hier gräbt sie im Sommer 1987 ihre *Kindheit in Ostpreußen* aus der Erinnerung hervor.

Wenig später holt die Gegenwart sie wieder ein. In ihrer Dankesrede zur Verleihung des Heinrich-Heine-Preises der Stadt Düsseldorf kritisiert sie 1988 das gegenseitige Töten von Arabern und Israelis in den von Israel besetzten Gebieten und ruft damit Empörung beim Zentralrat der Juden in Deutschland hervor. Man wirft ihr »Mangel an Sensibilität« vor – ausgerechnet ihr, die sich immer einfühlsam um menschliche Schicksale gekümmert hat – allerdings mit dem Bemühen um Objektivität und Offenheit nach beiden Seiten.

1999

Im Rückblick auf das letzte Jahrzehnt rundet sich ein Lebenswerk, das in die Zukunft weist, in der Gegenwart verankert ist und sich aus der Vergangenheit speist. Die Vergangenheit heißt Ostpreußen, heißt 20. Juli.

1992 wird in Kaliningrad, dem ehemaligen Königsberg, das neue Kant-Denkmal eingeweiht. Vom alten, in den Kriegswirren verschollenen Monument existierte nur noch eine kleine Kopie. Eine von Marion Dönhoff unter den

Zeit-Lesern initiierte Spendensammlung ermöglichte den neuen Bronzeguss in Originalgröße. Bei der feierlichen Enthüllung zitiert die Ostpreußin aus Deutschland die Worte eines russischen Dichters: »Kant gehört nicht euch und er gehört nicht uns – er gehört der Welt.«

Am nächsten Tag lässt sich die 83-Jährige mit einem russischen Taxi noch einmal – ein letztes Mal – nach Friedrichstein fahren, an den Ort, den es längst nicht mehr gibt, von dem nur noch die Bilder im Kopf unauslöschlich vorhanden sind. Schon vor drei Jahren hat sie nach fast einem halben Jahrhundert zum ersten Mal wieder alten Dönhoffschen Boden betreten, aber ein Heimatgefühl ist dabei nicht aufgekommen, nur Wehmut: »Das riesige Schloss ist wie vom Erdboden verschluckt, nichts ist davon geblieben, nicht einmal ein Trümmerhaufen ... Vom Rasenplatz, den Hecken, den Wegen ist nichts mehr zu sehen. Die alte Mühle – einfach weg, der lange Pferdestall – weg auch er. Alles ist überwuchert von Sträuchern, Brennnesseln, heranwachsenden Bäumen. Ein Urwald hat die Zivilisation verschlungen.«

1994 erscheint das Buch *Um der Ehre willen* – eine persönliche Aufarbeitung der Geschehnisse um das gescheiterte Attentat vom 20. Juli 1944. Auch ein Stück Geschichte, eine Hommage an die hingerichteten Freunde. Die Autorin ist die letzte Überlebende aus dem Verschwörerkreis, die letzte Zeitzeugin eines wahnwitzigen Geschehens, das sich nie wiederholen darf

Sie ist eine Mahnerin – nicht nur mit Worten und Appellen, sie setzt handfeste Zeichen der Verständigung zwischen Menschen und Völkern. Ihre sämtlichen Honorare aus Büchern, Vorträgen und Preisverleihungen fließen in eine 1988 gegründete Stiftung. Diese Marion Dönhoff Stiftung soll »die Entwicklung freundschaftlicher Beziehungen zwischen Deutschen und Bürgern in Osteuropa, insbesondere in Polen und Ungarn, sowie in den Nachfolgestaaten der

Sowjetunion fördern und somit zur dauerhaften Verständigung und Friedenssicherung beitragen«.

Für ihre internationalen Verständigungs- und Versöhnungsbemühungen erhält Gräfin Dönhoff 1999 den Bruno-Kreisky-Preis und die Ehrendoktorwürde der Universitäten Birmingham und Kaliningrad. Die Stadt Hamburg macht sie im selben Jahr zur Ehrenbürgerin. Die Urkunden häufen sich, die Ehrendoktorhüte ebenfalls – kein Grund für die Gräfin, die Hände in den Schoß zu legen. In den letzten Jahren treibt sie die Frage um, wie dem Werteverfall in unserer Gesellschaft Einhalt geboten werden könnte. Gemeinsam mit Richard von Weizsäcker hat sie das Manifest »Weil das Land sich ändern muss« initiiert, an dem sich Prominente quer durch die Parteien beteiligt haben. Sorge macht ihr vor allem die mangelnde Verantwortung der Bürger für das Gemeinwesen, die Zunahme der Gewaltbereitschaft unter Jugendlichen und die Fixierung der Gesellschaft auf materielle statt geistige Güter. *Zivilisiert den Kapitalismus* heißt eines ihrer letzten Bücher.

2009

Am 2. Dezember 2009 ist im Kalender vermerkt: 100. Geburtstag Marion Gräfin Dönhoff. Lange sah es so aus, als ob sie mit ihrer Vitalität und Zähigkeit diesen Tag hätte erleben können. Doch dann kam der Krebs: drei Brustoperationen, ständige Schmerzen im rechten Arm, Lähmung der Schreibhand. Alles tapfer und klaglos ertragen. Auf die Frage ihres Großneffen kurz vor ihrem Tod, ob sie an ein Leben danach glaube, antwortet sie: »Ich habe mir nie konkrete Vorstellungen gemacht. Ich gehe aber davon aus, dass da etwas kommt. Das habe ich immer getan ... Ich denke, dass alles seine Zeit und seinen Platz hat. Warum soll ich versuchen, mich vorher da einzumischen?« – Sie hat einen leisen, sanften Tod. In den frühen Morgenstunden des

11. März 2002 stirbt Marion Gräfin Dönhoff auf Schloss Crottorf bei ihren Verwandten.

Tage später die große offizielle Trauerfeier in Hamburg: Dicht an dicht drängen sich die Menschen in der Hauptkirche St. Michaelis. Bundespräsident Rau erinnert an das unbeirrbare Eintreten der Verstorbenen für Menschlichkeit und Toleranz, Altbundeskanzler Schmidt hebt ihre innere Unabhängigkeit, ihre Zivilcourage und ihren Weitblick hervor – Worte, die mehr al Worte sind.

Die Beerdigung im westfälischen Friesenhagen, nahe Schloss Crottorf, findet im engsten Familien- und Freundeskreis statt. Der schmucklose Eichensarg wird unter einer alten Buche beigesetzt, die an den Park von Friedrichstein erinnert. Zwei Geschwister der Gräfin liegen hier schon begraben. Keine großen Worte mehr am offenen Grab, nur einige Verse, gelesen von Karl Dedecius: »Die Bäume mögen für Euch rauschend trauern ...«

Wie könnte es weitergehen?

Sieben Jahre später, zum hundertsten Geburtstag Gräfin Dönhoffs, kommen die Verwandten und Freunde im Gedenken an die Verstorbene noch einmal auf Schloss Crottorf zusammen. Henry Kissinger ist aus Amerika angereist, Lord Dahrendorf aus England. Es ist viel geschehen in den sieben Jahren: Helmut Schmidt berichtet vom Ausbau des Dönhoffschen Hauses Am Pumpenkamp – nicht zu einem Museum, nein, zu einem Treffpunkt für Stipendiaten der Marion Dönhoff Stiftung. Die neuen Preisträger des Marion-Dönhoff-Preises für Projekte, die sich der Versöhnung widmen, stellt der Hausherr Graf Hatzfeld vor, während Hartmut von Hentig, der oft auf Friedrichstein weilte, die Pläne für ein Begegnungszentrum auf dem Gelände des alten Schlosses entrollt. Siegfried Lenz präsentiert die zwölfbändige Dönhoff-Gesamtausgabe, und Michael Naumann legt die Bewerbungen für den Gastlehrstuhl an der Universität Hamburg vor, der im Sinne der Ehrensenatorin Dönhoff für die Erforschung des Widerstands im Dritten Reich ausgeschrieben wurde ...

Ja, es könnte viel geschehen sein in den sieben Jahren nach dem Tod der Gräfin. Sie hatte Visionen. Einige davon mögen sich erfüllen.

Die Ärztin und Psychoanalytikerin
Margarete Mitscherlich

(*1917)
Frankfurt

Die freie Frau wird eben erst geboren …
Die Zukunft steht weit offen.

SIMONE DE BEAUVOIR

Als Anfang der Fünfzigerjahre Simone de Beauvoirs 700-Seiten-Werk *Das andere Geschlecht* auf den Markt kam, machte es – lange bevor sich die neue Frauenbewegung zu formieren begann – weltweit Furore. Noch nie hatte jemand so schonungslos und historisch schlüssig die jahrtausendealte Männerherrschaft mit all ihren Machtritualen und Privilegien in Frage gestellt. Noch nie hatte jemand den Frauen so anschaulich die eigene Lage vor Augen geführt und so praxisnahe weibliche Selbstbehauptungs- und Selbstentfaltungsstrategien entwickelt wie diese französische Feministin.

Margarete Nielsen – spätere Mitscherlich – war damals 34 Jahre alt, neun Jahre jünger als die Beauvoir, frisch promoviert und Mutter eines zweijährigen Sohnes. Sie kannte all die Fußangeln weiblicher Entfaltung aus eigener Erfahrung: Studium mit Kind, auf Männerbedürfnisse zugeschnittener Hochschulbetrieb, gesellschaftliche Missbilligung einer Partnerschaft ohne Trauschein. Und immer trafen die Benachteiligungen die Frau, nie den Mann. War es da nicht nahe liegend, sich Gedanken über eine Änderung dieser eingefahrenen Strukturen zu machen?

Ein konsequenter, aber nicht militanter Feminismus

Margarete Mitscherlich nennt sich Feministin, aber sie gehörte nie zu den Radikalfeministinnen, die Männer aus dem öffentlichen Leben eliminieren oder gar, wie Valerie Solanas, in Reservate abschieben wollten. Ihr geht es nicht darum, das überständige Patriarchat durch ein ebenso dominierendes Matriarchat zu ersetzen, sie strebt eine gleichberechtigte Partnerschaft an, die selbstbewusste Frauen und auf Machogehabe verzichtende Männer voraussetzt. Anders als viele Feministinnen ist sie nicht durch persönliche Frustrationen zu ihren Einsichten gelangt, sondern über den Weg der Psychoanalyse, die damals noch als verfemte Halbwissenschaft galt.

Für die junge Medizinerin, die sich in Zürich zum ersten Mal mit der Psychoanalyse auseinander gesetzt hat, nimmt dieses im Dritten Reich unterdrückte Wissensgebiet eine immer zentralere Rolle ein. Um sich fachärztlich fortzubilden, geht sie nach Stuttgart an das psychotherapeutische Institut. Von 1951 an steht sie als Assistentin in der psychosomatischen Klinik Heidelberg ihrem späteren Mann Alexander Mitscherlich zur Seite. Keine einfache Beziehung: Er ist ihr Chef und – was in der Klinik nicht allgemein bekannt ist – Vater ihres Sohnes Mathias. Zusammenwohnen dürfen die beiden offiziell nicht, das verstößt in der konventionellen Heidelberger Gesellschaft gegen die Moral.

1954 geht sie als erste deutsche Psychoanalytikerin nach dem Krieg für ein Jahr zur Weiterbildung nach London, in die Exilstadt Sigmund Freuds, in der seine Tochter Anna Freud die Lehre des Vaters, etwas modifiziert, weiter vertritt. Margarete Mitscherlich ist von ihrer Persönlichkeit und ihrem Wirken tief beeindruckt, aber sie setzt sich auch mit den Thesen ihrer Gegenspielerin Melanie Klein auseinander. Erstaunlich, wie stark Frauen ins Freudsche Lehrgebäude eindringen konnten, das ja in seinen Grundaussagen die Frau eher als Mängelwesen sieht.

Dass Freuds Weiblichkeitstheorie heute so nicht mehr haltbar ist, steht für Margarete Mitscherlich außer Frage. Im Sammelband *Psychoanalytische Diskurse über die Weiblichkeit von Freud bis heute* schreibt sie: »Wo Freud noch im Penisneid und der damit verknüpften Hinwendung des Mädchens zum Vater den Angelpunkt der weiblichen Entwicklung sah, wird heute die Rolle des Loslösungs- und Individuationsprozesses für die Entwicklung der weiblichen Identität betont und der Einfluss insbesondere der Mutter auf die Entwicklung des Mädchens hervorgehoben.« Sie fordert eine Erweiterung der Freud'schen auf Sexualität konzentrierten psychoanalytischen Forschung durch Einbeziehung gesellschaftlicher Faktoren und Sozialisationsprozesse.

Auch wenn sie einräumt, dass Freuds Theorie von Männlichkeitsfantasien durchdrungen ist, sieht sie in seiner Lehre doch einen der wesentlichsten geistigen Impulse des letzten Jahrhunderts. Mit der Gründung des Sigmund-Freud-Instituts in Frankfurt im Jahre 1960 hat Alexander Mitscherlich die Grundlage für eine Wiederaufnahme der 1933 in Deutschland jäh unterbrochenen Psychoanalyse-Forschung geschaffen.

Im Gespräch mit der Biografin Felizitas von Schönborn begründet Magarete Mitscherlich diesen Schritt: »Wer sich mit den Theorien Freuds und seiner Nachfolger beschäftigt und sie mit anderen psychologischen Richtungen vergleicht, dem fällt auf, welche vielfältigen und langjährigen Erfahrungen vom Menschen der Freud'schen Psychoanalyse zugrunde liegen – was in der menschlichen Seele vorgeht, welche Ängste und Symptome die Menschen bewegen, welche Konflikte und Abwehrmechanismen unsere Feindbilder hervorrufen.« Aber sie sieht auch die Gefahr der zu starken Fixierung auf den Meister: »Die Psychoanalyse darf nicht zum Dogma werden. Sie muss selbstkritisch und offen bleiben – ganz besonders, wenn es um die Psychologie der Frau geht.«

Diese Psychologie der Frau hat die Analytikerin zeitlebens in all ihren Facetten interessiert: die weibliche Selbstwahrnehmung, das Verhältnis zum Mann, die Stellung der Frau in der Gesellschaft. Margarete Mitscherlichs wissenschaftliche Analysen gehen häufig einher mit moralisch politischen Appellen. Bei ihrem Versuch, von der klassischen Lehre Freuds eine Brücke zum Feminismus zu schlagen, hat sie sich Feinde und Feindinnen in beiden Lagern geschaffen, bei den dogmentreuen Freudianern und bei dem Teil der Feministinnen, die in Freud nur den Frauenverächter sehen. Alice Schwarzer, Kristallisationsfigur des deutschen Feminismus, bescheinigt ihr denn auch ein besonderes Talent, »sich mit Schwung zwischen die Stühle zu setzen« – keine schlechte Voraussetzung für den weiblichen Diskurs.

In ihrem 1985 erschienenen Buch *Die friedfertige Frau* – der Titel ist ironisch gemeint – kämpft sie gegen die ›falsche‹ weibliche Friedfertigkeit, gegen die Opferhaltung und Larmoyanz vieler Frauen, die sich scheuen, gesellschaftliche Verantwortung und Macht zu übernehmen. Doch sie sieht das weibliche Geschlecht nicht nur in der Opferecke: »Im Grund ihrer Seele sind Frauen nicht weniger aggressiv, aber sie äußern ihre Aggressionen anders.« Da Frauen ein großes Bedürfnis hätten geliebt zu werden, gingen sie oft Auseinandersetzungen aus dem Wege.

Die streitbare Psychoanalytikerin plädiert für eine Konfliktkultur, auch in der Partnerschaft. Absolute Harmonie der Geschlechter ist für sie keine erstrebenswerte Tugend. Nur in der Auseinandersetzung mit dem Partner, nicht in der symbiotischen Verschmelzung, sieht sie die Chance, den eigenen Horizont zu erweitern. In Abwandlung des Heraklit-Zitats vom Krieg als dem Vater aller Dinge, möchte sie den Konflikt an diese Stelle gesetzt sehen. In ihrer Ehe mit Alexander Mitscherlich, dem eigenwilligen bajuwarischen Querdenker, hat sie gelernt, sich im Konflikt zu behaupten. Aber wie viele Frauen verfügen über eine so ausgeprägte Diskursfähigkeit und wie eignen sich die übrigen eine Selbstbehauptungsstrategie an?

Die Schrift mit dem provozierenden Titel *Die Zukunft ist weiblich* kommt 1987 heraus, und die Verfasserin fügt gleich – noch provozierender – hinzu: »Die Zukunft ist weiblich oder sie ist nicht.« Ihre Begründung fällt, bewusst einseitig, holzschnittartig aus: Es sind die Männer, die seit Jahrtausenden die Kriege geführt, die Welt zerstört, die Frauen unterdrückt haben, und sie werden das weiter tun, wenn ihnen nicht durch weibliche Gegenkräfte Einhalt geboten wird. Als wichtigste weibliche Gegenkraft sieht sie dabei die Einfühlsamkeit, auch die Frauen von jeher anerzogene Fürsorglichkeit, die eher zum Hegen als zum Zerstören neigt. Dass auch Frauen aggressiv sind, bestreitet sie nicht, sie hält Aggressivität, wenn sie sich nicht gegen Schwächere richtet, für durchaus notwendig, zum Beispiel im Durchsetzungskampf gegen die Herrschaft der Männer. Margarete Mitscherlichs Pazifismus ist kein absoluter, aber sie lehnt Auseinandersetzungen mit Waffengewalt ab. Das unterscheidet sie von Simone de Beauvoir, die für Frauen die absolute Gleichberechtigung, also auch das Recht, mit der Waffe zu kämpfen, fordert.

Die Rolle der Frau in der Gesellschaft ist für die Feministin Mitscherlich das eine zentrale Thema ihrer Forschung, die Aufarbeitung der NS-Vergangenheit das andere. Beide Themen hängen, auch wenn es auf den ersten Blick nicht so scheinen mag, unmittelbar zusammen.

Der Männlichkeitswahn der NS-Ideologie führte zu einer Verherrlichung von Kraft und Überlegenheit, von Heldentum und Herrenkult. Frauen waren daran, wie Margarete Mitscherlich ausführt, nicht unbeteiligt. Sie bewunderten am Manne Stärke und Kampfesmut und jubelten in nicht geringer Zahl dem Führer zu, dessen Feindbilder sie kritiklos oder nur mit leise geäußerten Vorbehalten übernahmen.

Nach dem Zusammenbruch des Dritten Reiches gingen die meisten Deutschen nicht daran, ihr Verhalten in jener Zeit zu überdenken und hinterfragen, sondern es setzte ein großer Verdrängungsprozess ein. Man stürzte sich in den Wiederaufbau und überdeckte mit Wirtschaftswunder und Wohlstand alte Wunden und aufkeimende Zweifel. Die Fragen, die Margarete Mitscherlich umtrieben, schienen nicht von allgemeinem Interesse zu sein: Wie ist es möglich, dass eine bedeutende Kulturnation plötzlich ins Barbarentum zurückfallen kann? Und: Warum gibt es kaum Anzeichen von Trauer und Scham in diesem Land?

Im Band *Trauer ist der halbe Trost* schreibt sie über ihre eigenen Erfahrungen: »Diese Jahre haben mein Leben und Denken geprägt wie keine anderen. Seit dieser Zeit bin ich mir der tödlichen Gefahr von Vorurteilen und Projektionen, von falschen Idealen, auch bei mir selber, voll bewusst. Aber der Wahn nimmt kein Ende. Das Ethnische, das Rassistische, das Denken in Freund-Feind-Kategorien beherrscht uns von neuem. Aus der Vergangenheit zu lernen, ist uns offenbar nur selten möglich.«

Gemeinsam mit Alexander Mitscherlich hat sie 1967 das Buch *Die Unfähigkeit zu trauern* herausgegeben, das die Grundlagen kollektiven Verhaltens untersucht. Der Band wurde sofort zum Bestseller, der Titel zum viel zitierten Schlagwort – eigentlich ein Widerspruch zur These, die

Deutschen seien nicht zur Auseinandersetzung mit der Vergangenheit bereit.

Das Schlusskapitel trägt die Überschrift: Konsequenzen – bei offenem Ausgang der Konflikte. Ein Fazit, das die Mitscherlichs darin ziehen, könnte aktueller nicht sein: »Es ist uns nicht gelungen, ... das erworbene Wissen zu einer Stärkung unseres kritischen Bewusstseins zu benützen. Speziell die heute noch die Macht verwaltenden politischen Gremien verraten kaum je ein Problembewusstsein auf dieser Ebene. Stattdessen besteht die Gefahr einer doppelten Korruption psychologischen Wissens. In der Konsumgesellschaft wird es zur Steigerung der Abhängigkeit von den Konsumgütern verwendet, in der Politik zum Konsum politischer Ideologien, die über präparierte Imagines das Publikum erreichen.«

Das Wort ›Trauerarbeit‹ ist ein sehr deutsches Wort, nicht adäquat übersetzbar in andere Sprachen, und es ist noch ungewiss, wie die junge, nicht mehr in nationalen Kategorien denkende Generation Margarete Mitscherlichs Trauer über die versäumte Trauerarbeit nachvollziehen kann und will. Vielleicht neigen die Jungen eher der nüchternen Feststellung zu, die Marie Luise Kaschnitz im Gedicht *Jeder* trifft: »Vaterländer und die alten / Schuldgefühle haben ausgespielt.«

Für die Analytikerin aus Frankfurt haben Schuldgefühle noch lange nicht ausgespielt. Sie fühlt sich als Deutsche, als Mitglied dieser belasteten Nation, wie hinderlich das für ihr Selbstwertgefühl auch sein mag. Zur Auseinandersetzung mit dieser Problematik gehört auch die Frage, warum nach dem Fall der Mauer ein Zusammenwachsen der beiden Teile Deutschlands so schwierig ist. Wir sind *ein Volk* hält sie für eine trügerische Satzung. In dem 1991 erschienenen Buch *Wir haben ein Berührungstabu,* das sie gemeinsam mit der ostdeutschen Schriftstellerin Brigitte Burmeister geschrieben hat, versucht sie Hintergründe und Folgen der gegenseitigen Berührungsängste zu analysieren.

Als Zeitzeugin sagt sie dazu im Gespräch mit Wilfried Hoffer: »Die Westdeutschen verlangten zum Teil Trauerarbeit von den Ostdeutschen, die sie selber gar nicht geleistet haben ...« Und immer wieder, wie schon bei der Aufarbeitung der NS-Zeit, geht es um Aggressionen: »Ich denke, man darf nicht aufhören, darüber nachzudenken, wie so eine kollektive Aggression entsteht, darf nicht aufhören, immer wieder auch zurückzugehen zum Individuum und zu erkennen, wie im Individuum Kränkungen entstehen, wie seine Selbstachtung zerstört wird und es anfängt, diese kollektiven Aggressionen zu entwickeln.« Für bedenklich hält sie die Gewaltbereitschaft von Jugendlichen, die in einer orientierungslosen Umgebung aufwachsen, um die sich niemand kümmert in einer gleichgültigen Gesellschaft. Wie wichtig das Umfeld für die Persönlichkeitsentwicklung ist, hat die in Deutschland wohl bekannteste Psychoanalytikerin in ihrem eigenen Leben erfahren.

Gute Bedingungen für die berufliche Entfaltung

Ihre heutige Stellung hat sich Margarete Mitscherlich mit Intelligenz, Energie und Zähigkeit erarbeitet. Doch kamen glückliche Umstände dazu: eine emanzipierte Mutter und ein politisch geprägtes Elternhaus; ein befriedigendes, neue Welten aufschließendes Doppelstudium und ein zu wissenschaftlicher Zusammenarbeit bereiter Partner; Ausweitung des Horizonts durch prägende Freundschaften und Vertiefung menschlicher Kontakte bei der Arbeit mit Patienten.

Dass sich nicht alles im Leben auf einen Nenner bringen lässt, hat die am 17. Juni 1917 im deutsch-dänischen Graasten geborene Margarete Nielsen schon als Kind erfahren. Ihr Vater war Arzt, ein rational gesinnter, nicht deutschfreundlicher Däne, der trotzdem eine Deutsche geheiratet hat, eine ihr Deutschtum betonende Bismarck-Verehrerin. Das musste in dem bis 1920 von Preußen besetzten Gebiet zu Spannungen führen. Die Mutter sprach zu Hause deutsch, die Umgebung dänisch. Das Kind identifizierte sich viel stärker mit der Mutter als mit dem viel beschäftigten, kränkelnden Vater.

Da es in Graasten keine höhere Schule gab, kam Margarete 1932, mit 15 Jahren, nach Flensburg. Sie wohnt bei einer Pastorenwitwe und später in der Familie ihrer Schulfreundin. Sie hat Heimweh. Heimweh nach der Mutter und nach der freundlicheren Atmosphäre der dänischen Kleinstadt. Erst allmählich nimmt sie wahr, wie sich ihre Umgebung verändert, wie Lehrer an der Schule stramme Nazis werden und andere, nicht linientreue, verdrängen. Um zum Studium zugelassen zu werden, muss sie einen Arbeitsdienst absolvieren, sie tut es mit Widerwillen, aber sie will studieren, geht, wie viele andere, Kompromisse ein.

Nach dem Abitur, 1937, zieht sie von Flensburg nach München und beginnt ein Philologie- und Psychologiestudium, wechselt dann aber zur Medizin über, da dieses Fach ideologisch weniger befrachtet ist. Den Kriegsausbruch und die Besetzung Dänemarks erlebt sie in Kiel, wo sie ihr Studium, um näher bei der kranken Mutter zu sein, fortsetzt. Ihr Bruder gehört zum dänischen Widerstand und die Mutter macht keinen Hehl aus ihrer Verachtung für die Nationalsozialisten. Dass die Tochter, die 1944 in Heidelberg ihr medizinisches Staatsexamen besteht, es eines Tages mit der Gestapo zu tun bekommt, verwundert nicht. Sie hört heimlich Feindsender, vor allem BBC, wird wegen Wehrkraftzersetzung angezeigt, verwarnt, aber nicht verurteilt.

Nach dem Zusammenbruch des Dritten Reiches und nach einer zerbrochenen Freundschaft geht sie 1947 in die Schweiz, ans Goetheanum nach Dornach, da sie sich für die Anthroposophie Rudolf Steiners interessiert. Im Tessin trifft sie Alexander Mitscherlich wieder, den sie von Heidelberg her kennt. Er führt sie in die Psychoanalyse ein – der Beginn einer langen, fruchtbaren, aber auch spannungsreichen Zusammenarbeit. Alexander Mitscherlich hat in Heidelberg mit Unterstützung der Rockefeller Foundation eine psychosomatische Klinik aufgebaut und holt sie als seine Assistentin zu sich. Da er noch verheiratet ist, wissen nur Vertraute um ihr Verhältnis. Ihren gemeinsamen Sohn Mathias bringt sie während der Zeit ihrer Weiterbildung in London bei der Mutter in Dänemark unter – ein Schritt, den ihr der Sohn heute noch verübelt, obwohl die Großmutter ihn liebevoll betreut hat.

Die Mutter bleibt für Margarete Mitscherlich zeitlebens Vorbild: eine emanzipierte Frau, Leiterin einer höheren Töchterschule, politisch interessiert, mit festen Grundsätzen, aber großer Toleranz anders Denkenden gegenüber. Sie hat der Tochter nie Vorhaltungen gemacht wegen ihrer Ehe ohne Trauschein, moralische Werturteile liegen ihr fern, und doch freut sie sich, vor allem um des Kindes willen, dass sich Margarete und Alexander Mitscherlich nach dessen Scheidung im Jahre 1955 trauen lassen. Sie nehmen den nun sechsjährigen Sohn zu sich nach Heidelberg. Diese Heidelberger Zeit sieht Margarete Mitscherlich im Rückblick als ihre glücklichste: endlich ein gemeinsames Heim, Treffpunkt auch für ihre zahlreichen Freunde. Ihr Institut wird mehr und mehr zum Zentrum des wissenschaftlichen Austauschs, sowohl für emigrierte Analytiker wie auch für den deutschen und ausländischen Nachwuchs. Nur an der Universität, an der zum Teil noch die alten Professoren aus der NS-Zeit lehren, sind die Vorbehalte gegen den ›Nestbeschmutzer‹ Mitscherlich groß.

Als 1960 in Frankfurt das Sigmund-Freud-Institut gegründet wird, ist Alexander Mitscherlich froh, an den Main wechseln zu können, in dem wissenschaftlich und politisch pointierten Kreis um Max Horkheimer und Theodor W. Adorno. Diese beiden prominentesten Vertreter der ›Frankfurter Schule‹, denen sich später Jürgen Habermas zugesellte, bildeten schon vor dem Krieg den Kern des Frankfurter Instituts für Sozialforschung, das 1933 nach Los Angeles verlegt werden musste.

Margarete Mitscherlich bleibt in Heidelberg wohnen bis ihr Sohn Abitur macht. Zweimal wöchentlich fährt sie nach Frankfurt ins Institut ihres Mannes. Als Frau des Chefs kann sie jedoch keine reguläre Stelle beanspruchen, sondern arbeitet ehrenamtlich. Auch ihre Tätigkeit als Leiterin der psychoanalytischen Ausbildung für ganz Deutschland bringt ihr zwar viel Ehre, aber keinen Verdienst ein. Der Geldsegen kommt unverhofft und aus nicht vermuteter Quelle: Das Buch *Die Unfähigkeit zu trauern* wird Bestseller. Es erscheint 1967, im selben Jahr erhält ihr Mann – endlich, mit fast 60 – einen Lehrstuhl an der Frankfurter Universität und sie zieht nach Frankfurt. Doch die gemeinsamen Jahre und die wissenschaftliche Zusammenarbeit sind von seiner Krankheit mehr und mehr überschattet. Nach seinem Tod im Jahre 1982 führt sie die von ihm gegründete Zeitschrift *Psyche* mit wechselnden Mitarbeitern und nicht ohne Komplikationen weiter.

Sie hat nun wieder mehr Zeit zum Schreiben. Bücher und wissenschaftliche Abhandlungen erscheinen in dichter Folge. Als praktizierende Psychoanalytikerin führt sie täglich vier bis fünf Gespräche mit Patienten, wobei sich längst nicht alle auf die seit Freud berühmte Couch legen. Angst ist das Hauptthema der Hilfe suchenden Menschen, früher die Angst vor der Sexualität, Schuldgefühle im sexuellen Bereich, heute ist es die Angst, nirgends dazuzugehören, die Angst vor der Beziehungslosigkeit.

Diese therapeutischen Gespräche führen an den Nerv der Zeit. Sie zeigen mit aller Deutlichkeit auf, wo die

Krankheitsherde in unserer Gesellschaft liegen. Die Analyse ist ein erster Schritt. Patienten können in ihrer Psyche stabilisiert werden, aber auf das gesellschaftliche Umfeld hat der Therapeut keinen Einfluss. Das ist nicht zuletzt Sache der Politik. Wenn Margarete Mitscherlich gelegentlich vorgeworfen wird, sie habe die Psychoanalyse politisiert, liegt in dieser Politisierung eine logische Konsequenz. Wer verändern will, muss da ansetzen, wo Veränderungen, wenn auch in winzigen Schritten, möglich sind.

Der Traum von einer menschlicheren Welt

Die Analytikerin hat sich Zeit ihres Lebens mit Aggressionsforschung beschäftigt, sei es mit dem Geschlechterverhältnis oder mit politischen Machtstrukturen. Für sie steht dahinter immer die Frage, wie Aggressionen so eingebunden werden können, dass sie nicht zu Unterdrückung und Zerstörung führen und das menschliche Zusammenleben unmenschlich machen – das Zusammenleben im Kleinen, in der Familie, am Arbeitsplatz, wie im Großen, unter Völkern, Rassen, Religionsgemeinschaften.

Ob es diese menschlichere Welt je geben wird? Wenn ja: Wird sie weiblich sein?

In einem Interview antwortet die lebenserfahrene Feministin auf die Frage, was sie sich für die Frauen wünsche: »Was ich mir wirklich für sie wünsche ist, dass sie die bestehenden Wertvorstellungen kritisch ansehen und ihre eigenen Unwertgefühle und Selbstwertunsicherheiten prüfen, sich fragen, wie sie dazu gekommen sind. Und dass sie dann Frauenloyalität entwickeln, die nicht ohne gegenseitige Kritik sein sollte … Das Ziel heißt: neue Werte finden, über die ständig nachgedacht werden muss. Für mein Gefühl kann nur so eine menschlichere Gesellschaft aufgebaut werden.«

Werte sind in letzter Zeit häufig beschworen und ebenso häufig hinterfragt worden, und man könnte mit Christa Wolf die Frage stellen: Was bleibt?

Margarete Mitscherlich vermeidet es, Wertvorstellungen zu entwickeln, die ins Religiöse oder Metaphysische reichen. Ihr sind die ganz realen Dinge wichtig, die menschliches Zusammenleben erleichtern: Hinhören können auf andere, Einfühlungsvermögen, Hilfsbereitschaft. Sie hat sich in den letzten Jahren häufiger mit dem Alter und dem Altern befasst und möchte gern, wie es ihre Mutter bis ins 99. Lebensjahr getan hat, in Würde und Weisheit altern, ohne die innere Lebendigkeit zu verlieren.

Die betagte ›grande dame‹ der Psychoanalyse lebt in ihrer Dachetage im Frankfurter Westend mit dem Blick ins Grüne und abgeschirmt von der Öffentlichkeit, aber nicht weltabgewandt. Vor allem über das nahe gelegene Sigmund-Freud-Institut ist sie weiter mit einem großen Kreis von Wissenschaftlern und Fachkollegen verbunden. Sie ist noch immer äußerst diskursfreudig, sie schreibt und liest, Bücher gehören zu den unverzichtbaren Dingen, die ihr Leben bereichern. Kraft und Hoffnung schöpft sie auch aus der Natur und aus den Gesprächen mit ihren Enkeln. Das Dasein könne nur den Sinn haben, den wir ihm zu geben vermögen, sagt sie, und: »Wer geliebt worden ist und geliebt hat, kann sagen, dass er in seinem Leben Glück gehabt hat.«

Die Theologin
und Schriftstellerin
Dorothee Sölle

(1929–2003)
Hamburg

Ein Traum, ein Traum ist unser Leben
Auf Erden hier.
Wie Schatten auf den Wegen schweben
Und schwinden wir.
Und messen unsre trägen Tritte
Nach Raum und Zeit;
Und sind (und wissens nicht) in Mitte
Der Ewigkeit.

JOHANN GOTTFRIED HERDER

27. April 2003. In den Abendnachrichten die bestürzende
Meldung vom Tod Dorothee Sölles: Herzinfarkt auf einer
Tagung in Bad Boll. Am frühen Morgen ist sie in einem
Göppinger Krankenhaus gestorben. Sie hatte die Tagung
mit Gedanken über »Gott und das Glück« eröffnet. Es war
ihr letzter Vortrag.

»Mitten im Leben sind wir vom Tod umfangen« – dies
war Dorothee Sölle immer bewusst. Sie sprach oft über
den Tod, nahm ihn hinein in die Fülle des Lebens. Dass er
so schnell, so unerwartet kommen würde, wird sie kaum
geahnt haben. Vielleicht hätte sie ihn sich nicht anders gewünscht: Es war ein Abschied mitten aus der Arbeit heraus, aus der »Seelsorge«, wie das altmodisch treffende
Wort heißt.

Ein nicht beendetes Gespräch

Im Computer der noch unfertige, zu lange hinausgezögerte Sölle-Text. Es gab noch offene Fragen, die in einem Gespräch geklärt werden sollten. Drei Daten für ein weiteres Treffen im Terminkalender angekreuzt – mit Fragezeichen. Die Vielbeschäftigte konnte sich noch nicht genau festlegen – Reisen, Seminarveranstaltungen, dringliche Publikationen standen an, aber dazwischen würde sich eine ruhige Stunde für ein Gespräch finden …

Nun müssen Daten und Fragezeichen aus dem Kalender gestrichen werden. Es kann kein Treffen mehr geben. Zu spät. Die Fragen auf dem Notizblock werden unbeantwortet bleiben. Der Text des Sölle-Porträts muss umgeschrieben werden: Vergangenheit statt Gegenwart. Ihre Vitalität, ihre Pläne, ihre Neugier auf Unbekanntes – Vergangenheit. Die auf Zukunft ausgerichteten Eingangsverse von Rose Ausländer passen nicht mehr, wären ein Widerspruch zur Realität – aber ist nicht vieles im Leben Dorothee Sölles widersprüchlich gewesen? Darüber hätte man sprechen müssen. Zu spät.

Bleibt nur die Erinnerung an den Besuch bei ihr zu Hause. Der Taxifahrer hat Mühe, das Haus am Roosens Weg in Hamburg-Othmarschen zu finden. Ein naturbelassener Garten – selten in dieser gepflegten Gegend –, ein voll gepackter Flur, ein geräumiges Arbeitszimmer, das nach Arbeit aussieht und nach Enkeln, mit bunten Zeichnungen, Fotos und einem alten Pferdchen auf Rädern. Vom Biedermeiersofa aus geht der Blick über Bücherwände hinaus ins Grüne.

Dorothee Sölle nimmt sich Zeit für das Gespräch – kein übliches Frage-und-Antwort-Interview, sondern ein Erzählen aus der Fülle der Erfahrung, das Positionen klärt, auf Verständnisschwierigkeiten eingeht, zum Beispiel auf den provozierenden Buchtitel *Atheistisch an Gott glau-*

ben, eine »Theologie nach dem Tode Gottes«, die Gottes Menschwerdung nicht als abgeschlossenen Vorgang, sondern als weiterwirkenden Prozess versteht. Auf die Frage nach den Konsequenzen für uns Menschen antwortet die Theologin, man könne nicht Gott ins Jenseits verlegen und die Liebe als das »nur« Menschliche sehen, denn: »Es gibt keine andere Transzendenz als die Liebe.« Diesen letzten Satz könnte auch der rebellische Katholik Drewermann geschrieben haben; aber die rebellische Protestantin möchte sich mit Eugen Drewermann nicht identifizieren, er ist ihr zu psychologisierend, zu sehr heilsverkündend. Beide jedoch denken nicht daran, aus ihrer Kirche auszutreten, obwohl sie eher für eine »Kirche außerhalb der Kirche« stehen, für eine Kirche nahe am Menschen.

Dass die Theologin Sölle nah am Menschen bleibt, dafür sorgen, neben den Lehrerfahrungen in Amerika, die Fragen der eigenen Kinder: »Wo war Gott in Auschwitz?« Eine Frage wie ein Hammerschlag – wer könnte sie ungeduldigen Jugendlichen kurz und bündig beantworten? Die Kinder sind kirchenkritisch geblieben, zehren aber vom religiösen Fundus, der mit biblischen Geschichten und Ritualen im Elternhaus gelegt wurde. Die jüngste Tochter Mirjam, heute Juniorprofessorin in Lüneburg, hat sich zwar der Konfirmation verweigert und nicht kirchlich geheiratet, aber ihr Töchterchen Charlotte taufen lassen. Sohn Martin, »dem Existenzialisten und Skeptiker«, der als Buchhändler in Köln lebt, hat die Mutter das Buch *Gegenwind* gewidmet.

Das Engagement Dorothee Sölles für die Befreiungstheologie hängt nicht zuletzt mit den Besuchen bei ihrer Tochter Caroline in Bolivien zusammen, die dort als Ärztin tätig ist und die Unterdrückung einer »Kirche von unten« durch die römische Amtskirche miterlebt. Überall in Lateinamerika gab es Priester und Bischöfe, die sich mit dem von Diktatoren unterdrückten Volk solidarisierten und dafür aus dem Amt gejagt, gefoltert oder ermordet wurden. Rom sah in diesen mutigen Kämpfern für Gerechtigkeit eher rote Rebellen als Märtyrer und verhielt sich der ganzen Befreiungsbewegung gegenüber reserviert. Dabei könnten hier, davon ist Dorothee Sölle überzeugt, der Kirche neue, starke Kräfte erwachsen – Gläubige, die das Evangelium ernst nehmen und bereit sind, Zeugnis davon abzulegen.

Sie hat selbst Gemeinden in El Salvador und Guatemala besucht, hat Kontakte geknüpft zu Befreiungstheologen, hat erfahren, welch starken Widerhall die Namen von Ernesto Cardenal, Leonardo Boff oder Oscar Romero im gläubigen Volk hervorrufen. Nach Romero ist in Luzern ein Haus der Begegnung benannt, in dem die evangelische Theologin und ihr Mann, Professor Fulbert Steffensky, Religionspädagoge und ehemaliger Mönch des Klosters Maria Laach, oft und gern zu Gast waren.

Gemeinsam mit ihrem Mann hat Dorothee Sölle das Buch *Nicht nur Ja und Amen: Von Christen im Widerstand* geschrieben. Wenn es um Erneuerung der Kirche, um spirituelle Fragen geht, liegen die beiden auf einer Linie. Bei so banalen Dingen wie dem leiblichen Wohl kann die Ehefrau, der Kochen stets ein Graus war, jedoch nicht mithalten. Pünktlich um eins bittet Professor Steffensky zu Tisch in der großen, sehr kreativ eingerichteten Wohnküche. Er hat einen herrlichen Gemüseeintopf gezaubert aus allem, was Garten und Kühlschrank hergaben, und der Kreation einen klangvollen südamerikanischen Namen gegeben, passend zum Landwein in den irdenen Bechern. Dazu entwickelt der Wein- und Menschenkenner eine eigene Philosophie oder Psychologie des Trinkens: Aus dem Weingenuss seiner Gäste zieht er Rückschlüsse darauf, ob er einen asketischen Protestanten oder einen trinkfreudigen Katholiken vor sich hat. Seine Kochkünste hat er sich

»aus Notwehr« angeeignet: Wenn seine Frau kocht, gibt es angeblich immer nur Fischstäbchen ... Zum Nachtisch kommt ein rustikaler Korb mit Obst auf den Tisch, aus biologischem Anbau, versteht sich: knurzelig anzuschauen, aber schmackhaft. Da ist das Gespräch gerade bei Karl Barth angelangt, dem Theologen der »Gott ist tot«-Schockthese. Zu einer Aufschlüsselung des rätselhaften Satzes und zu einem Espresso reicht die Zeit nicht mehr. Das Taxi wartet.

Ein Vermächtnis

Auf dem Schreibtisch liegt die letzte Sölle-CD: *Verrückt nach Licht*. Die Widmung läuft mit krakeliger Schrift schräg über das beiliegende Textheft: »schwesterlich ...« Viele Frauen waren ihr Schwestern, auch wenn Gespräche nicht immer in Harmonie verliefen. Vielleicht gerade dann.

Diese CD, die in Zusammenarbeit mit der südamerikanischen *Grupo Sal* entstanden ist, lag ihr besonders am Herzen. Die Musik dieser Band – Querflöte, Quena, Bass, Percussion und Gesang – entspreche ihrem Lebensgefühl, sagte sie: Trauer und Glück, Klage und Fröhlichkeit. Dazwischen ihre Texte: Gedichte, eine Talmudgeschichte, Sozialkritisches übers Reichwerden und die Ausbeutung der Indios, über Gewalt und gewaltlosen Widerstand, zum Schluss ein Brief an ihre Kinder. – Das ganze Vermächtnis der radikalen Christin, eingebrannt in eine dünne blanke Scheibe: die Nähe zum Judentum, zum Talmud und zum Alten Testament. Die Kritik an einer Gesellschaftsordnung, in der die Reichen immer reicher, die Armen immer ärmer werden. Die Solidarisierung mit den Latinos und die Unterstützung der Befreiungstheologie. Der Einsatz für die Friedensbewegung und die Ächtung von Waffen. Schließlich die Botschaft an die vier Kinder, in ein Märchen gekleidet: »Vergiss das Beste nicht!«

Was aber ist das Beste? – »Von allem, was ich Euch gern mitgegeben hätte in die Feindschaft, mit der das Leben Euch beutelt und beuteln wird, ist dies am schwersten zu vermitteln«, sagt sie. »Es ist, als hätten wir Eltern kein bewohnbares Haus der Religion anzubieten, nur ein verfallenes. Vielleicht habe ich mich darum gescheut, Euch ins Christentum zu locken ...« Da ist kein sicherer Steg, über den sie die Kinder führen könnte, keine Gewissheit – nur der Wunsch, sie möchten alle »ein bisschen fromm werden«, nicht kirchenfromm, doch Gott in ihr Leben einbeziehen, ihm hier und da danken, ihn loben mit einem Halleluja oder dem großen Om der indischen Religion. Und sie legt ihnen Meister Eckhart ans Herz, den großen Mystiker des Mittelalters.

Den Himmel erden

Die andere Dorothee Sölle die unbekanntere: nicht die aktionistische, kämpferische die soziale Gerechtigkeit und Achtung der Menschenrechte auf dieser Welt einfordert, sondern die kontemplative, der Mystik verhaftete, die das Jenseits zu »erden« versucht. Eines ihrer Bücher trägt denn auch den Titel *Den Himmel erden*. Immer wieder und mit immer neuen Mitteln versucht sie, Menschen – heutige Menschen – ein Stück Weges zu begleiten ins Ungewisse, ins Abenteuer Glauben. Sie ist eine Missionarin, aber keine von der penetranten und selbstgewissen Art, die den einzig richtigen Weg genau kennt. Sie ist selbst eine Suchende, eine, die mit Zweifeln lebt und deshalb die Zweifel der anderen verstehen kann. Auch wenn die Kirchen sich leeren und viele Menschen sich in den zu Gottes Ehre gebauten Häusern nicht mehr zu Hause fühlen, bleibt doch – davon ist die Theologin Sölle überzeugt – die Sehnsucht und Suche nach etwas, das über den Alltag und die kleinkreisige Gegenwart hinausweist.

Es muss doch mehr als alles geben – ein Buchtitel der Sölle, der bewusst zum »Nachdenken über Gott« herausfordert, jenen Gott, dessen Nähe man vielleicht nicht mehr spürt, der einem eines Tages zusammen mit dem Kinderglauben abhanden gekommen ist und zu dem man jetzt keinen Zugang mehr findet. Hier versucht Dorothee Sölle, pädagogisch geschickt und anschaulich, Brücken zu bauen. Sie unterscheidet drei Phasen der religiösen Entwicklung, wie sie für einen noch vom Christentum geprägten Lebensraum typisch sind. In die erste Phase, die sie die »dörfliche« nennt, wachsen Kinder ganz selbstverständlich hinein, übernehmen Werte und Normen aus dem Elternhaus oder dem kirchlichen Umfeld und orientieren sich an Vorbildern und Traditionen. Viele Menschen verharren ihr Leben lang in diesem Hort absoluten Vertrauens, andere hinterfragen eines Tages den naiven Kindheitsglauben, rebellieren, werfen alle verinnerlichten Gottesbilder über Bord und stehen mit leeren Händen da. Unbehaust leben sie in dieser zweiten Phase »als nach-christliche Bürger in der säkularen Stadt«.

Hier beginnt die dritte Phase, die Suche nach religio, Rückbindung; Dorothee Sölle sieht darin eine Hoffnung, selbst in unserer säkularisierten Welt: »Wer zu einer kritischen Bejahung des Glaubens gekommen ist, nach einer intensiven Auseinandersetzung in der zweiten Phase, der kämpft nun auch um die Entwicklung neuer Lebensformen der Religion.« Diese Lebensformen sieht die evangelische Theologin nicht nur innerhalb der abendländisch-christlichen Horizonte, auch Sufimeister oder fernöstliche Gurus können Wege weisen. Doch näher liegt uns als Vorbild und Lehrer ein »zum Klischee erstarrter, aber ganz unbekannter Meister«: Jesus. Seine Botschaft auf unkonventionelle, oft provozierende Weise weiterzugeben, hat sich Dorothee Sölle ihr Leben lang bemüht – und sich damit eine begeisterte Gemeinde und ein erbittertes Lager von Gegnern geschaffen.

Ihre Streitlust hat sie nie bezähmt, auch wenn sie ihr zum Nachteil gereichte und sie sich damit Karrierechancen verbaute. Unbegreiflich etwa für amerikanische Professorenkollegen, dass die promovierte und habilitierte, wissenschaftlich ausgewiesene Theologin in Deutschland auf keinen Lehrstuhl berufen wurde. Für Kenner deutscher Verhältnisse durchaus begreiflich: eine Frau ohne Respekt vor Amtsautoritäten und starren Lebensnormen, Sympathisantin einer »Kirche von unten«, Feministin, Pazifistin, dazu gefährliche Konkurrentin als Bestsellerautorin – das konnte nur außerhalb offizieller Gleise gut gehen.

Die Rebellin

Dorothee Sölle war kein Arbeiterkind, das sich nach oben durchbeißen musste, sie gehörte nicht zu einer unterprivilegierten und verfolgten Minderheit, sie entstammte der angesehenen Kölner Intellektuellenfamilie Nipperdey. Allerdings musste sie sich gegen drei ältere, dominierende Brüder behaupten, was ihre Findigkeit und Schlagfertigkeit beförderte. Klein und schmächtig war sie in der Schule, die Lehrerin nannte sie »Streichhölzchen«, nur mit Worten war sie ihren Mitschülerinnen überlegen. Groß und kräftig wäre sie gern gewesen, am liebsten ein Junge, der »für Deutschland reitet«. Die Faszination des Mythos Deutschland wirkte auf die 15-Jährige stärker als die nüchterne Skepsis des Elternhauses allem Nationalsozialistischen gegenüber. Dass ihr Vater Vierteljude war, blieb ein Familientabu. »Luftschutzkeller« und »Hamsterfahrten« sind Schlüsselwörter jener Tage. Mit Hamstern hatten die Nipperdey-Kinder kein Glück, für Bücher und Opernpartituren rückte niemand eine Speckseite heraus. »Ich fror in den abgetragenen Mänteln meiner Brüder«, schreibt Dorothee Sölle in ihren Erinnerungen. 1944 brannte das Elternhaus aus und der Mythos Deutschland verbrannte mit.

Die Evakuierung nach Thüringen folgt. In Jena am 3. Mai 1945 Eintrag ins Tagebuch: »Der große Krieg geht seinem Ende zu. Der Führer ist an der Spitze der restlichen Truppen in Berlin im Kampf gegen den Bolschewismus gefallen … Ich bemühe mich, nicht daran zu denken. Ich lese und lerne Hölderlin, Shakespeare und Sophokles.« Aber Hölderlin ist kein Beruhigungsmittel. Die 16-Jährige empört sich über die Entnazifizierung und politische Erziehung der Sieger – und schreibt erste Protestbriefe.

Sie entdeckt Heidegger und berauscht sich an dem Satz: »Dasein ist das Hineingehaltensein in das Nichts.« Dann hört sie Sartre: »Ich bin meine Freiheit!« Neugierig-hilflose Suchbewegungen: »Niemand hatte mir geholfen, die deutsche Katastrophe als die deutsche Befreiung zu begreifen. Im Zusammenbruch war nicht nur das Dritte Reich zusammengestürzt, sondern auch die Welt, die es nicht aufhalten oder hindern konnte, die Welt des deutschen Bürgertums.«

Am 9. Juni 1948 fragt sie im Tagebuch: »Sind wir nicht immer, alle, ›draußen vor der Tür‹? Da schlägt man wie ein Irrsinniger gegen die Tür, aber sie ist zu. Es gibt keine Antwort.« Weder das Studium der klassischen Philologie noch der Philosophie in Köln und Freiburg geben diese Antwort: »Der Nihilismus jener Jahre hatte mich hungriger gemacht. Aus einer Krise erwachend, fing ich endlich an, eine andere Form des Lebens zu suchen. Ich studierte Theologie, um ›die Wahrheit herauszubekommen‹. Man hatte sie mir lang genug vorenthalten. Langsam nistete sich ein radikales Christentum in mir ein.«

Sie liest Kierkegaard und Bonhoeffer. Doch: »Was mich eigentlich in die Theologie gebracht hat, war Christus.« 1954 schließt sie ihr Theologie- und Germanistikstudium in Göttingen mit dem Staatsexamen ab, schreibt noch im selben Jahr bei Wolfgang Kayser eine literaturwissenschaftliche Dissertation und heiratet den Maler Dietrich

Sölle. Sechs Jahre lang unterrichtet sie Religion und Deutsch an einem Kölner Mädchengymnasium. In diese Zeit fällt die Geburt des Sohnes Martin und der Tochter Michaela. Vor der Geburt des dritten Kindes, Caroline, gibt sie die Schule auf und arbeitet freiberuflich für Rundfunk und Zeitschriften weiter.

Ihre eigentliche politische Zeit beginnt: Dass die SPD mit dem Godesberger Programm einer Wiederbewaffnung zustimmte, hat ihr einen Schock versetzt. Sie beteiligt sich an den Ostermärschen und knüpft Kontakte zu christlichen Widerstandsgruppen. Als Studienrätin im Hochschuldienst lehrt sie ab 1964 an der Universität Köln – nur zwei Tage die Woche, aber an diesen zwei Tagen wird Tochter Michaela regelmäßig krank, so dass sie stets mit schlechtem Gewissen aus dem Haus geht. Ihre Künstlerehe wird nach zehn gemeinsamen und doch nicht gemeinsamen Jahren geschieden. Sie ist nun allein erziehende Mutter mit drei kleinen Kindern: ein psychologisches und ein logistisches Problem, das Flexibilität und vollen Einsatz erfordert.

Trotzdem nimmt sie sich noch Zeit für politische Aktionen. 1968, auf dem Höhepunkt der Studentenrevolte und des Vietnamkrieges, initiiert sie mit einigen evangelischen und katholischen Freunden ein ökumenisches Nachtgebet, geleitet von der Überzeugung, dass sich die Kirchen nicht aus den politischen Entwicklungen heraushalten dürfen, dass sie zum Protest gegen Krieg und Menschenrechtsverletzungen verpflichtet sind. Das von Kölner Laien und Theologen ausgehende und bald in anderen Städten übernommene »Politische Nachtgebet« beschäftigt sich mit aktuellen Problemen: Vietnam, Santo Domingo, DDR, autoritäre Strukturen in der Kirche, Frauendiskriminierung, Entwicklungshilfe, Strafvollzug – lauter heiße Eisen, bewusste Provokationen, die Gegenreaktionen herausfordern.

Kardinal Frings verbietet Nachtgebete in der katholischen Kirche St. Peter, der Schriftsteller Heinrich Böll reagiert auf dieses Verbot empört, nennt den Vorwurf, Politik gehöre nicht in die Kirche, eine »geradezu absurde Frechheit«. Die beiden großen Kirchen verhalten sich nach Ansicht der Initiatorin Sölle »bemerkenswert einmütig«: Raumverbote, Druck auf die Massenmedien, Versetzung oder Nichteinstellung von beteiligten Pfarrern, Hetzkampagnen, die in einigen Fällen sogar zu Telefonterror führen. Ihre Kinder müssen sich anhören, die Mutter sei eine »Kommunistensau«.

Bei der Vorbereitung der Politischen Nachtgebete arbeitet Dorothee Sölle mit dem Benediktinermönch Fulbert Steffensky zusammen, den sie zwei Jahre zuvor auf einer Tagung in Jerusalem kennen gelernt hat und dem sie beim gemeinsamen Besuch des Grabes von Martin Buber näher gekommen ist. Aus dem politischen und weltanschaulichen Gleichklang erwächst eine enge persönliche Beziehung; nach der Laisierung Steffenskys heiratet das Paar 1969. Im Jahr darauf wird die Tochter Mirjam geboren.

Neben Säuglingsbetreuung und Vorbereitung auf die Habilitation geht die politische Arbeit in der Friedensbewegung, vor allem der »Kampf gegen den Atomtod«, weiter. Der Dialog zwischen Christen und Marxisten, der 1968 durch den Einmarsch sowjetischer Truppen in Prag ein jähes und brutales Ende fand, verlagert sich in die Dritte Welt, nach Lateinamerika. Der Befürchtung, Christen machten sich zu »nützlichen Idioten« der Kommunisten, widerspricht Dorothee Sölle: »Die Christen wurden keineswegs im Dienste einer sich allwissend glaubenden Ideologie instrumentalisiert, eher umgekehrt: Christen benutzten die brauchbaren Instrumente der Befreiung, welche die marxistische Theorie bereitstellte.«

Der erste Versuch der unangepassten Wissenschaftlerin, sich an der philosophischen Fakultät der Universität Köln zu habilitieren, scheitert: Sie fällt – vor 60 ausschließlich männlichen Fakultätsangehörigen – durch das mündliche Prüfungsgespräch. Das hat es seit 1945 in Köln nicht gegeben. Ihr ironischer Kommentar: »Ich hatte die einfachsten Regeln der deutschen Universität nicht gelernt: Wenn du schon das Unglück hast, eine Frau zu sein, dann musst du dich anpassen, unterordnen. Die Themen, die du auswählst, müssen absolut wissenschaftlich sein; die Methoden, die du brauchst, müssen sich den herrschenden angleichen.« Sie aber sucht eine andere Art des Schreibens und Lehrens: »Ich wollte meine Bücher nicht durch unnötige Fußnoten belasten. Ich wollte nicht mein Wissen dokumentieren, sondern meinen Denkprozess.«

Das gelingt ihr in Amerika. Nach dem zweiten, geglückten Anlauf zur Habilitation und nach einem Lehrauftrag an der Theologischen Fakultät der Universität Mainz wird sie 1975 auf den Lehrstuhl für Systematische Theologie am Union Theological Seminary in New York berufen. Mit Mann und zwei Kindern – die anderen beiden sind schon flügge – und einer Menge kultursnobistischer Vorurteile macht sie sich in die Neue Welt auf – und sieht ihre Klischeevorstellung enttäuscht. Sie erlebt Offenheit, Entgegenkommen, Neugier. Während deutsche Studenten in den Vorlesungen nach Schwachstellen suchen, wo Kritik ansetzen könnte, empfindet sie die pragmatische Haltung in Amerika wie ein heilsames Kontrastprogramm: »Hier fragte man: Du hast uns also einen Schlüssel mitgebracht, welche Türen können wir denn damit aufschließen?« Sie empfindet bei Studenten und Professoren weniger Konkurrenzdruck als in Deutschland und eine geringere »Entfremdung« vom Leben durch das Studium.

Auch in der amerikanischen Friedensbewegung fühlt sie sich vom ersten Augenblick an zu Hause: Während in Deutschland die pazifistisch-bürgerrechtliche Bewegung und das Christentum oft weit voneinander entfernt sind und sie sich unter Sozialisten entschuldigen muss, Theologin zu sein, ist in Amerika die politische Radikalität aus dem Christentum erwachsen und geht mit ihm zusammen.

Und wie steht Sölle zum Feminismus, wie sie ihn vor allem in Amerika kennen gelernt hat? Zum Missfallen deutscher Radikalfeministinnen, die Ehe und Feminismus für unvereinbar halten, ist ihre Position klar: »Bei aller Kritik am Patriarchat ist mein Feminismus nicht separatistisch, was die Männer angeht.« Sie hält den Separatismus für eine Übergangsphase, die für die Selbstfindung der Frauen wichtig sein kann, aber danach müssten »die menschheitlichen Aufgaben wieder gemeinsam mit Männern angegangen werden«. Die von Feministinnen abgelehnte Abhängigkeit von einem Partner stört Dorothee Sölle nicht – im Gegenteil, zu ihrem Menschenbild gehört gegenseitiges Angewiesensein im sexuellen, geistigen und emotionalen Bereich: »Das Leben in Ganzheit und der Wunsch nach Vereinigung oder Hingabe sind Vorteile bei der Vermenschlichung.« Und sie fragt provokativ, was denn aus dem Feminismus werden soll, wenn die Frauen sich – die andere Hälfte der Menschheit ausschließend – wie Rassisten verhielten?

Zwölf Jahre amerikanische Hochschulerfahrung, ein Jahr Gastprofessorin in Kassel, ein Jahr in Basel. Ehrendoktorin der Faculté Protestante von Paris und der Episcopal Divinity School in Cambridge, Massachusetts, 1994 Ehrenprofessur in Hamburg – dies sind die Stationen ihrer Karriere. Doch keine Berufung als ordentliche Professorin auf einen deutschen Lehrstuhl. Woran liegt's? Nicht an der wissenschaftlichen Qualifikation, die hat sie durch etliche theologische Fachpublikationen zur Genüge bewiesen.

Auch nicht an der Frage, ob sie sich vor einem großen Auditorium behaupten kann, das zeigen ihre Kirchentagspredigten. Ebenso wenig am internationalen Renommee, besonders in Amerika. Nein, die Nichtberufung, so darf vermutet werden, hat politische Gründe, staatspolitische, kirchenpolitische, hochschulpolitische: Dorothee Sölle ist eine Unruhestifterin, eine Frau, die als »Missionarin des Friedens« nach Nordvietnam und Nicaragua reist, die nach Sitzblockaden in Mutlangen und Fischbach wegen »Nötigung« und »versuchter Nötigung« verurteilt wird. Eine Frau, die einen »anderen Protestantismus« fordert und kirchenkritische Aktionen initiiert. Eine Frau, die Fakultätsgrenzen aufweicht und »unwissenschaftliche« Methoden in die Universität einschleppt. Und – dies eine besondere Provokation – eine Frau, die mit Sachbuchbestsellern Auflagenhöhen erreicht, von denen die meisten Professoren und Politiker nur träumen können …

Mystik des Todes

Nach akademischen Ehren strebt Dorothee Sölle in den letzten Jahren nicht mehr. Das Bücherschreiben ist ihr wichtiger: nicht nur theologische Abhandlungen, zunehmend auch meditative Texte und Lyrik. Der Gattung der Politpoesie, die sie bei Bert Brecht und ihrem Freund Erich Fried so schätzte, stellt sie die »Theopoesie« zur Seite. Ihr großes Vorbild ist Ernesto Cardenal, der Dichter und Priesterrebell aus Nicaragua, in dessen Psalmen sich Himmel und Erde spiegeln. Auch sie möchte mit ihren Texten die Menschen anrühren, versteinerte Herzen aufbrechen, »das Eis der Seele spalten«, wie eines ihrer Bücher heißt.

Immer schon waren ihr die Mystiker nahe, Meister Eckhart vor allem. Nach schwerer Krankheit im Winter 1993/94 hat sie sich noch intensiver mit deren Werken befasst. So geht es auch in ihrem letzten Vortrag, wenige Tage vor ihrem Tod, um den mystischen Weg zum Glück, um das staunende Entdecken der Welt und um das Loslassenkönnen, die mystische Erfahrung, die »hauslos« macht – und frei. Über die Mystik des Todes wollte sie noch ein Buch schreiben, über die heitere Kunst des Loslassenkönnens. Der Gedanke an den Tod hat sie nie geschreckt. Sie sah sich als Teil der Natur, wie ein Blatt, das fällt und vermodert: »Und dann wächst der Baum weiter, und das Gras wächst, und die Vögel singen, und ich bin ein Teil dieses Ganzen. Ich bin zu Hause in diesem Kosmos ...«

Einem ihrer Bücher hat Dorothee Sölle den Spruch vorangestellt, der auf dem Grabstein des jüdischen Religionsphilosophen Martin Buber steht und der auch ihr Zuversicht gab:

Und doch bleibe ich stets bei Dir,
meine rechte Hand hast Du erfasst.
Mit Deinem Rate leitest Du mich,
und danach nimmst Du mich in Ehre hinweg.
(Psalm 73, 23–24)

Die Nonne und Lepraärztin
Ruth Pfau

(*1929)
Leipzig

Wohl denen, die gelebt,
eh sie starben.
MARIE LUISE KASCHNITZ

Ein trüber Spätherbsttag in Leipzig. Regen peitscht auf das Pflaster vor dem Alten Rathaus. Menschenleer der Markt, nur ein Bauwagen steht verloren auf dem geschichtsträchtigen Platz, der noch bis ins 19. Jahrhundert als öffentliche Hinrichtungsstätte diente. Eine Tür schlägt im scharfen Ostwind, zerschlägt Erinnerungen an fröhliches Markttreiben und Budenzauber.

Es war alles ganz anders gedacht. Auf diesem Platz, vor der Renaissance-Kulisse des Alten Rathauses und der Alten Waage, sollte die Leipzig-Sequenz eines Fernsehfilmes über Ruth Pfau, die in Leipzig geboren und aufgewachsen ist, gedreht werden. Vergangenheitsgesättigte Bilder und bunte Gegenwart wollte der Kameramann einfangen, Kontrast und Ergänzung zu den übrigen Teilen des Films, die in der pakistanischen Hafenstadt Karachi, dem heutigen Lebenszentrum der Lepraärztin, aufgezeichnet wurden.

Nun dieses unwirtliche Wetter. Die verödeten Rathausarkaden grau in grau, ohne Bücherwühlstände, um die sich sonst Touristen und Einheimische drängen. Das Aufnahmeteam beschließt, zum Augustusplatz überzuwechseln, wo der Säulenvorbau der Oper Schutz vor Regen und

Windböen bietet. Die Kamera fängt Leipzigtypisches ein: Gewandhaus, Universitätsturm, Baugerüste. Schwenk zur unauffälligen, fragilen Frauengestalt im schwarzen Lodenmantel vor dem Opernportal. Großaufnahme eines von Anstrengung gezeichneten Gesichts. Ein turbulenter Flug, Zeit- und Klimaumstellung, Schlafmangel haben Spuren hinterlassen. Aber Ruth Pfau ist nicht eitel, braucht kein Make-up, um frischer zu wirken. Ihre Augen sind jung geblieben, ihre Gesten, ihre Stimme. Ob wir es uns denn im »armen« Deutschland leisten könnten, Entwicklungsländer zu unterstützen, fragt die Redakteurin provozierend, und die Angesprochene reagiert, wie zu erwarten, temperamentvoll und impulsiv: Natürlich können wir es uns leisten. Wir könnten uns noch viel mehr Hilfe für die Benachteiligten dieser Welt leisten …

Das Marie Adelaide Leprosy Centre in Karachi, ein Hospital mit 86 Betten, das Ruth Pfau in Jahrzehnten aufund ausgebaut hat, ist nur ein Tropfen auf den heißen Stein, ein Beispiel dafür, wie viel Segensreiches mit Spendengeldern getan werden kann. Die in Karachi gedrehten Sequenzen des Filmes aus dem Arbeitsalltag der Ärztin machen deutlich, worum es ihr geht: das Leid lindern, die Menschenwürde achten.

Den Dreharbeiten schließt sich ein Gespräch in einer ruhigen Nische des *Paulaner* an. Die Filmer verabschieden sich, Ruth Pfau will sich keine Erholungspause gönnen, die Zeit in Deutschland ist knapp bemessen, zwei Tage nur für Leipzig, den Besuch bei Verwandten und bei alten Schulfreundinnen eingeschlossen. Den Kontakt zu ihrer Heimatstadt hat sie über die Jahrzehnte vor allem durch die regelmäßigen Treffen mit ihren Klassenkameradinnen aus der Rudolf-Hildebrandt-Schule gehalten. Der besondere Stil dieses Reformgymnasiums, das gemeinsame Erleben des Auszugs aus dem zerbombten Schulgebäude in eine alte Markkleeberger Villa haben das Zusammengehörigkeitsgefühl der Schülerinnen bis heute, über Zonen- und Landes- und Kontinentgrenzen hinweg, geprägt.

Immer sind für Ruth Pfau die kurzen Aufenthalte in Leipzig mit Erinnerung verbunden. Einzelne Bilder, Begebenheiten aus der Kindheit werden lebendig, auch wenn Daten und Namen sich oft nicht mehr einstellen. Die können bei ihrer Schwester in Wiesbaden, deren Gedächtnis sie bewundert, nachgefragt werden. Einiges hat sie auch niedergeschrieben und in einem – heute vergriffenen – Bändchen veröffentlicht.

Als die Nationalsozialisten an die Macht kamen, war sie vier Jahre alt, konnte nichts begreifen, nahm nur die atmosphärischen Veränderungen, den Einbruch von etwas Unheimlichem wahr. Auf der stillen Märchenwiese vor dem elterlichen Haus in der Gartenvorstadt Marienbrunn war es plötzlich laut geworden: Aufmärsche, Horden junger Männer, Trommelwirbel, raue Gesänge, nachts ein prasselndes Feuer, schwarze Gestalten, die zum Sprung über die Flammen ansetzten ... Der Vater beschwichtigte ihre Ängste, aber sie spürte, dass auch er beunruhigt war. Noch heute hat sie traumatische Angst vor Massenaufläufen, einer emotional aufgeladenen Menge, wie sie sie auch in Pakistan erlebt hat.

Dass sie ihre Kindheit trotzdem nicht als düster bedrohlich empfunden hat, schreibt sie ihrem Vater zu. Er gab allen fünf Töchtern – der einzige Junge ist früh gestorben – Selbstbewusstsein, Zivilcourage und auch Humor mit auf den Weg. Da war zum Beispiel die Geschichte mit der roten Karte: ein altes Familienprivileg der Pfaus, das den Kindern Dinge erlaubte, die Hausbesitzer oder Polizisten oder Lehrer verboten hatten. Natürlich hat es die Karte nie gegeben, aber die Erfahrung, etwas gegen sture Bestimmungen durchsetzen zu können, hat Ruth Pfau im späteren Leben oft weitergeholfen. Noch heute sagt sie: Wenn ich etwas will, will ich es.

Doch sie erinnert sich auch an Augenblicke der Ohnmacht. Wie nach der Reichskristallnacht das einzige jüdische Mädchen in ihrer Volksschulklasse nicht mehr erschien, wie der leere Platz sie beunruhigte, niemand auf ihre Fragen eine Antwort gab, auch der Vater nicht, der sonst aus seiner Abneigung gegen den Nationalsozialismus und »Herrr Hitler«, wie er den Führer ironisch nannte, keinen Hehl machte. Er war – so charakterisiert ihn die Tochter heute – ein versponnener Alternativer und trotzdem ein tüchtiger Geschäftsmann. Der kaufmännische Direktor des Otto Beyer Verlages praktizierte zu Hause das einfache Leben, die Töchter schneiderten ihre Kleider selbst, nach Schnittmusterbögen aus der Zeitschrift *Deutsche Frauenkultur,* die bei Beyer erschien.

Die Eltern gehörten einer kleinen Freikirche an, die es nur in Leipzig gab, der »Freien Evangelischen Gemeinde zur Förderung des Christentums«. Sie versuchten aber nicht, die Töchter religiös zu prägen. Die machten beim BDM mit, auch wenn sie das »Proletenhafte« der Nazis verachteten, schwärmten für ihre Führerinnen und fühlten sich als Elite. Die Ernüchterung kam für die sozial empfindende Ruth jäh, an einem Heimabend über Nietzsche, als die Führerin den unvergessenen Satz aussprach: Die größte Tapferkeit ist, unberührt zuzusehen, wenn ein anderer leidet.

Sollte das Tapferkeit sein? Gemein war das. Für eine andere Art von Tapferkeit konnte sie sich durchaus begeistern – der Freude am Heldentum. Und für Heldentaten gab es in den Kriegstagen reichlich Gelegenheit: Botengänge durch Trümmergelände mit nicht entschärften Bomben, Granatsplitter sammeln, Feldküchen in einsturzgefährdeten Notunterkünften organisieren ... Dass sie in einem Wehrmachtsbericht über die »jungen Helden von Leipzig« mit Namen genannt wurde, las sie mit Stolz.

Aber die heldenhaften Gefühle wandelten sich mit dem Anwachsen der Not in hilflose Verzweiflung. Restlos überfordert waren die jungen Mädchen beim Katastropheneinsatz im Leipziger Hauptbahnhof und bei der Betreuung verstörter Bombenflüchtlinge aus Dresden. Ruth Pfau erinnert sich an den Zusammenbruch des Tausendjährigen Reiches und die Übergabe der Stadt von den Amerikanern an die Russen, die vergeblichen Hamsterversuche auf Schleichpfaden an russischen Streifen vorbei. Zu Hause warteten eine schwer kranke Mutter und ein unterernährter kleiner Bruder. Ohnmächtig erlebten Eltern und Geschwister den Tod des Jungen – wegen der nächtlichen Straßensperren war kein Notarzt gekommen.

Dann die Angst der fünf heranwachsenden Mädchen vor den russischen Soldaten. Die Vorbereitung aufs Abitur in dem einzigen heizbaren Zimmer, das der siebenköpfigen Familie als Wohn- und Schlafraum, als Küche und Arbeitsplatz diente. Die Nichtzulassung zum Medizinstudium wegen »bürgerlicher« Herkunft. Dabei war die Abiturientin für die Lehren des Kommunismus durchaus empfänglich. Nur die Praxis machte sie nachdenklich, die Tatsache, dass sich in den Führungspositionen der FDJ genau jene wieder fanden, die schon beim BDM den Ton angegeben hatten.

Beim Praktikum in einem Krankenhaus lernte sie eine Oberärztin kennen, deren Sozialengagement ihr imponierte. Keine Opportunistin, sondern eine überzeugte Marxistin. Als Ruth Pfau diese bewunderte Ärztin um Rat fragte, ob sie die Chance eines Medizinstudiums im Westen wahrnehmen solle, bekam sie zur Antwort: Gehen Sie ruhig. Ich weiß, Sie werden wiederkommen. Denn nur der Marxismus hat die Wahrheit.

Ruth Pfau kam nicht wieder. Nach der Wahrheit hat sie weiter gesucht. Kurz nach der Währungsreform ging sie – nachts, allein und ohne Ortskenntnis – über die »grüne Grenze« in den Westen. Der Vater, für den es nach der Verstaatlichung des Verlages im kommunistischen Leipzig keine berufliche Möglichkeit mehr gab, hatte sich schon nach Wiesbaden abgesetzt, die Mutter und die jüngste Schwester wurden später durch Fluchthelfer herübergeholt – wobei die Flucht erst beim dritten Versuch klappte.

Das »Abenteuer Westen« beginnt. Ruth Pfau studiert in Mainz und Marburg Medizin. Immer auf der Suche nach Werten, für die es sich zu leben lohnt, kommt die atheistisch Aufgewachsene zur Evangelischen Studentengemeinde und lässt sich mit 22 Jahren taufen. Als politisch wacher Mensch tritt sie dem Sozialistischen Studentenbund bei und wird in die Studentenvertretung gewählt. Sie beschäftigt sich mit Anthroposophie, mit Kierkegaard, mit dem Existenzialismus Sartres, diskutiert nächtelang mit Freunden, aber nichts befriedigt sie richtig, bis sie – über den Philosophen Josef Pieper – zu Thomas von Aquin und zum Katholizismus findet. Pieper verdankt sie Schlüsselerfahrungen für ihr weiteres Leben: Befreiung vom kantischen Rigorismus der Pflicht, Mut, sich Verwundungen auszusetzen, Mut zum Menschsein – auch in der Bejahung des Leiblichen, der eigenen Grenzen und Schwächen.

Nach dem medizinischen Staatsexamen tritt die selbstbewusste und lebensfrohe junge Medizinerin – wahrscheinlich zur Überraschung vieler – in einen katholischen Frauenorden ein. Dessen Mitglieder, *Töchter vom Herzen Mariä,* leben nicht in klösterlicher Gemeinschaft, sondern nach jesuitischen Regeln ohne Ordensgewand mitten unter den Menschen. Sie haben sich freiwillig einem Armuts-, Gehorsams- und Keuschheitsgelübde unterworfen.

Als Novizin geht Ruth Pfau 1957 nach Paris, ein Jahr später absolviert sie ihre internistische Fachausbildung in Köln, danach eine gynäkologische Weiterbildung in Bonn. 1960 bricht sie, immer noch Novizin, nach Karachi auf, zum größten Abenteuer ihres Lebens. *Verrückter kann man gar nicht leben* heißt eines ihrer Bücher, und für verrückt halten viele ihrer Freunde den Entschluss, ein Leben in Armut und Elend einer sicheren Hochschulkarriere vorzuziehen. Was bringt eine junge Ärztin, der alle Türen offen stehen, dazu, sich ausgerechnet für Karachi zu entscheiden, diese Stadt mit dem feuchtschwülen Tropenklima, den Slums, dem Hunger, den Seuchen? Was bringt sie dazu, sich den Ausgestoßenen der Gesellschaft, den »Aussätzigen« zuzuwenden?

Am Anfang, sagt Ruth Pfau rückblickend, war es wohl der Überdruss an der aufblühenden deutschen Wohlstandsgesellschaft. Die Diskussionen im Ärztecasino über Automarken und sonstige Statussymbole, ihre Frage: Das kann doch nicht alles sein? Abenteuerlust kam dazu, die Herausforderung ferner Welten und schwieriger Aufgaben. Ihren eigentlichen Grund, den Willen, diesen von der Gemeinschaft ausgegrenzten Menschen einfach zu helfen, umschreibt sie mit einem biblischen Bild: Neunundneunzig in der Wüste zu lassen, um dem einen nachzulaufen – diese verrückte Mathematik hat mir immer eingeleuchtet.

Sie hat sich auf ein Leben in Armut, mit einer Schale Reis am Tag, eingestellt. Aber was sie in Karachi erwartet, übertrifft all ihre Vorstellungen von Elend: Der medizinische »Behandlungsraum« ist ein Verschlag aus alten Kistenbrettern, es gibt keinen Strom, kein Wasser, dafür eine unerträgliche Hitze und Fliegen, überall Fliegen. Apathische Patienten, Operationen in der Leichenhalle, da Aussätzige nicht in Krankenhausräumen behandelt werden dürfen. Dass sich jemand dieser »Krüppel« annehmen will, stößt auf Unverständnis und Unwillen. Leprakranke werden aus Angst vor Ansteckung gemieden, aus Häusern und Dörfern verbannt und siechen langsam und qualvoll dahin, wenn sie nicht vom Familienclan umgebracht werden.

Schwierigkeiten bei der ärztlichen Versorgung, Unverständnis bei den Menschen, ein mörderisches Klima, Leben in Abwässern nach Monsunüberschwemmungen – wie soll man das durchhalten? In solchen Augenblicken des Zweifels hat Ruth Pfau für sich und ihre Mitarbeiter nur eine Antwort: Es ist unsinnig weiterzumachen; es ist noch unsinniger, nicht weiterzumachen. Also machen wir weiter.

Sie machen weiter, wider jede Vernunft. Und eines Tages geschieht das, was ihr heute noch wie ein Wunder erscheint: 1962 kann sie mit ihrem Team – unterstützt vom deutschen Hilfswerk *Misereor* – in ein kleines, modernes Krankenhaus im Zentrum Karachis umziehen. Allerdings muss der Umzug heimlich geschehen, da niemand neben Aussätzigen wohnen will. Die Nachbarn reichen Klage ein, als sie merken, mit wem sie es Zaun an Zaun zu tun haben. Ein Räumungsbefehl wird angedroht, allerdings nie vollstreckt. Trotz dieser Schikanen denkt Dr. Pfau nicht einen Augenblick daran, das Feld zu räumen. Was für sie zählt, sind nicht die Schwierigkeiten, sondern die Möglichkeiten dieses Projekts: Sie hat nun eine richtige Operationsstation, und ihr Haus, das Marie Adelaide Leprosy Centre, wird als Ausbildungszentrum für einheimische Ärzte und Pfleger anerkannt. Nach und nach entstehen neun Außenstationen, vom Himalaya bis zur indischen Grenze.

Diese flächendeckende Versorgung ist ein ungeheurer Fortschritt in einem Land wie Pakistan, einem Land, in dem kein soziales Netz Kranke und Notleidende auffängt, einem Land, das weder Krankenkassen noch Rentenversicherung kennt. Die dringend benötigten und nie ausreichenden Medikamente werden durch Spendengelder finanziert. Dr. Pfau arbeitet eng mit dem Deutschen Aussätzigen-Hilfswerk zusammen. Es unterstützt ihre Ausbildungsprogramme und fördert auch die Lepraforschung. So konnte eine wirksame neue Kombination von Präparaten entwickelt werden, die Lepra zuverlässig eindämmt. Aber die Inkubationszeit beträgt oft Jahrzehnte, noch immer gibt es schätzungsweise 30 000 Infizierte in Pakistan, das erfordert langfristige Planung. Ausgeheilte Patienten müssen, da Rückfälle nicht selten sind, lebenslang weiterbetreut werden.

Auch wenn Lepra heute medizinisch weitgehend unter Kontrolle ist, sind es die psychologischen Auswirkungen noch lange nicht. Tief sitzt die Angst der Angehörigen vor Ansteckung, Aufklärung ist deshalb ebenso nötig wie die regelmäßige Verteilung von Medikamenten. Einheimische Helfer werden in neun Monaten zu »Lepra-Technikern« ausgebildet, die mit Bus, Motorrad oder Kamel ein- bis zweimal wöchentlich die Leprastationen in ländlichen Provinzen besuchen. Dabei wird auch die Tuberkulose behandelt, die überall beängstigend zunimmt. Sie ist, wie Lepra, eine Krankheit der Armen, die nur durch Verbesserung der Lebensverhältnisse ausgerottet werden kann.

Aber vom maroden, politisch unstabilen pakistanischen Staat kann diese Hilfe nicht kommen. Eher von den noch immer reichen Ländern, die, wie Ruth Pfau zornig sagt, den Armen die meisten Ressourcen der Welt wegfuttern. Die Wut packt sie, wenn Armeegeneräle, unterwegs zum Forellenfischen, im Hubschrauber ihr Hospital überfliegen, es für schwer kranke Patienten aber keine Transportmöglichkeiten gibt. Die Wut packt sie auch, wenn auf dem Flug nach Europa als neue Errungenschaft von Bord aus telefoniert werden kann, zehn Dollar jede angebrochene Minute, während in einer Leprastation für die notwendige Dauerversorgung eines Patienten 500 Rupien im Monat fehlen, das sind zwölf Dollar. Oder wenn in Speyer der Glockenturm des Domes für 30 Millionen Mark restauriert wird und sie ausrechnet, wie viele Leprapatienten mit dieser Summe geheilt werden könnten …

Mit der deutschen Mentalität hat Ruth Pfau, wenn sie auf »Heimaturlaub« ist, ohnehin ihre Schwierigkeiten. Mit all denen, die sich, wie sie meint, selber so furchtbar wichtig nehmen. Vor allem beunruhigt sie die hierzulande grassierende lähmende Angst vor der Zukunft, die Unfähigkeit, sich an der Gegenwart, auch am Wagnis, zu freuen. Sie glaubt, dass die Last der kollektiven Verantwortung für alles die Deutschen daran hindert, das Naheliegende zu tun. Ein Deutscher, schreibt sie, hat ein schlechtes Gewissen, weil in Brasilien der Urwald stirbt. Die Lehre, die er daraus zu ziehen hat, ist doch, dass er sich um das ökologische Wiesenstück vor seiner Haustüre kümmert. Imponiert hat ihr bei ihrem letzten Deutschlandbesuch ein herausfordernder Autoaufkleber: »Tausend Leute sagen, was kann ein Einzelner denn tun?« Und Saint-Exupéry fällt ihr ein, der seinen kleinen Prinzen sagen lässt: »Die Menschen züchten 10 000 Rosen in ihrem Garten und finden doch nicht, was sie suchen. Dabei kann man alles in einer Rose und in einem Schluck Wasser finden.«

Dieser Weisheit begegnet sie in Asien häufiger als bei uns. Dafür hat sie dort mit anderen Schwierigkeiten zu kämpfen: mit Korruption und Stammesdenken, mit Gewerkschaftsdruck und dem Aggressionspotenzial der islamischen Fundamentalisten, vor allem aber mit der Unterdrückung der Frauen. Diese ist nicht im Koran festgeschrieben, sondern entspringt tief verwurzelten patriarchalischen Clanstrukturen. Frauen wird in der Regel nicht erlaubt, im Leprateam mitzuarbeiten – die Ehemänner verlieren sonst an Sozialprestige. Dabei wäre eine bessere Ausbildung der Mädchen gerade für die Leprabekämpfung dringend nötig, um in den Familien, wo Lepra noch als Schuld und persönliches Karma (Schicksal) gilt, Vorurteile abzubauen. Nötig auch, um die häusliche Betreuung Kranker zu ermöglichen.

Die Ausgrenzung der Leprakranken aus der Gemeinschaft ist für die Ordensfrau und Ärztin eine schmerzende Wunde. Es liegt nicht nur an mangelnder Aufklärung, es liegt auch am Egoismus der Menschen, wenn »lästige Esser« abgeschoben werden. »Die größte Krankheit heute ist nicht die Lepra oder die Tuberkulose, sondern vielmehr das

Gefühl, unerwünscht zu sein, ohne Fürsorge und verlassen von allen«, hat Mutter Teresa geschrieben, und Ruth Pfau schließt die Frage an: Wie gehen wir Christen denn mit unseren »Aussätzigen« um, den Ausländern, Punks, Obdachlosen, Aids-Patienten, unseren »Unberührbaren« heute?

»Selten habe ich so viel gelebte Nächstenliebe gesehen wie in Ihrem Krankenhaus«, schrieb Christiane Herzog, die Frau des früheren Bundespräsidenten, nach einem Besuch des Marie Adelaide Leprosy Centre an Dr. Pfau. Aber wie begrenzt sind die Möglichkeiten eines einzelnen kleinen Krankenhauses in der 13-Millionenstadt Karachi, wie viel mehr müsste getan werden ... Um das Lebenswerk der Gründerin auch nach ihrem Ausscheiden weiterführen zu können, ist im Rahmen des Deutschen Aussätzigen-Hilfswerks die *Ruth Pfau Stiftung* ins Leben gerufen worden, die von der pakistanischen Regierung unterstützt wird, aber hauptsächlich auf Zuwendungen aus Deutschland angewiesen ist. Ruth Pfau ist zuversichtlich: Viele Gruppen in Deutschland, auch in den neuen Bundesländern, tragen ihre Arbeit mit.

Die bescheidene, zierliche, aber resolute Frau, die gar nicht dem landläufigen Klischeebild einer Nonne entspricht, hat in den vier Jahrzehnten ihres Wirkens in Pakistan mehr erreicht, als sie in Deutschland wohl je hätte erreichen können. Dass sie als junge Ärztin, mit dem Selbstbewusstsein, das ihr die imaginäre »Rote Karte« der Pfaus gab, illegal in die DDR zurückkehrte und womöglich im Gefängnis gelandet wäre, hat der Orden verhindert. Ob ihre Gedanken hie und da mit der Vorstellung spielen: Was wäre gewesen, wenn ...? – Und dieses Gehorsamsgelübde: Ist es ihrer rebellischen Natur nicht schwer gefallen, sich fremden Entscheidungen zu fügen? Gewiss, sagt sie, war es ab und zu schwierig, wenn ihre Sachargumente nicht gebührend gewürdigt wurden. Doch der Glaube, dass ihr Lebensentwurf in Gottes Hand liegt, und das Vertrauen, dass andere Menschen diesen Lebensplan mittragen, geben ihr letztlich immer wieder Sicherheit, Freiheit und Mut zu eigenen Entscheidungen, etwa bei ihrem Engagement in Afghanistan.

Wohlmeinende und politisch begründete Warnungen haben Dr. Pfau nie daran gehindert, den Blick über die pakistanischen Grenzen hinaus auf das vom Krieg zerrüttete Nachbarland Afghanistan zu richten, wo Leprafürsorge wegen der ständigen Unruhen und Machtkämpfe nur unter schwierigsten Bedingungen geleistet werden kann. Mehrfach ist sie unter Lebensgefahr von Kabul aus ins Landesinnere vorgedrungen, um Außenstationen mit Medikamenten zu versorgen und Schwerkranke zu behandeln. Ihre Jeepgefährten hielten es für Leichtsinn, ohne Maschinengewehr loszufahren in diesen unsicheren Gebirgsgegenden. Doch sie fügten sich ihrem Machtwort. Dass sie Allah, nicht Jesus dankten, wenn ein Ziel ohne Zwischenfall erreicht war, störte die Christin nicht, sie will nicht für den christlichen Glauben missionieren – abtrünnige Muslime kämen in Lebensgefahr –, sie will ärztliche Hilfe und mitmenschliche Anteilnahme bringen.

Für ihr Wirken ist sie mit höchsten deutschen und pakistanischen Orden und der pakistanischen Ehrenbürgerschaft ausgezeichnet worden. Die islamische Regierung Pakistans hat sie – äußerst ungewöhnlich für eine Frau und Christin – zur nationalen Beraterin in Gesundheitsfragen ernannt. Sie ist längst im Pensionsalter, aber ihre Rücktrittswünsche haben ihr die Mitarbeiter immer wieder ausgeredet, eine »Mutter« darf die Schützlinge nicht im Stich lassen ... So versucht sie sich behutsam Schritt um Schritt zurückzuziehen. Ihr Haus ist gut bestellt, einheimische Ärzte und Lepraassistenten, Novizinnen und Hilfskräfte leisten zuverlässige Arbeit, so dass sie das Hospital beruhigt in pakistanische Hände legen kann – auch, um sich Freiräume zu schaffen für all das, was sie noch tun möchte:

Bücher schreiben, Unterrichtskonzepte ausarbeiten, neue Forschungsergebnisse der Lepratherapie an die Praktiker weitergeben, Perspektiven für junge Frauen im Islam entwickeln …

Vor allem leben. Leben ohne Angst vor dem Tod, in der Gewissheit des Aufgehobenseins in der Liebe und der Gnade Gottes. – Bei einem Gang über den Bollschweiler Friedhof hat sie die Inschrift auf dem Grabstein der Dichterin Marie Luise Kaschnitz besonders angerührt: »Wohl denen, die gelebt, eh sie starben.«

Die Schriftstellerin
Christa Wolf

(*1929)
Berlin

Den Himmel wenigstens können sie nicht zerteilen ...

Den Himmel? Dieses ganze Gewölbe von
Hoffnung und Sehnsucht, von Liebe und Trauer?
CHRISTA WOLF, DER GETEILTE HIMMEL

Schauplatz Berlin. Westberlin, kurz vor dem 13. August
1961. Eine Fahrt mit der S-Bahn von einem Teil der Stadt
zum andern ist noch möglich, die Mauer hat den Menschen Entscheidungen noch nicht abgenommen. Entscheidungen über Karriere und Existenz, menschliche
Bindungen und Trennung. Der Diplomchemiker Manfred
H., beruflich enttäuscht von den Entfaltungsmöglichkeiten im Sozialismus, hat seine Entscheidung getroffen, hat
sich in den Westen abgesetzt. Seine Freundin Rita, Studentin und Arbeiterin in einer Wagonfabrik, besucht ihn in
Westberlin. Sie liebt ihn, möchte ihn nicht verlieren, aber
sie fühlt sich auf dieser Seite der Stadt »auf schreckliche
Weise in der Fremde«. Sie spürt, dass sie hier nicht leben
kann. Schmerzlicher Abschied unter wolkenverhangenem
Abendhimmel, und in die Stille die spöttische Stimme
Manfreds: »Den Himmel wenigstens können sie uns nicht
zerteilen.« – »Doch«, antwortet sie leise, »der Himmel
teilt sich zuallererst.« – Das Bahnhofsgewühl erspart ihnen weitere Bekenntnisse. »Sie muss dann wohl durch die
Sperre und die Treppe hinaufgegangen sein. Sie muss mit

einer Bahn gefahren sein, die sie zum richtigen Bahnhof brachte.« – Zum richtigen Bahnhof, Ankunft im Sozialismus, Rückkehr zum Vertrauten im Roman *Der geteilte Himmel* – und in der Wirklichkeit? Christa Wolf ist nie eine einfache Parteigängerin gewesen. Sozialistin, ja, aber mit hohen menschlichen und moralischen Ansprüchen, die sie im »real existierenden Sozialismus« nicht immer verwirklicht sieht. Auch im Roman gibt es keine glatte, ohne Rest aufgehende Lösung. Eine beinahe tödliche Krise der Hauptfigur Rita ist der Preis für die vollzogene Trennung. Nicht ein strahlender sozialistischer Held steht im Mittelpunkt, sondern eine sich mühselig zum richtigen Ziel durchringende Genossin – aber immerhin: die Richtung stimmt. Der Roman, in der DDR 1963 herausgekommen, bringt der Autorin einen Nationalpreis ein und die Aufnahme in die Kandidatenliste des Zentralkomitees der SED. Ein Jahr darauf wird *Der geteilte Himmel* von Konrad Wolf erfolgreich verfilmt, und eine Westausgabe des Buches erscheint. Damit ist der weitere Weg Christa Wolfs zur gesamtdeutschen Schriftstellerin vorgezeichnet.

Was sie zu sagen hat, interessiert die Menschen in Ost und West. Glaubhaft und nachvollziehbar, wie sie den Konflikt einer jungen Frau zwischen Selbstentfaltung und den Ansprüchen der sozialistischen Gesellschaft schildert im Roman *Nachdenken über Christa T.* (1968 in der DDR, 1969 in der Bundesrepublik erschienen). Hier wird kein Ziel mehr erreicht, am Ende steht Ratlosigkeit, Scheitern. Ähnlich in der Erzählung *Kein Ort. Nirgends* (1979), einem fiktiven Zwiegespräch zwischen dem 27-jährigen Heinrich von Kleist und der drei Jahre jüngeren Dichterin Karoline von Günderode, die sich in ihrer Einsamkeit geistig verwandt fühlen und beide nicht leben können in dieser Welt: »Unlebbares Leben. Kein Ort, nirgends.« – Eine geradezu ketzerische Aussage in einem

Staat, der den Menschen ideologische Heimat geben will, auch wenn es sich um historische Figuren handelt. Sie wolle sich der gegenwärtigen Probleme aus dem geschichtlichen Abstand versichern, sagt Christa Wolf in einer Diskussion, und man spürt, wie diese Schriftstellerin sich immer wieder bis an die Grenzen des möglichen Spielraums vorwagt.

Sie handhabt dabei die verschiedensten Stilmittel, um ein Geschehen zu verdeutlichen oder umgekehrt bewusst in der Schwebe zu lassen. Ihre 1974 erschienenen drei »unwahrscheinlichen Geschichten« sind zwar an einem bestimmten Ort festgemacht, an der geschichtsträchtigsten Straße Berlins, und sie heißen auch *Unter den Linden*, aber die berühmte Straße dient nur als Kulisse für einen geträumten Spaziergang, den sie dem Geliebten schildert: »Unter den Linden bin ich immer gerne gegangen. Am liebsten, du weißt es, allein. Neulich, nachdem ich sie lange gemieden hatte, ist mir die Straße im Traum erschienen.« – Der Traum, in den sie sich einspinnt und in dem sie sich wieder findet, ist der Traum von einer menschlicheren, aufrichtigeren Gesellschaft. Als Motto nimmt sie ein Wort Rahel Varnhagens auf, in dem davon die Rede ist, dass »jeder in dem gekränkt werde, was ihm das Empfindlichste …«. Die Bilanz dieses Spaziergangs Unter den Linden ist gleichzeitig – verschleiert und verschlüsselt hinter den Traumbildern – die Bilanz ihrer Generation, vereinnahmt von einem Sozialismus, der die Menschheit weiterbringen will und dabei dem einzelnen Menschen – so die nur angedeutete Befürchtung – den Lebensraum beschneidet.

Wie wichtig Freiräume gerade für Schriftsteller sind, weiß sie selbst am besten, wenn sie versucht, jüngeren Kollegen und vor allem Kolleginnen Entfaltungsmöglichkeiten zu verschaffen. Sie ist für viele Autorinnen ratende Freundin, Vertraute und Protektorin, die Briefwechsel mit

Gerti Tetzner, Brigitte Reimann oder Maxie Wander geben davon Zeugnis. Sie hat damit eine Aufgabe übernommen, die in der Nachkriegszeit die aus dem Exil zurückgekehrte Anna Seghers versah. Christa Wolf fühlte sich allerdings nie der Partei oder dem Staat so unbedingt verpflichtet wie die 1983 verstorbene Altmeisterin. Im Band *Lesen und Schreiben* von 1972 berichtet sie von einem Besuch bei der verehrten Schriftstellerin: »Sie zaubert. Bezaubert«, schreibt Christa Wolf bewundernd, aber es gelingt ihr nicht, diese Verzauberung an den Leser weiterzugeben. Das Gespräch mit der 70-jährigen Lenin-Preisträgerin macht sich an Äußerlichkeiten, Erinnerungen, Arbeitsweisen fest. Die fast dreißig Jahre Jüngere registriert »Geborgenheit«, obwohl da auch vom zweifelnden, misstrauischen Blick die Rede ist und von einem spanischen Vers, den Anna Seghers zitiert: Pistolen, die man immer bei sich tragen müsse, um gegebenenfalls aus vier Läufen schießen zu können …

Darf man das Gespräch weiterspinnen? Sich vorstellen, dass da auch gesprochen wurde über die Kritik der Partei an Robert Havemann oder Stefan Heym auf dem II. Plenum des Zentralkomitees, über die zerstörten Hoffnungen des Prager Frühlings nach dem Einmarsch der Truppen des Warschauer Paktes, über die Maßregelungen nicht systemkonformer Schriftsteller wie Sarah Kirsch auf dem Ostberliner Schriftstellerkongress 1969? – Es liegt nicht fern, hinter den immer gefassten Gesichtszügen Christa Wolfs doch Gewissenskonflikte zu vermuten: Dankbarkeit der Gönnerin gegenüber, aber auch Beklemmung über die starr gehandhabte Parteidoktrin. – Die Vermutungen ließen sich fortsetzen: Was sagte Anna Seghers dazu, dass sich Christa Wolf mit ihrer Unterschrift 1976 gegen die Ausbürgerung Wolf Biermanns und anderer missliebiger Schriftsteller aus der DDR ausgesprochen hat? Wurde Christa Wolf selbst nur deswegen geschont, weil ihre mächtige Mentorin es so anordnete, oder war sie einfach schon zu berühmt, um sie öffentlich maßregeln zu können? – Christa Wolf hat es nach wiederholten Versuchen aufgegeben, tiefer in das Leben und Denken der Schriftstellerin Anna Seghers einzudringen: »Manches steht ihm entgegen. Auch natürlich immer noch Ehrfurcht, auch natürlich die Scheu vor der Berührung jener Tabus zwischen Menschen, an die man nicht rühren soll.« – Es sollte auch der Schriftstellerin Christa Wolf zugebilligt werden, dass sie nicht alle ihre Gedanken und Meinungen öffentlich macht.

Die äußeren Fakten ihres Lebens sind rasch erzählt und nicht von besonderer Dramatik: Kindheit im heute polnischen Landsberg an der Warthe, 1945 Umsiedlung nach Mecklenburg. Abitur in Bad Frankenhausen, Germanistikstudium in Jena und Leipzig, 1953 Diplom bei Professor Hans Mayer, Mitarbeiterin im Deutschen Schriftstellerverband, Lektorin, Redakteurin, Arbeit in Betrieben getreu der Bitterfelder Losung, Heirat mit dem Schriftstellerkollegen Gerhard Wolf, zwei Töchter. – Auf die Frage, ob sie sich als Berlinerin fühlt, zögert sie mit der Antwort. Berlinerin? – Sie ist 1963 nach Berlin gezogen, nach Kleinmachnow, sie lebt seither in dieser Stadt, heute mitten im Zentrum, in der Friedrichstraße. Ihr Alltag ist Berliner Alltag, ihre Briefe tragen Berliner Absender – ist sie deshalb Berlinerin? Lässt sie sich überhaupt irgendwo verorten? – Ist es Zufall, dass eins ihrer Bücher *Kein Ort. Nirgends* heißt und von Kleist handelt, der in Berlin lebte und sich hier am Wannsee das Leben nahm? – Wie müsste eine Stadt, ein Land, die Welt beschaffen sein, damit die Bewohner sich darin geborgen fühlen? – Die Bedingungen, unter denen Menschen zu leben haben, heute, gestern, in der Zukunft – das ist eines der zentralen Themen Christa Wolfs. Nie sind ihre Bücher privater Natur, auch wenn sie nur von zwei Menschen und deren Nöten handeln, immer ist Gesellschaft mitgedacht. Im *Kindheitsmuster* die nationalsozialistische Prägung in einer östlichen Kleinstadt, im *Geteilten Himmel* und in *Nachdenken über Christa T.* der Alltag im Sozialismus, bei Kleist und der Günderode das Sich-Ausgrenzen aus den Salons der Romantik und bei Kassandra, der griechischen Seherin, die Warnungen und die Entwürfe in eine Zukunft hinein, die nicht von Kriegen und Machtstreben geprägt ist. »Es kommt darauf an, die Welt einer menschenwürdigen Moral und nicht die Moral der Menschen einer noch wenig menschenwürdigen Welt anzupassen.« – Ein Schlüsselsatz der moralischen Instanz Christa Wolf.

Eine »gesamtdeutsche Heiligenfigur« nannte Horst Krüger sie einmal, das mag mit einem leicht spöttischen Unterton gesagt sein, enthält aber eine nicht zu leugnende Beobachtung. Um ihre Person hat sich in Ost und West eine Gemeinde gebildet, besonders unter den weiblichen Lesern, die ihre Bücher als Botschaften verstehen und darin nach Lebensentwürfen suchen. Der Autorin bringt diese breite Anhängerschaft in beiden deutschen Staaten Vorteile, auch wenn ihr die Kanonisierung peinlich ist. Die höchsten Ehrungen hüben und drüben, Lesungen vor überfüllten Sälen, wo immer sie hinkommt, ungehinderter Grenzübertritt – ein Privileg, das längst nicht alle DDR-Schriftsteller genießen.

So konnte sie als Gastdozentin die schon zu einer literarischen Institution gewordenen Poetikvorlesungen an der Frankfurter Universität im Sommersemester 1982 halten. In den Jahren zuvor hatten Günter Kunert, Uwe Johnson, Adolf Muschg, Peter Rühmkorf und Martin Walser gelesen, jeder neben dem literarischen Anspruch auch auf Originalität bedacht. Christa Wolf legte, wissenschaftlich gegen den Strich gebürstet, einen Reise- und Werkstattbericht vor, die *Voraussetzungen einer Erzählung:*

Kassandra. Ihre Auseinandersetzung mit der Figur der Seherin und Priesterin Kassandra, Tochter des Königs von Troja, ging einher mit der Veränderung des eigenen Sehrasters, weg von der »männlich« geprägten Geschichtsbetrachtung, von Höchstleistungen, Kämpfen, Siegen und Vernichtungen, hin zu einer mehr »weiblichen« Sicht, der Utopie einer Gegenwelt, in der nicht Heroismus zählt, sondern Solidarität.

Abends spät im dritten Programm die Fernsehübertragung der Poetikvorlesungen. Das große Auditorium dicht gefüllt mit Studenten und trotzdem atemlose Stille. Schwenk über die Bankreihen: junge Menschen, ernst und konzentriert, die den Weg der Kassandra und der Christa Wolf, diesen vielfach verschlungenen Weg, mitzugehen versuchen: »O dass sie nicht zu leben verstehn. Dass dies das wirkliche Unglück, die eigentliche tödliche Gefahr ist ...« Christa Wolfs Kopf in Großaufnahme, das schwarze strenge Haar, die unbeweglichen, wie versteinerten Gesichtszüge, die ruhige, fast tonlose Stimme: Kassandra.

Die Seherin hält nicht nur schwarze Prophezeiungen bereit, es gibt auch »einen schmalen Streifen Zukunft«: die Figur des Anchises zum Beispiel, der »uns Jüngere lehrte, wie man mit beiden Beinen auf der Erde träumt«, oder Aineias, der, wie sonst eher die Frauen, für »Licht und Wärme« begabt ist. Entspannung in den Gesichtern, da und dort ein Lächeln. Kameraschwenk zurück zu Christa Wolf vorn am Katheder. Großaufnahme ihrer Hände. »Schreiben ist auch ein Versuch gegen die Kälte.«

Was bleibt?

Der Himmel über Berlin ist nicht mehr geteilt. Alles hat sich verändert, seit im November 1989 die für ewige Zeiten zementierte Mauer fiel und die DDR-Bürger ohne Blutvergießen ihre marode Staats- und Parteiführung entmachteten. Damals waren die Hoffnungen – vor allem der Intellektuellen – auf einen basisdemokratischen Neuanfang, einen ›Sozialismus mit menschlichem Antlitz‹ groß. Auf dem Ostberliner Alexanderplatz beschworen am 4. November prominente Künstler, Schriftsteller und Politiker die über 500 000 demonstrierenden DDR-Bürger, das Land nicht zu verlassen und beim Aufbau eines gerechteren, freiheitlichen Staates mitzuhelfen.

Unter ihnen Christa Wolf. Sie ruft mit ungewohnter Entschlossenheit zu revolutionärer Erneuerung auf: »Für unser Volk.« Und wie aus Erstarrung erwacht, spricht sie wortschöpferisch von opportunistischen »Wendehälsen«, von der Sprache, die aus dem Ämter- und Zeitungsdeutsch herausspringe und sich ihrer »Gefühlswörter« erinnere: »Eines davon ist Traum. Also träumen wir mit hellwacher Vernunft. ›Stell dir vor, es ist Sozialismus, und keiner geht weg‹ …« Sie schließt ihren Aufruf mit dem Satz, der auf trotzig hochgehaltenen Transparenten steht und der von den Demonstranten skandiert wird: »Wir sind das Volk!«

Doch die Verschmelzung der Intellektuellen mit dem Volk will nicht so recht gelingen. Die Abwanderung Richtung Westen, Richtung Wohlstand und Konsum hält an, der Traum von einem selbstständigen sozialistischen Staat scheitert an den politischen Realitäten, Euphorie schlägt um in Ernüchterung und Skepsis. Nicht nur bei Christa Wolf. Der Zusammenbruch der DDR mitsamt ihren subversiven Nischen, die rüde Konfrontation mit dem westlichen Literaturbetrieb, Zukunftsängste und der Umgang mit der eigenen Ostidentität – das sind Themen, mit denen sich auch Autorinnen wie Kerstin Hensel, Angela Krauss oder Monika Maron beschäftigen. Die Ostberliner Schriftstellerin Brigitte Burmeister und die Frankfurter Psychoanalytikerin Margarete Mitscherlich haben 1991 in einem gemeinsamen Band die schwierige Annäherung von Ost und West genau benannt: »Wir haben ein Berührungstabu.«

Christa Wolf hat in der allgemeinen Verstörung nach der Wende einen Text aus der Schublade geholt, den sie zehn Jahre zuvor geschrieben hat und der ihre damalige wochenlange Bespitzelung durch die Stasi schildert. Mit dieser 1990 unter dem Titel *Was bleibt* veröffentlichten Erzählung gerät sie ins Visier der westdeutschen Literaturkritik. Rechtfertigungsversuch und Selbstmitleid wirft man ihr vor, sie sei weniger Opfer als Begünstigte des Systems gewesen. Was zähle schon ihre Überwachung durch ein Stasiauto vor der Tür gemessen an der jahrelangen Haft einiger ihrer Kollegen im Zuchthaus Bautzen ... Der so genannte ›deutsch-deutsche Literaturstreit‹, den Christa Wolf als Hexenjagd empfunden hat, beherrscht die westdeutschen Feuilletons über Wochen und führt zu generellen Fragestellungen: Ist es zulässig, die Situation nicht offen opponierender Schriftsteller im Dritten Reich und in der DDR zu vergleichen? Hat die Stimme der kritisch moralischen Instanz Christa Wolf das System stabilisiert oder untergraben? Stimmt Peter Rühmkorfs Vermutung, man lasse jetzt den Sozialismus entgelten, was man bei den Nazis versäumt habe? Es geht bei den hitzig ausgetragenen Debatten über die Person Christa Wolf hinaus um die Rolle der Intellektuellen im geteilten und im vereinten Deutschland, es geht um Utopieverlust und Siegermentalität, um Gesinnungsästhetik und Moral – und kaum ein namhafter deutscher Kritiker, der dazu nicht seine Meinung kundgetan hätte.

Christa Wolf selbst enthält sich einer Stellungnahme. Ihr kommt die Einladung nach Santa Monica als Stipendiatin des Getty Centers sicher sehr gelegen, um den aufreibenden Disputen in Deutschland zu entgehen. Doch die Politik, genauer ihre DDR-Vergangenheit, holt sie auch im fernen Kalifornien ein. Bei der Offenlegung von Stasikontakten ihres Schriftstellerkollegen Heiner Müller taucht in der Presse auch ihr Name auf. Mutmaßungen über Christa Wolf. Sie tritt, entgegen ihrer sonstigen abwartend vorsichtigen Haltung, die Flucht nach vorn an. Im Januar 1993 bekennt sie sich in der *Berliner Zeitung* zu einer lange zurückliegenden IM-Tätigkeit: drei Jahre nur, von 1959 bis 1962, so belanglos, dass sie den Vorgang vergessen habe, auch ihren damaligen Decknamen Margarete.

Um die Bedeutungslosigkeit ihrer Stasi-Kontakte aufzuzeigen, entschließt sie sich zu einer Veröffentlichung ihrer ›Täterakte‹: zwei schmale Mappen nur, 130 vergilbte Seiten. Denen stehen über 40 Bände ›Opferakten‹ gegenüber, die beweisen, wie das Ehepaar Wolf unter dem Decknamen ›Doppelzüngler‹ über lange Zeit systematisch bespitzelt wurde. In einem *Zeit*-Interview mit Sigrid Löffler antwortet Christa Wolf auf die Frage, warum sie die ihr seit Monaten bekannten Unterlagen nicht früher publik gemacht habe, der Begriff ›IM‹ sei so dämonisiert, dass sie sich dem zu erwartenden Ansturm nicht gewachsen gefühlt habe. Im Nachhinein sieht sie ihre Befürchtungen bestätigt: »Es gab keine Differenzierung, keine sachliche Berichterstattung über den Sachverhalt, keinen Versuch, diese Episode in den Zusammenhang meiner Biografie zu stellen.« Und sie fährt fort: »Vielleicht ist einmal die Zeit, über die Manipulationen mit diesen Akten zu erzählen ...«

In dem noch in Santa Monica geschriebenen Band *Auf dem Weg nach Tabou* reagiert sie auf die geballte Kritikerschelte mit einem Rückzug ins Private – und handelt sich damit prompt wieder bösartige Rezensionen ein. Gustav Seibt rügt in der *FAZ* ihr »zutiefst unpolitisches, fast altdeutsches« Weltverständnis: »Mit dem Untergang der DDR mutierte die Staatsdichterin zur Betroffenheits-autorin.« – Ein westlicher Prägestempel, der eine Klassifizierung besiegelt. Da müssen der Abgehalfterten die Worte gut getan haben, die der Wittenberger Pastor und Bürgerrechtler Friedrich Schorlemmer zu ihrem 65. Geburtstag in eine launig ironische »Rede an die lieben Westgermanen« gekleidet hat: »Der DDR-Mief hängt uns an – als ein Stallgeruch, viel Erinnerung auch, weil gemeinsam Durchlebtes, Durchstandenes, Durch-gehaltenes, auf eine eigentümliche Weise verbindet ... Und da hängen nun einige von euch, mit allen Duftwässerchen der großen weiten Welt des Geistes und des Geldes gewaschen, flugs ein Schild an unsere Tür: Nostalgie nennen sie das ...«

Der Betroffenheits- und Nostalgievorwurf kränkt Christa Wolf weniger als die in ihren Augen aus der Luft gegriffene Behauptung einiger Kritiker, sie vergleiche ihren Aufenthalt in Kalifornien mit dem Schicksal deutscher Emigranten in der NS-Zeit.

Lauter ›Mißverständnisse‹, die die Autorin so irritieren, dass sie beschließt, aus den beiden Berliner Akademien der Künste auszutreten. Sie hofft mit diesem Schritt – den sie später rückgängig macht –, das seit dem Auftauchen ihrer Stasiakte nicht mehr verstummende Gerede zu beenden. Der Westberliner Präsident Walter Jens und der ostdeutsche Bundestagsabgeordnete Konrad Weiß bedauern ihren Entschluss gleichermaßen. Sie verstehen jedoch ihre tiefe Verletzung und Verstörung, im Gegensatz zu den – wie Weiß es formuliert – »Schreibtischhenkern des deutschen Feuilletons«, für die nicht nachvollziehbar sei, »dass Menschen sich verändern und Schuld und Versagen eingestehen können«.

Um Schuld und Versagen, Macht und Verrat geht es auch in dem 1996 erschienenen Roman *Medea. Stimmen*, den Christa Wolf wieder, wie schon *Kassandra*, in der Antike angesiedelt hat, im östlichen korrup-ten Kolchis, aus dem Medea ins nicht weniger korrupte westliche Korinth flieht. Die Parallelen zur Gegenwart liegen auf der Hand, doch es geht nicht nur um einen politischen Schlüsselroman in historischem Gewand, es geht um eine kühne Umdeutung der von Euripides geprägten Figur der Kindsmörderin Medea. Basierend auf frühen Quellen zeichnet Christa Wolf Medea weniger als Furie, als »Barbarin aus dem Osten«, denn als Opfer, als Verleumdete und Diffamierte. An ihrer Gestalt und ihrem Schicksal möchte sie die Mechanismen aufzeigen, die eine Frau zum Sündenbock stempeln. Ein feministischer Ansatz, jedoch kein kämpferischer, eher ein resignativer.

Zwar möchte Christa Wolf in der von ihr eigenwillig entworfenen Medea keine Identifikationsfigur sehen, doch scheint ihre Stimmungslage nach all den Nackenschlägen der ihrer Protagonistin zu entsprechen. »Ich bin gelassener geworden, lasse mich nicht mehr so leicht aus den Angeln heben«, sagt sie in einem Interview. Und: »Ich weiß, was ich machen muss. Wenn andere dies verwerfen wollen, müssen sie's halt tun.«

Christa Wolf bleibt, ob sie es möchte oder nicht, Identifikationsfigur einer ganzen Frauengeneration, zumindest in den neuen Bundesländern. Doch auch im Westen wird sie weiter ihre Leserschaft finden – und nicht alle westlichen Kritiker begleiten ihren Weg mit Häme. Peter Demetz bewundert »die Energie, mit welcher sie sich aus den Trümmern des DDR-Staates herauszuarbeiten trachtet«, und er hofft auf ein neues Buch über ihr Lebensmuster: »Nachdenken über Christa Wolf, ganz ohne Selbstzensur.« Und Karl Corino fragt: »Wer soll einst den Niedergang, den jäh sich beschleunigenden Untergang der DDR von innen heraus beschreiben, wenn nicht sie?«

Ja, wer, wenn nicht sie? – Eine gesamtdeutsche Erwartung, die Christa Wolf mit einer Rückschau auf 40 Lebensjahre erfüllt. Der 2003 herausgekommene Band *Ein Tag im Jahr 1960–2000* enthält, festgemacht jeweils an einem bestimmten Tag des Jahres, Tagebuchnotizen, die neben persönlichen Aufzeichnungen punktuell DDR-Geschichte, deutsch-deutsche Zeitgeschichte in Erinnerung rufen. Schon im Jahr davor hat die seismographisch registrierende Chronistin mit der Erzählung *Leibhaftig* in einer kühnen Verquickung von Fieberfantasien und realen Erinnerungspartikeln die Vorwendezeit wieder aufleben lassen.

Dass Christa Wolf auf der Leipziger Buchmesse 2002 für ihr Lebenswerk mit dem Deutschen Bücherpreis, dem von Günter Grass überreichten »Butt« ausgezeichnet wurde, lässt alte Wunden nicht verheilen, die – wie Grass es ausdrückt – ihr »östliche Zensurschneider« und westliche »Scharfrichter« über Jahrzehnte zugefügt haben.

Eines steht fest: Der Himmel über Berlin ist zwar nicht mehr geteilt, aber Schreiben, Schreiben unter den heutigen Bedingungen, ist noch immer »ein Versuch gegen die Kälte«.

Die Schauspielerin und Autorin
Erika Pluhar

(*1939)
Wien

Ein weiter, weißer Raum, sparsam und erlesen möbliert. Hohe Fenster, efeuumrankt, zwischen Baumkronen ein Stück blasser Märzhimmel. Der Kamin aus grün gemasertem Marmor, die Sitzgruppe, der Biedermeierschreibtisch mit der Messinglampe und dem altmodischen Telefon, alles strahlt Ruhe aus. Ruhe und Strenge. Schwarz die bis zur Decke reichende Bücherwand, schwarz der mächtige Flügel, der den Raum beherrscht. Die ländliche Stille nur vom Kreischen eines Papageis unterbrochen. Eine Frau mittleren Alters, schlicht schwarz gekleidet, Haare im Nacken zusammengebunden, gießt Tee in rustikale Steingutschalen. Tschechow-Atmosphäre.

Nein, kein Ausschnitt aus einem Tschechow-Stück. Eine reale Kulisse: So wohnt Erika Pluhar. Draußen in Grinzing, fast am Ende der Straßenbahnlinie, in einem verwunschenen alten Landhaus mit ausgetretenen Stufen und einem wild wuchernden Garten. Die Burgschauspielerin lebt seit Jahrzehnten in diesem Haus, erst zur Miete, dann als Eigentümerin. Ein Refugium, in das sie sich nach anstrengenden Proben und Gastspielreisen, aber auch nach Gesprächen mit Menschen, die ihr nahe stehen und die sie doch nicht ständig um sich haben möchte, zurückziehen kann. Dieses Bedürfnis nach Abstand zu Dingen und Menschen, nach Abwerfen von Ballast, nach Konzentration auf das ihr Wesentliche wird mit den Jahren immer stärker. Sie hat längst die Lebensmitte überschritten und möchte das kostbare Gut Zeit nicht für Rollen verschwenden, die zwar Prestige bringen, aber sie nicht befriedigen.

Sie kann es sich leisten, ihr Leben so zu gestalten, wie es ihr entspricht, und sie empfindet dies als ein nicht selbstverständliches Privileg, das sie sich erarbeitet hat. Nach wie vor gehört sie zum Ensemble des Wiener Burgtheaters. Eine der traditionsreichsten Bühnen Europas, 1776 von Kaiser Joseph II. zum Nationaltheater erhoben. Grillparzers und Hebbels Stücke wurden hier uraufgeführt, Schauspielerinnen wie Sophie Schröder, Charlotte Wolter, Paula Wessely verkörpern die Tradition des Hauses, für dessen legendären Ruf auch Claus Peymann steht.

Erika Pluhar, am 28. Februar 1939 in Wien geboren, stammt nicht, wie in Theaterkreisen häufig – etwa bei den Thimigs oder den Hörbigers – aus einer alten Schauspielerfamilie. Um so erstaunlicher ihre frühe Gewissheit, Schauspielerin und nichts anderes zu werden. Für die im Wiener Arbeiterbezirk Floridsdorf aufgewachsene Tochter eines Ingenieurs ein recht ausgefallenes Berufsziel, an dem sie unbeirrt während der ganzen Gymnasialzeit festhält. Mit achtzehn macht sie Abitur und hat das Glück, gleich danach in die Wiener Akademie für Musik und Darstellende Kunst aufgenommen zu werden – das berühmte Max-Reinhardt-Seminar.

Zwei Jahre lang wird ihr hier neben Theatertheorie eine solide handwerkliche Ausbildung vermittelt: »Kopfwerk, Augenwerk, Mundwerk, Fußwerk, das Werk des ganzen Körpers«, wie es Max Reinhardt forderte, dessen Berliner Seminar auch für Wien richtungweisend wurde. Der Abschluss ›mit Auszeichnung‹ im Hauptfach Schauspiel öffnet der Elevin die Pforten des Burgtheaters – und damit Möglichkeiten der Entfaltung, wie sie längst nicht jeder jungen Schauspielerin geboten werden.

Was gäben viele Theaterleute darum, auf Dauer zu diesem erlesenen Ensemble zu gehören. Und Erika Pluhar? Ihr Name ist seit 1999 nicht mehr auf dem Spielplan zu finden. Anfang der Sechzigerjahre, zu Beginn ihrer Laufbahn, spielte sie ein Dutzend Rollen in einer Saison, quer durch das Repertoire, von Shakespeare bis Giraudoux, von Kleist bis Camus.

»Genau das möchte ich nicht mehr«, sagt sie bestimmt. Sie ist nicht die Komödiantin, der es Spaß macht, in immer neue Rollen zu schlüpfen, sich ständig zu verwandeln. Sie muss in eine Figur hineintreten, sich mit ihr identifizieren können. »Ich habe Schwierigkeiten mit übergestülpten Rollen«, gesteht sie. »Wenn ich mich ganz schonungslos betrachte, dann möchte ich eigentlich auf Erden nichts anderes verwirklichen außer mich selbst«, hat sie schon früher geschrieben. Rollen, die ihr auf den Leib geschrieben sind, die sie wie eine zweite Haut überziehen kann, sind nicht allzu häufig, aber es gibt sie.

Maria Stuart zum Beispiel. Diese stolze Königin, deren innere Freiheit mit jeder Demütigung, die ihr die Kontrahentin Elisabeth zufügt, wächst. Die Pluhar vermerkt im Tagebuch: »Ich spiele für ein anonymes Publikum wie immer. Und für *mich,* weil es mir Spaß macht, durch die Gestalt der Stuart durchzugehen, durch Stolz, Hochmut, Angst, Hoffnung, Wut, Verzweiflung, bis in den Tod.« – Mit derselben Unbedingtheit spielt sie Paraderollen wie die *Ismene* in Sellners *Antigone*-Aufführung oder die *Ruth* in Harold Pinters *Heimkehr.* Da ist sie eins mit ihrem Beruf, den sie in seltenen Augenblicken, wenn Rolle und Regie zusammenschwingen, als Berufung empfindet. Nach einer aufregenden, sie tief berührenden Probe beschreibt sie, wie Pinter Schauspieler und Zuschauer zwingt, aus ihren Sicherheiten herauszutreten, und wie der Regisseur Peter Palitzsch den Schauspielern auf eine sehr behutsame und doch leidenschaftliche Weise die Wege dazu freimacht: »Es ist, als lernten wir alle Seiltanzen.«

Solche Herausforderungen durch den Text und durch den Regisseur liebt sie. Auch in Ibsens *Hedda Gabler,* wo sie, wieder unter Palitzsch, die Titelrolle spielt: »Ich lief die ganze Premiere wie auf zwei Spuren, sie und ich, manchmal eine Überschneidung, ein totales Einssein, wie ein Traum das Ganze.« Und etwas später im Tagebuch: »Sehr viel Hedda geprobt, gespielt, im Funk aufgenommen. ›Hedda‹ ist für mich ein Stück meines Lebens ...« – Wieder die absolute Identifikation mit der dargestellten Figur. Das Glücksgefühl, sich selbst ausspielen, ausweiten zu können: »ich habe mich und sie in einer unglaublichen neuen Einheit und Selbstverständlichkeit erlebt. Diese seltenen, durchscheinenden, bis ins Letzte konzentrierten Stunden ...«

Theater als Selbsterfahrung – aber auch als Erlebnis von Gemeinschaft. Ganz besonders auf Tourneen. Und ganz besonders in der damaligen DDR, wo Künstler aus dem Westen, aus dem neutralen Österreich, wie seltene Paradiesvögel bestaunt und gehegt wurden. Über einen Auftritt mit Attila Hörbiger und Paula Wessely notiert sie im Oktober 1979 im Berliner Interhotel am Alexanderplatz: »Dieser Abend gestern! Die Lesung im Deutschen Theater – eine Welle von Verstehen und Liebe und zärtlichster Aufmerksamkeit aus dem Publikum. Stürme der Begeisterung, als Attila das Kometenlied singt – dieser alte Mann mit dem schönen Gesicht, von einer unsagbaren Schönheit des Alters ... Anschließend in der Kantine des Berliner Ensembles ein Fest für das Burgtheater. Plötzlich ahne ich etwas vom Sinn und der Kraft des Theaters, wie hier Barrieren in Staub zerfallen, wie Schauspieler in der Eintrachtigkeit ihrer Welt die Welt, die zerbrochene, zusammenleimen.«

Eine der Sternstunden, von denen sie sagt: »Es gibt Abende und Tage, an denen ich Flügel bekomme.« Es gibt auch andere, da steht sie auf der Bühne und kein Funke springt über, da fühlt sie Unverständnis und hasst dieses Publikum, das sie nicht mitzureißen vermag. Bis in die Träume hinein verfolgen sie solche Niederlagen – manchmal werden Albträume daraus: »In einem großen grauen

Gebäude bricht eine ganze Theaterkonstruktion samt den Zuschauern und Mitwirkenden zusammen ... Ich spüre nichts als Erleichterung ... Kein Wunsch zu helfen.«

Das Unverständnis des Publikums ist das eine, worunter sie leidet, der Zwang, jederzeit auf Abruf ›funktionieren‹ zu müssen, das andere. Sie beschreibt diesen allabendlichen nervenaufreibenden Zwang, das Warten hinter den schwarzen Vorhängen, den Einsatz auf Stichwort: »Wie man trotz aller Nervosität in den Lauf einer Vorstellung hineingeschleust wird, sie unabhängig von der eigenen Bereitschaft absolvieren *muss* – fremde Kräfte, die einen in das Licht der Scheinwerfer hinausspucken und wieder zurücksaugen – und der Gehorsam funktioniert ... eine monströse Dressur.«

Diese Sätze wurden vor fast drei Jahrzehnten geschrieben. Seither hat Erika Pluhar immer wieder – mit mehr oder weniger Erfolg – den Ausbruch aus den Zwängen des Spielplans und vor allem aus dem Medienrummel versucht. Eine Gratwanderung. Jeder, der sich auf eine Bühnenlaufbahn einlässt, weiß, dass er Öffentlichkeit, Presseecho braucht, um ›im Geschäft‹ zu bleiben. In wenig anderen Berufen ist die Versuchung so groß, um einer einträglichen oder spektakulären Rolle willen seine Seele zu verkaufen. Das Neinsagen muss erst gelernt werden. Erika Pluhar hat Lehrgeld bezahlt. Hat sich über Jahre in Fernsehrollen verschleißen lassen, die ihr nicht entsprachen, wurde zur ›Femme fatale‹ abgestempelt, war Beuteobjekt in Talkshows. Über die Dreharbeiten zu einer Krimiserie schreibt sie im Dezember 1978 ins Tagebuch: »Niederdrückendes Drehen für den ›Alten‹. Nur vier Tage, aber vier Tage Würdelosigkeit.«

Erst allmählich fällt ihr das Neinsagen leichter – das ist nicht nur eine Frage der Souveränität, sondern auch der finanziellen Absicherung. Ein Angebot von BBC, in einem Alec-Guinness-Film mitzuspielen, lehnt sie ab, weil ihr die Rolle einer ehemaligen Prostituierten, die nun zufriedene Ehefrau eines Nachtklubbesitzers ist, nicht behagt. – Immer wieder die Befürchtung, eine Rolle könne auf ihr Leben, ihr Bild in der Öffentlichkeit abfärben. Sie verspürt nicht die Lust, abstruse, hinterlistige Gestalten zu verkörpern, wie wir das etwa von der Giehse kennen. Eine hässliche, mittelmäßige, biedere Frau zu spielen, kostet sie Überwindung. Als Kompensation zu faden Durchschnittsrollen verschaffen ihr nächtliche Träume Auftritte, in denen sie sich entfalten kann.

Erika Pluhar ist eine intensive Träumerin und auch Traumausdeuterin. Sie geht mit sich selbst, ihren geheimen Wünschen und Sehnsüchten, die sich im Traum offenbaren, schonungslos um. Während sie sich auf der Bühne, auf dem Bildschirm oder auch im Umgang mit Menschen möglichst ›stimmig‹ präsentieren möchte, scheut sie sich nicht, in ihren – veröffentlichten – Aufzeichnungen innere Zerrissenheit, Ängste, Verletzungen bloßzulegen. Da zeigt sich die ›wahre‹ Pluhar, die von sich schreibt: »Leuten, die mich nicht gut kennen, kann ich all das vorspielen, was ich nicht bin, positiv, energisch, selbstsicher, ausgeglichen.« Und an anderer Stelle: »Ich schmuggle mich durch mein eigenes Leben, als dürfe man mich nicht entdecken. Ich spiele einen Seiltänzer, der es *kann*. Aber die Nächte zeigen mir die Abstürze.«

Rollen, die Erika Pluhar die Möglichkeit geben, durch die vordergründige Person hindurch in die Tiefe zu spielen, Schichten freizulegen, die sonst im Verborgenen, Unbewussten bleiben, gibt es nicht häufig. Die *Regine* in Musils Ideendrama *Die Schwärmer* ist eine solche Herausforderung. Das Tagebuch der Pluhar dokumentiert das schwierige, allmähliche Hineinfinden in diese chaotische Frauengestalt, die Musil ›tückischer Zaubervogel‹ nennt: »Bin auf der Suche nach meiner ›Regine‹. Heute, durch eine plötzliche Wendung in Nervosität und geballte Unruhe, einen Schritt weiter. Ich möchte dieser Figur so viele Schichten geben, und das ist so schwer. Sie müsste vibrieren, wund sein, armselig, stolz und ein Kobold.« Eine Frau, die all das in ihrer Person vereint, was auch Erika Pluhar in sich spürt, aber nicht ausleben kann, weil ihre disziplinierte Grundhaltung dem entgegensteht. Ihr bürgerlich ordentliches Leben braucht als Gegenpol das Chaos. Es sind chaotische Menschen, die sie anziehen und faszinieren, deren Lebenszuschnitt aber doch nicht der ihre ist.

Wenn es für sie mehr Rollen gäbe wie die der *Regine,* hätte Erika Pluhar sich von der Bühne wohl nicht so konsequent zurückgezogen. Frauen, die ihr Leben reflektieren, weder jugendlich unbekümmert noch altersweise, kommen selten auf der Bühne vor – vielleicht müssten sich mehr weibliche Theaterautoren dieses Lebensabschnitts annehmen. Selbst bei den russischen Stücken sind fast alle Hauptrollen für Frauen unter dreißig geschrieben und werden bei uns mit zu alten Schauspielerinnen besetzt. ›Jungspielen‹ möchte sich die Pluhar nicht mehr, unangemessen findet sie die mittelalterlichen Gretchen, für die großen Altersrollen jedoch fühlt sie sich noch zu jung.

Das Theater ist ihr gemäßer als Film und Fernsehen, obwohl sie ihren internationalen Durchbruch dem Film zu verdanken hat: Helmut Käutners Maupassant-Verfilmung *Bel Ami* aus dem Jahre 1968. Seit der Zeit ist sie ›die Pluhar‹. Das Publikum kennt ihre verhaltenen und doch energiegeladenen Gesichtszüge, ihre leise, dunkle Stimme, ihre präzisen und gleichzeitig sanften Bewegungen. Auch in neueren Fernsehfilmen gelingen ihr eindrückliche Rollengestaltungen. Unvergesslich die Darstellung der alternden Psychoanalytikerin in Nicholas Wrights Psychostudie *Mrs. Klein* aus dem Jahre 1994: dieses behutsame Aufspüren der Gründe, die zum Tod eines jungen Mannes geführt haben – ein Kammerspiel der leisen Art, wie Erika Pluhar es liebt.

Dem Schauspielerberuf bleibt sie in einer Art Hassliebe verbunden: »Er ist mein Rattenfänger, dem ich folgen muss. Aber mein Glück ist er nicht …« Sie sehnt sich nach Privatsphäre, nach einem Leben in Anonimität, und fürchtet sich gleichzeitig davor: »Was bin ich denn, wenn ich nun beginne, aus dem reinen Schauspielerdasein auszusteigen? Wie und als was werde ich benötigt? Ich fühle mich einen Weg einschlagen, aber mit noch verbundenen Augen … das, was von mir übrig bleibt, wenn ich nicht ›die Pluhar‹ bin, *das bin ich,* voll Sehnsucht nach ein bisschen Lebensglück …« – Dieses Lebensglück sucht sie abseits der Bühne und gerät doch immer wieder in deren Sog – und in den Sog der Medien. Ihr Leben spielt sich, ob sie will oder nicht, auf öffentlicher Bühne ab. Sie selbst sieht sich rückblickend in einem immerwährenden, mehr oder weniger improvisierten Rollenspiel, dessen Regie sie nur bedingt beeinflussen kann.

Das Theaterstück, das »Mein Leben« heißt

Da ist ihre Ehe mit dem Designer Serge Kirchhofer, mit bürgerlichem Namen Udo Proksch. Eine schillernde Persönlichkeit und eine Ehe, in die sie mit einundzwanzig »hineingerutscht« ist, wie sie sagt. Eine Ehe, die nicht gelingen konnte. Doch haben die beiden eine lose Verbindung auch nach der Scheidung aufrechterhalten.

Dann, 1970, die Ehe mit dem Imaginationskünstler André Heller. Ein privat inszeniertes Feuerwerk mit unvergesslichen Höhepunkten und leisem Verglühen. Mit gemeinsamer Arbeit und Weitung des Horizonts, aber auch mit Verwundungen, wie sie nicht ausbleiben, wenn zwei Hochsensible aufeinander zugehen. Heller – Liedermacher, Schriftsteller und großes Showtalent – ist sieben Jahre jünger als die Pluhar. Sieben entscheidende Jahre, die sie jünger machen und sie gleichzeitig ihr Alter fühlen lassen. Er ist nicht nur ihr Geliebter, er ist ihr Lehrmeister in Lebenskunst und ihr verletzliches Kind, für das sie mütterliche Gefühle hegt.

Immer stärker wird ihr bewusst, wie die Gewichte ihrer Beziehung sich verlagern, vom Partner zum Beherrscher, und wie sie ihr Eigenleben zu verlieren droht: »Mein Mann ist im Laufe unserer zweijährigen Ehe aus einem Liebenden zu einem Geschöpf des Ehrgeizes und der Genialität geworden, alle Begabungen, die ich in ihm vermutet habe, blühen auf und streben mit Macht nach Macht.« Sie sieht ihn in seiner Gespaltenheit und kann die Gegensätze nicht zusammenfügen: Genial und oberflächlich, herzlos und feinfühlig, wahrhaft und verlogen kommt er ihr vor.

Wie sollte sie sich in diesen Spannungsbogen einfügen? Als Antwort auf einen seiner Briefe schreibt sie: »Du wirst meine krampfhafte Sehnsucht nach Eigenem, Unbetretbarem, nach einem nur von mir geformten engeren Lebensbereich *nie* verstehen. Du wirst es immer mit Besitzgier verwechseln. Du weißt nicht, wie sehr ich eine vollständige äußere Selbstständigkeit brauche, eine mir gemäße Ordnung, um zu überleben. Das Schlimmste, was Du meiner Liebe zu Dir angetan hast, war, dass Du Dich meiner *bemächtigen* wolltest. Ich *weiß*, dass ich Dich liebe. Aber ich *spüre* es selten. Alles ist überlagert und nahezu verschüttet von Angst, Verteidigungsbarrikaden, Misstrauen, Enttäuschung.«

Wie kann sie jemandem klar machen, dass sie sich eingeengt fühlt in ihrem geräumigen Haus, dass sie mit zwei Koffern unterwegs in Hotelzimmern mehr Ruhe und Freiheit findet als in Wien, dieser Stadt, aus deren Bindungen sie sich lösen möchte, die ihr so bedrückend menschenleer vorkommt, auch wenn sie unter zu großer Nähe von Menschen mehr leidet als unter der Einsamkeit? – Trotzdem hofft sie auf ein weiteres Zusammenleben mit Heller: »Ich wünschte, wir könnten einen Weg finden, auf dem ich mich frei und neben Dir fühle, und auf dem Du Dich frei und neben mir fühlst. Einen gemeinsamen Weg ohne Quälereien.« – Das alte Dilemma zwischen Freiheit und Bindung, an dem sie zu zerbrechen droht. Sie schreibt später an Heller: »Ich wurde unter Deinen Händen und Worten ein

Ding, mit dem man beliebig umgehen kann.« Und sie prägt für ihre Beziehung ein eindrückliches Bild: »wie ein Schaf, dem der Eigentümer sein Zeichen ins Fell gebrannt hat.«

Der Versuch der Selbstbehauptung neben diesem sprühend extrovertierten Partner kostet sie viel Kraft, entfremdet sie auch von ihm: »Ich habe diese Kraft gebraucht, um die ich jetzt für Dich fremder und unverständlicher geworden bin. Ich musste mir selbst so viele Beweise erbringen – und ich habe gehofft, dass diese Beweise mir ermöglichen würden, schöner und neuerlich in unsere Liebe zurückzugehen«, schreibt sie im September 1972. Die Partnerschaft auf gleicher Ebene bleibt ein Traum. 1973 trennt sich das Paar. Erika Pluhar ist sich bewusst, was sie dieser Schritt kostet: »Ich weiß, dass diese Freiheit, die ich so hoch schätze, mir ein hohes Maß an Einsamkeit einbringt, die ich schwer ertrage.«

Die Arbeitszusammenhänge allerdings bleiben bestehen. Heller ist es, der die Bühnenmüde 1974 zu einem gewagten Experiment ermuntert: zu Soloauftritten mit Liedern, deren Text er geschrieben hat. Sie zögert. Diese Rolle hat sie nie gelernt. Sie behauptet, keine Noten lesen zu können, fürchtet, ihre Stimme würde nicht tragen. Aber es klappt. Sie bekommt gute Kritiken, die sie ermuntern, ihr Repertoire zu erweitern. So ungewöhnlich ist diese Entwicklung zur Chanteuse nicht. Elfriede Ott, die ein gutes Jahrzehnt vor der Pluhar ebenfalls an der Burg debütierte, hat in Zusammenarbeit mit dem Partner Hans Weigel das Genre der Wiener ›Singschauspielerin‹ zum Begriff gemacht. Auch Erika Pluhar hat eine Ader und das richtige Stimmtimbre für Wienerisches. Bald wagt sie sich an eigene Texte, immer noch im Zweifel, ob sie sich damit auf der Bühne behaupten kann. Optimistisch macht sie sich selber Mut: »Da mich alle für stark halten, versuche ich es auch zu sein.«

Den Optimismus hat sie nötig in der folgenden Zeit. Sie merkt, was für ein Unterschied es ist, mit dem Ensemble eines berühmten Hauses auf der Bühne zu stehen oder als Einzelkämpferin und Alleinverantwortliche für das Gelingen eines Abends. Sie könnte es leichter haben. Aber sie ist nie den Weg des geringsten Widerstands gegangen. Sie ist eigensinnig – was sie sich in den Kopf gesetzt hat, gibt sie ungern auf.

Sie ist nun ihre eigene Managerin mit all den Belastungen, die ein solches Unternehmen mit sich bringt. Dazu kommt das Bewusstsein des Älterwerdens, das Schauspielerinnen härter trifft als ihre männlichen Kollegen: »Ich bin eine Frau an der Schwelle zum Altwerden. Die vielen Stunden, die ich gerade jetzt gezwungen bin, vor Spiegeln zu sitzen, mich schminken und frisieren zu lassen, zeigen es mir. Ein Gesicht, in das das Leben recht unbarmherzig Linien gezogen hat ... aber ich hasse mich deshalb nicht ... ich möchte auch diesen Prozess als ›Erlebnis‹ sehen.«

Die ›Frau an der Schwelle zum Altwerden‹ hat gerade ihren 37. Geburtstag gefeiert – in anderen Berufen noch nicht einmal Halbzeit und kein Grund zur Panik. Die Depressionen, die sie gelegentlich heimsuchen, haben ihren Grund denn auch mehr im privaten Leben. Ihr neuer Partner, der Schauspieler Peter Vogel, ein arbeitsbesessener und gleichzeitig labiler Mensch, kommt von seiner Alkoholabhängigkeit nicht los. Sie fühlt sich für ihn verantwortlich und versucht, das Zusammenleben in dem großen Haus so konfliktfrei wie möglich zu gestalten: »Ich werde ihn *lassen* und zu ihm halten ...«

Aber das Zu-ihm-Halten erweist sich als zunehmende Belastung. Sie muss mit ansehen, wie er sich zugrunde richtet. »Meine Hoffnung, die Abkehr von der Sucht könnte uns helfen, hat sich so ziemlich zerschlagen. Was er bräuchte, wäre ein sehr krankenschwesterlich gesinnter Mensch an seiner Seite, aber der kann und will ich nicht für ihn sein.« Ihm ist auch in einer Klinik nicht mehr zu helfen. Erika Pluhar notiert am 18. September 1973 verzweifelt: »P. wieder in Kalksberg. Unfassbar, die Hilflosigkeit angesichts dieses Zugrundegehens ...« Und am 28. September: »Wenn ich am Morgen erwache, fällt etwas langsam und schwer in mein Bewusstsein, bis ich es wieder weiß: Peter ist tot. Und es scheint mir unmöglich, aufzustehen und weiterzuleben, obwohl ich es dann tue, folgsam wie eine Maschine.«

Sie muss mit dem Tod des Gefährten fertig werden – und mit den aufdringlichen Medien, der Boulevardpresse, den Reportern, die sie verfolgen und bedrängen. Der über Österreich hinaus bekannte Schauspieler wird nicht in Wien, sondern auf dem Bogenhausener Friedhof in München neben der Urne seines Vaters beigesetzt. An seinem Grab lässt Erika Pluhar die vergangenen fünf Jahre ihres gemeinsamen, immer von seiner Sucht überschatteten Lebens noch einmal an sich vorüberziehen: Hätte sie mehr tun können für ihn? Hätte er sich überhaupt von jemandem helfen lassen? Selbstvorwürfe quälen sie, Leere tut sich vor ihr auf.

Sie betäubt ihren Schmerz in der Arbeit, schreibt eigene, von Erfahrungen der Trauer und des Abschieds geprägte Liedtexte, lässt sich beeindrucken von einem Joan-Baez-Konzert, singt Lieder von Wolf Biermann, in denen sie ihre Gedanken und Gefühle wiederfindet. Im November 1979 wagt sie sich zum ersten Mal mit einem eigenen Liedprogramm auf Tournee. Die routinierte Schauspielerin hat Lampenfieber – aber sie spürt, dass ihr dieser unmittelbare Kontakt mit dem Publikum liegt. Sie steht nicht in einer einstudierten Rolle auf der Bühne, sondern als Erika Pluhar, Aug in Aug mit den Menschen, die ihre Lieder mögen und das Gespräch mit ihr suchen. Diese Menschen stellt sie sich auch vor, wenn in abgeschirmter, steriler Studioatmosphäre Programme für Schallplatten und CDs, für Funk und Fernsehen aufgezeichnet werden.

Als Glücksfall erweist sich für sie die Zusammenarbeit mit zwei Musikern, mit denen sie für ein Jahrzehnt ein festes Trio bilden wird: Der portugiesische Komponist und

Pianist Antonio Victorino D'Almeida vertont ihre Texte und begleitet sie am Klavier, der in Wien lebende bulgarische Gitarrist Peter Marinoff übernimmt den Gitarrenpart. Gemeinsam werden Text und Instrumentierung erarbeitet, Erika Pluhar ist, was sie in früheren Projekten stets vermisst hat: gleichberechtigte Partnerin. Das Trio unternimmt erfolgreiche Tourneen durch Österreich, beide Teile Deutschlands (besonders enthusiastisch gefeiert im Osten), Holland, Portugal und die Schweiz. Hauptsächlich Frauen fühlen sich von den Liedern angesprochen, es sind ihre Erfahrungen, die sich in den Texten widerspiegeln. »Ich schwimme zwischen den Inseln / auf keiner bin ich zu Haus« beginnt ein Lied, *Narben* heißt ein anderes. Verluste werden thematisiert, aber auch Hoffnungen, Sehnsüchte: »Steht es denn dafür / die alte Haut zu strecken, / das schlafende Tier / und junge Wünsche aufzuwecken?«, fragt in *Mazurka* eine alternde Frau, und das Gedicht *Mehr denn je* gibt eine trotzige Antwort:

> Mein Haar wird langsam grau
> doch weht der Wind mir ins Gesicht wie eh und je
> und all das, was ein reifer Mensch
> nicht mehr zu denken hat
> dran denk ich mehr denn je –

An die dreihundert Auftritte gestalten die ganz aufeinander eingestimmten und doch sehr eigenwilligen Interpreten gemeinsam. Eine CD mit *Wiener Liedern* entsteht, dann eine Sammlung von *Liedern aus zehn Jahren* – ihre letzte gemeinschaftliche Aufnahme. Der Gitarrist und Freund Peter Marinoff stirbt im Juni 1991. Auch wenn Erika Pluhar mit Antonio D'Almeida weiterarbeitet – die Lücke, die Marinoff hinterlassen hat, schließt sich nicht. Im Gedenken an ihn steht das Duo Pluhar/D'Almeida weiter auf der Bühne.

Und André Heller? Der Animateur und Zauberkünstler, der mit dem Circus Roncalli und dem Varieté Flic Flac, mit

Pyroskulpturen und Berliner Nachdenkmälern von sich reden macht? Er hat Erika Pluhar überhaupt auf die musikalische Fährte gelockt. Hätte sie nicht Lust verspürt, in seiner großen Burg-Inszenierung *Sein und Schein* mitzuwirken? »Nein«, sagt sie, »das ist nicht meine Welt. Wir haben uns diametral entwickelt, er zu Großprojekten hin, ich zur kleinen Form.« Sie bevorzugt das Kammerspiel – auf der Bühne wie im Leben, wobei die Bühne mehr und mehr zurücktritt, die Arbeit am Schreibtisch immer wichtiger wird.

Zum Schreiben ermuntert hat sie eine Frau, die Lektorin Angela Praesent. Tagebuch geschrieben hat Erika Pluhar seit langem, aber aus diesen persönlichen Notizen Teile freizugeben für ein anonymes Lesepublikum, ist ein zweiter Schritt, der Überwindung kostet. Sie wagt ihn und hat auf Anhieb Erfolg. Ihre Aufzeichnungen *Aus Tagebüchern* – 1981 erschienen – werden immer wieder neu aufgelegt und von Jung und Alt gelesen. 1991 folgt ein Band mit Liedern, Lyrik und kleiner Prosa: *Zwischen die Horizonte geschrieben,* im selben Jahr die Geschichte *Als gehörte eins zum andern,* autobiografisch, wechselnd zwischen Ich und Erzählperson, zwischen Innen- und Außenansicht einer Frau, die sich allmählich vom Schauspielerberuf und von einer Liebe löst. – Bewältigungsversuch einer komplizierten Verstrickung von Spiel und Leben, von Bindung und Freiheit.

Das Schreiben wird mehr und mehr zur zentralen Lebensachse. Es ist das Medium, in dem sich Erika Pluhar am unmittelbarsten ausdrücken kann, ohne die ›Fremdsteuerung‹ durch einen Regisseur, immer in eigenen, nur von ihr ausgestalteten Rollen – was nicht unbedingt autobiografisches Schreiben bedeutet. Beim ORF wurde ihr Drehbuch *Rosalinas Haus* realisiert, weitere Drehbuchpläne nehmen Gestalt an. Ihre Erinnerungen an die Freundschaft mit der Filmschauspielerin Marisa Mell hat sie in dem 1996 erschienenen Band *Marisa. Rückblenden auf eine Freundschaft* aufgezeichnet – wieder ein sehr persönliches Dokument, die Schilderung des allmählichen Verfalls einer hoch begabten, aber labilen Frau.

Es ist dämmrig geworden draußen, Eisregen prickelt an die Scheiben – erstaunlich im März. Der Raum verliert seine klaren Konturen, wird zum gemütlichen Gehäuse. Erika Pluhar macht kein Licht, sie liebt dieses allmähliche Versinken der Dinge, das ruhige Verharren, die langen Pausen zwischen den Sätzen, den Nachklang der Worte. Diese Stille hat sie sich mit hektischen, rastlosen Jahren erkauft. Nun genießt sie das Privileg, über ihre Zeit zu verfügen, niemandem Rechenschaft über ihren Tag schuldig zu sein. »Ich versuche, keine Wünsche zu haben, die nicht zu verwirklichen sind, das erspart Enttäuschungen«, sagt sie.

Eine ›Volksphilosophin‹ hat ein Wiener Schriftsteller die Pluhar genannt. Eine Volksphilosophin mit dem Bedürfnis, die Welt zu deuten, ohne den Schlüssel zu besitzen. – Aber wer besitzt den schon? Vielleicht ist die Gelassenheit, mit der Erika Pluhar in die Zukunft sieht, das Alter auf sich zukommen lässt, dieser Schlüssel? »Ich strebe kein Ziel an«, sagt sie, »der Weg ist das Ziel.« Und in ihrem Lied *Altern* besingt sie »die Schönheit des Bergabgehens / wenn die höchste Steigung überwunden ist …«.

Der Beitrag entstand auf der Grundlage eines Gesprächs mit Erika Pluhar im Jahr 1995. Er wurde für den Abdruck in dieser Anthologie leicht gekürzt. In den Jahren seit diesem Gespräch hat Erika Pluhar weitere erfolgreiche Bücher und Hörbücher veröffentlicht.

Die Modeschöpferin
Jil Sander

(*1943)
Hamburg

> Es ist schwieriger, du selbst zu
> sein, denn irgendetwas anderes.
> VIRGINIA WOOLF

Mode hat viele Gesichter. Sie ist Ausdruck des Vergängli-
chen, des Wechsels und gleichzeitig eines Bedürfnisses
nach richtungsweisender Kontinuität. Sie steht für Kunst
und für Kommerz. Psychologen bietet sie reichen Be-
obachtungsstoff, fördert sie doch die Akzentuierung der
eigenen Persönlichkeit wie auch die Einbindung in einen
Gemeinschaftstrend und die Unterwerfung unter ein von
Leitfiguren gesetztes Diktat. Den einen sind die Extrava-
ganzen der Mode Zeichen von Kreativität und belebende
Farbtupfer im Alltagsgrau, die anderen betrachten sie als
Ärgernis und überflüssigen Luxus in karger Zeit. Ästhe-
ten können Mode als Gesamtkunstwerk genießen oder sie
als Beleidigung ihres Schönheitssinns sehen wie Oscar
Wilde, der sarkastisch bemerkte: »Mode ist so unerträg-
lich hässlich, dass wir sie alle Halbjahr wechseln müssen.«
Der exzentrische Dandy war allerdings auch der Ansicht,
man müsse entweder ein Kunstwerk sein oder eines tragen.

Was Mode ist, bestimmen nicht mehr wie in alten Zeiten
Fürstenhöfe oder eine ständische Gesellschaft, sondern die
Modeschöpfer – ein seltsamerweise von Männern gepräg-
ter Berufsstand. Nur die Zuarbeit in den Ateliers wird von

Frauen geleistet. Da stellt sich die Frage: Sind Frauen weniger kreativ? Weniger wagemutig? Weniger geschäftstüch-
tig? Während Stardesigner wie Dior, Yves Saint Laurent,
Givenchy oder Balenciaga den Modestil über Generationen hinweg bestimmten, gelang es in der ersten Hälfte des
20. Jahrhunderts nur einer einzigen Frau, die schöpferische
Phalanx der Männer zu durchbrechen: Coco Chanel. Die
1883 geborene Französin eröffnete mit 26 Jahren in Paris
ihre erste Modeboutique, und als sie 1971 mit 87 Jahren
starb, hatten ihre Kollektionen längst weltweit einem neu-
en weiblichen Stil zum Durchbruch verholfen: sportlich-
beschwingt, befreit von einengenden Zwängen und ver-
spieltem Tand. Kein Wunder, dass eine junge, aufstrebende
Designerin in Deutschland sich die um 60 Jahre ältere Pari-
serin zum Vorbild nahm!

Eleganz contra Parka- und Jeanskonformität

Als die 1943 geborene Jil Sander ihre erste Modeboutique
in Hamburg-Pöseldorf eröffnet, ist sie sogar noch ein Jahr
jünger als Coco Chanel bei ihrem Debüt als selbstständige
Unternehmerin. Welche Verwegenheit oder welcher
Übermut, ausgerechnet 1968 – auf dem Höhepunkt der
Studentenrevolte gegen das Establishment – eine Luxus-
boutique mit Pariser Modellen in einem Hamburger No-
belviertel aufzumachen … Doch der Laden bleibt von
Sprühgraffiti verschont, denn die Besitzerin hat noch keinen Namen. Vielleicht befördern die uniformen Pressebil-
der von Gammeljeans und Parkas aus der Protestszene ja
sogar ihren Aufstieg: Sie setzt dezente Eleganz gegen bewusst nachlässige Kleidung, Individualität gegen Einheits-
look.

   Die Mode der »kühlen Blonden aus Pöseldorf«, wie Mo-
dezeitschriften die zurückhaltende, attraktive Jungunter-
nehmerin schon bald charakterisieren, kommt vielen Frau-

en entgegen, die sich modern kleiden wollen, ohne einem fremden Geschmack zu verfallen, der ihre Persönlichkeit verzerrt.

Wenn heute einer Umfrage zufolge ein Drittel der modebewussten Frauen sein und aussehen möchte wie Jil Sander, so zeigt dies – auch wenn die Zahl vielleicht zu hoch gegriffen ist –, dass ein Bedürfnis nach stilbildenden, nicht aufdringlichen Leitfiguren besteht – und sei es nur, um die eigene Unsicherheit zu verbergen. Durch Nachahmung befreie man sich »von der Qual der Wahl und der eigenen Verantwortlichkeit«, schreibt der Soziologe Georg Simmel; doch er betont, dass Mode andererseits auch »die individuelle Differenzierung, die Selbstständigkeit, das Sichabheben von der Allgemeinheit« ermögliche.

Kleider machen Leute – das hat schon Gottfried Keller in seinen Seldwyler Geschichten mit der Figur des prächtig gewandeten Hochstaplers Graf Strapinski bewiesen. Aber nicht immer gelingt die Maskerade. Wer sich mit Hilfe äußerlicher Attribute eine neue Identität geben will, wird kaum zum Einklang mit sich selbst kommen. Genau hier setzt Jil Sander an: Mit ihren Entwürfen möchte sie die Persönlichkeit der Trägerin betonen, die eigene, nicht eine geborgte Identität unterstreichen. Ihre Kostüme, Kleider und Hosenanzüge sollen wie zum Körper gehörend getragen werden.

Um dieses Körpergefühl zu erreichen, muss man vor allem den Stoff im Griff haben. Jil Sander wählt für jedes Modell sorgsam die passende Stoffart, sie bevorzugt »Stoffe, die Energie haben«. Vertrautheit mit dem Material, Qualität der Verarbeitung, Verzicht auf überflüssige Verzierungen – all das gehört zum Geheimnis ihres Erfolges. »Stil ist richtiges Weglassen des Unwesentlichen«, hat der Maler Anselm Feuerbach einst formuliert. »Weniger ist mehr«, heißt das bei der Hamburger Modeschöpferin. Die dezent vornehme Schlichtheit ihrer Modelle entspricht hanseatischem Understatement, aber auch ihrem eigenen Habitus. Sie fühlt sich am wohlsten in Hosenanzügen, Blazern und Kaschmirpullis.

Emanzipation in Hosen

Dass Hosenanzüge heute zu allen Gelegenheiten, auch zu offiziellen Empfängen und Festlichkeiten, getragen werden, geht nicht zuletzt auf Jil Sanders Einfluss zurück. Der Trend zur Berufstätigkeit bei den Frauen kam ihr dabei zugute. Vollbeschäftigte Berufsfrauen brauchen pflegeleichte, qualitativ hochwertige, variationsreiche Kleidung – und greifen dabei wie selbstverständlich zum Hosenanzug. Wenn er das Etikett Jil Sander trägt, lassen sie sich dies einiges kosten. »Meine Mode ist nicht billig, aber so eine Anschaffung macht sich bezahlt«, argumentiert die Geschäftsfrau Sander. »Man spürt und sieht jahrelang die Qualität und vergisst den Preis.«

Eine zweifellos richtige Feststellung. Nur, was nützt sie, wenn die kaufwilligen Damen nicht die gertenschlanke Figur der Designerin und ihrer Mannequins besitzen? Wie bei allen Modemachern siegt auch bei Jil Sander das jugendliche Schönheitsideal über handfeste Geschäftsinteressen, denn – das zeigen Umfragen – die kaufkräftigste Kundinnenschicht wäre die »50-plus-Generation«, die jedoch von den Modeschöpfern kaum zur Kenntnis genommen wird. »Die über viel Geld verfügende Gruppe der über 50-Jährigen fristet seit Jahren in einer der Jugend huldigenden Gesellschaft ein Schattendasein«, schreibt Thomas Maier in der *NZ*. Ändern ließe sich dies seiner Meinung nach nur, wenn die Werbung sich auch auf diese Zielgruppe einstellte und nicht ausschließlich dem Jugendkult huldigte. Jil Sander kennt das Dilemma. Etliche ihrer Modelle kleiden auch Ältere vorteilhaft – allerdings, sagt sie, müssten diese Kundinnen auch etwas dazu beitragen, »in Form zu bleiben«.

Seit 1997 kleidet die Hamburger Designerin auch den Mann ein – und hat damit Erfolg. Die erste Modenschau mit männlichen Models, erinnert sie sich, war ein Wagnis. Sie ließ an der Mailänder Piazza Castello nicht die üblichen glatten und smarten Models auftreten, sondern sanfte, primanerhaft wirkende junge Männer, in leichten Sakkos und Rollkragenpullis, sportlich – eine neue Businessgeneration ohne Krawatte und Hemdkragen. Die Einkäufer waren irritiert, die Bestellungen liefen nur zögernd an, doch dann zeigte sich, dass Jil Sander mit ihrer Idee, die Männer von den konventionell steifen Anzügen mit Schulterpolstern zu befreien, richtig lag, wobei Leichtigkeit für sie niemals Schlabberlook oder Haltungslosigkeit bedeutet. Gerade salopp wirkende Kleidungsstücke müssen besonders sorgfältig und materialgerecht angefertigt werden, meist in Handarbeit, wie es die Tradition der Haute Couture verlangt.

Für Normalverbraucher manifestiert sich der Unterschied zwischen Haute Couture und Konfektionsware vor allem im Preis, für Jil Sander hingegen in der Stoffqualität, der unterschiedlichen Verarbeitung und der Raffinesse des Schnitts. Sie sieht die Designermode nicht gefährdet durch die Massenkonfektion. »Immer mehr Menschen achten auf Qualität und Stil«, ist ihre Überzeugung. Die Modeschöpferin spricht aus Erfahrung, sie ist schließlich seit bald 40 Jahren im Geschäft.

Der unaufhaltsame Aufstieg der Jiline Sander

Wer hätte gedacht, dass aus der kleinen, eigenwilligen Heidemarie Jiline aus Wesselburen, die sich weigerte, steife Petticoats zu tragen wie die ältere Schwester, einmal Deutschlands berühmteste Modeschöpferin würde? Für die später eingeschlagene Stilrichtung gibt es allerdings frühe Hinweise: Statt Kleider mit Rüschen und Schleifchen trägt Jiline lieber Hosen wie der jüngere Bruder – eine Vorliebe, die sie sich bis heute bewahrt hat. Auch die Lust, mit Stoffen umzugehen, mit ihnen zu gestalten, ist geblieben. Stoffreste, die als Spielzeug dienten und die Fantasie anregten, gab es genug im elterlichen Haus, die Mutter war eine kreative Frau, die selbst schneiderte und Puppen nähte.

Nach dem Besuch der Realschule entschließt sich Jiline zu einer Ausbildung als Textilingenieurin. Mit dem Diplom in der Tasche bricht sie voller Neugier und Unternehmungslust nach Amerika auf. In einem College in Los Angeles eignet sie sich weitere Kenntnisse an und jobbt als Redaktionsassistentin bei der Zeitschrift *McCall's* – zwei lehrreiche Jahre. Nach Deutschland zurückgekehrt, bringt sie ihre Erfahrungen – und auch ihre stark von amerikanischen Begriffen geprägte Sprache – als Modejournalistin bei den Zeitschriften *Constanze* und *Petra* ein, wird Ressortleiterin, drängt weiter, höher ... Doch immer ist jemand über ihr, der das Sagen hat. Sie aber weiß genau, was sie will: ihre eigenen Ideen verwirklichen, Frauen »befreien von den Lockenwicklern und dem ganzen Plüsch«, all dem Zurechtgemachten, das sie daran hindert »sie selbst zu sein«. Die junge Designerin vertraut ihrer gestalterischen Kraft, ihrer Vision. So wagt sie kühn den entscheidenden Schritt und macht sich mit 25 selbstständig. Sie hat ihr Auto verkauft, um ihre kleine Pöseldorfer Boutique an der Milchstraße einrichten zu können.

Neben Pariser Mode bietet sie erstmals eigene Entwürfe an, ihre Talente als Kauffrau und Designerin entwickeln sich Hand in Hand. Die Branche wird auf die junge, innovative Kollegin aufmerksam. Bei der ersten Vorstellung ihrer Kollektion – sie firmiert nun nicht mehr als Jiline, sondern kurz und apart als Jil Sander – hält sich der Erfolg in Grenzen. Ungewohnt schlicht ist das Gebotene, ohne laute Sensation, ohne schrille Töne. Das Neue an ihrer Mode wird erst mit der Zeit verstanden. Auf Anhieb erfolgreich ist ihre Kosmetikkreation mit den Parfüms *Woman Pure* und *Men Pure*. Accessoires erweitern Angebot und Image, alles fügt sich zu einem stimmigen Ganzen – eine Neuheit auf dem deutschen Markt. Und ein weiterer Schritt über Hamburg, über Deutschland hinaus zu internationalem Ansehen.

Dass eine Frau eine eigene Firma gründet, ist inzwischen nichts Außergewöhnliches mehr. Aber dass eine Frau mit dieser Firma an die Börse geht, wie es Jil Sander 1989 tut, ist eine Sensation. Börsengeschäfte sind Männergeschäfte, das hat Tradition. Wer in diese Domäne einbricht, muss leichtsinnig oder sehr erfolgsgewiss und selbstbewusst sein. Die Hamburgerin traut sich diesen Schritt zu: »Ich war nie ängstlich. Ich war vielleicht in manchen Dingen naiv, habe so einiges nicht richtig eingeschätzt. Aber ich war immer Feuer und Flamme.«

Die Wirtschaftsjournalisten und die Konkurrenten verfolgen die Börsennotierungen mit Interesse, nicht selten geben die schwankenden Kurse Anlass zu Häme oder wohlmeinender Besorgnis: Hat sich die Newcomerin im Börsengeschäft da nicht übernommen? Doch Jil Sander lässt sich nicht irritieren, und ihr Unternehmen wächst und expandiert, allen Unkenrufen zum Trotz.

»Erfolg herbeidenken«

Wenn man etwas wirklich will und begeisterungsfähig genug ist, kann man, davon ist die Unternehmerin überzeugt, eine Menge bewegen: »Ich glaube, man kann Erfolg herbeidenken«, sagt sie. Durchhaltevermögen, Kraft und Findigkeit hat sie schon an den Nachkriegsfrauen bewundert, die zupackend und mit praktischem Sinn das Überleben organisierten und aus einem Fetzen Stoff Kinderkleider, aus einer alten Tischdecke fantasievolle Blusen zaubern konnten.

Fantasie und Kreativität sind keine Sache des Geldbeutels, das hat Jil Sander früh mitbekommen. Sie ist nicht im Luxus aufgewachsen, sie hat sich ihren Aufstieg er-kämpft, mit Energie und mit gestalterischer Lust. Dass sie bei aller Dynamik auch eine verletzliche Seite hat, dass sie im Grunde ein zurückhaltender Mensch ist, der sich mit Teamwork schwer tut, hat ihrer Karriere nicht gescha-det. Sie sagt von sich selbst, sie sei in vielen Situationen ext-rem schüchtern und scheu, fügt aber rasch hinzu: »Mich hat mein Leben stärker gemacht, ich bin durchaus be-lastbar.«

Im Jahr ihres Börsengangs hat sie in Ellerau bei Ham-burg ein Textilunternehmen gekauft, das ihr die Möglich-keit gibt, selbst zu produzieren, die Kollektionen ganz nach ihren Wünschen und Qualitätsvorstellungen auszu-richten und auch mit eigenem Vertriebssystem in den Han-del zu bringen. Sie ist nun Designerin, Managerin und Un-ternehmerin in einer Person. Nicht immer läuft das reibungslos: »Von der kreativen Idee bis hin zum Produkt und dann zum Konsumenten ist der Weg sehr lang, da kann viel schief gehen.« Sie hat Lehrgeld bezahlt, aber sie ist lernfähig: Einmal gemachte Fehler passieren ihr nicht ein zweites Mal.

Längst hat sie sich im Ausland einen Namen gemacht – zuerst in Italien, dann in New York und selbst in Asien, immer bemüht, sich auf die jeweilige Mentalität der Men-schen einzustellen. Sie hat sich beispielsweise mit der Ki-mono-Tradition beschäftigt, mit Zen-Gärten und Haikus. Das blieb nicht ohne Wirkung auf ihre Arbeit, der diese fernöstliche Ästhetik ja ohnehin nie fremd war.

Besonders schwierig ist es für Designer, in Paris, der in-ternationalen Modemetropole, Fuß zu fassen. Doch 1993 wagt es Jil Sander, hier den ersten Flagshipstore glanzvoll zu eröffnen: 900 Quadratmeter Verkaufsfläche in bester Geschäftslage, Avenue Montaigne. Vier Jahre später, als sie Herrenmode in ihre Kollektion aufnimmt, kommt ein Atelier in Mailand dazu. Wieder ein Wagnis. Aber warum sollte sie nicht Männer einkleiden, wenn Karl Lagerfeld, das andere deutsche Modeidol, Frauenmode kreiert?

Jil Sander hat erreicht, was sie wollte. An die 50 Modegeschäfte von Tokio bis New York gehören ihr, in ihrem Betrieb beschäftigt sie 1000 Angestellte, ihre Firmengruppe ist an der Börse notiert und bringt einen Jahresumsatz von über 100 Millionen Euro – alles hart erarbeitet. Doch sie – ein Global Player par excellence – weiß rückblickend: »Es ist eine noch größere Herausforderung, oben zu bleiben, als nach oben zu kommen.«

Will sie überhaupt oben bleiben? Wie oft hat sie Zeit, ihr herrlich gelegenes Haus an der Außenalster zu genießen? Auf ihrem Landsitz in Schleswig-Holstein in Muße ihrer Gartenleidenschaft nachzugehen? In ihrem Büro in der Hamburger ABC-Straße laufen die Fäden ihrer weit verzweigten Firma zusammen, Geschäftsreisen bringen Termindruck und Stress – und alles ruht auf ihren Schultern.

Träume und Pläne

1999 verkauft sie ihr Unternehmen an den italienischen Prada-Konzern und behält nur einen Anteil von 25 Prozent. Sie will sich nicht mehr mit dem Management belasten, sondern sich ganz dem Entwurf der Kollektionen widmen. Doch die Zusammenarbeit mit dem Prada-Chef erweist sich als schwierig, die eigenwillige Designerin ist es gewohnt, Entscheidungen selbstständig zu treffen. Schon nach wenigen Monaten scheidet sie aus der von ihr aufgebauten Jil Sander AG aus.

Nun könnte sie sich ein angenehmes Leben leisten, all das tun, wofür sie früher nie Zeit hatte: Reisen ohne geschäftliche Verpflichtungen, Lesen, sich mit Architektur und Gartenkunst beschäftigen … Doch sie ist kein Mensch der Muße, ihre Träume entwickeln sich unweigerlich zu handfesten Plänen.

Auf Mallorca hat sie sich schon vor Jahren in ein altes maurisches Palais verliebt, das verwunschen inmitten weitläufiger Renaissancegärten liegt. Auf diesem Landsitz am Fuße des Tramuntana-Gebirges ließe sich genau das verwirklichen, was ihr vorschwebt: ein Ort, wo Architektur, Kunst, Gartengestaltung und Design sich treffen, wo alte Kultur lebendig wird und Neues sich harmonisch einfügt – ein »Gesamtkunstwerk« als kulturelles Zentrum der Insel. »Diese Idee hat mich zehn Jahre lang nicht losgelassen«, sagt sie.

Sie ist bereit, eine stattliche Kaufsumme zu bezahlen und das ganze Anwesen fachkundig restaurieren zu lassen. Die Bevölkerung begrüßt das Projekt, doch die Regierung stimmt trotz leerer Kassen nicht zu: Zu viele deutsche Prominente haben sich auf der Insel schon einen sonnigen Alterssitz gesichert, nun soll nicht auch noch eines der letzten historischen Landgüter in deutsche Hände übergehen. Ausgeträumt der Renaissancetraum von einem elysischen Ort der Harmonie zwischen Natur und Kultur …

Doch Jil Sander wäre nicht Jil Sander, ließe sie sich von einer Niederlage entmutigen. Dass sie sich jemals aus dem Modebereich ganz zurückziehen könnte, halten alle, die sie kennen, für unmöglich. »Ich bin ein Mensch, der gern Verantwortung übernimmt«, sagt sie: »Das ist, als hätte man Kinder. Meine Kinder interessieren mich einfach immer; diese Bindung löst sich niemals im Leben auf.« Sie hat sich – bei allem spontanen Unmut – schwer getan mit dem Ausscheiden aus der Jil Sander AG, die ja doch »ihr Kind« ist. Dem Unternehmen ist ihr Weggang nicht gut bekommen, die Umsätze gingen drastisch zurück. Im Mai 2003 hat sie sich entschlossen, wieder einzusteigen in die Firma, die ihren Namen und ihre Handschrift trägt und die von dieser klaren, schnörkellosen Handschrift lebt. Doch den Vorstellungen des Prada-Chefs, der eine »Verschlankung« der Betriebe und Luxusgeschäfte anstrebt, kann sich Jil

Sander nicht anschließen. Die Krise schwelt weiter, die Firmengründerin zieht sich ein weiteres Mal zurück. Ob sie irgendwann – außerhalb des Prada-Konzerns – zu einem erneuten Höhenflug ansetzen wird?

Was immer sie unternimmt, sie wird kreative Impulsgeberin bleiben. Ihre Modeschöpfungen haben ihr internationales Renommee und zahlreiche Preise und Ehrungen eingebracht. Dies bestätigt ihr die Anerkennung einer Mode, die – nach Georg Simmel – »das Bleibende im Wechsel und den Wechsel im Bleibenden sucht« und die dazu beiträgt, die eigene Persönlichkeit auszudrücken. Denn wie schon Virginia Woolf wusste: »Es ist schwieriger, du selbst zu sein, denn irgendetwas anderes.«

Die Bürgerrechtlerin
Bärbel Bohley
(*1945)
Berlin

Die aufkeimende Bürgerrechtsbewegung in der DDR, die
Protestaktionen gegen einen allmächtigen, dann ohnmächtigen Staat, die Zeit der Runden Tische – alles schon Geschichte. Verdrängt oder verklärt von Beteiligten, vergessen von Unbeteiligten. Im Gedächtnis haften geblieben
sind einzelne Bilder. Bilder von missglückten Fluchtversuchen, vom Fall der Mauer, von der Öffnung des Brandenburger Tores. Haften geblieben sind Schlagwörter: Wir
sind das Volk. Friedliche Revolution. Sozialismus mit
menschlichem Antlitz.

Zu den Bildern und Schlagwörtern gehören Menschen,
die diese turbulente Zeit des Aufbruchs und Umbruchs geprägt haben. Unter ihnen, in vorderster Reihe, eine Frau:
Bärbel Bohley. Sie wird als Symbolfigur der unblutigen
Revolution in die Geschichte eingehen, von den einen bewundert als mutige Kämpferin für eine gerechtere,
menschlichere Welt, von den andern belächelt als naive
Utopistin und Dilettantin im politischen Geschäft.

»Ikone der Bürgerbewegung« hat Konrad Schuller sie in
einer *FAZ*-Überschrift genannt. Der Titel wird ihr nicht
gefallen haben. Sie möchte nicht als Heiligenbild beweihräuchert werden, sie möchte agieren, sich einmischen, die
»Demokratie von unten« mitgestalten.

Natürlich ist sie Dilettantin. Dilettanten waren sie alle,
die in der DDR opponierten und das System verändern
wollten. Wo hätten sie das politische Machtspiel denn lernen sollen? Laienspieler hat man sie spöttelnd genannt, als
sie sich nach der Wende plötzlich in der Verantwortung sa

hen, konfrontiert mit westlichen Politprofis, deren Strategien ihnen fremd waren. Nur wenige von ihnen haben sich, wie Wolfgang Thierse, in Amt und Würden halten können. Bärbel Bohley gehört nicht dazu. Doch auch wenn sie, die nie Mitglied einer Partei war, kein politisches Mandat besitzt, so bringt sie sich doch immer wieder mit ihren Ideen, mit Appellen an die Verantwortlichen und mit humanitären Aktionen ins Bewusstsein der Öffentlichkeit.

Kämpferin ist sie geblieben. Sie kämpft für die großen Ziele Menschenwürde und Gerechtigkeit an begrenzten Schauplätzen, die sie persönlich kennt, in Bosnien, in Kroatien – und in Berlin. Im Berliner Wahlkampf im Herbst 2001 hat sie als Parteilose die FDP unterstützt, nicht weil sie das Programm dieser Partei rundum gutheißen würde, sondern weil ihr die Freien Demokraten am wenigsten von alten Seilschaften durchsetzt schienen und ihr am ehesten die Gewähr boten, nie eine Koalition mit der PDS einzugehen.

Die PDS ist als Nachfolgepartei der SED für Bärbel Bohley ein rotes Tuch. Das hat nachvollziehbare objektive und auch subjektive Gründe, die mit ihren Erfahrungen zu DDR-Zeiten zusammenhängen. Man hat sie schikaniert, eingesperrt, mundtot machen wollen, und nach der Wende musste sie erleben, dass die alten Mechanismen der Einschüchterung und Diffamierung noch immer greifen in Kreisen des altneuen Establishments, vor allem in den einschlägigen Medien. Gegen eine üble, an Pornographie grenzende Fotomontage auf dem Titelblatt des Ostberliner Satiremagazins *Eulenspiegel* konnte sie sich nur gerichtlich wehren, die Redaktion berief sich auf Tucholsky: »Satire darf alles.« Ein Aufschrei der westlichen Frauenpresse wegen frauenverachtender Darstellung blieb aus. Aber Alice Schwarzer und die feministische Lobby werden kaum den *Eulenspiegel* lesen.

»Ich sollte fertig gemacht werden, das hatte Kampagnencharakter«, sagt Bärbel Bohley in Alfred Bioleks Talk-show dazu. Auf Bioleks Frage, ob sie von den Ostalgikern als Verräterin angesehen werde, antwortet sie: »Natürlich, aus meinen Stasiakten geht hervor, dass ich eine Verräterin bin.«

Wie lebt man mit einer solchen Anschuldigung, auch wenn sie nur von ehemaligen Parteigläubigen erhoben wird? Die Bürgerrechtlerin ist Anfeindungen gewohnt. Sie resigniert und kuscht nicht, sie fühlt sich herausgefordert, kämpft gegen DDR-Seilschaften, wo immer sie solche zu erkennen glaubt. David gegen Goliath. Vielleicht auch ein Kampf gegen Windmühlenflügel?

Über die politische Entwicklung nach der Wende ist sie, wie viele Bürgerrechtler, enttäuscht. Wie die Mitstreiterin Freya Klier sieht auch sie vertane Chancen bei der Wiedervereinigung. Diese ging ihr, im Gegensatz zu den meisten Ostdeutschen, nicht zu schnell, sondern zu langsam. Zu viel Zeit hatten nach ihrer Meinung die alten DDR-Kader, sich wieder in einflussreiche Positionen zu bringen. Aber wie hätte ein neuer, aus so ungleichen Teilen zusammengesetzter Staat sich auf die Schnelle aus dem Hut zaubern lassen? Weder der Westen noch der Osten waren auf dieses wie eine Naturkatastrophe hereinbrechende Ereignis vorbereitet.

»Man hätte«, sagt Bärbel Bohley, »als Erstes die Bundesländer neu ordnen müssen, alte Grenzziehungen zwischen West und Ost auflösen, um das Zusammenwachsen zu erleichtern und den Anpassungsprozess nicht nur der früheren DDR abzufordern.« – Sie spricht im Konjunktiv, wohl wissend, dass dies zwar wünschenswert und vernünftig, aber in der kurzen Zeitspanne und beim Beharrungswillen der alten Bundesrepublik nicht realisierbar gewesen wäre.

Vieles, was ihr durch den Kopf geht, ist nicht realisierbar, doch sie lässt sich ihre Zukunftsvisionen nicht nehmen. Wer hätte denn – vor zwei Jahrzehnten noch verwegener Wunschtraum – an einen so raschen Zusammenbruch des real existierenden Sozialismus gedacht?

Bärbel Bohley denkt zwar in die Zukunft hinein, doch mit praktischem Sinn für das Naheliegende, nicht abgehoben vom real existierenden Alltag der Berliner Nachwendezeit mit all den Sozialproblemen und dem Parteiengezänk. Sie möchte »leben wie ein Mensch«. Dazu gehören keine Wohlstandsattribute und Machtprivilegien, wohl aber menschliche Wärme, Gerechtigkeit und ein größtmögliches Maß an Freiheit.

Nicht wenige dieser Lebensprinzipien hat sie von ihrem Vater übernommen, einem unbeugsamen Mann, der sich weder in die NSDAP noch in die SED zwingen ließ und dafür berufliche Nachteile, im Arbeiter- und Bauernstaat der Fünfzigerjahre sogar Suspendierung vom Lehrerberuf, in Kauf nahm. Der Tochter hat diese Standfestigkeit, die auch als Starrsinn ausgelegt werden könnte, imponiert.

Die Mutter war ängstlicher, aber gleichzeitig von der zupackenden Art der Berliner Trümmerfrauen. Sie hat die 1945 geborene Tochter Bärbel und den jüngeren Bruder in der zerbombten Stadt großgezogen. Die aufregenden und demütigenden Schmuggelgänge über die Sektorengrenze gehören zu den frühen Erinnerungen der Tochter. Später, in der Schulzeit, ein anderes prägendes Erlebnis: Freundinnen, Lehrer, Verwandte und Nachbarn setzten sich über Nacht und ohne Abschied in den Westen ab, unter den Zurückgebliebenen griff Unsicherheit, Verstörung um sich. Das überraschende Hochziehen der Mauer mitten durch die Stadt wurde nicht als Schock, sondern als notwendige Schutzmaßnahme gegen die massenhafte Abwanderung empfunden.

Dann 1968 das jähe Erwachen: Sowjetische Panzer walzen in der Tschechoslowakei alle Freiheitsträume des Prager Frühlings nieder. Die sozialistischen Bruderstaaten, auch die DDR, beteiligen sich an der brutalen Gewaltaktion. Bärbel Bohleys Gerechtigkeitssinn rebelliert. So hat sie sich die verheißene bessere Welt des Sozialismus nicht vorgestellt. Sie merkt, dass sie nicht allein steht mit ihrer Empörung, dass andere empfinden wie sie – lauter Einzelstimmen, die man, um ihnen mehr Gewicht zu geben, bündeln müsste. Dieser Gedanke ist der Auslöser ihres Engagements als Bürgerrechtlerin.

Von nun an liegt die an der Kunsthochschule Berlin-Weißensee eingeschriebene Malerin im Dauerkonflikt mit den Repräsentanten der Staatsmacht. Der bürokratisch verengte, auf sozialistischen Realismus ausgerichtete Hochschulbetrieb ödet sie an. Sie arbeitet lieber zu Hause im eigenen bescheidenen Atelier, wo sie auch ihren kleinen Sohn selbst betreuen kann, als im Kollektiv der Malklasse. Am Ende des Studiums, 1974, erhält sie zwar ihr Diplom, aber an eine staatlich geförderte Karriere ist bei ihrer Renitenz nicht zu denken. Sie legt darauf auch keinen Wert, schlägt sich als freiberufliche Malerin und Grafikerin durch und widmet sich – neben der Erziehung ihres Sohnes – mehr und mehr jenen oppositionellen Gruppen, die sich unauffällig da und dort in privaten Räumen eingenistet haben.

Um als Freiberuflerin arbeiten zu können, musste sie sich dem Verband Bildender Künstler anschließen. Ihr Versuch, in dieser fest gefügten Organisation für Mitbestimmung und Mitgestaltung zu werben, scheitert. Wer möchte schon als Unruhestifter seine Privilegien verlieren?

Die Kunst war in der DDR eine jener Spielwiesen, die der Staat sich leistete. Künstler hatten eine gewisse Narrenfreiheit, solange sie nicht am System rüttelten und Dogmen in Frage stellten. Bärbel Bohley aber stellt unbequeme Fragen. Fragen, die über Belange der Kunst hinausreichen, Fragen von existenzieller Bedeutung für alle Bürger: Was tun wir für unsere Umwelt? Für die Sicherung des Friedens? Für die Einhaltung der Menschenrechte? Fragen, auf die sie keine Antwort erhält. Fragen, die auch andere umtreiben.

Unter dem Dach der Kirche finden sich immer mehr Ökologie-, Friedens- und Menschenrechtsgruppen zusammen und formulieren gemeinsam ihre Besorgnis. Bärbel Bohley ist eine der Wortführerinnen. Sie gibt in eindringlicher und einfühlsamer Sprache all den Gefühlen und Gedanken Ausdruck, die die Menschen bewegen. 1983, in der Zeit der Nachrüstung, sind es die in der DDR stationierten sowjetischen SS-20-Raketen, die Kriegsängste heraufbeschwören. Zum ersten Mal wagen sich Friedensbewegte, angeführt von Bärbel Bohley, aus dem geschützten Kirchenraum auf die Straße. Es sind nur wenige, die sich zu Menschenketten vor der amerikanischen und der sowjetischen Botschaft die Hände reichen und mit Kerzen für Frieden und Abrüstung demonstrieren, aber für die Staatssicherheit sind sie ein beunruhigendes Signal. Fortan parken auffällig unauffällige Autos vor Bärbel Bohleys Haus, keiner ihrer Besucher entgeht der Stasi-Kontrolle.

Trotz aller Bespitzelung gelingt es ihr, gemeinsam mit einigen anderen Regimegegnerinnen die Gruppe »Frauen für den Frieden« zu gründen, die erste kirchenunabhängige Oppositionsgruppe innerhalb der DDR. Das erste Protestschreiben trägt prominente Unterschriften: Katja Havemann, Bettina Wegener, Ulrike Poppe ... Die Frauen wagen es, gegen die Nachrüstung in West und Ost ihre Stimme zu erheben, den Wehrkundeunterricht mit seinen Feindbildern zu hinterfragen und die Umverteilung der Rüstungsmittel für Umweltprojekte zu fordern. Diesen gezielten Affront kann die Regierung sich nicht gefallen lassen, sie muss handeln, wenn sie ihre Autorität nicht aufs Spiel setzen will. Und sie handelt.

Die Staatsfeindin Bohley wird wegen »Übermittlung von Nachrichten ins kapitalistische Ausland« verhaftet und in ein Untersuchungsgefängnis der Stasi gesteckt. Diese Verhaftung hat eine von Partei und Regierung kaum erwünschte Wirkung: Das Ausland wird auf die unerschrockene Bürgerrechtlerin und ihre Mitstreiterinnen aufmerksam. Dank internationaler Proteste kommt Bärbel Bohley nach sechs Wochen frei. Doch was heißt hier frei? Die staatlichen Sanktionen greifen auf andere Art: Die Malerin wird von der Sektionsleitung des Verbandes Bildender Künstler ausgeschlossen und verliert damit ihre Existenzgrundlage. Sie erhält keine Aufträge mehr und hat Ausstellungsverbot. Sich in den Westen abzusetzen läge jetzt nahe, aber Bärbel Bohley denkt daran keinen Augenblick. Stattdessen ruft sie in trotzigem Widerstand zu einer »Initiative für Frieden und Menschenrechte« auf.

Die Resonanz im westlichen Ausland beflügelt ihren Mut und gibt ihr gleichzeitig eine trügerische Sicherheit. Als bei einer Demonstration für Rosa Luxemburg und Karl Liebknecht im Januar 1988 an die hundert Menschen verhaftet werden, richtet sie für die beunruhigten Angehörigen ein Kontakttelefon ein und setzt sich durch diese als kriminell eingestufte Handlung erneut dem Zugriff der Staatsmacht aus. Wieder Verhaftung, Verhöre. Abschiebung der Widerspenstigen in den Westen. Abschiebung ist ein erprobtes Mittel, lästige Aufwiegler, allesamt als Staatsfeinde abgestempelt, loszuwerden. So ergeht es dem Liedermacher Stefan Krawczyk oder der Theaterregisseurin Freya Klier. Ausbürgerung heißt das Wort, das seit der Abschiebung Wolf Biermanns im Jahre 1976 zum neudeutschen Sprachschatz gehört.

Wieder sind es westliche Proteste und Bemühungen, die es Bärbel Bohley ermöglichen, nach Ostberlin zurückzukehren. Für viele ein absurdes Geschehen: Wie kann jemand sich freiwillig hinter die Mauer begeben, die andere unter Lebensgefahr zu überwinden versuchen? Die Antwort der engagierten »Gesinnungstäterin« ist klar. Was könnte sie im Westen schon verändern? In der DDR aber, im geschundenen Sozialismus, steckt für sie immer noch eine Verheißung: die Hoffnung, eines Tages einen ›Dritten Weg‹ zu finden, hin zu mehr sozialer Gerechtigkeit, unabhängig von politischen Machtmonopolen und ökonomischen Zwängen – eine utopische Vorstellung.

Utopien sind gefährlich im real existierenden Sozialismus. Deshalb ist die DDR keineswegs beglückt über die freiwillige Rückkehr eines schwarzen Schafes, das unerwünschte Erreger einschleppen und womöglich eine Seuche auslösen kann. Die Sorge ist nicht unbegründet. Bärbel Bohley, die nach sechs Monaten Westexil im Sommer 1988 mit ihrem Sohn in die DDR zurückgekehrt ist, wühlt weiter.

Im September 1989 mischt sie mit bei der Gründung des Neuen Forums. Im Gründungsaufruf, den sie mitunterzeichnet hat, wird die unzufriedene und verunsicherte Bevölkerung beschworen, die DDR nicht zu verlassen, sondern die Verhältnisse im Lande zu verändern und mitzuhelfen beim Abbau verkrusteter Strukturen. Niemand ahnt, wie rasch und wie gründlich die Strukturen sich verändern werden.

Am Abend des 9. November fällt die Mauer. Durch die ersten geöffneten Grenzübergänge an der Bornholmer Straße und an der Oberbaumbrücke strömen die Volksmassen westwärts. Freudentaumel auf beiden Seiten, Sektkorken knallen. »Es bedurfte keiner Worte. Die Wirklichkeit war über unsere Fantasie hinausgegangen«, kommentiert der Ostexperte Egon Bahr das unglaubliche Geschehen. Michail Gorbatschows Perestroika hat den Anstoß gegeben, die Öffnung des Eisernen Vorhangs in Ungarn war ein weiterer Schritt. Aber das eigentliche Wunder hat die Bevölkerung der DDR zustande gebracht: eine Revolution ohne Gewalt und Blutvergießen. Daran hat die basisnahe Bürgerbewegung mit ihren Appellen zur Besonnenheit und zu verantwortlichem Handeln keinen geringen Anteil.

Auf die Euphorie des Aufbruchs folgt der nüchterne Alltag. Wie geht man mit der neuen Freiheit und mit den alten Lasten um? Am Runden Tisch der neugewählten Regierung Modrow sitzen auch die Vertreter der Bürgerrechtsgruppen. Doch die erträumte Basisdemokratie lässt sich in der neuen Parteienlandschaft nicht verwirklichen, weder beim Neuen Forum noch bei der neu gegründeten Partei Bündnis 90. Bärbel Bohley ist frustriert von den Flügelkämpfen und dem Postengerangel in den Parteigremien. Sie setzt ihre Hoffnung auf die Bürgerinitiativen, die sachbezogen an überschaubaren Projekten arbeiten und ehrenamtlich tätigen Laien ein Wirkungsfeld bieten. Die Idee, Bürger stärker und unmittelbarer am politischen und gesellschaftlichen Leben zu beteiligen, als dies in der Parteiendemokratie geschieht, hat sie noch nicht aufgegeben. Auch nicht den Drang, mit ihrem Kopf, ihren Händen etwas zu gestalten, was Menschen dienlich ist und Bestand hat. Eine pragmatische Idealistin. Oder eine idealistische Pragmatikerin.

1996 geht sie als Flüchtlingsbetreuerin ins kriegszerstörte Bosnien. Sarajevo, die Stadt, die nun für drei Jahre ihr Arbeits- und Lebensmittelpunkt wird, erinnert sie an die Trümmerlandschaft ihrer Berliner Kindheit und an den grauen Alltag ihrer DDR-Zeit, in dem menschliche Wärme im vertrauten Kreis manchen Mangel überdeckte. Die ehemalige Bürgerrechtlerin, die den Kontakt zur Bevölkerung sucht und braucht, fährt in Flüchtlingslager, betreut heimatlos Gewordene und verhandelt mit Regierungsvertretern und Hilfsorganisationen. Mit Unterstützung des Auswärtigen Amtes und der UNO hat sie in Sarajevo ein Büro eingerichtet, in dem all die von ihr geknüpften Fäden zusammenlaufen. Sie arbeitet mit der ›Koalition für Rückkehr‹ zusammen, einem Dachverband von Flüchtlingsorganisationen, der sich zum Ziel gesetzt hat, allen Vertriebenen eine Rückkehr in ihre Heimatdörfer zu ermöglichen. Das setzt Abbau von gegenseitigen Hassgefühlen und Aggressionen voraus – eine schier unlösbare Aufgabe bei diesen stark nationalistisch geprägten Volksgruppen.

Bärbel Bohley versucht im Kleinen Überzeugungsarbeit zu leisten. Sie ist im Geländewagen unterwegs zwischen Sarajevo, Belgrad und Tuzla, um die Möglichkeiten einer gefahrlosen Rückkehr der Flüchtlinge vor Ort zu prüfen – ein risikoreiches Unterfangen in diesen verminten, durch Überfälle bedrohten Gegenden. Die Erfolge der Arbeit lassen sich nur in ganz kleinen Schritten messen, trotzdem hat sie das befriedigende Gefühl, hier am richtigen Platz zu sein – nicht nur, weil ihr Mann aus Sarajevo stammt.

Ihr Name wird mit dem ›Dächerprojekt‹ verbunden bleiben, das sie organisiert hat: 3200 Familien haben zum Winter neue Dächer auf ihre zerschossenen Hausruinen bekommen.

Die drei Einsatzjahre in Bosnien gehen 1999 zu Ende und die Rückkehr nach Berlin fällt schwer. Hier hat man gerade einen erbitterten Kampf um die Ladenschlusszeiten geführt, hier liefern sich die Parteien wie eh und je Schlammschlachten um Bagatellen – alles so unwesentlich, kleinkariert. Wo wird sie in dieser Stadt noch gebraucht?

Im Jahr darauf bricht sie nach Kroatien auf, einem Land, das an den Folgen der erbitterten Bruderkämpfe mit den Serben noch immer leidet. Hier ist jeder willkommen, der humanitäre Hilfe leisten möchte. Die Deutsche, die die Landessprache einigermaßen beherrscht, fühlt sich angenommen von der Bevölkerung. Gemeinsam mit ihrem Mann baut sie in Lokva Rogoznica ein Kinderheim auf. Vieles kann in Eigenarbeit getan werden, andere notwendige Investitionen müssen zurückgestellt werden, weil das Geld fehlt. Bärbel Bohley hat deshalb eine Hilfsorganisation ins Leben gerufen, die in Kroatien »morska zvjezda« heißt, »Seestern«, ein eingetragener Verein mit Sitz in Berlin.

Auch wenn ihr Lebensmittelpunkt heute in Kroatien liegt, fühlt sie sich weiter als Berlinerin. Ihre Wohnung am Prenzlauer Berg hat sie nie aufgegeben, sie ist ein Stück ihrer Geschichte, wie der ganze Prenzlauer Berg mit seinen Szenekneipen und Dissidenten-Schlupfwinkeln, die die Stasi nie voll in den Griff bekam. Ganz in der Nähe die Gethsemanekirche, in der sich zu DDR-Zeiten die oppositionellen Gruppen trafen – nicht nur, um für den Frieden zu beten, von dieser Keimzelle des Widerstands gingen auch die ersten öffentlichen, von einer nervösen Polizei niedergeknüppelten Protestdemonstrationen aus.

Trotz der bitteren Erinnerungen möchte Bärbel Bohley aus dem geschichtsträchtigen Viertel mit dem Flair der DDR-Nischengesellschaft nicht wegziehen. Auch für Studenten, Intellektuelle und Künstler aus dem Westen hat diese melancholisch graue, bunt übertünchte Tristesse eine eigenartige Anziehungskraft. Die Ostberliner Autorin Irina Liebmann hat in ihren Berlin-Texten die typische Ost-Kiezatmosphäre vor und nach der Wende mit subtil beobachtendem Blick eingefangen.

Bärbel Bohley wohnt in einem jener solide gebauten Mietshäuser, die Krieg und vierzig Jahre sozialistische Mangelwirtschaft überdauert haben und nun, verwittert und heruntergekommen, die Kreativität von Graffitikünstlern herausfordern. Eingang und Treppenhauswände sind in Schichten bunt übermalt und beklebt mit Parolen, Comicbildern, Handzetteln und alten Postern. Ideales Szenario für einen Film über das Alternativmilieu der Siebzigerjahre. Die Namen an den Türklingeln deuten auf multikulturelle Herkunft der Hausbewohner hin. Bärbel Bohley – Parterre rechts. Zugestellter Flur, gemütliches Wohnzimmer mit Bücherregalen, Blumen auf der Fensterbank und Teestövchen auf dem Tisch. Daneben ein noch leerer Aschenbecher für die Vielraucherin. Keine Staffelei, nichts, was auf die Malerin hinweise. »Nein«, sagt die ehemalige Absolventin der Kunsthochschule, »seit 1989 male ich nicht mehr.«

»Bürgerrechtlerin« wäre angebrachter als Berufsbezeichnung, denn noch immer setzt sie sich ein für eine bürgernahe, demokratische und gerechtere Politik. Gemeinsam mit ihrem alten Kampfgefährten Wolf Biermann und unterstützt von Dissidenten wie Manfred Krug und Freya Klier hat sie im Oktober 2001 einen Aufruf an die Berliner Wähler veröffentlicht, der vor einer Regierungsbeteiligung der PDS warnt. Der Aufruf trägt die Überschrift »Notwendige Einmischung in die eigenen Angelegenheiten«.

Schon 1989 hat Bärbel Bohley mit ihrem Buch ... *und die Bürger melden sich zu Wort: 40 Jahre DDR* Bürgerbeteiligung bei politischen Entscheidungen eingefordert. 1998 veröffentlichte sie gemeinsam mit Ehrhart Neubert und Jens Reich den programmatischen Band *Wir mischen uns ein: Ideen für eine gemeinsame Zukunft.*

Sie hat sich immer eingemischt. Das hat sie um Privilegien, um eine berufliche Karriere gebracht, hat ihr aber innere Befriedigung und das Gefühl des Gebrauchtwerdens gegeben. Sie hat Diffamierung, Berufsverbot, Gefängnis hinter sich – was kann ihr noch passieren? Sie wird sich weiter einmischen.

Bildnachweis

S. 276: Stiftung Hans Arp und Sophie Taeuber-Arp, Ro-
         landseck
S. 296: Mosaik Verlag, Berlin/Frankfurt am Main 1954
S. 325: Klaus Kallabis, *Die Zeit*, Hamburg
S. 346: Sigmund Freud Institut, Frankfurt am Main
S. 360: dpa, Frankfurt am Main
S. 376: DAHW, Rolf Bauerdick

Alle übrigen Fotos stammen aus dem Privatarchiv der
Autorin.

Marion Gräfin Dönhoff
Namen die keiner mehr nennt

Marion Gräfin Dönhoff

Namen die keiner mehr nennt

gebunden mit Schutzumschlag, 192 Seiten
ISBN 3-89631-441-6

Marion Gräfin Dönhoff zeigt in ihren sehr persönlichen
Aufzeichnungen, was Ostpreußen für sie bedeutete.
Sie beschreibt die Landschaft ihrer Kindheit und Jugend
und die wunderbare Natur, die sie auf dem Ritt durch
Masuren erlebte. Ebenso eindrücklich schildert sie die
Schrecken des Krieges und die Flucht in Richtung Westen.
Die tiefe Verbundenheit Marion Gräfin Dönhoffs mit ihrer
Heimat ist in jedem einzelnen Kapitel spürbar,
und ebenso die Gewissheit, dass die Kultur
ihrer Vorfahren unwiederbringlich verloren ging.

Diederichs

Ursula Scheu (Hg.)

Lexikon der Frauenzitate

gebunden mit Schutzumschlag, 272 Seiten
ISBN 3-7205-2348-9

Die erste umfassende, thematisch geordnete
Zitaten-Sammlung von Stars, Politikerinnen,
Schriftstellerinnen, Forscherinnen und Philosophinnen.
Mehr als zweitausend Zitate von Hunderten von Frauen
machen dieses Werk zu einem einzigartigen Schatz weiblicher
Weisheit und witzig-scharfsinniger Formulierungsgabe.
Eine Fundgrube für Reden und Texte – und gute Antworten
auf blöde Fragen.

Diederichs